후설 철학에서 발생의 문제

Le problème de la genèse dans la philosophie de Husserl

by Jacques Derrida

철학의 정원 29

후설 철학에서 발생의 문제

초판1쇄 펴냄 2019년 4월 25일
초판2쇄 펴냄 2024년 1월 31일

지은이 자크 데리다
옮긴이 심재원·신호재
펴낸이 유재건
펴낸곳 (주)그린비출판사
주소 서울시 마포구 와우산로 180, 4층
대표전화 02-702-2717 | **팩스** 02-703-0272
홈페이지 www.greenbee.co.kr
원고투고 및 문의 editor@greenbee.co.kr

편집 이진희, 구세주, 송예진, 김아영 | **디자인** 이은솔, 박예은
마케팅 육소연 | **물류유통** 류경희

ISBN 978-89-7682-422-6 93100

독자의 학문사변행學問思辨行을 돕는 든든한 가이드 _(주)그린비출판사

후설 철학에서 발생의 문제

자크 데리다 지음 | 심재원·신호재 옮김

그린비

차례

일러두기

1 이 책은 Jacques Derrida, *Le problème de la genèse dans la philosophie de Husserl*, Paris, PUF, 1990을 완역한 것이다. 이 책이 처음 쓰여진 것은 1953~1954년이나, 미출간 상태로 있다가 서지 정보 등을 보완하여 1990년에 정식 출간되었다.

2 본문과 각주의 대괄호([ ])는 독자의 편의를 위해 옮긴이가 보충한 것이다.

3 출간 당시 각주에 데리다가 추가하거나 프랑스어판 편집자가 보충한 화살괄호(⟨ ⟩)는 굽은대괄호(〔 〕)로 바꾸었다. 단, 모든 각주는 한국어판의 체재와 내용의 중복 여부를 고려하여 적절히 변형·삭제했음을 밝혀 둔다.

4 단행본·정기간행물의 제목에는 겹낫표(『 』)를, 논문 제목에는 홑낫표(「 」)를 사용했다.

5 외국어 고유명사는 2002년에 국립국어원에서 펴낸 외래어표기법을 따라 표기하되, 관례가 굳어서 쓰이는 것들은 관례를 따랐다.

간행에 부쳐

1953~1954년도에 쓴 이 글을 출판해야만 했을까? 사실, 오늘도 여전히, 이왕 벌어진 일이긴 하지만, 나로서는 확신이 없다는 것을 밝혀야만 한다.

　이번 출판에 앞서 여러 달 동안, 프랑스어 표현 's'écouter'[자기의 말을 듣다]의 관용어법적 특성이 나에겐 그 어느 때보다도 불안정하고 가끔은 위협적인 것으로 보였다. 자기의 말을 듣기, 우리는 이것을 사랑할 수 있을까? 독의 불길한 맛이나 질병의 예감 없이 사랑할 수 있을까? 나는 갈수록 그럴 수 없다고 여긴다. 출판의 유혹에 굴복할 때, 우리는 물론 항시 우리의 말을 듣는다. 어떻게 이를 부정할 수 있겠는가? 달리 말해서, 이를 부정하는 것 이외의 어떤 다른 일을 할 수 있겠는가? 이때 우리는 물론 우리의 욕망에 귀를 기울이고(écouter) 다시 기울이며, 텍스트에서 말하는 목소리가 한동안 다시 반향하는 것을 듣기(entendre)를 적어도 받아들인다. 그러나 이것이 거의 40년 후에 여전히 가능한가?

　이 저서를 다시 읽으며 나에게서 늘어 갔던 불안, 망설임, 심지어는 이의(異議), 내가 이때 다시 느꼈던 불편함 속에서도, 내게 가장 혼란스러웠던 것은 바로 나의 말을 듣는 것이었는데, 이것은 녹음 테이프나 영사막에서처럼 가까스로 간신히 서로의 목소리를 듣고, 철학적·수사적·전략적 위치이동(déplacements)의 기억을 가로질러, 어떤 목소리, 오히려 어조의 오래되고 거의 **운명적인**, 아마도 거의 변하지 않은 상황을 말하는 어떤 방식을 인정함(reconnaître)이 없이, 다시 말하여 이를 받아들임 없이, 심지어는 이를 묵인함이 없이 알아보는(reconnaître) 것으로 이루어지는 경험 속에서였다. 그 어조는 자제에 이르기까지 통제할 수 없는 몸짓에서 더 이상 분리되지 않는데, 아주 사변적으로 보일지라도 어떤 문제의 배경에 뛰어들기 위해, 항시 결국은 같은, 신체의 운동과 같은 것이 이 어조이기 때문이다. 그리고 이 모든 것이, 정말, 어떤 낡은 필름 위에서처럼 나타나는데, 이 필름은 거의 무성이고, 우리는 특히 영사기 소리를 인지하며, 오래되고 익숙한 실루엣을 알아본다. 이런 정도의 거리에서, 우리는 더 이상 우리의 소리를 들을(s'écouter) 수 없거나, 차라리 그 반대가 가능하다면, 아! 조금 더 잘 듣기(entendre) 시작하는데, 이것 역시 우리가 행하기에 가장 어려운 것이다. 이것은 어떤 영사막 앞에서의 고통, 결국은 아마 우리가 결코 사랑하지 않았고 진정으로 안 것은 아니며 간신히 스쳤다고 우리가 말하는, 청각적인 동시에 시각적인, 자아의 이미지의 권위적 존재에 대한 알레르기이기 때문이다. 이것이 나였는가, 바로 이것이 나란 말인가?

지난 30년 동안 나는 이 대학원생 논문을 다시 읽지 않았다. 이것을 출판하려는 생각도 물론 한 번도 떠오르지 않았다. 여기서 체면치레를 무릅쓰고, 나에게만 귀를 기울여 친구들의 말을 듣지 말았어야 했다고 나는 말해야 할까? 일부 독자들(프랑수아 다스튀르Françoise Dastur와 디디에 프랑크 Didier Franck를 위시로, 특히 '파리 후설 문서고 센터'Centre des Archives Husserl à Paris의 일부 동료들)의 조언뿐만 아니라, 후설에 관한 이 연구가 [과거] 그 설립자에 의해 지도되었으며, 나의 다른 연구들을 이미 출판했던 [현재] 총서의 책임자, 장-뤽 마리옹(Jean-Luc Marion)의 너그러운 제안에도 보다 단호하게 저항했어야만 하지 않았을까? 왜냐하면 [설립자인] 장 이폴리트(Jean Hyppolite) 역시 그 정성 어린 습관으로 이 논문을 읽었고, 1955년에 출판을 준비할 것을 독려했다. 결국 내가 설득되도록 내버려 둔 것이 옳았는지 틀렸는지가 귀착하길, 취해진 위험 부담에 대하여 내가 홀로 모든 책임을 진다는 것은 더 말할 나위가 없다. 그러나 이번 출판이 빚진 것을 떠올리며, 나는 위 친구들에게 그들의 신뢰에, 특히 내가 이것을 공유하기를 망설일지라도, 심심한 사의를 표한다.

이 저서는 당시 고등연구학위(Diplôme d'Etudes Supérieures) 논문이라 불렸던 것에 해당한다. 나는 이것을 1953~1954년에 소르본대학 교수, 모리스 드 공디약(Maurice de Gandillac)의 친절하고도 엄격한 지도하에 준비했는데, 당시 나는 파리고등사범의 2학년 학생이었다. 모리스 공디약과 반 브레다(Herman Van Breda) 신부의 호의로, 같은 해 나는 '루뱅 문서고'(Archives de Louvain)에 소장된 후설의 미간행 원고 일부를 참고할 수 있었다.

만약 누군가가 이 오래된 책에 다가선다면, 이제는 그를 홀로 내버려 두고 그의 독서에 아무 말도 하지 않고, 나는 즉시 발끝으로 물러나야만 할 것이다. 특히 속내 이야기와 마찬가지로 철학적 해석을 나는 금해야 할 것이다. 이 문서에서 결국 가장 **기이한**(curieuse) 것으로 나에게 보였던 것, 즉 **앎의 근심**(souci de savoir)과 같은 어떤 **근심**에 부응하여 이 논문에 오늘날 어떤 **서지학적**(documentaire) 의미를 아마도 부여하는 것을 언급조차 하지 말아야 할 것이다. 따라서 이에 대해 여전히 두 마디 말을 하는 것을 사람들이 용서해 주기를 나는 바랄 뿐이다.

1. 여기 후설의 모든 저작을 스캐너의 냉정한 파렴치함으로 주사(走

査)하는 이 파노라마 같은 독해는, **그 문자상의 표명에 이르기까지 그리고 이후에,** 내가 증명하려 시도했던 것 전체를 통솔하기를 그치지 않았을 것임에, 오늘날 그 안정성이 그만큼 더욱 놀라운 것으로 보이는 일종의 법칙을 자기 것으로 주장하는데, 이는 일종의 특이체질이, 이것을 항시 넘어서고 끝없이 다시 전유(專有)해야 할 어떤 필연성과, 자기 방식으로 '이미' 교섭하는 것과 같다. 어떤 필연성을 말하는가? 이것은 항시 기원(Ursprung)의 어떤 기원적(ursprünglich) 복잡화, 어떤 분석도 그 현상에서 **현전**(présenter), **현전화**(rendre présenter)할 수 없거나 그 일부(l'élément)의 자기 동일한 순간적 시간일치(ponctualité)로 환원할 수 없는, 단순자(le simple)의 어떤 시초적 오염, 어떤 창시적 편차(écart inaugural)와 관계가 있다. 그 모든 여정을 실제 다스리는 질문은 이미 다음과 같다. "어떻게 토대의 기원성이 **선험적** 종합일 수 있는가? 어떻게 모든 것이 복잡화로부터 시작될 수 있는가?"[1] 현상학적 담론이 구성되는 모든 한계가 어떤 '오염'(대립적 두 가장자리: '초월론적/세속적mondain', '형상적éidétique/경험적', '지향적/비지향적', '능동적/수동적', '현재적présent/비현재적', '시간일치적ponctuel/비시간일치적', '기원적/파생적dérivé', '순수한pur/불순한' 등 사이에 "감춰진 함축 혹은 숨겨진 오염"[2])의 치명적 필연성으로부터 이처럼 문제시되는데, 각 가장자리의 흔들림이 다른 모든 가장자리로 퍼져 나가게 된다. 차별적 오염의 법칙이 자신의 논리를 이 책의 한 끝에서 다른 끝으로 강제하고, 왜 '오염'이란 단어 자체가 그 이후로 나에게 강제되기를 그치지 않는지를 나는 자문한다.

---

1) p.12[이 책 28쪽].
2) p.30[이 책 52쪽].

2. 그러나 여러 계기에 걸쳐, 이 법칙의 구성과 효과, 기원의 기원적 '오염'은 내가 포기해야만 했던 철학적 명칭, **변증법**, '기원적 변증법'을 그때마다 부여받았다. 이 단어는 집요하게 한 페이지 한 페이지마다 회귀한다. 이러한 '변증법적' 과당호가(surenchère, 過當呼價)는 변증법적 유물론이나(예를 들면, 이 책에서 자주 인용되고 충분히 변증법적으로 평가되지 않는, 쩐득타오Tran-Duc-Thao의 변증법은 여전히 "형이상학의 포로"이다), 카바예스(Jean Cavaillès)가 후설에 맞서 당시 유명한 문장("생성의 필연성은 행위의 그것이 아니라, 변증법의 그것이다"[3])에서 내세워야만 하는 것으로 여긴 변증법을 넘어서 가려는 의도가 뚜렷하다. 이러한 아주 공손한 비판의 과정에서, 위 과잉변증법주의(hyper-dialectisme)는 (후설의 다른 프랑스 독해자 레비나스, 사르트르, 메를로-퐁티, 리쾨르보다는 오히려) 쩐득타오나 카바예스와 함께 해명된다. 몇 년 후에도, 「『기하학의 기원』 서문」(Introduction à *L'origine de la géométrie*, 1962)과 『목소리와 현상』(*La voix et le phénomène*, 1967)에서 나는 이렇게 착수한 독해를 계속했고, 단어 '변증법'은 완전히 사라지기에 이르렀는데, 이 단어를 **배제하거나 혹은 거리를 취해** '차이'를 생각해야만 했던 것을 '기원의 대리보충'(supplément d'origine)과 '흔적'(trace)[4]으로 지칭하는 것에 의한 것이었다. 이상과 같은 것이, 1950년대 프랑스에서 한 철학과 학생이 그로부터 방향을 잡으려 애썼던 철학적 **그리고 정치적** 지형도에 관한, 아마도 일종의 표지이다.

---

3) p.207[이 책 264쪽] 이하.
4) 현상학이 되었든 변증법이 되었든, 이를 멀리함은 내게는 결코 회한이 없는 것이 아니었다. 이 회한의 흔적에 관심이 있는 사람들은 이 흔적을 도처에서, 예를 들면 Jacques Derrida, "La clôture de la représentation", *L'écriture et la différence*, Seuil, 1967, p.364[『글쓰기와 차이』]에서 찾을 수 있을 것이다.

이러한 출판에는 말할 것도 없이 예외 없는 규칙이 하나 있는데, 원본이 전혀 수정되지 말아야 한다는 것이다. 이 규칙은 주도면밀하게 존중되어서[5] 모든 차원에서 부정확성이, 아! 이를 증명할 터인데, 특히 내가 직접 한 번역에서 그러하다. 후설 저작 일반에 관한 번역과 참고문헌에 관해서는, 서지학적 표시들이 최소한 업데이트되어야만 했다. 우리가 알고 있듯, 1953년 이후 후설 저작의 출간이 독일어와 프랑스어로 계속 늘어났다.

엘리자베스 베버(Elisabeth Weber)가 필요하다고 판단되면 화살괄호로 표시해서 주를 보강했다[6쪽 '일러두기' 참조]. 그녀는 또한 출전을 검토하고, 참고문헌을 업데이트하고, 이 책의 교정쇄에 신경을 썼다. 여기서 그녀에게 심심한 사의를 표하고자 한다.

1990년 6월

---

5) 고백하건대, 몇몇 오타나 문법상 오류 그리고 구두점 실수를 제외하고는.

머리말
발생의 주제와 한 주제의 발생[1]

'철학사와 역사철학'

이 연구 작업 전체에 걸쳐, 두 가지 문제틀은 서로 얽히고 내포하기를 그치지 않을 것이다. 만약 이 두 문제틀이 명확하고 엄격히 병렬할 수 있는 정의들에 적합하다면, 여기서 '사변적' 혹은 상당히 넓은 의미에서 철학적 문제틀과 '역사적' 문제틀이라 말해야 할 것이다. 그러나 이제부터 우리가 마침내 동조하게 될 발생의 철학은 정확하게 이러한 구분의 가능성을 부정한다고 말해야 할 것이다. 방법적으로, 또 관례적으로, 발생의 철학은 그 근본적 함축들에서 우리에게 철학사와 역사철학이라는 두 가지 의미작용적 세계의 본질적 불가분성을 드러낼 것이다.

　한편으로, 있는 그대로 고찰된, 다시 말하여 그것이 생명을 취할 수 있

---

1) 이 긴 예비적 고찰은 애초에 지금 문제가 되고 있는 역사적 연구를 소개하려는 것이 아니었다. 이 고찰은 오히려 그 개요에서, 우리가 동일한 문제를 중심으로 이후에 감행할(entreprendre) 수도 있는 보다 방대하고 독단적인 작업을 준비한다. 이후에 계속될 역사적 시론을 일정 정도 해명할 수 있는 한에서, 이것을 여기 제시하는 것이 아마도 좋을 것이라고 생각했다.

었던 역사적 토양에서 본질적으로 간신히 끌어낸, 발생의 철학적 문제에 우리가 집착하는 것 같다면, 그때 후설의 텍스트들은 구실(prétextes)의 형태를 취할 것이다. 그 역사적 설계에서, 후설의 텍스트들은 그것의 철학적 특수성과 외연 속에서 다루어진 한 문제를 향한 특이한 진입로가 될 것인데, 이와 더불어 우리는 '객관성', '토대의 타당성', '역사적 생성', '형식과 질료·능동성과 수동성·문화와 자연의 관계' 등 고전적으로 큰 문제의 중심에 있게 될 것이다. 이 문제들은 그 철학적 지평의 전체성을 드러내기 위해 그것들을 상기하는 것으로 충분한 문제들이다.

다른 한편, 그 철학적 의미에서 상정된, 발생의 문제에 우리가 기울이게 될 관심은 어떤 점에서 이차적이고 간접적인 것으로 나타날 것인데, 이것이 우리에게 길잡이 역할을 할 것이고, 보다 직접적으로 역사적인 모습의 연구 맥락이 될 것이다. 이를테면 후설의 사유가 그것의 생성 속에서 우리에게 제시되는 대로 후설 사유의 통일성 혹은 불연속성을 단정지어야 하는가? 이 가설 각각을 어떻게 의미 규정해야 할까? 후설의 주장들과 주제들에 있어 적어도 눈에 띄는 변형들의 의미는 무엇인가?

따라서 여기서 발생의 개념은 이중적으로 중심에 있다. 우선 이것은 철학과 역사의 관계를 문제시한다. 아주 일반적으로, 개별적인 의미에서 만큼이나 보편적인 의미에서 역사[2]는 이성적 구조, "의식(사르트르적 의미

---

2) 여기서는 구성된 과학에서 출발해야만 한다. 그러나 우리는 앞으로 이 출발이 어떻게 '잘못된 출발', 본질적으로 '순진한' 출발인지를 알게 될 것이다. 아주 자주 우리는 다음과 같은 문제를 자문해야만 할 것이다. 왜 이 담론의 잘못된 출발이 항상 필연적인가? 이 필연성은 의미는 무엇인가? 이 필연성은 순전히 수사학적이거나, 심리학 혹은 '교수법'(pédagogie)의 요구에만 응답하는 것 같지는 않다. 이 요구 자체는 다음과 같은 질문의 보다 심층의 '계기'를 가리킨다. 우리가 구성적 원천, 즉 가장 기원적 계기를 향하여 다시 올라가야 한다는 것은 왜 항시 구성된 것(constitué), 즉 파생물(produit dérivé)로부터인가? 여기에 모든 발생의 문제 전체가 놓

에서)", 기원적 의미 체계의 연속적 출현을 기술하며, 모든 인식 혹은 철학적 지향의 그 역사적 계기의 실재성(réalité)에 관한 의존을 함축하는 것으로 보인다. 따라서 역사는 객관성의 절대에 대한, 토대의 자율성에 대한 모든 요구를 저버리는 듯하다. 자연적이고 객관적인 시간에 이성(Raison)과 철학적 의식을 설정함으로써, 발생은 자율적 토대의 연구로서의 철학의 가능성의 문제와 동시에, 모든 철학 이전에 우리에게 실재적 발생의 스펙터클을 전개하는 것으로 보이는 물리학적 그리고 인간학적 과학들에 대한 철학의 관계의 문제를 제기할 것이다. 그러나 철학적 의식이라는 것이 그러한 과학적 가치들을 토대 지을 뿐만 아니라 다시 불러일으켜지고 발생하며 내포되는 것임에서, 이 스펙터클은 철학적 의식에 대해 그리고 그것에 의해 기원적으로 가능하지 않은 것이 아닌가? 여기서 자신의 고유한 의미와 존엄성을 자문하게 될 것이 철학 전체이다.

후설 사유를 통해 이러한 문제에 대한 입장이나 취급을 연구하는 것이 흥미롭게 보일 수 있었을 것이다. 이를테면 후설의 사유, 곧 하나의 철학으로서 절대적 시작[3]의 요구와 철학적 궁극 준거로서의 체험의 시간성[4]을

여 있다는 것을 우리는 알게 될 것이다.

오이겐 핑크는 후설의 『순수 현상학과 현상학적 철학의 이념들 1』(Ideen zu einer reinen Phänomenologie und phänomenologischen Philosophie I, Buch, 1913. 이는 이후 후설전집 Husserliana 3권 Walter Biemel ed., La Haye, Martinus Nijhoff, 1950으로 출간되었다. 폴 리쾨르가 번역한 프랑스어판은 Idées directrices pour une phénoménologie et une philosophie phénoménologiques pures, Paris, Gallimard, 1950[이 책에서 한글로 표기할 때에는 『이념들 1』로 줄여 쓴다]) 중 '현상학적 환원'에 관한 텍스트들을 주제로 유사한 문제를 제기한다. Eugen Fink, "Die phänomenologische Philosophie E.Husserls in der gegenwärtigen Kritik", Kantstudien, Band XXXVIII, 3/4, Berlin, 1933, pp.346~347 참조.

3) 후설은 '세속적' 과학의 그것이 아닌 현상학적 의미에서 단어 '고고학'을 복원하길 원했을 것이다(Eugen Fink, "Das Problem der Phänomenologie E.Husserls", Revue internationale de philosophie, I, Bruxelles, 1938~1939, p.246 참조). 절대적 시작에 대한 연구는 후설의 전 저작

동시에 주제화하고, 바로 동시에 철학에 대하여 새로운 과학적 엄밀성[5]을 요구하고 이것을 구체적 체험의 순수성에 의거시키며, 절대적 주관성을 심리학이나 역사[6]의 구성된 과학들로부터 떼어 놓은 후, 역사의 철학[7]을 토대 지으려 하면서 어떤 의미에서는 현상학과 심리학을 화해시키려 하는 것을 통해서 말이다.[8]

에 걸쳐 있는데, 특히 『이념들 1』, §1(프랑스어판 p.7)을 참고하고, 후설이 극도로 승인하고 그의 문제를 '세계의 기원'의 문제(die Frage nach dem Ursprung der Welt)로 정의하는 Fink, "Die phänomenologische Philosophie E.Husserls in der gegenwärtigen Kritik", p.338 역시 참고하라.

4) 도처에서, 특히 『내적 시간의식의 현상학』(하이데거 편집본은 *Jahrbuch für Philosophie und phänomenologische Forschung*, IX, 1928에 실렸고, *Vorlesungen zur Phänomenologie des inneren Zeitbewußtseins*, Halle a.d.S., Max Niemeyer, 1928으로 별쇄본이 나왔으며, 이후 후설전집 10권 Rudolf Boehm ed., *Zur Phänomenologie des inneren Zeitbewußtsein*, La Haye, Martinus Nijhoff, 1966으로 출간되었다. 프랑스어판은 Henri Dussort trad., *Leçons pour une phénoménologie de la conscience intime du temps*, Paris, PUF, 1964)과 가장 방대한 미간행 수고 중 하나인 C 그룹 전체를 참고하라.

5) 도처에서, 특히 「엄밀학으로서의 철학」("Philosophie als strenge Wissenschaft", *Logos*, I, Tübingen, 1911. 이후 후설전집 25권 Thomas Nenon and Hans Rainer Sepp eds., La Haye, Martinus Nijhoff, 1987으로 출간되었다. 프랑스어판은 Quentin Lauer trad., *La philosophie comme science rigoureuse*, Paris, PUF, 1955; M. B. de Launay trad., PUF, 1989)[『엄밀한 학으로서의 철학』, 서광사, 1988].

6) 도처에서, 특히 『논리 연구』(*Logische Untersuchungen I~III*, Tübingen, Max Niemeyer, 1968; 프랑스어판은 *Recherches logiques*, Paris, PUF, 1959~1964)와 『이념들』.

7) 도처에서, 특히 『유럽 학문의 위기와 초월론적 현상학』(*Die Krisis der europäischen Wissenschaften und die transzendentale Phänomenologie*, 1936)(이후 후설전집 6권 Walter Biemel ed., La Haye, Martinus Nijhoff, 1954로 출간. 프랑스어판은 R. Gerrer trad., "La crise des sciences européennes et la phénoménologie transcendantale", *Les Études philosophiques*, vol.4, no.3/4, 1949, pp.229~301; Gérard Granel éd. et trad., *La crise des sciences européennes et la phénoménologie transcendantale*, Paris, Gallimard, 1976)[『유럽 학문의 위기와 선험적 현상학』, 한길사, 1997. 이 책에서는 때에 따라 『위기』로 줄여 쓴다]. 그리고 「기하학의 기원」("Die Frage nach dem Ursprung der Geometrie als intentional-historisches Problem", *Revue internationale de Philosophie*, ed. Eugen Fink, 1939, no. 2)(이후 후설전집 6권으로 출간. 프랑스어판은 Jacques Derrida trad., *L'origine de la géométrie*, Paris, PUF, 1962).

8) 도처에서, 특히 『순수 현상학과 현상학적 철학의 이념들 2』(후설전집 4권 Marly Biemel ed.,

그런데 후설의 모든 불안을 부추기는 것은 바로 발생이라는 주제이다. 이 불안은, 우리가 표면적으로 그 큰 과정을 살펴보면, 후퇴와 전진의 두 거대한 운동을 따르는 것으로 보인다. 우선 심리학주의, 역사주의, 사회학주의의 거부가 그것인데, 자연과학 혹은 '세속' 과학의 논리적·철학적 야심은 부당하고 모순적이다. 한마디로, '세속적' 발생의 현존(existence)은 이것이 후설에 의해 그 자체로 부정되지는 않을지라도 논리적 의미의 객관성에도 이르지 못하거니와, 그에 상관적으로 현상학적 혹은 초월론적 의식의 존재(être) 혹은 존엄함에도 도달하지 못한다. 이 의식이 모든 발생의 구성적 원천이고, 여기에서 생성이 기원적으로 행해지고 나타난다. 이 운동의 용어이자 원리인 '초월론적 환원'은 그 용어의 고전적이고 '세속적' 의미에서 모든 역사적 발생의 환원이자 작별(congé)이다. 그러나 관념론적 스타일의 철학적 순수성을 향한 이 퇴각 이후, 일종의 복귀와 대규모의 재정복[9]의 밑그림이 선언된다. 바로 '초월론적 발생'[10]의 개념이 원리적으로 모든 환원에 저항하며, 제대로 이해된 모든 환원에 의해 드러난 것으

Ideen zur einer reinen Phänomenologie und phänomenologischen Philosophie, 2. Buch : Phänomenologische Untersuchungen zur Konstitution, La Haye, Martinus Nijhoff, 1952. 프랑스어판은 Eliane Escoubas trad., Idées directrices pour une phénoménologie et une philosophie phénoménologies pures, livre second: Recherches phénoménologiques pour la constitution, Paris, PUF, 1982)와 수고 그룹 M. 이 수고의 짧은 단편이 "Rapport entre la phénoménologie et les Sciences", Les Études philosophiques, 4-1, Paris, janvier-mars 1949, pp.3~6으로 발표되었다.

9) 이 재정복을 '코기토'의 절대적 확실성에의 진입에 따른 데카르트적 스타일의 연역적 기획에 동화시키지 않도록 주의해야 할 것이다.

10) 『이념들 1』에는 등장하지 않는 이 개념은 『경험과 판단』(초고는 1919년)(Ludwig Landgrebe ed., Erfahrung und Urteil: Untersuchungen zur Genealogie der Logik, 6th ed., Praha, Academia, 1969; Hambug, Meiner, 1985. 프랑스어판은 D. Souche trad., Expérience et jugement: Recherches en vue d'une généalogie de la logique, Paris, PUF, 1970)과 이후의 저작들에 뚜렷하게 사용되고 있다.

로서 일종의 역사의 철학적 만회를 주재하고 현상학과 '세속적' 과학들의 화해를 가능하게 하는 것이다. 전자가 후자들을 토대 짓게 될 것이다. 자신의 경력 초부터, 후설은 이러한 종합의 요구를 정식화했다. 그는 어떻게 자신의 행보에서 최소한 표면적으로 충돌하거나(heurté) 동요하는 운동을 가로질러 자신의 연구의 통일성을 보전했는가? 한마디로, 초월론적 발생의 주제가 이것을 자연적 시간에서 선행했던 경험적 발생의 주제를 이해하고 토대 짓기 위하여 특정 계기에 출현했다면, 이 진화의 의미를 우리는 자문해야만 한다. 이것이 어떻게 가능하였는가? 우리가 이 책을 통해 보여주고자 하는 이러한 질문은 철학의 순수 역사에 편입되지 않고서도 고도의 정확성으로 그 역사적 특수성 자체에서 모든 발생의 의미를 참조하는 것이다.

이중성과 변증법

혹자는 실제 우리에게 다음과 같이 반문할 수도 있을 것이다. 가장 추상적인 도식에서 언급된 우리 문제틀의 이중성은 철학의 모든 역사의 방법과 굳게 결속되어 있는데, 역사이자 동시에 철학인 철학사는 정의상 그 담론과 활자에 밀착하여 취해진 사유의 역사적 특이성과, 여기서 요구 조건과 지향적 의미로서 간주된 철학적 보편성 사이의 변증법적 동요에, 곧 돌려보냄과 참조의 기원적이고 넘을 수 없는 상호성에 바쳐진 것이 아닌가? 이처럼 개진된 변증법의 착상은 단지 진부하고 모호할 뿐만 아니라, 불충분하고 그릇된 것이다. 우리에게 중요한 것은, 숙명에 복종하여, 학(學)으로 구성된 철학사의 법칙을 적용하여 누군가가 다른 곳에서 이미 논했을 '문제'의 결론을 따르는 것이 아니라, 이 '문제'가 우리의 문제가 될 것이라는 점이다. 기원적 구성의 경험 자체에 대한 의존을 체험하기(éprouver) 위해, 우리는 구성된 과학의 특수한 문제들의 이편 혹은 그 너머에 자리를 잡음으로써 후설적 태도를 이미 실천해야 한다. 우리가 여기서 그 착상을 강조하는 변증법은 '방법', 관점, 실천이 아닐 것이다. 우리는 이러한 변증법이 '존재론적'이라는 것을 보여 주려고 할 것인데, 이는 존재론이 이미 구성된 세속학이 아니라는 한에서, 정확하게는 후설적 용례에서 (스콜라적 혹은 칸트적 의미와 분명하게 구별해야 할) '초월론적'이라는 한에서이다. 이 문제가 앞서 언급된 문제들을 통일(unité)할 것이다. 이 서론이 선언하길 바라는 것은, 이 통일성(unité)이 변증법적 통일성이고, 저작의 실재적 내용, 즉 동시에 진행된 두 시각 혹은 두 연구의 우연적 통일성에 외부로부터 부과될 형식적 혹은 인위적 통일성과 우선 구별될 것이라는 것이다. 이 통일성은 후설 철학의 역사적 내용과 철학적 의미를 서로 환원시킬 수도 있는 분석적 정체성도 더 이상 아닐 것이다. 후설 사유의 철학적 검토는 발생의 개념을 우리에게 부과하는데, 이 개념 자체가 그것의 생성 속에서 우리를 역으로 후설 철학의 어떤 이해로 강제할 것이다. '역으로'라는 표현은 이 경우에 방법론적인 의미만을 갖는다. 이러한 변증법의 실재적 시작을 결정하는 것은 항시 불가능할 것인데, 우리는 두 운동의 구별과 연대를 동시에, 결코 이 동시성과 복잡성을 순수하고 단순한 연속으로 환원할 수 없이 단언할 수 있을 것이다. 구별과 연대, 그 어느 항 하나에도 우리는 최종 심급에서 연대적으로, 논리적으로 혹은 존재론적으로 원리적인 가치를 줄 수 없을 것이다. 어떤 실재적 시작의 실재적 결정 일체의 불가능성이 우리가 이 저작의 결론에서 정의하려 시도할 발생의 철학의 최종 의미일 것이다. 또한 철학적 궁극 결론으로서의 이 불가능성이 형식적이나 초월론적이지는 않은(non transcendantal) 결론이라는 것, 즉 이것이 변증법을 마비시키는 것이 아니라, 기원적 절대[11]에 준거점을 두고 있는 후설의 입장을 견지함과 동시에, 이 불가능성이 유물론이든지 관념론이든지 간에 형이상학적 의미에서 이러한 변증법을 결정할 현상학적 해석들을 넘어섬을 우리에게 허용한다는 것을 보여야 할 것이다.

따라서 후설 사유의 다양한 계기의 계속적 연쇄, 그것들 사이의 상관관계 그리고 상호 함축을 우리가 이해할 방식은 발생의 철학을 전제하는 동시에 촉구할 것이다. 결론, 연역 혹은 그 밖에 이러한 진행 방식의 어느 하나에 의해 사전에 주어진 방법의 기술적 실행, 적용은 전혀 중요치 않다. 하나의 원리의 변증법적 복잡화에 항시 전념하여 이것이 형식적으로는 제일이고 단순하나 실재적으로는 모호하고 변증법적인 것으로 드러날 것이다. 줄곧 두 항이 결코 어느 하나의 실재적 이차성으로 귀결될 수가 없이 상호 문제화될 것이다. 더구나, 명백하게 후설에게서는 아닐지라도 바로 오직 그로부터, 플라톤주의에서 헤겔주의까지 가장 강력한 철학적 전통에 생명을 주고 동기를 부여하는 가장 거대한 변증법적 주제가 갱신되지 않더라도, 최소한 토대 지어져 정당한 것으로 인증되어 완성될 수 있음을 보이고자 한다.[12]

---

11) 그리고 특히 '끝없는 과제'로서의 철학에 관한 후설의 착상에 관해서는 『위기』의 여러 곳을 참고하라.
12) 이 책의 내용은 중간중간, 아주 자주, 가장 흥미로운 역사적 비교·대조들(rapprochements)이 부과되는 것처럼 보일 것이다. 우리는 이것들을 암시 이외의 것으로 다루는 것을 금함으로써, 이것을 무겁게 해서 이미 아주 방대한 주제에서 우리가 벗어나기를 피할 것이다. 여기서 우리는 철학사에 관한 후설의 엄청난 무지를 아이러니 없이 구실로 삼을 수 있을까?

발생의 모순

우리의 주제와 그 가장 일반적 형식에서, 위 변증법의 환원 불가능성은 어떻게 제시되는가? 우선 순진하고, 가장 형식적으로 가능하게 검토된 발생은 자신의 개념 안에 모순되는 '기원'의 의미와 '생성'의 의미를 결합한다. 왜냐하면 한편, 발생은 탄생, 이전 심급에 환원 불가능한 순간 혹은 '심급'[13]의 절대적 분출, 창조, 근본성(radicalité), 자신과 다른 것에 대한 자율이다. 간단히 말해서, 절대적 기원이 없는 발생은 없는데, 이 기원은 존재론적으로 혹은 시간적으로 최초성(originarité)이고 가치론적으로 독창성(originalité)이다. 모든 발생적 산출은 자신이 아닌 것을 향한 초월성에 의해 나타나고 의미를 취한다.

그러나, 동일한 계기에서, 발생을 내포하는 존재론적 그리고 시간적 전체성의 한가운데서만 발생일 뿐이다. 모든 발생적 산물은 자신과 다른 것에 의해 산출되고, 과거에 의해 전달되고(porté), 미래에 의해 호출되고 방향이 정해진다. 발생적 산물은 어떤 맥락에 기입되는 한에서만 그 스스로 자신의 의미가 되고 자신의 의미를 갖게 된다. 이 맥락은 한편으로 자신의 것인데, 즉 발생적 산물이 속해 있고 참여하는 것이자, 그와 더불어 연속성을 지니고, 어떤 의미에서는 함축하고 극단적인 경우에 내포하고 포함하며 식별하기도 하는 맥락이다. 하지만 다른 한편으로 모든 면에서 발생적 산물을 넘어서고 감싸는 맥락이기도 하다. 발생은 또한 포섭, 내재성이다.

---

13) 우리는 이 단어를 그 의미의 모호성 때문에 사용하는데, 그 의미는 시간과 존재의 이중적 영역에 그 반향을 갖는다.

모든 발생의 현존(existence)은 초월성과 내재성 사이의 이 긴장을 의미하는 것으로 보인다. 이는 우선 존재론적 혹은 시간적으로 무규정적인 것으로서, 절대적 시작, 연속성과 불연속성, 동일성(identité)과 이타성(altérité)으로 주어진다. 이 변증법은 동시에 연속성과 불연속성의 연속성, 동일성과 이타성의 동일성 등의 가능성[14]이다(이것이 적어도 우리가 이 책을 통해 밝히고자 하는 구상이다). 이 동일성과 이 연속성은 절대적으로 형식적이지도 않고 절대적으로 실재적이지도 않은데, 여기서 형식주의와 실재론의 대립은 '실재적'이 아니라 '초월론적'에 대한 반(反)테제에 의해 형식적이 된다. 한마디로 그것은 '세속적'이다. 만일 우리가 이러한 관점을 더 지지한다면, 절대와 상대의 형식적 절대는 절대적으로 형식적이지도 않고 절대적으로 실재적이지도 않다. 즉 어떤 방식으로 이미 구성된 것이다. 이러한 변증법의 변증법적 논리는, 우리가 앞으로 보게 되겠지만, 그 수준에서 단어 '변증법'이 유비적(analogique) 의미만을 갖는, 구성하는 '초월론적 논리'의 발생을 가리키는 구성된 '형식 논리'이다. 생성에 관한 위대한 변증법들과 위대한 고전 철학들의 약점은 그것들의 형식주의, 그것들의 '세속성'일 것인데, 이는 언제나 형상과 질료, 감관과 감성 등의 이미 형식화된 '이차적' 대립으로부터 설립될 것이다. 결과적으로 발생은 전통적 형이상학들에서 제시되었던 바처럼, (플라톤주의와 헤겔주의에서) 완전히 지성적이거나 의미적인 것이거나, (변증법적 유물론에서) 완전히 역사적이거나 실제적인 것이라는 미명하에, 발생을 초월론적 발생에로 이어 주는 관련성을 끊어 버리게 된다. 이 초월론적 발생, '기원적'(originaire) 존재

---

14) 가능성과 필연성의 변증법에 관하여, 우리가 잠시 후에 이렇게 한 쌍이 된 다른 항들을 주제로 말하는 것을 우리는 이미 말할 수 있다.

는 자신의 구성된 산물 안에서만 변증법적이다. 그러나 '비-변증법'(non-dialectique)이 '변증법'을 구성하되, 이 구성이 무로부터의(ex nihilo) 순수한 창조 혹은 단순 연합적 구성이 되지 않기 위해서는, 이 구성이 '이미' 변증법적이어야 하지 않겠는가? 바로 이것이 우리가 후설에 의해 고안된 그대로의 초월론적 발생에 관하여 제기할 질문이다. 만약에 '기원'이 변증법적이라면, 이것은 '원초성'(primitivité)에 대하여 이차적이지 않은가? [이 경우에] 초월론적인 것과 세속적인 것 사이의 구별은 붕괴되고, 이와 함께 철학의 모든 근본적 토대의 가능성도 마찬가지로 붕괴될 것이다. 현상학은 현상론이 될 것이다. 그러나 우리는 후설이 변증법과 함께 비-변증법의 변증법을 마치 형식적이고 '공허한' 의미, 파생된 가설, 어떠한 본질도 어떠한 기원적 현존(présence)도 참조하지 않는 개념, 비본래적 지향으로서 간주했었다는 것을 알고 있다. 그에게 이것을 인정한다는 것이 많은 경우에 어려울 것이나 이 문제는 중대한 것으로 제기되어 있다. 이와 관련된 이 저작의 두 번째 야심은, 이 '변증법'의 기원적 구성 운동이 후설에 의해 기술된 그대로, 후설 철학 전개의 '변증법적' 이해를 동시에 우리에게 시사한다는 것을 보여 주는 것이다. 한마디로, 이 무한한 모순이 현상학적 시도의 동기인 동시에 최종 의미일 것이다.

선취(anticipation)와 '선험적' 종합

이러한 반성에 들어서자마자 우리가 그러한 반성을 궁극적 의미에로 인도해야 하는 것은 우연이 아니다. 여기서 중요한 것은 방법적 혹은 기술적 필연성, 경험적 명령의 강제가 아니다. 우리가 말했듯, 우리가 우리의 진술에 부여할 형식은 사변적으로 제기된 문제들에 한 답변에 내밀하고 변증법적으로 연대한다는 것이 사실인 한, 이 항상적 선취는 인위적인 것도 우연적인 것도 아니다. 모든 발생, 모든 전개, 모든 역사, 모든 담론이 의미를 갖기 위해서는, 이 의미가 기원과 동시에(dès l'origine) 어떤 방식으로 "이미 있"(déjà là)어야 하는데, 그러지 않고서는 우리는 의미의 출현과 동시에 생성의 실재성을 이해할 수 없게 될 것이다. 따라서 어떤 선취[15]가 이 모든 발생의 의미를 고수한다. 모든 '혁신'이 '검증'이고, 모든 '창조'가 '완성'이며, 모든 '갑작스러운 출현'이 '전통'이다. 잠깐 이러한 일련의 판단을 중지해 보자. 우선 우리는 위 항의 어느 하나가 없이는 어떤 인간적 생성도 그 내용과 의미 모두에서 가능하지 않다는 것을 알게 된다. 검증 없는 발상(invention)['창조적 직관', 이 창조는 '직관에 의한 창조'이다. 『이념들 1』 프랑스어판 역자 서문, pp.xxix~xxx 참고]은 동화될 수 없고, 순전한 순응(accommodation)일 것이다. 극단적인 경우에 그것은 '의식에 대한' (pour une conscience) 것도 아닐 것이다. 모든 의미를 '대자적'(pour soi) 의미로 통각지 않는 의식은 없다(이 '대자'는 초월론적이자 비심리학적인 주관성의 그것이다). 모든 의미는 의식에 대한 것이고 정의상 지향적이고 '초월론적 자아(ego)'에 외부적(étranger)으로 될 수 없으므로, 항시 '이미' 현존하는 것으로 드러난다. 극단적인 경우에 검증 없는 발상은 의식의 지향성을 부정할 것이다. 그것은 무'의'(de rien) 발상이거나 자기 자체(의) 자기 자체(에 의한) 발상일 것인데, 이는 종합적 의미인 모든 발상의 의미 자체를 파괴할 것이다. 초월론적 지향성[16]의 패러독스와 외부성(étrangeté)

---

15) 혹은 후설의 언어에서 예지(protention). 이 예지는 기원적 '지금' 속에서 과거의 '파지' (rétention)에 의해 기원으로 가능해진다. 바로 이 시간의 최초 변증법에 모든 종합이 토대를 두고, 바로 이것에 의해 모든 종합이 선험적 종합으로 환원 불가능한 것으로 유지된다.

이 모든 발상, 발생의 상징 한가운데에 다시 나타난다. '종합적인' 가치 자체에 의하여, 하나의 생성, 하나의 시간적 행위(Akt)는 검증적인 것이 되고 극단적으로는 분석적인 것이 된다. 그러나 검증 없는 발상이 지향성 없는 의식, 세계와 시간에서 뿌리째 뽑힌 사유의 신화에서만 생각될 수 있는 것과 마찬가지로, 발상 없는 검증은 무에 의한 무의 검증, 순수 동어반복, 공허하고 형식적인 동일성, 모든 진리가 나타나는 의식·세계·시간(의) 부정이다. 따라서 모든 검증, 모든 의미 지향(visée)의 '분석적' 본질에 근거하여 이러한 지향은 종합적인 행위 속에서 자기 자신과 다른 것을 참조해야만 한다. 바로 이 동일한 의미에서 우리는 모든 창조와 완성, 모든 갑작스러운 출현과 전통 사이의 결속을 깨달을 수 있게 된다. 그러나 형식 논리 혹은 절대적 논리의 관점에서 이 판단들은 그들 자신 속에 환원 불가능한 모순을 지닌다. 왜냐하면 중요한 것은 B가 A의 술어가 되는 'A는 B이다' 형태의 귀속판단이 아니기 때문이다. 여기서 각 항의 의미 자체는 주어와 술어가 그들의 각 개별적 계기에 모두 주어진 그대로이다. 외관상으로 분석적인 관점에서 우리가 이것들을 서로서로에게로 귀속시키기 전에조차, 발상은 '이미' 검증이고, 검증은 '이미' 발상이다. 따라서 이 판단들의 두 항이 상호 교환 가능한 것은 **선험적으로** 필연이다. 두 항 모두 주어인 동시에 술어이다. 이것들을 연결하는 필연성은 절대적이다. 그러나 동시에 이러한 판단들의 명백함은 분석적인 것이 아닌데, 만일 그렇다고 한다면 이 명백함은 자신의 각 항과 모순일 것이다. 이 두 항 모두가 발생적 혹은 종합적 가치

---

16) 이러한 초월론적 지향성은 동일한 운동 속에서 동시에 능동성이며 수동성이고, 의미의 생산이자 직관이며, 가장 심층의 의미에서 '만드는' 것과 '보는' 것이다. 이와 같은 지향성의 애매함에 대해서는 『이념들 1』, 프랑스어판 p.xxx, 역자 주 1번 참조.

를 갖고 있기 때문이며, 자기 자신과 다른 것을 의미 지향하고(visent) 내포하고 산출하기 때문이다. 해명, 즉 드러내기, 어떤 논리에서 분석적 행위로 간주될 명시는 여기서 이 논리를 토대 짓는 존재론적 혹은 초월론적 의미에서 종합이다. 그러나 이 종합이 드러내는 것인 한에서, 이것은 선험적으로 행해진다. 이 종합이 종합이기 위하여 이것은 산출적이고 발생적인 것이어야 하며, 이것이 우리에게 의미 있는 종합으로 나타나기 위해서는 선험적이어야 한다. 그렇지 않고서는 이러한 종합은 어떤 의미도 제시하지(présenter) 않고 그 자체로 인지될 수도(connaissable) 없을 것이다. 한 계기에서 다른 계기로의 모든 이행은 기적, 역사에의 예외, 전대미문의 새로움의 형태를 취할 것이고 발생이나 종합은 실재적 생성이 아니라 시간의 폭발과 징발(expropriations)일 것이다. 흄을 논박하며 칸트는 지성의 선험적 형식의 개입이 없으면 모든 판단은 그 필연적 성격을 잃는다는 것을 잘 보여 주었다. 여기서 역사적 분석에 들어가지 말고, 단순히 칸트가 수학적 질서의 판단만을 '선험적 종합'으로 규정짓는다는 것에 주목하자. 이 판단은 정확히 발생을 벗어나는 것들이다. 최소한 칸트의 관점에서 그것들의 종합은 '실재적'[17]이지 않다. 그러한 판단들이 실제 역사적 경험에서 탄생하지 않고 이 경험에 의해 '구성'되지도 않는 한에서, 이것들은 '선험적'[18]이다. 어떤 점에서, 칸트 철학에 있어서 경험적인 것과 선험적인 것은 상호 배제한다. 모든 발생의 의미는 현상적 의미이다. 발상은 절대적 검증이 아니다. 이것은 따라서 실재적 발상이 아니다. 경험적-발생적인 모든 판단의

---

17) 수학에서 시간은 허구일 뿐이다. 종합과 수학적 발견은 수학자의 기질의 우연성에 의해서만 시간에 기입될 것이다. 한마디로 수학의 시간은 심리학적이고, 모든 학술 작업은 이미 행해진 종합을 '다시 행'하고 어떤 지속을 '재생산'하고 발생을 제한하는 데 있을 것이다.
18) 『이념들 1』, 프랑스어판 p.xxx, 역자 주 1번.

의미는 구성(construction)의 대상이고 따라서 정의상 의문의 여지가 있는 것이다. 우리는 어쨌든 이 지점에서 헤겔의 칸트 비판[19]이 후설적 전망을 예고하는 그 정확성에 놀란다. 그 이유는 실재의 '현상적'이라 불리는 경험이 선험적 종합에서 배제되기는커녕, 모든 경험과 경험의 모든 의미를 가능케 하는 것이 바로 (예를 들어서 아주 일반적으로 사유와 실재, 감관과 감성의) 선험적 종합[20]이기 때문이다. 모든 가능 경험의 실재적 원리로서 이 기원적 종합의 착상이 초월론적 의식의 지향성의 착상과 밀접하게 관련되어 있다는 것은 너무나 분명하다. 헤겔 사유와 후설 사유 사이의 어떤 유사함의 기이한 깊이를 우리는 자주 체험해야 할 것이다. 지금으로서는 바로 이두 사유의 조망에서만 실재적 발생의 문제가 제기될 수 있다는 것을 확인하는 것으로 만족하자. 이 '실재적' 발생은 종합이다. 반면 칸트에게서 종합은 그 자체로, 때로는 수학적 이성성의 세계에서 완벽히 지성적이고 선험적으로 필연이지만 '비실재적'[21]이고 비시간적이거나, 때로는 경험적 생성에서 실제적(effective)이고 시간적이나 후험적으로 우연적이고 의문의 여지가 있는 것인데, 지향성의 의문의 여지가 없는 기원적이고 근본적인 경험은 '비판적' 태도를 전복하며 선험적 종합을 역사적 생성의 한가운데에 기입한다. 그러한 선험적 종합이 모든 경험에 대한, 또한 경험 속에

---

19) 헤겔의 『믿음과 지식』(*Glauben und Wissen*) 여러 곳(G.W.F.Hegel, *Werke in zwanzig Bänden, 2: Jenaer Schriften, 1801~1807*, Frankfurt, Suhrkamp, 1970, pp.287~433. 프랑스어판 Marcel Méry trad., "Foi et Savoir", *Premières publications*, Paris, Vrin, 1952, p.191 이하).

20) 최초의 경험과 혼용되는 구체적 선험의 후설적 개념과 이것의 칸트주의와의 대립에 관해서는 G.Berger, *Le Cogito dans la philosophie de Husserl*, Paris, Aubier-Montaigne, 1941, §VI, pp.121~126과 Tran-Duc-Thao, *Phénoménologie et matérialisme dialectique*, 1951, I, §6, p.54를 참고하라.

21) 말하자면, 칸트에게서 직관적 내용에 대한 참조 없이 이루어지는 것을 의미한다. 우리는 여기서 후설과는 반대 입장에 있다.

서, 경험에 의해 내맡겨져 있는 기원적 토대이다. 종합으로 고찰된 발생의 문제의 이해관계이자 어려움은 바로 다음과 같다. 발생의 의미 혹은 존재의 절대적으로 기원적인 토대가 위와 같은 발생 속에서 그리고 어떻게 발생에 의해 내포될 수 있을 것인가? 모든 종합이 선험적 종합에 토대를 두는 것이 사실이라면 발생의 문제는 이 선험적 종합의 의미의 문제이고, 이 선험적 종합이 모든 가능 판단과 경험의 원천과 토대에 있다면 우리는 무한정(indéfinie) 변증법을 향하여 [이미] 복귀한 것이 아닌가? 어떤 토대의 기원성이 어떻게 선험적 종합일 수 있겠는가? 어떻게 모든 것이 복잡화[자체]에 의해 시작될 수 있겠는가? 만약 모든 발생과 모든 종합이 선험적 종합에 의한 구성으로 복귀한다면, 선험적 종합 자체는 이것이 구성적, 초월론적 그리고 기원적인 것으로 일컬어지는 경험에서 나타날 때 항시 '이미' 의미를 취한 것이고, 항시 정의상 '이미' 또 다른 종합에 의해 구성되어 이런 식으로 무한히 나가는 것이 아닌가? 만일 현상학적 기원성이 우리가 역사적 '원초성'(primitivité)이라 부를 수 있는 것에 의해 선행된다면, 어떻게 현상학적 기원성이 의미의 일차적 구성을 절대적으로 요구할 수 있겠는가? 이 원초성이 기원적 구성에 의해서만 그 자체로 나타난다는 것을 우리는 말해야만 한다. 이 변증법의 모든 지양에는 어떤 신비화가 있지 않은가? 이 변증법의 철학적 주제화[22]를 그 초월론적 구성의 기원성, 지향성, 지각

---

22) 이 무거운 어휘를 우리는 자주 사용할 것이다. 다시, 바로 발생의 착상이 이것을 정당화하는데, 주제화는 연구 대상에 결부됨에도 이 대상을 창조하지도, 구성(construction)에 덧붙이지도 않는다. 주제화는 이미 현존하는 주제의 타이틀로 대상을 예고하고, 대상에 의미를 주면서 이것을 기술한다. 이것은 또한 직관이자 산출인 동시에 예고이자 발상인 지향적 행위와 초월론적 발생의 의미를 표현한다. '주제화'라는 단어는 이 본질적 모호성을 충분히 잘 설명하는 것으로 보인다.
　　발생의 '주제화'의 모순에 관해서는 이 책 3부 1장 p.177[229쪽] 이하 참고.

으로 복귀시키면서 우리는 우리가 지양한 것으로 자부한 형식주의 속으로 다시 떨어지는 것은 아닌가? 현상학적이고 초월론적인 기원적 시간성은, 오직 표면상으로만 '자연적' 시간으로부터, 초월론적 의식과 무관하게 이 의식을 선행하고 에워싸는, '시간화하고'(temporalisante) 구성하는 것이 아닌가? 후설은 특히 그 생애 말년에 전혀 이의를 제기하지는 않았을 것이 다. 아마도 그의 모든 최후의 노력은 이 새로운 관계를 현상학에 동화시킴 으로써 현상학을 구하기 위한 것이었을 것이다. 어쨌든 이제부터 확실한 것은 바로 적어도 형식적인 선취에 의해 항시, 선험적 종합에 토대를 둔 모 든 의미가 기원적으로 나타나고 나타내진다는 것이다. 발생의 절대적 의 미가 어떻게 '기원적인' 동시에 '선취된' 것일 수 있는가를 아는 문제는 미 정으로 놓아두자. 이 선취가 그러한 것으로의 미래에서, 혹은 아니면 기원 적 현재(présent originaire)와 선취된 미래에 의해 항시 재구성된 과거에서 행해지든 간에, 이러한 선취는 그 의미가 어떻든 모든 가능 의미의 나타남 에 항시 필요 불가결한 것이다. 이 선취 없이는, 우리의 원래 주제에 국한하 건대, 모든 철학사 연구가 고갈되어서 다양한 텍스트 심급으로 분산될 것 이다. 한계적으로 이 다양성은 다양성으로 나타날 수조차 없고, 즉 관계성 (relationalité)으로서가 아니라 오직 불투명한 문자성(littéralité)의 혼란으 로서만 나타날 수 있을 것이다. 모든 이해는 어떤 점에서 자신과 다른 것으 로 향하는 관계이자 지양이다. 그러나 역으로 모든 선취는 후설 담론의 역 사적 텍스트성 혹은 최초의 철학적 의미로부터 실행된다. 우리 연구의 실 재적 시작을 결정하는 것의 불가능성 속에서, 발생의 철학의 모든 어려움 들이 함축적으로 드러난다.

사실상 항시 일정 정도의 선취가 필연적이라면, 말하자면 항시 미래 가 현재와 과거에 선행한다면, 결과적으로 일정 정도의 함축이 항시 은폐된 상태라면, 그것들에 본질적으로 의존하고 있는 이해와 의미작용은 언제나 과거의, 과거의 미래의, 미래의 과거의 미규정적인 것에로 되돌려 보내지고, 따라서 그것들의 절대적 토대와 근본적이고 기원적인 유효성을 박탈당하는데, 이로부터 이해와 의미작용이 결정적으로 매우 위태로워질 수 있다. 그런데 발생의 철학은 철학적 존엄을 자부하기 위해서는 무조건적 토대에 도달해야만 한다. 그러나 진정으로 발생적이고 현상학적이 되기 위해서는 발생의 철학은 또한 토대의 조건성을 왜곡 없이 기술해야만 한다. 다시 말해, 가장 넓은 의미에서, 그리고 가장 기원적인 의미에서 토대 자체의 경험을 포함하는 것으로서 간주된 경험의 생성 속에서의 의미들의 분출을 기술해야만 한다. 우리는 다음과 같은 초월론적 발생의 막대한 어려움을 발견한다. 절대적 토대 자체가 그 발생적 나타남에서 기술되어야만 한다는 것이다. 자신의 과거를 함축하고 자신의 과거에 함축되면서도 절대적 토대는 우리가 '결론이 그 전제에 의거한다'(dépend)라거나 '결과가 원인에 의거한다'라고 말하는 의미에서 과거로 환원되거나 과거에 종속(dépendant)되어서는 안 된다. 여기서 원인의 의미를 그러한 것으로서 구성하는 것은 결과이다. 시간성이 단순 '요소'의 자격으로 통합될 인과적 설명과 분석으로 발생적 개념이 귀착된다면, 이는 일반적으로는 모든 이해의 토대를, 개별적으로는 자신의 이해의 토대를 무너뜨린다. 동일한 이유로 발생적 개념은 순전히 내포적일 수 없는데 자신의 고유한 발생적 생성의 창조적이고 종합적인 특성을 모를 것이기 때문이다. 이 두 가지 경우에 발생을 순전하고 단순한 전개와 드러남으로, 혹은 자연이나 본질의 계열에서의 항상적이고 연속적인 명시로 환원하는 것은 착오일 것이다. 순전히 내포적인 태도 앞에서 역사는 순수 이상성(idéalité)이나 순수 목적성(finalité)이 될 것이고, 설명적 태도 앞에서 역사는 질료적 사실성(facticité matérielle)이기만 할 것이다. 예를 들어 보자. 한편 역사의, 자연적 시간의 어떤 순간에 인간은 이러저러한 객관성의 잠재태로 진입하는데, 이것이 발생의 철학에 통합되기 위해서는 자신이 아닌 것의, 예를 들면 '공유적' 혹은 '물활론적'[23] 등으로 일컬어지는 태도의, 중단 없는 연속으로 나타나야만 하고, 그 역사적 착근에서 포착되어야 하며, 객관성의 부재에서 그 대립항으로의 역사적 이행이 역사적으로 이해되어야만 한다. 그러나 다른 한편 이러한 이해에 도달하기 위해서는 초월론적 자유, 역사와 관계하여 근본적 자율로서 주어지는 경우에만 그 현상학적 의미에 그 자체로 합치하게 될 이 객관성의 잠재태를 사용해야만 한다. 이러한 자율 없이 그 객관성의 가치는 정확히 그 역사적 결정들에 의해서 의문의 여지가 있는 것이 될 것이다. 그렇다면 진정으로 발생적인 현상학은 어떻게 모든 역사철학이 그 사이에서 동요하는 이 두 유혹을 넘어설 수 있는가? 한편 혹자는 이 객관성의 과거를 객관성을 향한 단순 발자취로서 혹은 다시 이 객관성의 '호소'로서만 기술하는데, [이 경우에] 이 객관성은 오래전부터 역사에 '이미' 현존하고, 은밀하게 활동하면서, 우리는 그러한 객관성을 그 자신의 현상학적 도래에 앞서고 그것을 준비하는 것으로서 볼 것이다. 따라서 역사에 이성적 목적성과 의미를 선험적으로 도입하기를 피하기 위해서 우리는 다른 유혹에 굴복하게 된다. 이는 객관성의 현상학적 도래와 그 나타남의 역사적 사건을 절대적으로 구별하여 대립시켜야만 한다는 것인데, 이 분리에서 출발하면 우리는 발생이 모든 현상학적 의미가 박탈된 순수 우연

---

23) 후설은 생애 말년에 우리가 여기서 예로 인용하는 원시적 심성의 문제에 많은 관심을 가졌다. 많은 수고가 레비-브륄(Lucien Lévy-Bruhl)의 작업을 소재로 삼는다. 레비-브륄에게 보내는 미간행 서한(1935년 3월 11일)과 수고 그룹 F 참고.

적 사건으로 환원되는 두 가지 유형 사이에서 동요하게 된다. 즉, 어떤 때는 객관성이 역사적 결정에 관계한 자유를 전제한다는 구실하에, 그리고 이렇게 그 현상학적 의미를 존중한다고 여기며, 우리는 도래를 유일한 본질적인 것으로 간주한다. 또 다른 때는 이 자유가 그것을 매 순간에 산출했고, 산출하는 해방의 역사적 행위 없이는 아무것도 아니고, 객관성과 자유가 자연의 역사 속에서 그리고 이것에 의해 '구성된다'라고 간주하며, 우리는 사건을 유일한 실제적 실재로 삼는다. 이 두 가지 경우에 우리는 후설 현상학의 가장 진정한 지향에 불성실한 것이 아닌가? 한편 우리는 구성된 자연을 구성하는(constituante) 자연으로 삼으며 '세속적' 철학, 심리주의 그리고 역사주의라는 암초를 만난다. 다른 한편 우리는 초월론적 환원과 본질직관을 현존(existence)의 순수 단순 부정으로 삼는다. 후설 현상학은 이러한 양자택일의 지양에 대한 실재적 가능성을 우리에게 제공하지 않는가? 그러나 후설 현상학은 이 두 축 사이의 항상적 동요가 아닌가? 우리는 이에 관해 논의할 것이다. 이 패러독스 혹은 이 변증법을 수용하고 지양할 때에만 위와 같은 동요를 피할 수 있다는 것을 이제 우리는 아는데, (우리의 경우에 한하건대) 객관성의 잠재태는 그것이 역사 속에서 그리고 그것의 진정한 의미에 따라 우리에게 나타나는 대로 성실하게 기술된 것일 때, 발생을 벗어나고 근본적으로 발생을 초월하며 본질적으로 발생으로부터 해방된 발생적 산물에 다름 아니다. 이 잠재태의 착근과 새로움은 서로 환원 불가능하다. 이를 확장시켜 논의하면, 발생의 철학은 역사주의나 심리주의로 추락함이 없이 철학의 발생으로 즉각적으로 전환되어야 한다. 발생의 철학은 철학으로서의 자신의 토대를 발생에 두고 있어야 하는데, 이를테면 철학의 역사적 의존으로부터 철학의 영원한 무능이라는 결론을 끌어낼 수 있는 일체의 회의주의로부터 벗어나야만 한다.

그러나 여기서 문제는 형식적으로 제기된 것이고, 변증법적 기술은 이 어려움을 결코 해결하지 못했다. [그렇다면] 이 변증법 자체는 구성된 개념들로부터, 이미 구성된 세계로부터 이루어진 것이 아닌가? 최종 심급에서 그 스스로를 기원적 구성의 단순성으로 돌려보낼 바로 그 구성된 세계로부터 말이다. 어떻게 철학이 자신과 다른 것에 의해 발생되면서도 여전히 기원적인 자율을 자부할 수 있겠는가? 철학을 구하기 위해, 철학은 철학에 의한 철학의 발생이 되어서는 안 되는가? 그러나 이러한 가설에서, 우리는 '범논리주의'에 아주 가깝게, 실재사(實在史)를 오직 철학적 목적론의 하녀의 상태로 환원하고 지향성의 기원적 경험, 세계의 초월, 이타성, 실제적 시간성 등등에 관하여 현실성 없는 가상을 행할 '범철학주의'에 도달하게 되는 것은 아닌가? 그러나 변증법은 여기서 약간 다른 형태로 재탄생할 뿐이다. 왜냐하면 모든 발생의 이율배반이 순진하거나 '세속적'이라면, 즉 그것이 복귀함으로써 변증법을 중지시키는 초월론적 의식작용에 의해 이미 구성된다면, 우리가 그쪽으로 향해 옮겨진 초월론적 발생 자체는 구성된 형식 논리에서 그 자체를 고려하지 않기 위해, '지성'이나 순수'이성'의 산물이 되지 않기 위해 초월론적 발생 속에서 구성되는 존재론과 **현실적으로**(réellement)[24] 섞여야 한다. 사실상 우리가 초월론적 의식의 발생을 (의식에로의 초월 속에서) 자기 자신에 의한 존재의 발생과는 다른 것으로 여기자마자, 우리는 초월론적 의식을 주제화된 실재 자체로, 존재에 대해 구성된 실재 자체로 삼게 된다. 이로써 우리는 재차 심리주의에, 세속적 철학에 빠지게 된다. 그러나 반대로 초월론적 의식과 이것들의 산출을 가로질러 그 자체로 생기는 것이 존재이고, 변증법이 의식에 제시되기 전에

---

24) 이 단어는 여기서 앞서 p.3[15쪽]에서 인용된 어떤 한정도 갖지 않는다.

존재 내에서 실행된다면(우리는 여기서 지향성-반영intentionnalité-reflet[25])과 이것들의 모순에 아주 가깝다), 우리는 우리가 서두에 언급했던 그대로, 발생의 난점으로 다시 떨어진다. 이러한 관점에서 우리는 발생의 기원적 의미로의 모든 접근이 금지될 과학주의를 촉진시킬 수 있을 뿐이거나, 그것의 역사적 실제성으로부터 단절된, 더 이상 발생'의' 의미가 아닌, 이러저러한 경우의 의미작용을 기원적 의미로서 주장하는 것을 실체화할 수 있을 뿐이다. '순진한' 과학주의이든 실체주의적 형이상학이든, 우리는 항시 같은 결과에 도달하는데, 이것은 우연한 경우가 정녕 아니라 공통의 함의의 직접적 결과이다. 이를테면, 두 다른 길에 의해 같은 심리주의로 이끌어지는 초월론적 지향성의 동일한 부정이다. 의식과 의미들을 하나의 순수하고 단일한 역사적 내용으로 삼기 위해서는, 이에 대해 사전에 지향적 기원성을 무시했어야만 하고, (바로 그곳으로 우리가 초월론적 의식을 환원시키기 원할) 존재의 향함과 이것의 '명증성'을 주관성의 심리학적·자연적 내용 속에 봉쇄해야만 했다. 외관상으로 기원적인 의미를, 자기 충족적이면서도 어떤 객관적이고 자연적인 역사도 참조하지 않는 절대로 삼기 위해서는, 이를 자기 자신에게서 종결되는 '즉자'의 모든 충만함과 더불어 '의식의 내용'으로 삼아야 한다. 이 문제는 어렵다. 초월론적 지향성과 모든 기원성에 결속된 절대를 화해시키는 것이 중요할 것인데, 초월론적 지향성은 단 한 번의 작용에서 기원적인 초월론적 주관성과 그것이 구성하는[26] 초월하는 '존재 의미'를 통일시키기 때문에 변증법의 본질이다. 한마디로 우리가 후설에 제기할 질문은 다음과 같은 것이 될 수 있을 것이다. 변증법과 비변증

---

25) 혹은 순전히 수동적인.
26) 능동성과 수동성.

법의 절대적 변증법을 그 존재론적 가능성과 의미에서 (동시에) 토대 짓는 것이 가능한가? 이 질문에서 철학과 존재는 서로 결정적으로 소외됨이 없이 혼합될 것이다.

주제의 발생: 불충분한 두 해석

우리 문제틀의 대강과 큰 발걸음을 예시하기 위하여, 우리는 발생에 대한 모든 철학적 이해에 의해 제기된 어려움들에 도식적이고 단정적인 암시를 막 했던 참이다. 이러한 어려움들은 역사적 특이성 자체 내에서 후설 사유의 진화에 결부되기를 원하는 연구의 핵심에서 다시 나타나게 될 것인가? 이런 측면에서 위 역사적 특이성은 끊임없이 접근하고 더욱더 '생성' (devenir)을 포괄하면서 '생성하는' 철학으로서 우리에게 제공된다. 그런데 진정한 의미에서 발생의 두 가지 환원인 이 생성에 대한 두 가지 해석이 있다.

우리가 우선 순전히 '분석적'인 것으로 정의할 전망에서는, 발생의 전면적인 측면이 강조되기 쉽다. 후설에서 발생 개념의 단계적인 주제화, 경험적 발생에서 초월론적 발생으로의 이행, 한마디로 발생적 주제의 모든 발생이 불연속 계열의 쿠데타로, 이전 계기들이 추월되고 포기될 절대적 계기들의 연속으로 환원될 것이다. 이처럼 예를 들면, 초월론적 주관성의 체험에로의 복귀, '구성적' 연구, 초월론적 환원, 간단히『이념들』의 관념론으로 불려도 적합한 모든 것이『논리 연구』의 자칭 논리주의적이고 '플라톤주의적' 실재론을 전복할 것인데,[27] 논리주의 자체는『산술철

_____

27) 출간된 저작들이 주제들의 연대기에 적합한 것으로 보일지라도, 주제들이 미간행물에 뒤얽

학』(*Philosophie der Arithmetik*)의 심리주의의 순수하고 간단한 부정이었다.[28] 마찬가지로 보다 역사적인 형태의 연구들, 초월론적 상호주관성, 초월론적 발생, '생활세계'(Lebenswelt), 선술어적인 것 등의 주제화는 '자아'의 학설을 절대적인 모나드적 주관성으로 확정적으로 선고할 것이다. 이 가설에는 캐리캐처적인 것이 있다. 그러나 비정상적이나마 이것은 많은 경우에 정식화되어 있거나 함축되어 있다. 자신의 실제적 내용에서 허구적이고 강제된 것으로서의 이러한 예시는, 발생의 어떤 개념의 형상적 의미로 우리를 인도한다. 이러한 발생의 개념은 순수하게 현상학적인 의미인 특유한 순수성을 발생의 산물로부터 보전하기 위해, 발생의 산물을 그것의 역사적 과거로부터 고립시키고, 그것의 발생의 작용으로부터 단절시키며, 사실상 극단적으로 어떤 것 '의' 부정으로서 제기되지조차 않을 부정은 '망각'이 될 것이다. 이렇게 되면 우리는 실재적 발생의 그 모든 경험적-역사적 사실성으로부터 박탈당한 순수 이념적 잔류의 존재와 마주하게 된다. 우리는 한계적으로 이 지성적 순수 산물만을 인지할 뿐인데, 이 산물은 모든 시간적 체험에서, 모든 상관적 작용으로부터 근절되고, 자신의 맥락에서 절연되어 그 자신만을 가리키며 추상으로, 그 뒤에 아무것도 투시되지 않는 투명성으로 환원되어 순수 불투명성 혹은 밀도 없는 외관으로 변색된다. 이것은 순수 의미이고 바로 이 한도 내에서 아무것도 의미하지 않는다. 순수성의 절대는 항시 그 반대로 변형되거나, 보다 정확하게 순수는 두 반대항의 분석적 동일성인데, 전적으로 미결정적인 이러한 순수는 동

히는 상황은, 어떤 문제의 탄생이나 사라짐을 엄격히 결정하는 것이 절대적으로 불가능할 정도이다.

28) 보다 나중에 p.35[58쪽] 참고.

시에 형식이거나 순수 의미작용이며, 지성적 절대이자 순수 불명료함, 전체적인 부조리이다. 예를 들면, 초월론적 환원, 순진한 태도의 전복과 재시작은 완전히 지성적이기 위해서 그의 실제적 존재에서 그를 향해 나아갔던 모든 역사를 말소하고 박탈해야 한다. 초월론적 환원은 그의 현상학적 가치에 답하기 위해서, 초월론적 자유의 작용으로 나타나기 위해서 그러한 작용에 "동기를 부여하는"[29] 것으로 보일 수 있는 모든 것을 중단해야 한다. 그러나 자신의 '비동기화' 자체에서 지성적이 되고, 지향적 기원성으로 주어지기 위해, 역설적인 것은 이러한 지향적 기원성이 자신의 활동성 자체에서, 있었던, 그리고 실제적으로 '이미 거기에 있는'(déjà là) 어떤 것'의' 환원이기를 원한다는 것이다. 한편 초월론적 의식에 선행하는 세계의 현존을 괄호 쳐야만 하고, 다른 한편 이러한 환원 속에서, 현상학적 태도에 어쨌든 연대기적으로 항시 앞서는 것으로 보이는 순진한 태도를 변경해야 한다(이 선행성과 이 연대기의 의미가 우리가 앞으로 보겠지만 우리의 발생의 모든 문제들을 결정할 것이다). 확실히 후설 이후에,[30] 자연적 태도는 환원 이후에만 본연 그대로 이해될 수 있음을 우리는 수긍할 것이다. 그러나 이 인정은 바로 환원 불가능한 역사적 선행성의 인정이 아닌가? 그리고 환원을 순진한 의식의 순수 가능성, 의식에서부터 현존하는 잠재성으로 삼을지라도, 의식의 자연적 기원에 의해 우리가 이해하는 것을 명확하게 해야 하지 않을까? 그에 따라 하나의 '순수 가능성'이 자연적 의식의 활동성에 의해 지탱될 수 있는 양태를 보다 잘 결정하는 것이 필수적이지 않을

---

29) 환원의 이 '비동기화'(immotivation, Unmotiviertheit)에 관해서는 Fink, "Die phänomen-ologische Philosophie Edmund Husserl in der gegenwärtigen Kritik", p.346 참조.
30) 예를 들면 항상 후설의 동의하에 발표하는 핑크의 이미 인용된 논문에서.

까? 이 자연적 의식은 환원의 '기원적' 태도와 관련하여 다시 말하건대 '원초적'이다. 그런데 후설이 항시 이해했던 대로의 초월론적 환원은 ── 모든 오해에도 불구하고 ── 결코 이러한 '원초성'의 부정에로 향하지 않았다. 단지 이러한 초월론적 환원은 본질에 접근하기 위해 그것의 현존 속에서 원초성을 '중단'하는 것이다. 그러나 이것은 어떤 본질과 관계하는가? 있는 그대로의 현존(existence)의 본질이 있는가? 우리의 논의에서, 이러한 발생의 현존 자체와 뒤섞이지 않을 실재적 발생의 본질이란 무엇인가? 그 자체로서 순수하고 단순한 현존[31]의 본질일 수 있는 것을 포착하는 것이 어려운 것처럼, 생성의 모든 본질이 일정 정도 이 생성의 반대인 것처럼 보이는 것은 마찬가지이다. 바로 이것이 우리에게 매우 자주 부과될 아주 고전적인 시각이다. 후설의 주제들에서 발생의 '의미'를 파악한다는 것은, 어떤 방식으로는 이러한 주제들의 생성을 부정하는 것이 아닌가? 그것들을 연속된 통일체로, 안정적인 항구성으로 나타나게 하기 위해서, 아니면 심지어, 역으로 원초적 시간의 변치 않는 연속성으로부터 벗어나는 한에서 그러한 것들로 나타날 뿐인 불연속, 단절들의 연속, 균열들 혹은 변환들을 나타나게 하기 위해서 말이다. 원초적인 것과 기원적인 것의 신비스러운 최초의 변증법 없이, 원초적인 것에서 기원적인 것으로의 환원과 현상학적 태도로부터의 순진한 태도의 발생(관념론을 가장 덜 수용하는 형식으로 우리를 이끄는 것[32]) 혹은 최초적인 것에서 모든 위엄을 박탈할 단순 '진화'의 역(simple "évolution" inverse)을 고찰해 볼 필요가 있다. 앞서 말한 두 가지 경우에 초월론적인 것과 경험적인 것의 구분은 우리를 피해 가고,

---

31) 그것의 선술어적인 측면에서.
32) 고백하건대, 모든 이러한 경향들은 후설 자신에게서 다소간 명백하게 나타난다.

그러한 구분과 더불어 절대적 토대에 대한 모든 희망도 함께 멀어진다. 후설 사유에서 그러한 생성을 검토하는 것이 우리에게 줄 수 있는 의미는 변증법적이기만 할 따름으로 보인다.

우리는 이 예시를 통해, 모든 발생적 해석 일반으로서 발생의 창조적 혹은 '전면적' 측면에만 결부될 후설 사유의 발생적 해석이 발생을 시간적이지도 비시간적이지도 않은, 역사적이지도 초역사적이지도 않은 절대적 단초들의 무한한 다수성으로 분산시킬 것임을 보게 된다. 이 해석은 모든 발생이 함축하는 것과 발생이 그 토대의 하나인 존재의 연속성, 시간, 세계에의 본질적 착근으로 끊임없이 가리키는 것을 철폐한다.

한 사유의 모든 동역학적 연속성을 관념적으로 원본적인 의미들의 점괄적 계열로 환원하기 때문에 기원에 순전히 분석적인 위와 같은 관점은 그것이 분석하고 있는 실재적 운동에 직면해서는, 기계적으로 서로 보태지고 병렬되면서 순수하고 비지성적인 종합의 연속에 다다르게 된다. 순수 분석 — 즉 자신에게 이미 주어진 본질적 필연성에만 오로지 토대를 두기에 선험적인 — 과 순수 종합 — 우선 상호 외부성 속에서 주어진 계기들을 함께 그리고 사후적으로 연결하기만 하기 때문에 후험적인 — 은 실제적 발생에 대한 동일한 추상적 비결정과 동일한 몰이해에서 다시 서로 만나고 상호 확인된다.

어떤 점에서는 이 분석적 방법이 후설적 원리들에 충실한 것으로 보일 수 있을 것이다. 우리가 이것을 그 안에 가둔다고 주장하는 변증법이 우리를 모든 개념적 변증법으로부터 해방시키는 변증법적 의미의 기원적 포착을 전제하지 않는가? 의미와 본질을 향함은 분석과 종합의 모든 대립을 넘어서거나 그 대립의 이편에서 행해지지 않는가? 사실상, 본질의 기원성과 이념적 객관성을 왜곡하는 것을 피하기 위해서, 우리는 그것의 고유한 순수성이 아닌 것 속에 본질을 뿌리내리게 하며, 본질을 개념 혹은 '사실'과 혼동하는 것을 염려하는 것이다. 순수한 사실성과, 구축된 개념 혹은 심지어 본질 사이의 구분[33]은 후설에서 근본적이다. 따라서 여기서 '의미'의 현상학적 나타남에 충실하게 머물러야 할 것이다. 개념적 구축을 가지고 이것을 설명하는 것은 우리가 구축하려고 하는 것을 이미 전제하는 것이다. 단순한 사실성의 발생을 가지고 이것을 설명하는 것은 의미를 변질시켜 '있는 그대로의' 사실의 나타남을 불가능하게 만드는 것이다. 모든 의미를 하나의 개념으로 환원하거나 순전히 물질적인 발생의 산물로 삼는 것은 심리적[34] 주관성이나 물리적 사실성을 위하여 지향성을 부정하는 두 가지 유사한 시도이다. 한계적으로, 후설 사유의 이러한 변형이 개념적 체계의 조직 구성적인 필연성에 의해서 혹은 외부로부터 개념적 체계를 공격하는 경험적-역사적 결정에 의해서 후설에게 부과되었다고 생각하는 것은 심리학적이고 역사주의적인 구성주의(constructivismes)의 모든 비정합성에 매몰되는 것이 아닌가?

이처럼 '분석적'이라 일컬어지는 시도의 첫 지향은, 이것이 '의미'를 순수 역사적 질료성의 산물 혹은 심리학적 활동성의 구축으로 기술하기를 거부하는 것에 한해서, 이런 의미의 절대적 기원성이 위 지향에 의해 알려지고 존중되었던 것에 한해서, 후설의 근본적 지향에 충실한 것으로 나타날 수 있었다. 그러나 우리는 그렇게 쉽게 구성주의적 경험론을 넘어설 수 없다. 이것을 절대적으로 털어 버리길 원한다면, 우리는 훨씬 손쉽게 오염

---

33) 그러나 이 구분은 분리 불가능성과 변증법적으로 연대적이다. 특히 『이념들 1』, 1부 1장, §2, §4 참조.
34) 혹은 논리적.

의 위험 부담에 노출된다. 왜냐하면 지향과 의미의 모든 통일을 소외시키는 절대적 단초들이 가진 절대적 다수성의 불가능한 '개념화'[35]가 우리에게 선고되기 때문이다. 이렇게 되면 우리는 가장 악질의 연상주의에 강제되는 것이 아닌가? 끊임없이 그의 초고들에 다시 착수하고 고쳐 가면서 후설의 불안한 인내가 그의 연구에서의 모든 전개에서 보장했던 연속성을 우리는 하나의 순수 심리적 사건으로 무시할 수는 없다. 이것을 무시하는 것은 초월론적인 것과 경험적인 것 사이에 후설이 항시 받아들이기를 거부했던 '실재적'이고 '내용상'의 구별을 하는 것일 터이다. 절대적 충실성은 여기서 절대적 불충실성과 다시 만난다.

또한 우리는 관점을 절대적으로 전복시키며, 순수하게 '종합적인' 기원을 다룸에 있어서, 구성주의적 파편화와 병렬을 피하기 위하여 후설의 사유 전체를 단 하나의 운동에 포착하여 모으기를 바랄 수 있다. 이를 위해서는 의미의 통일에서부터 선험적으로 출발해야 할 것이다. 이러한 의미의 통일은 또한 지향의 통일이기도 한데, 이를테면 거의 반세기 동안의 후설 성찰이 보여 주고, 드러나게 하며, 염려 혹은 요구를 점진적으로 밝히면서, 『산술철학』에서부터 마지막 유고에 이르기까지 모든 저작에 걸쳐 생동적인 함축 혹은 기획과도 같은 지향의 통일을 의미한다. 예를 들면, 역사적-지향적 발생의 주제, 「기하학의 기원」에서 나타나는 '침전'과 '재활성화'의 이론들은 '내적 시간의식'에 관한 강의에서 기술된 '예지'와 '파지'의 변증법을 해명할 뿐이다. 발생은 드러냄일 것이다. 이러한 의미의 통일은 이것이 절대적으로 실재적이라면, 투명성, 즉 후설 사유의 절대적 이해 가능성을 보장할 것이다. 그러나 한계적으로, 바로 이 사유의 존재 자체에 관

---

35) 혹은, 더욱 정확하게는 '종합'.

해서 그것은 더 이상 아무런 설명도 하지 않을 것인데, 그 진행적 성격, 그 진술, 그 담론에 관해서 설명하지 않을 것이다. 이를 위해서는 추론적 전개를 직관적 통일에 대해 본질적으로 외부적인 사건에로 환원시켜야 할 것이다. 그러나 이러한 외부성은 우리로 하여금 어떻게 한쪽이 다른 쪽을 가리킬 수 있는지를 이해하는 것을 방해할 것이다. 후설의 실재적 언어는 순수하게 형성된 우연성에 의해, 우발적인 교육적 혹은 방법적 요구에 의해, 혹은 외부로부터 부과된 경험적 필연성, 예를 들면 심리학적 시간으로부터 부과된 경험적 필연성에 의해 있게 될 것이다. 『산술철학』에서의 어떤 심리주의로부터 『논리 연구』[36]들에서의 눈에 띄는 논리주의로의 완만한 이행, 이후 『이념들 1』에서 더 이상 심리적이 아닌 초월론적인 주관성에로 복귀는 그의 본질적 논리 내에서 이러한 필연성으로부터 독립적일 것이다. 우리가 기계론적 우연 혹은 —— 마찬가지로 —— 순수하게 수사학적 필연성에 부여할 것은, 최소한 어떤 의미에서는, 후설 담론과의 마주침에 의해 '시작해야'만 하는 객관적 시간의 그러한 결정된 계기로의 초월론적 환원의 상황일 것이다. 관념적으로 (이 낱말이 순수한 의미를 가질 수 있다면) 초월론적 환원은 항시 본질적으로 후설의 모든 과정의 함축에 현존할 것이다. 마찬가지로 '세속적' 의미에서 발생적 설명의 거부와 초월론적 발생에의 노골적 되돌아감을 분리하는, 30년간의 걱정스럽고 사적인 성찰을 우리는 관념적으로 철폐할 것이다. 우리는 '자아'로서의 절대적 주관성의 관념성으로부터 '자아'의 초월론적 친교 속에서 '타아'의 개입으로 가는 역사적 길을 결정적으로 괄호 치기 할 것이다. 절대적 연속성의 가설에서, 순수 '자아'의 지향성에 연계된 것으로서 『이념들』에 고안된 그대로의 객관

---

36) 특히 1권.

성에서, 초월론적 상호주관성을 객체의 의미[37]에 접근하는 마지막 조건으로 삼는 『데카르트적 성찰』(*Méditations cartésiennes*)에 기술된 그대로의 객관성까지 이르는 실재적 운동을 철폐한다. 마찬가지로 계속적인 드러내기의 유일한 내적 논리 혹은 유일한 현상학적 요구는 후설로 하여금 역사주의와 결별한 후 순전히 초월론적인 것으로 주어지는 새로워진 태도에서 '객관적 정신'[38] 등의, 정신의 역사적 세계에 대한 기술에 착수하도록 강제했다. 마침내 이는 토대들의 단순한 드러냄인데, 초월론적 시간성과 역사적 시간, 본질들의 순수 흐름과 선술어적 세계, 반자연주의와 '생활세계'로 이어지는 주제화들의 연속적인 골조를 따라 연결하는 토대들을 가리킨다. 발생의 절대적 의미는 알려지고 동화된 이 지점에서 발생 자체의 불필요성이 그 실재적 내용에서 현격하게 될 정도이다.

이 시각은 기원에서 대립할지언정 선례에 기이하게 유사하다. 이것들의 절대적 차이는 절대적 닮음이다. 바로 이것이 우리가 이 작업에서 매 순간 확인할 고전적인 변증법적 운동이자 원리이다. 모든 절대들이 동일한 비결정에서 서로 만난다. 절대적인 이타성이 절대적 동일성이다. 동일성이 단언되고 심화될수록, 존재를 자기 부여하고, 늘어날수록, 스스로를 규정할수록, 동일성은 스스로 차이화되며, 변화된다. 이타성이 그 본질에서 확인되고 진정화될수록, '변화하며', 변화함으로써 그것은 동일성에 근접한다.

여기서 후설주의의 모든 종합적 이해의 기획은 유일한 의미의 직관적

---

37) 게다가 1910~1911년의 수고들은 이 주제를 뚜렷하게 선언하는 반면, 『이념들 1』(1913)에서는 부재하다. 바로 이것이 출간된 저술에 의해서만 영감을 얻은 연대기적 오류의 가장 주목할 만한 예의 하나이다.
38) 특히 『이념들 2』, 3부 참고.

단순성으로 하나의 사유의 모든 담론적 복합성을, 그리고 분석적 정확함으로 그의 모든 풍부함과 그의 모든 종합적 전개를 선험적으로 환원해야만 했다. 이 개념화의 첫 의도는 또한 역사적 운동에로의 접근과 그에 대한 전체적인 이해 가능성, 즉 후설 현상학에로의 진입과 전체 이해 가능성을 준비하는 것이었다. 한 번 더, 이를 위해 우리는 그 변증법적 의미의 운동을 박탈한다. 조금 전에 단 하나의 개념의 단순성 속에 하나의 사유의 모든 '의미의 발생'을 깃들이기 위해 우리는 '의미'를 끊임없이 시간성의 바깥에서 분출하는 절대적 원천으로 삼으며 발생을 제거했다. 이제 우리는, 발생을 역사 속에 기입하기 위해 사후적으로 나온 도구와 같은 의미에 발생이 절대적으로 선행하게 함으로서, 발생을 제외시킨다. 첫 번째 시도에서처럼 우리는 변증법을 이처럼 피하기가 어렵다. 정반대로 변증법을 임의적으로 괄호 치기를 원하면서 우리는 그 어느 때보다 그것에 의해 결정된다. 완벽한 이해 가능성은 전체적 부조리로 바뀐다. 순수 종합, 즉 후험적 종합은 순수 분석, 즉 선험적 분석과 다시 만나는 것이다. 두 경우에 우리는 이해 가능한 의미 혹은 형식, 여기서 기원적 직관 혹은 절대적 단초들의 무한 다양성을 이것들의 역사적이고 질료적인 상관자들로부터 분리한다. 이렇게 되면 우리는 이것들의 형식적 기원성 속에서 과도하게 결정하기 위해 이것들을 상호 이해하기를 그친다. 우리는 단번에 주어진 분석적 의미로부터 한편으로 절대적 종합의 병렬을, 다른 한편으로 실재적·종합적·역사적 전개를 이해 불가능한 것으로 만들 것이다.

그러나 두 시도 사이의 유사함은 훨씬 더 주목할 만하다. 첫 시도에선 구성주의를 피하기 위해 우리는 거기에 결정적으로 도달하도록 강제되었다. 그 환원 불가능한 자율 속에 기술된 의미들을 그 다수성 속에서 연상하고 이해해야 했다. 후설의 전체적이고 역사적 사유를 그 '요소들'로부터 재구축해야 했는데, 이 요소들은 우리가 즉자적이고 전적으로 이해 가능한 것으로 원했기에 상호 폐쇄되고 불투명한 것이 되었다. '종합적' 해석에서는 의미의 기원적 통일이 역사적이지 않았다. 정의상 이것은 후설 사유의 연대기적 출발점과 혼동되지 않을 것이다. 그런데 저술의 어떤 순간에 명백히 드러나는, 기원적 직관의 연대기적으로 부차적인 나타남인 의미를 발견해야만 했다. 이러한 기원적 직관으로부터 우리는 의미 있는 전체성을 재구축하기를 주장한다. 그런데 한편, 이 재구축은 후험적 재구축의 모든 위험을 제시한다. 다른 한편으로 특히, 이것은 후설의 진전의 어떠한 계기로부터도 행해질 수 있다. 이런저런 주제, 이를테면 범주적 직관, 본질직관, 형상적 환원, 초월론적 환원 등의 주제에 호소한다면, 함축과 결과의 드러냄에 의해 후설 현상학의 의미의 전체를 되찾는 것이 항시 가능하다. 그러나 이 실행은 어떤 연대기적 계기로부터도 행해질 수 있고, 여기서 선택은 자의적이다. 왜 이러한가? 자연적 시간의 '연대기'가 그 '기원적' 의미와 관련하여 구성되고, 이차적이라는 구실하에 우리는 이러한 기원적 의미가 연대기로부터 독립적이라 생각하기 때문인데, 우리는 후설 그 자신에서 본질의 '기원성'이 '선술어적' 세계의 원초성, 의미의 출현[39]의 기체(基體)에 토대를 두고 있음을 이처럼 망각하는 것이다. 자의적으로 이런저런 후설적 주제를 선택하여, 후설의 '체계'의 전체를 정의하기 위하여 모든 방향으로 확장하면서, 우리는 더 이상 우리 앞에 본질이 아니라 개념을 갖는데, 이 개념은 더 이상 실재적 기체 ── 여기서는 저작의 연대기적 계기 ── 가 아니라 논리적 혹은 심리학적 구축을 가리킨다. 본질은 더 이상 어떤 것의 본질이 아니라 추상적 개념이다. 따라서 어떤 정확한 계기의 사실성도 '그

---

39) 이것은 무엇보다도 수고 그룹 C, 그리고 『이념들 1』 이후의 저작들에서 나타난다.

의' 의미를 부과하지 않음에, 어떻게 한 선택의 임의적인 것이 방향을 잡겠는가? 왜냐하면 선택은 불가결한 것이기 때문인데, 역사적 질료성의 몇몇 지점에의 지시를 우리가 우연적이고 인위적이라 주장할 것인 때도 그렇기 때문이다. 선술어적인 것, 하부 개념적인 것(l'infra-conceptuel) 혹은 '비본질적인' 것은 가장 강경한 본질주의를 와해시키지 않기 위해서, 짧고 눈에 띄지 않을지언정 우선 나타나지 않을 수가 없다. 바로 여기서 역사에 마주하여 절대적 자유 의지를 자부하는 것이 가장 최악의 예속으로 결정되도록 내버려진다. 후설 사유의 이런저런 역사적 계기에 어떤 본질적 특권도 주기를 원치 않으며, 우리는 마지막에 이르러서야 가장 좋은 출발점은 이 사유의 '최후' 상태임을 알게 된다. 그리고 우리는 우리가 '절대적으로' 본질화시키기 원했던 형성된 연대기에 이처럼 '절대적으로' 양보하게 된다. 이 계기로부터 우리는 개념적 실행의 규칙들, 이를테면 체계의 재구성, 실재적 운동의 후험적 재구축에 빠져드는 수밖에 없다.

확실히 그러한 태도는 어떤 의미로는 자기 역시 후설적이라고 주장할 수 있다. 사실상 후설 자신이 「기하학의 기원」에서 역사적-지향적인 방법을 수행하고 그것들의 기원적 의미에서, 의식의 역사적인 '최초의' 작용들을 '재활성화'하는 것을 주장하지 않는가? 『위기』에서는 여러 철학들의 역사적 사실성을 이것들의 은폐된 '동기', 엄폐되고 잠재적 의미를 발견하기 위하여 등한시할 것을 주장하지 않는가? 그는 초월 철학을 향한 모든 진전 속에서 베일에 가려져 있으며 동시에 현존하는 그것들의 이성적 지향만을 오로지 고수하지 않는가? 의심의 여지 없이, 이러한 시각은 역사주의의 위험을 피하는 것인데, 이 역사주의는 학설의 문자 텍스트성에의 엄격한 충실을 핑계로 이 학설에서 모든 의미를 박탈하고 어떤 미스터리에 의해 서로서로를 낳는 추상적 요소의 집합으로 변형시킬 것이다. 이런 의미에서

'우선' 어떤 철학의 '지향'을 감수할 것을 결정하지 않는다면, 우리는 실재론과 객관주의를 핑계로 접근 불가능한 본질로 무한정 향할 경험적 사건의 일군의 분산 전체와 조우할 것이다.

바로 이러한 위험에 대비하기 위하여 우리는 순수하고 '사전에 주어진' 의미로부터 후설 사유를 종합적으로 이해하기를 시도한다. 그러한 '방법'은 많은 결과를 낳을 것으로 보일 것이다. 그것은 우리에게 후설 사유의 '순수한' 연속성, 그 본질적 논리에의 접근을 제공한다. 아주 간략한 관점에서 그러한 방법은 어떻게 논리적 의미들의 객관성이 형식논리학의 관성과 이차성에 제한되지 않고는 자율적 논리주의에 의해 토대 지어질 수 없었는지를 우리에게 가르쳐 준다. 체험된 것에로의 복귀가 그 이후로는 필연적이었는데, 이러한 복귀는 동일한 난문에 걸려든 심리적 체험으로의 재추락이 아니라 기원적이고 초월론적인 '순수 체험'을 향한 재상승일 수 있었다.[40] 초월론적 환원은 따라서 시작부터 소환되거나 연루된 것이었다. 다른 한편, 자신의 주제화 이전에, 초월론적 상호주관성은 환원에 대한 최초 암시에서부터 제시되어야만 했는데, 이것 없이는 우리가 어떻게 여전히 유아론을 피하는 것이 가능했는지 그리고 세계의 '초월론적' 구성이 어떻게 이루어질 수 있었는지, 세계가 어떻게 자신의 이질성, 이타성, 그리고 초월성 속에서도 의식에 주어질 수 있었는지를 이해할 수 없었기 때문이다. 의식에 주어진 대로의 타자의 초월론적 구성의 기원성이 없이는, 세계

---

40) 『논리 연구』에서 『이념들』로의 이러한 이행에 관해서는 『이념들 1』, 프랑스어판 pp.xxvi~xxvii과 특히 후설전집 2권 Walter Wiemel ed., *Die Idee der Phänomenologie*: *Fünf Vorlesungen*, La Haye, Martinus Nijhoff, 1950에 비멜이 쓴 서문을 보라. 후자의 책의 프랑스어판은 A. Lowit trad., *L'idée de la phénoménologie (cinq leçons)*, Paris, PUF, 1970.

로 그리고 객관성 일반으로 기원적으로 스스로 '초월'할 수 없는 심리학적 지향성에 우리는 머무르지 않겠는가? 어떻게 자신에 폐쇄된 '세속적' 의식에 대해 발생이 가능할 수 있겠는가? 시간성 자체가 더 이상 창조적이거나 종합적일 수 없고, 이미 구성된 자연처럼 자기 자신의 무한정 분석일 것이다. '의식에 대한' 지속은 이로부터 불가능해지고, 초월론적 발생은 모든 가능 경험 너머를 가리킬 것이다.

그러나 결과적으로 우리는 우리가 출발했던 것으로 자부했던 분석적 동일성을 피해 간다. 그 완전성을 획득하기 위하여, 자기 완수를 위하여, 자아론적인 시간적 체험은 길을 잃고 역사적 담론에서 재발견되어야 했다. 이 체험이 자신의 진화의 역사적 내용으로 환원될 수 없는 것 말고도, 우리는 이것을 그것을 담지하거나 거기서 나오는 것처럼 보였던 발생적 종합에 동화시킬 수 없었다. 의미와 선술어적 기체의 기원적 변증법은 중단될 수도 극복될 수도 없었다.

발생과 환원들

상기된 두 가지 중요한 태도들이 깊숙이 공통적으로 갖는 것, 그것들을 행보와 실패에서 그토록 비슷하게 만드는 것은 실제적인 발생으로부터 그것의 현상학적 의미로의 환원이며, 역사적이고 개별적인 실존으로부터 가장된 개념에 불과한 소위 보편적 본질로의 환원이다. '세속적' 발생의 불충분함을 피하려는 의도에서, 그리고 모든 오염의 위험 부담을 피하기 위하여 우리는 **결정적으로** '세계'를 괄호 쳤다. 초월론적 구성 자체가 불가능해졌는데, 이는 그것이 선술어적 세계의 토대 위에서 기원적으로 행해졌기 때문이다. 초월론적 발생 대신에, 형식적이고 공허하며, 이미 구성된 것으로서, 그 어느 때보다도 '세속적'인 '개념'만이 남게된 것이다. 진정한 초월론적 환원 대신에, 가장 일관성 없고 가장 이차적인 형상적 환원이 실행되었다. 이 두 가지 환원 시도가 후설에 충실한 동시에 불충실한 것임은 너무나 명백하다. 이것들은 그에게 충실한데, 이는 환원에 의해 그것들이 의미의 순수성을 향해 애를 쓴다는 한도에서, 이 환원이 우리가 단지 '세속적'이기만 원하는 발생의 환원이라는 한도에서, 그리고 이 순수성이 기원적 체험의 순수성인 한도에서 그러하다. 그러나 이것들은 그에게 불충실한데, 이는 이 환원들이 현존의 순수하고 단순한 추방, 경험적 사실성의 방법적 파괴에 다다르는 한에서 그러하다. 이러한 오류는 종종 환원에 관해서 행해졌다.[41] 그런데 후설이 존재의 입장을 단지 '중단'한 척했지만 이를 '중립화'(neutralisation)시키면서 실재적 경험의 모든 내용을 보전했다는 것을 우리는 안다. 문제는 이제 중립화가 발생의 실제성 앞에서 초월론적으로 가능한지를 아는 것이다. 후설의 가장 깊은 의도에 부합하는 완전한 초월론적 환원은 발생의 환원 불가능한 존재 앞에서 실패하지 않는가? 아마도 심리학적이건 아니건 '세속적' 발생은 아주 쉽게 괄호 쳐질 정도로 남을 것이다. 이것은 '이차적'이고 이미 구성된 것일 터이다. 현상학적 환원은 정의상 구성된 자연에 기입될 수 없다. 그러나 이 환원 행위가 기원적으로 구성하는 영역에 속하는 한도에서, 이것이 형식적 개념들로부터 하나의 추상, 하나의 논리적 작업이 되지 않기 위해서는 또한 기원적인 '체험'으로 나타나야 한다. 이 체험은 시간적이다. 그 기원성에서 이것은 자기 구성하고 자기 '시간화'(temporalisant)하는 시간 자체가 아닌가? 경험적 발생

---

41) 후설 자신이 우리가 여기서 비난하는 결점들로 인해 비방될 수 있다. 이에 대해서는 항시 어떤 오해가 원인인 것으로 보인다. 우리는 2부 2장에서 이 문제에 보다 가까이 전념할 것이다.

을 환원하며 우리는 초월론적 발생에 거의 다르지 않은 형식하에 다시 태어나는 문제를 한 발 물러서게 했을 뿐이다. 그러한 것으로서 이 초월론적 발생은 환원의 대상으로 삼아서는 안 되는 것으로 보인다. 그런데 그 의미를 따라 이것이 기원적인 경험적 (용어의 비세속적 의미에서) 생성으로 진정 남는다면, 어떤 주관에 대하여 절대적 의미가 나타날 참인가? 어떻게 절대적이고 모나드적인 초월론적인 주관성이 동시에 스스로 자기 구성하는 생성일 수 있겠는가? 시간의 이 근본적인 자율에서 절대적 주관은 더 이상 구성하는 것이 아니라 '구성되는' 것이 아닌가? 환원되기는커녕 역으로 현상학적 환원에 의해 밝혀진 것으로서 초월론적 발생은 환원 자체를 기원적으로 가능하게 만드는 것이 아닌가? 그렇다면 환원은 더 이상 의미의 궁극적 토대이거나 절대적 단초가 아닐 것이다. 절대적 의미 혹은 철학이 순수 생성과 화해할 수 없는 것으로 보이면서, 우리는 이처럼 초월론적 발생 자체를 '중단'시킬 새로운 환원을 참조하게 될 것이다. 그러나 한편으로, 우리는 문제를 또 다른 기원적 시간성에까지 거슬러 올라가게 할 뿐이며, 다른 한편 우리는 후설 현상학의 가장 진정하고 가장 '진지한' 동기들에 부딪치게 될 것이다. 우리는 추상 논리학의 결함 속에서 실패할 것이다.[42]

또한 우리가 한편 현상학의 모든 의미가 절대적이고 '비동기적' (immotivé) 단초로서 초월론적 환원의 순수 가능성에 유래한다고 생각하고, 다른 한편 환원이 초월론적 발생에 다다르지 못할 뿐 아니라(그리고 그것도 본질적으로), 이것에 의해 구성되고 이것에서 나타난다고 생각할 때,

---

42) 우리가 노골적으로 상정하게 될 이 문제는, 환원의 일차적 시간을 업데이트하는 초월론적 혹은 '노에마적인' 시간의 환원의 문제이다. 일차적 시간은 발생의 새로운 문제를 제기한다. 왜 태도의 모든 환원은 환원의 태도를 전제하는가?

우리는 문제가 심각성을 결여하지 않는다는 것을 알게 된다. 초월론적 발생이 있다면, 모든 지향 작용을 토대 지을 기원적 시간성이 있다면, 상관적으로 초월론적 상호주관성이 자아의 핵심에서 기원적으로 나타난다면, 어떻게 이 자아가 절대적으로 이러한 실존적 명제를 중단할 수 있겠는가? 이러한 실존적 명제는 그로부터 모든 초월론적 구성이 실행되는 '원초적' 기체인 동시에 지향성, 다른 것으로의 추월, 다른 계기의 예지의 '기원적' 운동인 시간성과 기원적으로 혼동되지 않겠는가?[43] 이 환원 불가능한 이타성은 의미의 순수성이 폭발하도록 하지 않는가? 초월론적 발생이 환원에 저항할 뿐만 아니라 여기서 드러난다고 말하는 것은 시간의 다차원성 형식하에 기원적 과거를 참조하거나, 기원적 미래를 향해 스스로를 기투하면서 그러한 것으로서 나타낼 뿐인 기원적인 것의 한가운데에 동일자와 타자의 모든 변증법을 재도입하는 것이 아닌가? 의미의 절대자는 스스로를 소외시키고 자신이 아닌 것과만 관계 맺으면서 그러한 것으로 나타내어질 것이다. 더구나 이러한 소외는 그것의 나타남의 가능성의 조건일 것이다. 초월론적 발생과 초월론적 상호주관성이라는 주제가 후설의 성찰에서 대략 같은 시기에 나타난 것은 우연이 아니다. 초월론적 상호주관성, 모나드적 '자아' 속에서의 '타아'의 기원적 현존은 절대적으로 단순한 기원적인 것의 불가능성으로 보이는데, 이것도 역시 그 위에 어떤 환원도 침범하러 올 수 없는 원초적 실존적 명제의 핵심이 아니겠는가? 이는 우리가 '중지'시킬 수 없을 뿐만 아니라 우리가 환원 작용과 그 가능성의 조건의 기

---

43) 시간성과 이타성은 있는 그대로 항상 이미 구성되고 환원 불가능한 종합이다. 이것들과 함께 후설에게 아주 심각한 문제를 제기할 수동적 종합 혹은 발생의 중대한 주제가 도입된다. 초월론적 '에고'의, 혹은 초월론적 '에고'로부터의 구성이 어떻게 수동적으로 행해질 수 있는가?

원 자체에서 수용해야 하는 것이다. 또한 자신의 가치를 자신의 자유와 뿌리뽑힘에서만 끌어내는 실존'의' 자율적 초월론적 환원의 외양하에, 이는 실존 자체일 것인데, 가장 기원적인 형식에서, 시간의 실존 혹은 타인의 실존이며, 추상의 실재적인 운동 속에서(구성된 형식하에 논리적 혹은 심리적인), 물러섬이나 부재의 실재적 작용 혹은 과정을 상징적으로 그리는 모든 타자들의 토대들일 것이다.[44] 이후론 더 이상 기원적인 체험이 아닌 이미 구성된 의미 혹은 개념이 남을 것이다. 시간 혹은 타인의 형식 아래 실존이 초월론적 '나'의 한가운데 있다면 우리는 비일관성, 감춰진 함축 혹은 숨겨진 오염의 위험 부담 없이, 원초적 실존이 초월론적 작용에 의해 의미를 부여받는 세속적 발생과, 의미를 다시 '자기' 부여하는 실존인 초월론적 발생을 다시 구별할 수 있을 것인가?[45] 시간성과 이타성이 최초로 기원적으로 초월론적인 지위를 갖는다면, 이것들은 항시 환원 불가능하게 순수 존재로서, 구성하는 것으로 나타나는 순간에 '이미' 구성된 것이 아닌가? 환원은 그렇다면 추상이 아닌가? 이것은 현상학적 기획의 붕괴를 의미하는 것일 것이다.[46]

후설은, 의미를 박탈당하고, 극단적으로 우리가 '말할' 수조차 없을 순수 경험론적 발생과, 그 자체로 경험적 의미와 추상적 의미 사이[47]에서 동요하는 초월론적 발생 사이의 양자택일과 변증법을 파악하고 넘어서기에 이르렀는가? 두 발생 속에서 기원적 의미의 절대는 변질될 것이다. 후설

---

44) 여기서 후설의 환원은 하이데거적 의미의 '염려'가 될 것이다.
45) 그렇다면 이 두 가지 존재 형태 혹은 계기 사이의 구별 기준은 무엇인가?
46) 바로 이러한 조망하에서 우리는 후설 현상학에서, 우리가 되돌아와야 할 하이데거 존재론으로의 이행을 이해한다.
47) 이 두 가지 의미는 이것들의 '세속성'에서 동일화된다.

은 기원적 의미와 원초적 실존의 변증법의 기원적 내포에 이르렀는가? 우리가 있는 시점에서는 기원적인 것이, 의미이고 나타남을 허용하는 원초적인 것보다 더욱 원초적인 것인 듯하다. 그러나 원초적인 것이 기원적인 것 자체보다 더욱 기원적인데, 이는 원초적인 것이 초월론적 토대인 **동시에** 의미의 궁극적 기체이기 때문이다. 어느 정도에서, 가장 순수한 형식들 아래, 시간과 타자에서 모든 초월론적 발생에 의해 드러난 '실존'이 모순을 만들어 내지 않는가? 근본적인 '단순성', 절대적 기원성이 현상학적 철학의 최초이자 궁극적인 의미를 토대 지어야만 하는 환원 작용 속에서 말이다. 어느 정도에서 모든 초월론적 발생에 의해 그 가장 순수한 형식, 시간과 타자에서 예고된 '존재'가 모순을 철저한 '단순성', 절대 최초성이 현상학적 철학의 처음이자 끝 의미를 토대 지어야 했던 환원 행위 속에 정립시키지 않겠는가? 어느 한도에서 그리고 어떤 방식으로 후설은 외견상 환원 불가능한 이 변증법을 감수하였는가? 이것이 바로 우리가 제기하려 하는 문제이다.

복잡하게 뒤얽힌 함축과 '방법'의 어려움

이 예비적 고찰들의 첫 의도는 역사적 문제틀과 철학적 문제틀의 본질적 연대와 동시에 어느 한쪽으로의 전체적 동화의 불가능성을 강조하는 것이었다. 우리가 처음부터 실상 지속적으로 현상학적 태도를 채택했다는 이유로, 후설 철학이 우리에게 '예시'의 역할만을 하는 것은 아니다. 우리는 발생의 문제가 이러한 태도로의 되돌아감에 의해서만 제기될 수 있었다고 말할 수 있다. 왜냐하면 우리는 경험적 혹은 '세속적' 태도에서부터 그것이 소위 철학의 태도든, 혹은 심리학적·생물학적 태도든, 어쨌든 형이상학적 혹은 초월론적(단어의 형식적 의미 혹은 추상적 의미에서) 전망에서 발생의 첫 번째 의미, 그 진정한 문제는 손상된 채로 나타날 뿐이었고, 그 안에서 의미가 제시된 관계항들은 비일관적일 따름임을 보았다. 그러나 후설의 사유가 우리에게 하나의 예시나, 변명 혹은 담론의 영역 이상이었다면, 그것은 정확히는 이 연구의 끝이 아니다.

실제로, 후설의 현상학적 기획이 연대하는 모든 결과들과 더불어 순수 변증법적 철학을 보여 주려 시도하면서도, 후설의 현상학적 기획이 그러한 해석의 당위성에 십중팔구 이의를 제기했으리라는 것을 쉽게 발견할 것이다. 변증법은 일반적으로 이해되는 바대로, 작용 또는 존재, 명증 또는 직관의 기원적 단순성에의 영원한 의뢰로서의 철학의 정반대 자체이다. 이런 의미에서 변증법은 초월론적인 기원적 의식에 의해 그러한 것으로서 이미 구성된 심급들로부터만 설립될 수 있는 것처럼 보인다. 결과적으로 변증법적 철학은 제1철학으로 선포될 어떤 권리도 없는 것이다. 이것은 어떤 현상학에 [심급으로] 포개진다. '세속적' 변증법을 넘어서기 위하여 모든 것을 다해야 할 것은 명백하다. 이런 식으로 우리는 예를 들면 쩐득타오의 결론들을 기각해야 할 것인데, 그는 후설 사유의 운동을 심도 있고 강력하게 검토한 후,[48] 그의 변증법의 초월론적 순수성에 가능한 한 가까이 접근하고 나서, '세속적' 발생과 유물론적 변증법의 어려움들 속으로 다시 떨어지는 듯하다. 이러한 결론들을 넘어서면서, 우리는 후설주의에 문자 그대로 충실할 것이다. 우리는 그것의 고전적 해석에 맞서 노골적으로 변증법적인 개념화를 옹호하며, 그의 정신에만 있기를 주장할 뿐이다. 게다가 변증법적 해결 혹은 기술의 사용이 구성하는 철학적 그리고 역사적인 명

---

48) Tran-Duc-Thao, *Phénoménologie et matérialisme dialectique*.

백한 부정직함을 고백해야 한다. 그러나 즉각적인 부정직함을 즉각적이고 단순하며 일사불란한 정직함보다 더 정직한 것으로서 나타나게 하는 것은 참된 변증법의 운동 속에 들어 있다. 발생에 대한 모든 단선적 개념화는 변증법이 이긴 아포리아에 이르는 것으로 보이는데, 이는 변증법이 이처럼 부재한 것으로 확인되는 그 실재적 내용을 변질시킴 없이 그 반대로 변형시키기까지 이 개념화를 결정하기 때문이다. 그러나 발생의 의미가 변증법적이라고 말하는 것은 그것이 '순수' 의미가 아니라고 말하는 것이고, '우리에게' 발생은 그 의미의 절대와 함께 제시될 수 없다고 말하는 것이다. 따라서 이것은 문제에 어떤 '해결책'을 제안하는 것이 아니다. 이것은 그러한 것으로서 알려진 변증법에서 아포리는 '실재적' 아포리로서 그 자체 '이해된다는' 것을 단순히 확인하는 것이다. 그렇다면 우리는 아마도 철학을 만날 것이다.

우리는 또한, 철학을 향한 우리의 도정이 그것의 '방법적' 걸음걸이 속에서 연속적이지도, 단선적이지도 않다는 것을 당연하다고 생각하게 될 것이다. 지금까지 부딪힌 모든 어려움에서 우리는 긍정적 결과만을 취했을 뿐인데, 이를테면 선취 없는, 복귀도 동요도 없는, 자기에 의한, 자기 속에서, 자기로부터의 넘어섬도 없는, 순수 방법과 담론의 불가능한 느낌만을 취했을 따름이다. 이 작업에서 우리의 행보는 장애를 만날 것이다. 우리는 그것에 대해 후설 저작의 순전히 연대기적 흐름을 좇는 것이 일관성 없는 이유들을 암시했는데, 그렇다고 해도, 우리는 논리적이고 '본질적인' 질서를 따를 권리가 없었다. 우리는 ─ 발생의 문제에 관하여 ─ 운동의 기원적 지각에 의해 우리에게 내어진 대로의 운동의 현상학을 따라 후설 사유의 운동을 개진함으로써, 현상학적 지향성에 충실할 것이다. 변증법에 동의하지 않는 운동(혹은 발생)의 모든 기술은 엘레아의 제논의 역설에 부딪힐 것이다. 한편 우리는 그러한 것으로서의 운동을 완전하게 지성적인 것으로 만들고자 할 것인데, 이를 위해 운동을 그것의 '지향'과 의미의 관념적 통일로 환원한다. 말하자면 우리는 관념적 귀착점을 관념적 출발점으로 동화시킨다. 왜냐하면 관념적으로 운동의 순수 의미의 관점에서 어떤 역사적이고 실재적인 차이도 가능하지 않기 때문이다. 모든 점과 계기가 유사하여 이것들의 기원성은 우연적이다. 그러나 운동의 실제적 시간성, 그것의 실존은 삭제된다. 곧, 운동은 부동성이 되었다. 역으로 혹자는 운동에 그 모든 실제적·실재적·존재론적 안정성을 복원하기를 원할 것인데, 이는 그것이 충만한 계기, 완전한 심급, 자기를 초월하는 몇몇 이상적 의미로 환원 불가능하게 완수된 전체성의 합일 수만 있다는 것을 보여 줄 때에 그러한 것이다. 그리고 사실 운동의 '객관적' 실재성은 이처럼 충실하게 기술된 것으로 보일 수 있을 것이다. 그러나 운동의 이 객관적 실재성은 운동의 정반대인 것으로 판명되는데, 이것은 그것이 운동을 부동성으로 강제하기 때문이다. 우리는 여기서 기원적 지각의 바탕에 둔 자신의 근거를 인정하려 하지 않기 위한 객관주의적 학문의 주장이 어떻게 부조리에 의해 공격당하는지를 본다. 기원적 지각에 대해, 절대적이고 즉자적인 운동은 없다.[49]

이러한 절대적이고 즉자적인 운동은 그 본질에서 모순적이며, 그 나타남에서 금지되어 있는데, 이는 정확한 계기들의 역사주의 혹은 실재론에 의해서, 전체 의미의 절대적 관념론에 의해서이다. 따라서 바로 기원적 지각 속에서 절대는 변증법적 계기들로 소외되고, 분열되며, 재발견된다. 우리는 그것이 절대적으로 최초인 지점 혹은 의미인지, 작품 혹은 관념인지

---

49) 이것이 바로 운동의 현상학적 의미의 절대자, 모든 사색의 유일한 '진지한' 출발점이다.

를 결코 말할 수 없다. 우리는 앞으로 이어질 고려에 '주제'인 동시에 '계기'인 중심들을 주어야 할 것이다.

서론

발생의 문제는 후설 사유의 본질적 동기인 동시에 그가 끊임없이 밀어내었거나 감추었던 것으로 보이는 어떤 딜레마의 계기이다. 이 문제의 통일성은 한순간도 부정되지 않았는데, 우리가 여기서 도식적으로 나타내는 것으로 만족할 여러 주제 혹은 여러 계기로 그것의 운동 속에서 차별화되었을 뿐이다.

지향적 심리학주의에서 출발하여, 후설은 그의 경력 초기에[1] 본질의 객관성과 모든 인식의 타당성이 경험적 —— 여기서는 '심리학적'을 의미하는 —— 발생에 토대를 두고 있다고 믿었다. 바로 심리학적 주관성의 자연적 작용으로부터 경험의 개념들과 의미들이 생기는 것이었다. 브렌타노가 가르친 바와 같이 의식의 지향성은 사유의 심리학적 '성격'일 따름이었다. 이

---

1) 특히 『산술철학』(1891)〔후설전집 12권 Lothar Eley ed., *Philosophie der Arithmetik*, La Haye, Martinus Nijhoff, 1970. 프랑스어판 Jacques English trad., *Philosophie de l'arithmétique*, Paris, PUF, 1972〕과 「기초 논리학의 심리학적 연구」(Psychologische Studien zur Elementaren Logik, 1894)〔후설전집 22권 Bernhard Rang ed., *Aufsätze und Rezensionen 1890-1910*, La Haye, Martinus Nijhoff, 1979. pp.92~123에 재수록〕.

것은 객관성의 초월론적 토대가 아직 아니었다. 이미 소묘된 지각의 생성으로의 복귀는 상당히 고전적인 경험론의 방향으로 가고 있었던 것이다.

그러나 이미 이 심리학주의는 수와 기초적 논리 개념의 발생을 설명하기 위해 '대상 일반'의 선험적 관념, 경험적 발생 자체의 가능성의 조건에 의거하였다. 게다가 이것은 심리학적 구성주의라는 주제에 모든 주관적 작용에 의해 가정된 최초 확실성의 구성주의를 뒤섞었다. 지향성의 새로운 설명이 필연적인 것으로 보였다.

사실 우리는 순수하고 선험적인 본질, 객관적 논리학의 가능성의 조건을 자신에 닫힌 자연적 주관성의 작용으로부터 산출할 수 없다. 지향성은 더 이상 사유의 심리학적 '특징'일 수가 없고, 최초 확실성에서 즉각적으로 논리적 본질의 객관성[2]에 진입하는 의식의 처음이자 환원 불가능한 운동이어야 했다. 이러한 논리적 본질은 모든 발생적 산출을 빠져나갔다. 본질의 절대적 토대는 이 계기로부터 모든 발생적 함축에서 분리된 것으로 보인다. 발생은 지향적 체험의 중립적이고 '비실재적'인 영역, 현상학에서 괄호 안에 넣어진 경험적 사실성의 수준에 속하게 된다. 있는 그대로 발생적 생성이 자연과학과 인문학, 물리학, 생물학, 심리-생리학, 사회학 그리고 역사학의 유일한 동인으로 남는다. 이 과학들은 '모호'하고 후험적인 학이다. 바로 어떤 선험이 구체적 직관에서 지향적 의식에 주어졌던 것에 한해서 '엄격한' 학이 가능했다.

그런데 지향성과 선험적 본질직관은 다시 심리학적이고 순전히 주관적인 사건이 될 위험 부담이 없이, 지성적 풍토에 살며 비시간적 논리적 의미들의 단순 만남일 수 없었다. 이 의미들은 실재적 대상이 '몸소' 와서 주

---

2) 『논리 연구 1』(1900) 참고.

어지는 '최초 수여자 직관'(intuition donatrice originaire)에서 구체적 '충전'(remplissement)에 '토대를 두어야' 했다. 따라서 본질들은 —— 단어의 관례적 의미에서 —— 플라톤적인 형상이 아니었다. 이것들은 자신을 겨냥하는 지향적 행위와 독립해서는 '그 자체로' 어떤 의미도, 어떤 토대도 갖지 않았다. 이렇지 않고서는 그 발전과 생성이 불가능할 스콜라 형태로 응고된 논리학을 받아들이게 될 것이다. 그런데 바로 논리학의 무한한 변형 가능성으로부터 후설은 이미 출발한다. 따라서 초월론적 주관성의 구체적 체험, 구성 원천이자 본질의 토대로 돌아가야만 했다.[3] 이 본질들은 '즉자적' 관념도 아니고 심리학적 작용으로 구축된 개념들도 아니기에 우리가 논리주의와 심리학주의의 양자택일을 넘어서도록 허용할 것이다. 그러나 보다 기원적 수준에서는 심각한 발생적 문제가 곧 재출현할 것이다.

어떻게 이미 구성된 논리에 의거하지 않고 초월론적 체험의 시간성과 주관성이 객관적이고 보편적인 형상적 구조를 낳고 토대 짓게 될 것인가? 어떻게 이것들이 그 자체로 본질과 관계해서 기술될 것인가? 갈수록 확장되는 형상적 환원과 초월론적 환원의 방법은 사실과 이미 구성된 본질을 '정지'시키고 '중립화'시키며 우리가 시간적 구성의 행위 자체에 도달하는 것을 허용해야 할 것이다. 그러나 발생은 심리학주의의 포기 이래 후설의 눈에는 심리-물리학적 인과성과 섞여, 환원에 의해 '퇴출'되어 전체가 '중립화'된 채로 남는다. 바로 이런 식으로 시간의 내적 의식[4]이 그것의 형상적이고 노에마적인 수준에서 기술될 것이다. 후설이 잠시도 포기하지 않을 자세에 따르면, 실제적으로 발생적인 시간성은 '형상'이나 '노에마'로

---

3) 『논리 연구 2』(1901) 참고.
4) 『내적 시간의식의 현상학』(1904~1905) 참고.

구성된 그 구조에 의해 대체될 것이다. 시간의 구성적 존재는 이것이 기술의 '주제'가 된다는 사실 자체로부터 시간의 구성되고 알려진 의미에 자리를 남겨 준다. 그 때문에 『이념들 1』[5]에서 기술된 그대로 다양한 존재론적 영역의 구성이 정역학적이고 노에시스[현상학적 주관]-노에마[현상학적 대상]적 상관의 수준에서 실행될 것이다. 이로부터 후설은 이 구성이 절대적으로 구성적인 것이 아니라 보다 최초적인 종합에 의해 산출된다는 것을 때때로 인정하는데, 이것이 초월론적 '자아' 자체의 최초 시간성의 구성이다. 『이념들』의 절대적 관념론은 따라서 어떤 점에서는 순전히 방법론적이다. 절대적 주관성 자체가 최초 종합(Ursynthese)의 시간 속에서 산출되는 것에 한해서, 초월론적 환원에 의해 마련된 중립 영역의 내부에 이렇게 발생이 재도입된다. 존재와 시간의 절대적 환원의 어려움들이 명확히 나타나고 정적 구성은 이제 발생적 구성에 토대를 두어야 하는 것이다. 시간은 존재(être)에서 혹은 이 존재와 뒤섞이며 환원에 저항했던 것인데, 이 환원, 즉 후설이 계속 심화시킨 현상학의 가능성의 조건은 확장되고 변형되어야 한다.[6]

따라서 1919년[7]부터 후설의 사색에서 중심적 자리를 차지하는 초월론적 발생이라는 주제는 모든 형상적인 것에 선행하는 계기로 우리를 이끌고, 선술어적 존재의, 생활세계의, 원초적 시간의, 초월론적 상호주관성의, '자아'의 행위로부터 한 가지 의미가 있는 그대로 최초로 투여되지 않

---

5) 『이념들』(1913) 참고.
6) 환원의 이러한 확장을 다루는 후설의 강의는 1920~1925년 시기에 해당한다. 우리가 이 주제에 관하여 지침을 얻는 뵘(Rudolf Boehm)이 현재 편집을 준비하고 있다[이는 이후 후설전집 8권으로 1959년에 나왔다].
7) 란트그레베가 『경험과 판단』의 편집을 시작했던 수고 연대[이 책 p.5, n.11[17쪽 각주 10번] 참조].

은 똑같은 정도의 심급들에 우리가 결국은 도달하도록 해야 할 것이다. 이 것이 어쨌든 후설의 의도였던 것으로 보인다. 사실 우리는 구성된 본질의 세계를 잠시도 떠나지 않을 것이다. '생활세계'[8]의, 논리학[9]의, 초월론적 주관[10]의 구성적 분석의 모호성은 무한한 전체성의 선험적 관념들, 즉 어떤 발생에서도 파생되지 않고 초월론적 생성을 가능케 하는 관념들과 단순히 '세속적인' 발생 사이에서 한 번 더 동요하며 초월론적 발생을 (항시 세속적 발생에 반하여) 선험적이고 보편적인 형상적 구조에서 외견상 유지하기를 성공한다. 이 구조는 사실 그리고 최초성에 대한 자부에도 불구하고 항시 이미 구성된 것이고 발생 이후적인 것이다. 의미의 발생은 항시 선험적으로 모든 역사철학을 전제하는 발생의 의미로 변환된다.

사실 수동적 발생이라는 주제는 심각한 불편을 초래하고 있었다. 후설의 시도[11]에도 불구하고 모든 환원에 저항하며 수동적 종합은 그 창조성 자체에서 지향성의 능동적 계기에까지, 구성의 모든 현실적(reell)이거나 가능한 모든 계기들을 끌어안았던 절대적 주관성의 한계에서 순전히 자아학(egologie)적 경험을 빠져나갔다. 그런데 이러한 수동적 발생은 후설에 의해 구성의 가장 최초 계기로서, 모든 초월론적 행위의 근본 층위로서 제

---

8) 『경험과 판단』(1919~1939) 참조.
9) 『형식논리학과 초월론적 논리학』[Versuch einer Kritik der logischen Vernunf, Halle, Max Niemeyer, 1929. 프랑스어판은 Suzanne Bachelard, Logique formelle et logique transcendantale, Paris, PUF, 1957) 참조.
10) 『데카르트적 성찰』(1929)[후설전집 1권 S.Strasser ed., Cartesianische Meditationen und Pariser Vorträge, La Haye, Martinus Nijhoff, 1950; 2nd ed., 1963; 프랑스어판은 G. Peiffer et E. Levinas trad., Méditations cartésiennes. Introduction à la phénoménologie, Paris, Vrin, 1947; re éd., 1980. 이하 이 책의 인용 시 쪽수는 초판에 따른다).
11) 이 시기에 속하고 때가 되면 우리가 보다 정확히 인용할 많은 수고들이 이러한 시도를 증언한다.

시되었다.

　수동적 발생을 형상적이고 초월론적인 현상학에 재통합시킬 수 있기 위해서는, 한 번 더 지향성의 환원과 개념화를 확장해야 했다. 이것들이 순전히 자아학적 체험을 넘어 상호주관적 경험들과 역사에 이르기까지 연장되어야 했던 것이다. 바로 다시 무한관념[12]이 '목적론'의 새롭고 보다 정확한 형태 아래 지향적 의미 —— 모든 형상적인 것의 유일한 토대 —— 를 수동적 발생에 또 줄 것이다. 이 수동적 발생이 자아를 역사에 뿌리내리게 하였다. 따라서 우리가 역사철학하에 의식하는 지향적 목적론이 현상학의 모든 이전 단계를 토대 지어야 했다. 이래서 모든 이전 단계들이 피상적이고 '순진'하거나 자연적 시각에 주어진 것으로 제시되었는데, 그 이유는 이 시각이 우리가 최종 분석에서 원초적인 것이 아니라 역사적 목적성에 의해 산출되었다는 것을 알아차리는 구조들을 최초적인 것으로 삼았기 때문이다.

　그러나 최초 종합을 향한 우리의 후퇴에서 새로운 실망이 우리를 기다린다. 목적론은 역사적-지향적[13] 분석에서 그것 역시 이미 구성된 의미의

---

12) 칸트적 의미에서 이 관념의 네 번째 형태가 바로 현상학을 경험론 혹은 (넓은 의미에서) 실존주의로부터 구한다. 『논리 연구』(1권)에서는 논리의 무한 생성 관념, 『이념들 1』에서는 시간 경험의 무한 전체성의 관념, 『경험과 판단』에서는 가능 경험의 무한 토양으로서의 세계 관념이 그러했다. 우리는 정의상 모든 경험과 모든 발생에 선행하고 포괄하는 이 관념들에 현상학적 지위를 주는 것이 얼마나 어려운지 보게 될 것이다.

13) 「유럽 휴머니티 위기 속의 철학」(1935)(1935년 5월 7일 강연, 슈테판 슈트라서 박사에 의해 편집되고 소개되었다. 리쾨르가 *Revue de Métaphysique et de Morale*, no.3, 1950, pp.229~258에 프랑스어로 번역하였고, 이는 독-불 대조판인 *La crise de l'humanité européenne et la philosophie*, Paris, Aubier-Montaigne, 1977로 재편집되었다. 또한 제라르 그라넬에 의한 번역이 있는데, 그가 번역한 『유럽 학문의 위기와 초월론적 현상학』에 '유럽 휴머니티의 위기와 철학' *La crise de l'humanité européenne et la philosophie*이라는 제목으로 실려 있다. p.347 이하) 참조. 우리는 앞으로 『위기』(1936), 「기하학의 기원」(1938) 등 많은 미편집본을 인용할 것이다.

통일로 출현하는 것이다. 역사적 발생에 선행하거나 역사철학이 즉자 대자적으로 발생하는 발생의 의미는 철학사와 뒤섞일 것이다. 실재적 역사에서 목적론으로 구성된 통일에 참여하지 않는 모든 것은 절대적 의미를 상실하고 '세속적' 발생만을 전제한다. 의미를 구성하는 발생의 최초 계기는 구성이 효과적이기 위해 의미에 선행하는 동시에 의미가 선험적 혹은 최초 명확성에 주어지기 위해서 의미에 후행적인 것이다.

이러한 복잡성은 우리가 존재(être)와 시간의 최초의 그리고 변증법적인 종합에서 출발할 때만 주제화될 수 있을 것이다. 시간의 현상학은 구성적인 시간성과 구성된 시간성의 변증법적 성격을 밝혔다. 그러나 이 현상학이 형상적인 데에 머무르고 존재론적 주장과 최초로 비시간적이거나 영원한 종합의 가능성을 보유하는 한, 그 운동은 한정 없는 현상학적 환원 속에서 고갈되어 버릴 것인데, 이러한 환원은 후설의 의도에도 불구하고 효과적 발생의 환원과 은폐로 남을 것이다. 그 고유한 모호성을 해명하지 않은 채 후설 현상학은 현상학과 존재론 사이의 변증법적 한 계기가 되는 것으로 환원될 것이다. 최초 시간성만이 존재와 본질의 선험적 종합을 토대 지을 수 있다. 자신의 본질과 변증법적으로 뒤섞이며 모든 환원에 저항하여 단지 인간 존재의 시간성이었던 보다 깊은 시간에 끊임없이 의거했기에 후설은 마찬가지로 이렇게 본질적인 합리론과 관념론을 따르며 시간성을 비시간적인 최초성에 의해 이미 구성된 형상적 구조로 환원하기에 이른다. 이처럼 어떤 때는 종합을, 어떤 때는 선험을 기술하며 후설은 철학과 의미의 모든 출발점이 그 절대적 명확성이 환원 불가능한 무한정자에 의거하는 선험적 종합이라는 것을 인정하길 거부했다. 이것은 그 유한성이 자신에게 나타나는 존재 속에서 철학을 낳게 하는 것을 거부하는 것이었다. 후설이 기도했던 방대한 철학적 혁명에도 불구하고 그는 고전적 거대 전통의 포로로 남았는데, 인간이 참여할 수 있었거나 할 수 있었을 가능적 혹은 실제적 영원성의 바탕 위에 시간성을 포함하는 이 전통은 인간의 유한성을 역사적 사건, '인간의 본질'[14]로 환원하는 것이었다. 존재와 시간의 선험적 종합을 모든 발생과 의미화의 토대로 발견하며, 후설은 '현상학적 관념론'의 엄격함과 순수성을 구하기 위해 초월론적 환원을 개시하지 않고 그 방법을 재조정하지 않았다. 이러한 것에 한해서 그의 철학은 연장일 뿐인, 혹은 역으로 모든 전환일 근본적 해명일 뿐인 추월을 호명한다.

---

14) 역설적으로 여기서도 마찬가지이다. 본질은 여기서 인간 본성의 보편적 구조이다. 있는 그대로 본질은 그것을 내포하는 시각에, 비시간적 주체에, 일정 측면 완전히 그것과 뒤섞이지 않는 존재에 나타난다. 이런 의미에서 본질은 사건이다. 인간의 시간적 본질이 사건이지 않기 위해서는 그것이 인간 존재와 뒤섞여야만 하고, 그것이 존재를 한시도 어떤 방식으로도 피하지 않기에 존재와 절대적으로 뒤섞여야 하며, 그것이 시간 **밖에** 있지 않는 것과 마찬가지로 인간 존재는(여기서 경험적 의미로 생각하지 않아야 한다) 시간적으로 나타나기에 시간 **안에** 있지 않으므로 존재와 종합적으로도, 변증법적으로도 뒤섞여야 한다.

1부

·

심리학적 발생의 딜레마: 심리주의와 논리주의

1장
문제와의 만남

후설이 철학을 시작했을 때부터,[1] 그는 이미 독일의 정신이 직면한 발생의 문제에 둘러싸여 있었다. 논리학과 심리학의 관계는 발생이라는 용어를 통해 제기되어야만 하는 것인가? 논리학은 심리적 발생(psychogenèse)으로부터 파생될 수 있는가? 발생은 모든 논리적 타당성의 궁극적인 토대인가? 이러한 물음들은 자연과학과 인문과학의 이론의 여지 없는 진보에 의해, 특히 그 지평이 무한한 것처럼 보이는 과학적 심리학의 출현에 의해 동기를 부여받고 있다. 결국 심리학의 실증성은 인식에 관한 이론적 문제들로 귀결되는 것 아닌가?

우리는 심리주의자들의 대답을 알고 있다. 논리적 토대와 인식에 대한 이론 대신에, 심리적 생성의 '법칙'에 대한 인식이 기준이 된다. 영국의 밀(John Stuart Mill), 독일의 분트(Wihelm Wundt), 지크바르트(Christoph

---

1) 후설이 순수 수학적인 활동을 단념하고서 심리학과 논리학에 대한 연구에 착수할 당시 독일 철학의 상황에 대해서는 M.Farber, *The Foundations of Phenomenology*, Harvard, 1943, ch.1 참조.

Sigwart), 립스(Theodor Lipps)는 그러한 심리주의를 대표하는 선구자들이다. 그들의 눈으로 보면, 논리학이 심리적 과정의 진보 내지 확장, 번역 내지 명시화인 것과 마찬가지로, 논리학에 대한 심리-발생적 해명은, 논리학을 그것을 생산하는 자연적인 주관성의 운동으로 환원하는 것이다.

심리주의자들과 반(反)심리주의자들 사이의 논쟁은 칸트의 주제를 둘러싸고 전개된다. 심리주의는 칸트에 대하여 단호한 반작용을 수반한다. 슈툼프(Carl Stumpf)는 칸트의 인식론이 심리학으로부터 분리되었다고 비난한다.[2] 인식론은 보편적 인식에 대한 이론적 가능성의 조건을 규정한다. 그런데 이 인식의 실제적인(effective) 가능성의 조건, 즉 실재적으로(réel) 역사적인 주체에 의해 인식이 작동됨은, 심리학의 고유한 대상이 아닌가? 암묵적으로 인식에 대한 모든 비판적 이론이 출발하는 것은 바로 이러한 심리학이 아닌가? 이러한 반문하에 우리는 후설이 칸트에게 끊임없이 말을 건넨다는 점을 알게 된다. 만약 초월론적인 것이 기원적으로 경험적인 내용과 혼동되지 않는다면, 만약 초월론적인 것이 경험 자체에 평행한 것으로서 현전(présenté)하지 않는다면, 경험 너머에서 주제화되는 그 초월론적인 것은 논리적이고 형식적인 것이 된다. 그것은 더 이상 구성하는 원천이 아니라, 경험의 구성된 산물이다. 그것은 심리학적인 것이고 '세속적'(mondain)이 된다. 절대적인 기원성으로서 그러한 초월론적 주체로 되돌아가는 것, 이것이 바로 심리주의다. 칸트에 대한 이러한 반론은 우리에게, 후설이 자신의 철학적 여정을 시작했던, 소위 순수 심리주의에 대한 열쇠

---

2) Carl Stumpf, *Psychologie und Erkenntnistheorie*, Trèves, 1891. 이 장에서 우리는 오직 후설이 알고 있던 저자들만을 인용할 것이다. 그 숫자가 매우 제한되어 있다는 사실에 더하여, 후설의 서가에 접근할 수 있었다는 사실이 우리로 하여금 이 저자들의 목록을 확실하게 만들 수 있게끔 해주었다.

를 건네준다. 후설은 칸트의 초월론적 형식주의에 대해 근본적인 반박으로부터 출발했다. 그는 초월론적 형식주의로는 절대로 되돌아가지 않는다. 오히려 후설이 자주 보여 주고자 하는 것은, 예컨대 흄과 같은 순수 심리주의적 경험주의가 어떻게 칸트가 말했던 것보다 더 진정한 초월론적 철학에 더 근접하는가 하는 점이다.[3] 또한, 후설이 자신의 심리주의 시기를 결정적으로 포기하고자 할 때, 그것은 반대되는 주장에 동조하기 위해서가 아니라, 그 어느 누구도 벗어나지 않는 대안을 넘어서기 위해서일 것이다.

립스의 심리주의에 반대하는 나토르프(Paul Natorp)는 다소는 자신의 의사에 반하여 칸트의 입장을 취해야만 했다. 립스는 심리주의에서 철학의 토대를 보았다.[4] 예컨대 그는 모순율의 심리학적 발생과 인식 일반의 개념적 과정을 해명하려고 마음먹었다. 그는 그러한 연구에서 모든 가능적 인식의 기원과 보증, 동인과 타당성을 발견했다고 자처했다. 심리학적 삶이라는 일차적인 사실에서 출발하는 인식의 근본적 법칙에 대한 발생적 구성은, 그것의 인식론적 타당성과 혼동된다. 심리적인 사실이 인식의 법칙에서 중요성을 갖는다는 점, 그리고 그러한 한에서 그 사실은 심리학에 귀속된다는 점에서, 나토르프는 립스에 동의한다. 어떤 의미에서 모든 인식이 심리학적 의식 **안에서**(dans) 주어지는 개념과 이론의 형식하에서 스스로 작동하는 심리적 작용이라는 점은 매우 명백하다. 기하학적인 개념들과 진리들은 어떤 의미에서는 심리적인 사실들인 것이다. 그러

---

3) 예컨대 『위기』, 게레의 프랑스어판 pp.288~291[이 책 16쪽 각주 7번 참조]과 후설 말년의 수고들(그룹 M) 참조. 후설과 (후설이 잘 알고 있던 고전 철학자 중 한 명인) 흄의 대결에 대해서는 G. Berger, "Husserl et Hume", *Revue international de Philosophie*, no.2, 1939, Brusxelles, pp.340~353 참조.

4) Theodor Lipps, *Grundtatsachen des Seelenlebens*, Bonn, 1883.

나 감히 그 어느 누구도 유클리드 기하학의 공리들을 심리적인 법칙으로 만들지는 못할 것이다. '증명'의 타당성은 심리학적인 파악을 넘어선다. 그것은 객관적 타당성을 획득하기 위해서, 정신의 실재적인 과정에 의해 작동되어야 할 필요가 없다.[5] 따라서 논리학 내지는 객관적 인식과 심리학 사이의 비연속성은 본질적이다. 만약 객관성의 토대들이 심리발생적인 (psychogénétique) 것이라면, 객관성의 토대는 무너질 것이다. 나토르프는 논리학적인 의식과 심리학적인 의식을 구분한다. 전자는 경험적 생성으로부터 독립적이다. 그것은 실재적인 시간을 벗어난다. 그것은 인식의 원리가 자신이 토대에서 보편적이고 자율적일 수 있을 유일한 조건이다. 그래서 '인식의 심리학'과 '비판'은 어느 정도는 서로를 포함하며 서로의 조건이 된다. 그러나 인식의 규범적 법칙들은 **선험적**(a priori)이며, 오직 그들 자신만을 지시한다.

나토르프 역시 둘 중의 하나를 말한다.[6] 논리학이 없거나, 아니면 그것이 다른 학문에 자신의 토대를 빌리지 않고서 전적으로 자신의 고유한 영역 위에서 구성되어야만 하거나. 논리학을 "심리학의 분과"[7]로 만드는 것은 그것을 심리학의 적용에 불과한 것으로 환원하는 것이다. 그렇게 함

---

5) 나중에 후설에 의해 도출되는 '세속적'인 의식과 초월론적 의식 간의 차이가 도입되는 곳이 바로 여기다. 기하학적 의미의 객관성은 그것이 의식과의 모든 '실재적인' 관계 밖에 놓인 모든 타당성을 지니고 있다는 사실 위에 정초되어 있다. 그럼에도 그것은 **의식에 대해서**(pour une conscience)가 아니고서는 의미가 없다. 어찌 되었든 초월론적 의식은 '세속적인' 의식과는 다른 '실재적인' 내용을 가지지 않는다.

6) 나토르프가 옹호하는 모든 심리학자들에 대해서는 P.Natorp, "Quantität und Qualität in Begriff, Urteil und gegenständlicher Erkenntnis", *Philosophische Monatshefte* 27, Berlin, 1891, pp.1~31, 129~160; P.Natorp, *Einleitung in die Psychologie nach Methode*, 1888 을 참고하라.

7) 립스의 표현이다.

으로써 우리는 단지 자율적인 것으로서 그리고 모든 학문의 가능성의 조건으로서 '주어지는' 논리학의 '의미'[8]뿐만 아니라, 그것으로부터 심지어 객관적 학문 일반의 의미, 특히 심리학의 의미 또한 변질시킨다.[9] 인식의 객관적 진리는 순수한 주관적 경험에 의존하지 않는다. 논리학은 경험적 주관성에서 태어나는 것이 아니다. 학문적 객관성의 정복은 주관성에 대한 '승리'(Überwindung)[10]를 전제한다.

여기에서 우리는 후설이 소중하게 생각했던 많은 주제를 만나게 된다. 논리학과 철학의 절대적 토대라는 이념은 역사적인 발생을 벗어나며, 그리하여 심리학적 의식과 (그 자체로 초월론적 의식을 전제하는) 논리학적 의식 사이의 구분이 후설의 사유에서 중심을 차지한다. 그러나 이미 우리는 본질적인 차이를 제시했으며, 우리는 나토르프의 입장을 취하는 동시대 후설의 초기 저술이 어째서 심리주의적 방향을 견지하는지를 이해한다. 사실 나토르프는 그가 심리주의에 반대했던 인식론에서 형식주의에 확고히 머물러 있다. 그가 논리학에서 '객관적 타당성'의 이념을 발생을 통해 주관주의적으로 해명하는 것을 반대할 때, 그는 독립성과 자율성, 분리

---

8) 후설이 비록 나토르프에 반대하기는 하지만, 그로부터 많은 것을 차용했다. 예를 들어 심리학이 논리학을 정초하려 하자마자 객관적 타당성을 상실하게 되는 악순환의 아이디어가 그러하다. 『논리 연구』에서 후설은 이러한 논변을 많이 사용하며, 그것을 심리주의에 대한 비판 및 경험주의와 회의주의에 대한 비판으로 바꾸어 놓았다. 그는 『위기』에서 흄을 비판할 때에도 이것을 사용한다.

9) 논리학의 '의미'를 고려하는 것은 현상학적 함의가 없지 않다. 논리적인 법칙이 자신을 의식에 제시하는 방식, 그것이 보편성 안에서, 비(非)시간성(intemporalité, 후설은 차라리 나중에 전全시간성omnitemporalité 내지 초超시간성supratemporalité이라고 말할 것인데) 안에서 알려지고 체험되는 기원적인 방식, 실재적인 의식과의 관계에서 그것의 자율성, 이것이 출발해야만 하는 지점이고 또 결코 변형되거나 '망각'되어서는 안 될 권리를 지니는 지점이다.

10) P. Natorp, "Über objektive und subjektive Begründung der Erkenntnis", *Philosophische Monatshefte* 23, Berlin, 1887, pp. 257~286.

(dissociation)를 해명해야 한다는 것을 잘 알고 있다. 하지만 그는 구체적인 연관, 즉 논리적 의미의 객관성과 주체 사이에서 이행의 연속성을 결여하고 있다. 왜냐하면 만일 심리학적 주관성이 자신으로부터 객관적인 법칙을 만들 수 없다면, 우리는 또한 순수하게 자율적이고 '그 자체로 있는' (en soi) 법칙이 어떻게 작용을 야기하고 또 어떻게 주관에 의해 그러한 것이 알려질 수 있는지를 물어야만 하기 때문이다. 나토르프는 논리적 객관성을 구성하는 기원에 대해서는 아무것도 말하지 않았다. 논리적 객관성은 어떤 주관성에 접근될 수 있는가? 그 논리적 객관성은 어떤 주체성에서 유래하는가? 그가 벗어날 수 없었던 칸트를 따르면서, 그리고 이상하게도 플라톤주의와 화해하면서, 나토르프는 사물 '자체'(en soi)를 인식할 수 없는 것으로 주장한다. 그리하여 경험적 주관성은 유한하고 자기 스스로 닫혀 있으므로, 논리학의 타당성은 형식적 주체를 전제할 것이다. 상관적으로, 인식의 토대는 모든 경험적 주관성에 선행하여 구성된 형식적으로 객관적인 통일체일 것이다. 수학의 영역에서 우리 인식의 기체는, 현상이 아니라 가능한 현상들에 대한 규정의 통일체를 정의하는 형식적 범주다. 이러한 범주들이 전제하는 논리적 내지는 형식적 의식은, 후설에게서 차후에 초월론적 의식, 즉 모든 형식 논리의 구체적 토대를 가리킨다. 나토르프는, 의식의 선험적인 법칙의 객관성으로부터 경험적 주관성을 절대적으로 분리함으로써, 어떻게 인식이 **동시에** 심리학적 작용이면서 진리에 접근할 수 있는지, 경험적 산물이면서 기원적인 명증일 수 있는지 이해하기를 스스로 차단해 버렸다. 비록 형이상학적인 가정에 의해서나마 우리가 보편적 진리를 가능케 하는 논리적인 주체와 모호하고 제한적인 지식에서 머뭇거리는 경험적 주체를 실질적으로 구분하기는 하지만, 우리는 그런 식으로는 왜 그리고 어떻게 이 두 가지 주체가 **유일하고도 동일한 시간**을 점

유하고 있는가를 설명하지 못한다. 그 시간의 동일성은 절대적인 것처럼 보이고, 그 어떠한 것도 환원할 수 없는 기원적인 직관의 대상이 된다. 창조적 발생의 장소이자 동시에 이론적 직관의 장소로서, 끊임없이 풍부해지는 경험적 생성의 장소로서, 또한 선험적인 것으로 알려진 논리적 명증의 장소로서 주어지는 이 유일한 시간성은, 나토르프에게서는 분리되어 있음이 보인다. 한편에는 경험적 시간, 타락하고 강등된 시간, 논리적 진리의 가능성을 은닉하는 시간을 가지고 있다. 그것은 심리학적 발생의 시간, 심리적 삶에서 실제로 작동되는 개념적인 작용의 시간이다. 그런데 다른 한편에는, 자체로 불투명한 시간에 반대되는 순수한 비(非)시간성, 더 적절하게 표현하자면, 이념적 시간성 내지 형식적 시간성, 순수하게 지성적이거나 투명한 시간성, 논리적 명증의 세계가 있다. 또한 심리학적 작용도 그것의 구성적 측면에서 보자면, 어떤 의미에서는 단지 기술적인 도구 내지는 경험적인 매개의 자격으로서만 순수하게 논리적인 작용을 수반할 뿐이다. 양자 사이의 연대성은 우연적이고 외적인 것으로 남아 있다. 그러나 나토르프에 의해 알려지고 강조되었던 그들의 동시성 내지는 공존의 의미는, 우리를 완전히 벗어난다. 그러므로 우리는, 관념론자의 관점에서 그러하듯, 의식의 객관성을 시간적인 체험과 모든 발생을 벗어나는 가능성의 형식적 조건에 의지하게끔 강제된다. 그러니까 문제는 선험적인 형식적 법칙의 구체화와 적용을, 문제를 단지 거부할 뿐인 시간의 이념성에 의존하지 않고서, 심리학적 주관성의 실제적 시간 속에 정초하는 것이다.[11]

---

11) 이 저술의 목적은 후설이 어떻게 처음부터 시간의 관념성이라는 칸트의 교설을 전복하고 끝없는 우회와 조심, 섬세함을 거쳐 결국 목적론의 형식에서 시간의 관념성을 재도입하게 되는가를 보여 주는 데에 있다. 따라서 그는 통일성에서 구성된 시간, 즉 우리가 보게 될 것처럼 '세속적인' 시간으로부터 출발한다. 이것이 바로 그의 철학이 모순되는 이유인 것이다.

또한 마찬가지로, 후설이 시작부터 나토르프의 논리주의를 뒤따르지 않았다는 사실이 중요하다. 후설이 출발한 지점은 형식적이고 추상적일 수 없었다. 우리는 젊은 후설의 심리주의에서 착오 이상의 것을 보아야만 하며, 그 심리주의를 훗날 다시 나타나게 될 발생의 철학과의 연속성에서 이해해야만 한다. 후설이 심리-발생적 관점과 일치함으로써 출발한 믿음은 분명 형식적 관념론과의 명백한 단절을 수반한다. 그러나 설령 그가 믿음을 철회했다 하더라도, 그 단절은 (적어도 의도에 있어서는) 결정적인 것으로 남아 있다. 기원적이고 구체적인 체험은 아직 그가 현상학적 환원의 수준에서 수행하게 될 것처럼 기술되지는 않으나, 그것은 이미 철학의 원천으로 인식되었다.

그러므로 후설은 또한 나토르프와 같은 신(新)칸트학파나 플라톤주의자보다도, 지크바르트[12]와 같은 심리주의적 논리학자에 훨씬 더 근접하게 되었다. 사실 지크바르트는 논리학과 심리학 사이의 본질적인 차이를 인식하고 있었다. 양자 사이에는 의도의 차이가 있는데, 논리학은 모든 참된 사유 일반의 조건을 규정하려 하지, 모든 실제적 사유의 법칙을 규정하지는 않는다. 또한 양자 사이에는 실재적인 차이가 있는데, 논리학은 다만 사유 안에서 진리를 구성하는 것에 몰두할 뿐, 심리적 운동 일반의 법칙에는 관심이 없다. 그러나 심리적 삶 일반에 대한 경험과 인식을 전제하고, 오직 그 심리적 삶의 명증 이후에야 설립될 수 있다는 점에서, 논리학은 심리학에 의존한다. 그것은 동일한 악순환의 역방향의 운동이다. 분명한 것은, 지크바르트에게서 심리적 삶이란 것이 매우 혼란스러운 개념이라는 점이다. 문제가 되는 것이, 기원적인 체험, 직관적인 명증 또는 구성된 '사

12) C.Sigwart, *Logik*, Tübingen, 1873~1878.

실'인지 우리는 알지 못한다. 그런 의미에서, 우리는 모든 현상학적 심리학 (psychologie phénoménologique) 편에 있다. 그러나 지크바르트가 판단의 발생에 관해 기술했던 방식은 이상하게도, 만일 우리가 그것을 경험적인 용어로 제시되는 초월론적인 용어로 번역한다면, 훨씬 나중에 수행되는 후설의 분석을 많이 닮았다.[13] 그러므로 예컨대 부정판단은 언제나 일차적인 긍정판단에서 파생된다. 그것은 실패와 좌절이라는 구체적인 경험에서 야기된다.[14] 그러나 주관주의적 심리학의 용어로 정의하면, 이러한 경험들은 가능성이 경험의 구성된 '사실'에 선행해야만 하는 논리적인 부정을 고려하지 않는다. 어떻게 체험된 것의 기원성을 보전하면서 심리주의적 경험주의를 벗어나고, 또 구체적인 경험으로부터 출발하여 객관적인 논리학의 발생을 파악할 수 있는가? 그것은 자신의 활동의 깊은 의미에 대해 진지하게 고민하는 수학자로서 후설이 철학에 물음을 던졌을 때, 이미 벌써 그에게 제기되었던 초월론적 발생의 모든 문제인 것이다.

당시에는 일반적이었던 칸트의 용어로 제기하자면, 논쟁은 딜레마 앞에서 꼼짝도 하지 않고 있다. 한편으로 우리는, 모든 체험된 시간 너머에서 등장하면서 선험적인 형식의 체계에 존재하는 초월론적 주체에 호소한다. 그것은 모든 발생적 가설을 거부하는 것이고, 소위 구성하는 원천, 발생적 구성으로부터 안정화된 산물인 형식적 주체를 만들기를 감수하는 것이다. 그것은 고전적 양식의 심리주의를 벗어나고자 하는 것이며, 후설이 훨씬 뒤에 칸트를 고발하는 세련된 심리주의의 위험을 무릅쓰

---

13) 『경험과 판단』 및 『형식논리학과 초월론적 논리학』.
14) 우리는 『경험과 판단』의 유사한 단락(1부 21절)으로 돌아가게 될 것이다. 이 책 3부 1~2장을 보라. 이 주제에 관해서는 베르그송(Henri Bergson)의 주제와의 흥미로운 비교가 있을 수 있는데, 매우 유사하다.

는 것이다.[15] 그러는 한 우리가 체험된 시간성을 벗어날 수 있다고 주장하는 모든 초월론적 주체는 단지, 그 의미가 지금부터는 참된 초월론적 주체에 의해 구성되는 형식 내지 사실인, '세속적'이고 '심리학적인' 주체일 뿐이다. 다른 한편으로 우리는, 딜레마의 두 번째 계기에서, 의도적으로 심리주의적 경험주의를 수용하지만 그렇게 함으로써 그것을 절대적으로 정초하는 것은 막는다. 우리는 주관주의적 상대주의의 죄수로 갇힌 채 남아 있는데, 후설은『논리 연구』에서 그 상대주의가 근본적 회의주의와 동의어임을 잘 보여 준 바 있다.[16] 따라서 우리에게 남는 선택은 오직, 그 어느 누구에게도 객관성을 보증하지 않는 칸트식 유형의 경험적 체험, 그리고 '적용 불가능'하거나 '작용 불가능'한 것처럼 보일 뿐만 아니라 후설이 훨씬 뒤에 "망각되었다"[17]라고 말할 은폐된 발생의 산물일 뿐이기를 감수하는 모든 발생에 대해 차단된 논리적 형식주의 양자 사이에 존재할 뿐이다.

이러한 양자택일은 그처럼 극복이 불가능한 것처럼 보인다. 만약 객관성의 토대가 체험되고 구체적인 시간적 명증의 수준에서 나타나지 않는다면, 그것은 구성되고, 귀납되고, 연역되고, 파생되어야만 한다. 그러한 작용의 산물들 사이에서 우리는, 구성하는 계기와 구성된 계기, 또는 **선험적인 것**(l'a priori)과 **후험적인 것**(l'a posteriori)을 더 이상 구분할 수 없을 것이다. 사실 우리가 관계하는 것은 이미 구성된 대상들, 하나는 '의식의 사실들'로서의 것들이고, 다른 하나는 논리적 형식들이다. 그 하나 또는 다른

---

15) 『위기』, pp.293~298(그라넬 번역판 p.108 이하) 및 수고 그룹 M의 여러 곳.

16) 『위기』, ch.7, §32~39.

17) 기억에 대한 심리주의의 결함과 혼동해서는 안 된다는 점에 대한 망각(비록 극단적이라 하더라도, 두 가지 망각을 근본적으로 구분하는 것은 매우 어렵다. 우리는 뒤에서 이것으로 다시 돌아올 것이다).

하나를 기원적인 심급으로 삼는 것은, 후설이 그것을 정의하도록 이끌리게 될 것과 같은 심리주의의 본질 자체다. 두 가지 경우에서, 객관성의 가능성을 연역하기를 원하면서, 우리는 그것을 가정하거나 또는 기대한다. 어쨌든 우리는 모든 객관성의 원천으로서의 체험된 것의 기원성을 거부하는 것이다. 체험된 것은 경험적이며, 형식적 범주에 따른 초월론적 '나'에 의해 구성된 것이다. 따라서 그것은 기원적이지 않다. 마찬가지로 기원적인 초월론적 자아 역시 체험된 것이 아니다. 그러므로 실제적인 발생은 모든 초월론적 기원성으로부터 단절되어 있다. 실제로 체험된 시간성은 구성하는 것이 아니라, 결국에는 발생적 생성에 대립되는 시간이라는 초월론적 이념성에 의해 구성된 것이다. 한마디로 발생의 초월론적 조건은 시간적인 조건들 자체가 아니며, 객관성에 대한 초월론적 발생은 없는 것이다. 심리주의가 칸트주의에 반대하는 수준에서 우리가 말할 수 있는 것은, 전자에 대해서는 객관성 없는 발생이 있다는 점이고, 후자에 대해서는 발생 없는 객관성이 있다는 점이다. 시간과 진리는 **선험적으로** 서로를 배척한다. 그럼에도 심리주의와 칸트주의가 일치하는 것은, 그들 중 어느 하나도 명백하게 기원적인 체험에서 출발하지 않는다는 점이다. 양자 모두는 경험과 그 안에서 구성된 세계라는 매개된 정의에 의지하고 있는 것이다. 양자 모두에 결여되어 있는 것은 바로 지향적 의식이라는 주제다.

실상 이제까지 경험은, 그것이 초월론적 '나'에서 출발하여 형식적 범주들에 의해 만들어지든 배타적으로 심리학적 작용에 의해 만들어지든, 구축(construction)에 머물러 있었다. 발생은, 그것이 나타날 때, 단지 [경험주의적] 연합이거나 [지성주의적] 가공이었을 뿐이다. 그래서 기원의 문제는 해결이 불가능했다. 기원적인 지향적 의식을 해명하는 것은 그 논쟁을 근본적으로 넘어서도록 해준다. 기원적인 운동이 기원적이지 않은 것에 접근하게 해주는 기원적으로 객관적인 의식은, 발생의 모든 난점을 제거하거나 적어도 문제의 모습을 상당히 바꾸어 놓을 것이다.

하지만 브렌타노의 영향하에서 후설이 지향성이라는 개념을 받아들였을 때, 그는 아직 고전적인 견해에 의존하고 있었다. 브렌타노에 의해 정의된 지향성은 훨씬 뒤에 후설이 내세우는 초월론적 지향성과 매우 다르다. 그것은 여전히 의식의 심리학적 '특성'을 지닌다. 따라서 그것은 기원적인 지향성이 아니다. 그것은 사유에 즉각 객관성의 열쇠를 줄 수 있는 사유의 어떤 '속성'이 아니다. 또 지향성을 근본적으로 드러내는 것은 아주 오래 걸릴 것이다. 문제가 되는 것이 의식의 지향적 '구조'인 한, 발생의 문제는 구성주의적 용어로 제기될 것이다. 후설의 임무는 지향성이라는 주제를 점진적으로 해명하는 것이고, 그렇게 하면서 새롭게 문제가 되는 것을 정의하는 것이다. 이것은 다음의 물음과 더불어 착수될 것이다. 만약 주관성이 지향적이고 그것의 궁극적인 토대로서 대상들과 의미들에 대한 직접적인 지각을 가리킨다면, 어떻게 개념이나 수(數)의 객관성과 같은 논리적 의미의 발생을 설명할 수 있는가? 그런데 지향성은 여전히 하나의 경험적 사실이며, 따라서 이 문제는 고전적인 문제와 함께 뒤섞인다. 후설은 바로 이러한 뒤섞임 안에서 몸부림치며 시작해야만 하는 것이다.

2장
발생에의 첫 번째 의존: 지향적 심리주의

발생적 함축과 절대적 토대

『산술철학』[1]은 좌절한 수학자의 저술이다. 당시 수리철학에서 군림했던 논리주의는 나토르프의 반(反)심리주의와 합류하였다. 의식의 구체적인 삶에 위치하면서 자율적인 수학적 형식을 설명하는 것은 적절하지 않았다. 의식에 대한 심리학적 또는 논리학적 견해에 갇힌 당시의 논리학자는 수학적 의미의 객관성을 그 기원인 모든 의식으로부터 고립시켰을 뿐이었다. 하지만 만일 우리가 이념적인 수학적 형식, 즉 그것을 겨냥하는 모든 작용의 비(非)시간적 규칙에 만족한다면, 우리는 그 전체에서 수학적인 진보도, 모든 실제적인 연산, 모든 종합의 구체적인 가능성도 이해하는 데 이를 수 없을 것이다. 이것은 의식의 작용 없이 스스로 작동할 수 없다. 후설이 '심리학적' 그리고 '실재적'(real)이라고 생각한 이 작용들은, 시간적이고 지향적인 구성하는 주체를 가리킨다. 수는 다(多)를 셈하는 작용에 의해 구

---

1) 『산술철학』(1891). 이 저서는 브렌타노에게 헌정되었다[이 책 「서론」, p.35[58쪽] 참조).

성된다.[2] 그러나 만약 이 종합이 단지 어느 '실재적인' 주체에 의해서 구성되는 것이라면, 우리에게 그것의 객관성을 보증해 주는 것은 무엇인가? 누가 우리에게 그것의 선험적 필연성을 보장할 것인가? 의식작용의 다양성은, 감각적이거나 지성적인 대상의 선험적 통일성을 정초하는 데에 충분할 것인가? 여기에서 수학적인 연산과 수학 일반을 전개하는 주체에게 제기되는 것은, 바로 선험적 종합의 문제이다.

수학적 발생의 문제는 아직 후설에 의해 다루어지지 않지만, 그 연구로 방향을 설정한 것은 바로 후설 자신이다. 실상 후설이 자신의 저작에서 제기하였던 것은 무엇인가? 문제가 되는 것은 "일련의 심리학적 연구와 논리학적 연구를 통해, 그 위에서 우리가 궁극적으로 수학과 철학을 확립할 수 있는 학문적 토대를 준비하는 것"[3]이다. 후설이 결코 포기하지 않을 절대적인 토대의 이념은 여전히 그의 눈에는 심리적 학문에로 접근이 가능하였다. 우리가 암시하는 주관성은 경험적인 주관성이다. "당시에 그리고 그 이후에도 군림했던, 내가 출발했던 신념은, 논리학 일반 그리고 연역적인 학문인 논리학이 심리학에 의해서만 철학적 해명을 기대할 수 있다는 점이었다."[4] 그러나 동시에 이 경험적 주관성은 절대적 명증의 원천이다. 그 명증은, 의미가 이미 규정되어 있는 단순한 자연적인 사실이 아니다. 오직 사실로부터, 그리고 사실을 지배하는 자연적인 법칙으로부터가 아니라 그것이 원천인 지향적 지각으로부터 출발하여, 우리는 수학과 철학을 정

2) 『산술철학』, 2부 10장(후설전집판 12권 p.181 이하/1891년 초판 p.221 이하)[이하 『산술철학』을 인용할 경우 괄호 안에 위 두 판본의 쪽수를 차례로 기입하였다. 괄호 바깥에 쪽수가 기입된 경우는 프랑스어판의 쪽수를 가리킨다. 판본들의 상세 사항은 58쪽 각주 1번 참조].
3) 같은 책, 서문, p.v(p.5/p.3).
4) 『논리 연구』, 1판 1권, p.vi(프랑스어판 p.viii)[이하 『논리 연구』를 인용할 경우 괄호 앞에 독일어판 쪽수를, 괄호 안에 프랑스어판 쪽수를 기입하였다. 판본들의 상세 사항은 16쪽 각주 6번 참조].

초하려 할 것이다. 또 명증의 원천인 동시에 심리적 삶이기도 한 지향적 의식의 애매성은 문제를 열어 둔다. 수학적 객관성에 대한 절대적 정초는 기원적으로 지향적인 명증 안에 주어져 있는가? 우리는 아직 기원적인 지향적 명증이 시간적인지, 또 그것이 선험적인 것과 종합을 동시에 정초하는지 알지 못한다. 그렇다면 수학의 정초는 심리학적 발생과 뒤섞여야만 하는가?

이 절대적 정초의 드러남은 지향적 분석에 의해서, 기술(description)과 "세세한 것에 대한 참을성 있는 분석에 의해서"[5] 이루어질 것이다. 그러므로 우리는 '함축'(implication)을, 그러니까 —— 여기서는 심리학적인 —— 수학적인 본질과 개념을 드러낼 것이다. 이 함축에 대한 분석은, 역진적 운동(mouvement régressif) 안에서, 수학적 객관성으로 이끄는 발생의 여정을 따라갈 것이다. 말년에 후설은 「기하학의 기원」에서, 조작 또는 수학적 수행(Leistung)의 기원적인 의미에 대한 재(再)현행화(Reaktivierung)를 시도하였다. 그러한 시도는 『경험과 판단』이나 『형식논리학과 초월론적 논리학』의 대상이기도 하다. 문제가 되는 것은, 구성된 생성이라는 관념을 통해, 발생 뒤에 남는 '침전'을 이념적으로 용해하는 것이다. 그러나 '역사적-지향적' 분석은 훨씬 뒤에 초월론적 관점에서도 유지되어야만 한다. 『산술철학』에서 발생적 기술에 대한 궁극적인 함축은 아직 나타나지 않지만, 그러한 기술에 대한 요구는 이미 제시되고 있다. 그 요구는 결코 후설을 가만히 내버려 두지 않는다. 『이념들 1』 이후에 점점 제시되고 다시 등장하기 위해 잠시 옆으로 밀쳐 두기에 앞서, 그 요구는 후설이 자신의 심리주의에 대해 만족하지 못하기 시작할 무렵인 1894년에 유일

---

5) 『산술철학』, p.v(p.5/p.3).

하게 타당한 방법으로 정의되었다. "나의 견해를 말하자면, 나는 판단에 관한 그 어떠한 이론도, 만일 그것이 직관과 표상의 기술적이고 발생적인 관계에 대한 깊이 있는 연구에 의지하지 않는다면, 그것은 사실에 부합하지 않는다고 주장할 수 있다."[6] 따라서 의도의 통일성이 『산술철학』과 「기하학의 기원」을 묶어 주며 과도적인 계기들을 관통한다. 그렇지만 초월론적 발생에 이르기에 앞서, 후설은 경험적 발생에서 출발해야만 했다. 그 경험적 발생이 우리로 하여금 수학과 철학의 절대적인 심급에 이르도록 할지는 의문이다.

개념의 추상과 발생

여기서 우리에게 발생적 기술을 제공하는 것은 무엇인가? 저작의 1부에서, 후설은 다수(多數), 수(數)와 일(一)의 개념을 분석하는 데 몰두한다. 문제가 되는 것은 그것들을 지시하는 기호적 도구를 통해서가 아니라 그것들의 구체적인 기원에서 그것들에 이르렀다는 점이다. 후설은 바이어슈트라스(Karl Weierstrass)를 인용하여, "순수 산술은 수의 개념 너머에 있는 근본적인 그 어떠한 가정도 필요로 하지 않는다"[7]라는 생각에 동의한다. 기수(基數)는 모든 수의 근본이다. 그러나 기수는 자신 안에 다수의 개념을 전제하기 때문에, 후설은 바로 그 다수에 대한 연구를 시작한 것이다. 그 개념의 발생은 무엇인가? 그것은 바로 다수를 성립시키는, 추상이라는 심리학적 작용이다.[8] 이러한 추상의 구체적인 토대는 '총합'(Inbegriff)이고

---

6) 「기초 논리학의 심리학적 연구」, p.187[후설전집 22권 p.120][상세 서지는 58쪽 각주 1번 참조].
7) 『산술철학』, p.5[p.12/p.14].

정의된 대상의 '다수성'이다. 추상의 작용이 발휘되는 대상은, 모든 종류의 대상의 총합이다. 일군의 나무, 감정, 천사 등등.[9] 특수한 '내용'(Inhalt)의 본성은 무차별적이다. 후설은 이러저러한 유형의 내용에서 출발하여 수 개념의 기원을 규정하는 모든 이론을 거부한다. 이것이 바로 그가, 수란 단지 물리적 현상을 가리킬 수 있을 뿐이라는 존 스튜어트 밀의 주장이 불충분하다고 판단했던 이유다. 후설은 우리에게 작용들과 심리적 상태들은 자연적 사물처럼 간주할 수 있다고 말한다.[10] 종합적인 통일성이 제시될 때마다, 주어진 총합에서 출발하여 추상이 가능할 때마다, 수는 가능하다.[11] 후설이 말하는 총합은 합계, 모음(assemblage), 후험적인 종합이 아니다. 그것은 처음 순간부터 지향적 지각에 의해 주어진다.[12] 이미 구성된 것으로서, 추상의 가능성을 정초하는 그것은 바로 '선험적 종합'(synthèse a priori)인 것이다. 그런 의미에서, 추상은 하나의 발생 내지는 피상적이고 이차적인 종합이다. 그것은 더욱 근본적인 종합을 전제한다.

그렇지만 그 일차적인 고려에서부터, 후설의 심리주의는 당대의 심리주의와 뚜렷이 구분된다. 한편으로는 분명, 수의 가능성을 추상이라는 심리학적 작용에 귀속시키면서 —— 그리고 모든 개념의 한계에 귀속시키면서 —— 우리는 후설 자신이 곧장 바로 심리주의에 의지했다는 비판에 빌미

8) 같은 책, pp.9~10(pp.15~16/pp.18~19).
9) 같은 책, 1장, p.11(p.16/p.20).
10) 같은 책, 1장, p.11(pp.16~17/p.20).
11) 여기서 우리는 추상의 작용을 야기하는 수에 대한 심리학의 근본적인 부적합성을 지각한다. 추상의 작용은 그에 대해 아직 아무것도 알려지지 않은, 선행하는 발생에 의해 이미 구성된 종합적 통일, 전체성을 전제한다.
12) 그것은 형태이론(Gestalttheorie)이 태어나게 된 하나의 계기다. 비록 나중에 그것이 매우 부적합하다는 것을 발견하기는 했지만, 후설은 그 아이디어를 수용하였으며, 역으로 그것에 의심할 수 없는 영향을 주었다.

를 준다. 심리학적 조작만으로는 산술적 의미와 모든 대상의 통일성의 객관성을 구성하기에 충분할 수 없다. 기원적인 지향성을 결여하고서는 그 어떠한 심리적 삶도 구성하는 것으로서 나타날 수 없다. 발생은 아직 심리학적 모델 위에서 생각되는데, 왜냐하면 거기서 주요한 동인이 되는 추상은 우리가 본질 위에서 정초되어 있는지 아니면 정초되어 있지 않은지를 알지 못하는 일반적인 개념들을 산출하기 때문이다. 후설은 우리에게, 그가 관심을 갖는 것은 다수성 개념의 본질을 정의하는 것이 아니라 "그 개념의 추상이 정초되어 있는 현상들의 **심리학적 특성화**(caractérisation psychologique)"를 통해 그것의 발생을 기술하는 것이라고 말한다.[13]

그러나 다른 한편으로는, 추상이라는 그 근본적인 작용은 이미 의식의 지향적 본질과 부합되어야만 한다. 확실히 후설은 거기에서 아직 지향성에 관한 브렌타노의 정의에 머물러 있다. 지향성은 의식의 심리학적 '구조'다. 거기에서 그가 대상의 의미에 기원적으로 접근하는 것은 결여되어 있으며, 따라서 그는 암묵적으로 구축(construction)에 의존한다. 이 점이 아직은 명료하지 않다. 어쨌거나 분명한 것은 총합에서 선험적으로 구성되고 그러한 것으로서 기원적인 지각에 전달되는 다수성의 관념, 그리고 기원적인 지각에서 비롯하여 전개되는 발생의 관념이 고전적 심리학의 한계를 넘어서는 것처럼 보인다는 점이다. 의식은 기원적으로 어떤 것에 대한 의식이다. 따라서 지각은 일차적이고, 객관성은 체험된 기원적인 토대를 갖는다. 이러한 객관성을 가능하게 하는 종합은 구축(construction)도 아니고, 후험적인(a posteriori) 연합(association)도 아니다. 그것은 주관적인 작용들의 다양성에서 비롯하는 통일성의 산출 그 이상이다. 대상의 종합

---

13) 『산술철학』, 1장, p.16[p.21/p.25].

적인 통일성은 (단어의 가장 넓은 의미에서) 선험적인데, 왜냐하면 즉각적으로 의식에 제시되는 것은 바로 대상 **자체**이기 때문이다. 총합의 통일성이 어떤 발생에 의해 구성된 것이 아니라, 오히려 그 발생을 가능하게 하는 것이 바로 그 통일성인 것이다. 왜냐하면 그 추상이 가능한 것은 바로 '선험적 종합'이 **이미**(déjà) 대상 안에서 구성되어 있기 때문이다. 그러므로 의식의 지향적 의미를 더 깊이 파고들면서, 우리에게는 후설의 발생적 관점이 전도되는 것처럼 보인다. 추상은 더 이상 근본적이지 않은데, 그 추상은 존재론적 통일성에 있어서 대상에 앞서는 초월론적 의식에 의한 구성을 전제하기 때문이다. 심리학적 작용의 다수성이 나타나거나 자신을 그러한 것으로 나타낼 수 있는 것은 바로, 심지어 이미 구성된 그 통일성에서 출발함으로써 가능하다. 후설이 왜 프레게(Gottlob Frege)에 반대하여, 수라는 것이 그 용어의 일상적인 의미에서 개념이 아닌지를 보여 주려 노력했는지가 여기서 설명된다.[14] 그러므로 여기서 우리는 고전적인 심리학의 대척점에 있는 것처럼 보인다. 수의 가능성의 토대는 즉각적으로 객관적이다. 수가 결국은 추상에 의해서 구성되기는 하지만, 그것은 오직 기원적인 종합에서 비롯되어 스스로 현실화된다. 수에서 개념은 일차적이지만, 그것은 기원적인 본질 위에 정초되어 있다. 『산술철학』의 첫 번째 장(章)에서부터 발생의 문제가 폭넓게 제기된다. 그것으로부터 개념적 통일성과 수가 생겨나는 이미 구성된 다수성과 총합은, 경험적 주체의 활동의 산물이 아니다. 그것은 선험적으로 주어지며 주체 자체의 활동을 가능하게 만든다. 그러나 그것은 구성된 다수성, 소위 종합인 한에서, 어떤 지속을 함축하며, 결과적으로 어떤 발생을 함축한다. 그것이 지향적 상관자로서 전제하는

---

14) 같은 책, 9장.

기원적이고 초월론적인 작용은, 그것이 또한 기원적으로 종합적인 한에서 시간에 따라 현실화된다. 벌써 우리는 초월론적 구성의 시간이라는 결정적인 문제에 이르렀다. 어떤 시간에 따라 그 초월론적 구성은 일어나는가? 시간 자체가 비(非)시간적인 주체에 의해 구성되는 것인가? 주체 자신은 시간적인가? 그 주체는 어떻게 스스로 나타나며 또 어떻게 동일한 주체로서 자신을 구성하는가? 기원적인 발생은 이념적인가 아니면 현실적인가? 만일 그것이 이념적이라면, 기원적인 것은 결코 체험될 수 없을 것이다. 체험된 모든 것은 심리학적일 것이고 또 이미 구성된 것이니 말이다. 그것이 바로 후설이 칸트에게 행한 비난이다. 그러나 만일 역으로 발생이 현실적이라면, 그것은 역사적인 주체의 실재적 작용이 없이는 일어날 수 없을 것이다. 체험된 것은 여전히 심리학적이지 않은가? 따라서, 훨씬 나중에 후설에게서 심리학적인 것과 현상학적인 것 사이의 구분, '세속적' 실재성(real)과 초월론적 내실성(reell) 사이의 구분이 만들어지게 될 것은 바로 체험된 것의 중심부에서다. 이러한 구분은 오직 현상학적 환원에 의해서만 가능해지는 것이다. 다만 지금으로서는 그 구분이 후설을 비껴 나 있으며, 수를 구성하는 시간은 심리학적인 시간에 머물러 있다.

심리학적인 시간

실상, 총합 개념의 기원에 관한 물음을 제기하면서 후설은 그것을 구성하는 시간에 대한 심리학적 정의에 도달하였다. 시간은 "필연적인 심리학적 계기(契機)"로서 제시된다.[15] 시간적 계기(繼起)는 대상의 '집합'과 총합의

---

15) 『산술철학』, 2장, pp.19~20[p.25/p.30].

기원을 설명하기 위해 불가결하다. 마찬가지로, 이 총합과 수의 구성에서 비롯되는 추상은 시간의 개입을 요구한다. 집합과 기수의 과정은 시간적인 연속성과 계기를 전제한다. 그러나 이상하게도 여기서 아직 후설의 사유는, 절대적으로 심리학적인 발생주의와 논리주의 사이에서 진동한다. 여기서 그가 보기에, 시간의 필연성이 배타적으로 심리학적이라는 점은 명백하다. 시간은 오직 '계기'(Momente, 契機), '요소'의 명목으로만 수의 산출에 개입할 뿐이다. 기수와 집합의 작용이 이루어지기 위해서는 시간적 계기(繼起)가 가능해야만 한다. 그러나 후설이 분명히 말하는 것처럼, 시간적 계기와 논리적 순서 — 예컨대 전제를 삼단논법의 결론에 결합시키는 — 를 혼동해서는 안 된다.[16] 후자의 진리는 어찌 되었든 심리학적 시간성에 독립적이지만, 그럼에도 그 진리가 드러나는 것은 그 심리학적 시간성을 통해서이다. 후설은 헤르바르트(Johann Friedrich Herbart)를 인용하고 동의하여, "다른 수백 종류의 표상들이 그 산출에서 본질적으로 점진적인 것과는 달리, 수는 시간과는 아무런 관계가 없다"라고 쓴다.[17] 그리고 참여하고 있는 논의의 한가운데에서 후설은, 이미 어떠어떠한 것으로서의 현상과, 우리에 대해 있는 그것의 '기능' 내지 그것이 지닌 '의미'를 구분하는데, 말하자면 후설은 객관적인 현상에 대한 심리학적 기술과 현상학적 기술을 구분한다. 그러나 체험된 것의 현상학적 시간성이 아직 해명되지 않았다는 사실로부터, 논리적인 대상의 의미는 그 자신 안에 정초되어 있다. 전제를 결론에 결합시키는 순서와 마찬가지로, 객관적인 의미는 자율적이다. 가장 애매한 심리주의는 여기서 논리주의와 뒤섞인다. 그

---

16) 같은 책, 2장, p. 25 (p. 28/p. 35).
17) 같은 책, 2장, p. 28 (p. 31/p. 38).

리고 이러한 만남은 우연이 아니다. 우리가 원했던 것은 시간과 같은 다양한 계기(契機)들을 요청함으로써 논리적 대상을 심리학적 발생에 의해 구성하는 것이었다. 그런데 이러한 발생과, 또 그것의 객관적 산물에 '의미의 통일성'을 주기 위해서, 우리는 그 시간을 현전하는 것 또 자율적인 것으로서, 의식작용의 다수성에 앞서 전제해야만 한다. 만일 시간이 배타적으로 심리학적인 조건이라면, 우리는 객관적인 본질의 생성을 이해할 수 없을 것이다. 그 본질은 언제나, 현전이 부차적이거나 우연적인 것으로 남는 수동적 의식 앞에서, **거기에 이미**(déjà là) 있어야만 할 것이다. 반대로 우리는, 또한 **항시 이미**(toujours déjà) 구성되어 있는 논리적 필연성의 도움 없이는 심리학적 발생의 객관적 필연성을 더 이상 이해할 수 없을 것이다. 심리주의와 절대적 발생은 서로의 반대물로 전환되며 그것과 함께 뒤섞인다. 절대적 생성은 언제나 그러하듯 역사의 영원성 및 부정이 된다. 그러나 『산술철학』에서 이러한 변증법은, 이러한 의미를 지니고 있음을 아직 파악하지 못한다. 그것은 여전히 혼란스럽다. 우리는 이 『산술철학』에 대해 사람들이 습관적으로 말하는 것과 거의 반대되는 것을 말할 수 있다.[18] 그것은 심리주의와 논리주의의 동시적인 표현인데, 왜냐하면 『산술철학』에서 충분히 이해되지 않은 발생은 언제나 자율적인 논리적 본질의 토대 위에서 나타나기 때문이다. 사실 우리는 분명히, 문자 그대로 사람들이 흔히 논리주의라고 부르는 작품인 『논리 연구』(1권)의 주도적인 주제를 알려 주는 진술들을 만나게 된다. 그러므로 후설은, 논리적인 내용 내지는 의미의 개념이, 실제로 경험되는 변하기 쉬운 심리학적 내용의 개념과 분리되어야

---

18) 이 저작에서 후설의 입장은 매우 자주, 순수하게 그리고 단순하게 심리주의와 동화되어 있다. 프랑스어 번역에는 오류가 있다.

만 한다고 주장한다. ABCD의 총합을 표상하면서,[19] 우리는 종합과 분석 작용들의 시간적이고 심리학적인 변형에 주목하지 않는다. 거기에서 후설은, 시간적 계기(繼起)라는 관념을 통해 다수성과 수의 개념을 해명하기 위한 모든 노력이 이미 실패할 운명이라는 결론을 내린다. 그가 보기에, 시간은 단지 개념들의 형성을 위한 이중의 심리학적 조건일 뿐이다. 한편으로는 하나의 통일성에서 통일된 요소들의 종합이, 그 요소의 다양성에 동시적인 '현전'(presentation)를 함축한다. 다른 한편, 그 종합은 총합과 다수성을 만들어 내면서 시간적 과정을 따라 현실화된다.[20] 그러나 심리주의가 논리주의 앞에서 사라지는 것은 바로 여기에서다. 동시성도 계기(繼起)도 그러한 한, 다수성이나 수의 객관적인 내용의 부분이 될 수 없다. 실제적인 발생과 의미의 절대성 사이의 분리가 감지된다. 초월론적 환원의 문제에 이르기까지, 그 구분은 다만 두드러질 뿐이다.

'일차적' 관계와 '심리적' 관계

이러한 진자 운동은 '일차적' 관계와 '심리적' 관계 사이의 구분에서도 계속된다.[21] 후설은 대상의 다수성을 총합으로 통합하는 관계에 '집합적 결합'(kollektive Verbindungen)이라는 이름을 붙였다. 제기되는 물음은, 그 관계들이 (주체에 의해 도입된 심리적 관계인) 심리학적 기원에서 비롯되는지, 아니면 (일차적인 관계인) 객관적인 기원에서 비롯되는지를 아는 것이

---

19) 『산술철학』, 2장, pp.28~29(p.31/pp.39~40).
20) 같은 책, 2장, pp.19~20(pp.24~25/pp.28~30).
21) 같은 책, 2장, pp.70~71, pp.76~77(pp.68~69, pp.71~72/pp.81~82, pp.88~89).

다. 그렇다면 [한편으로는] 예컨대 장미의 서로 다른 부분들과 같은, 일차적인 관계에 의해 구성되는 자연적인 총합이 있을 것이고,[22] 반대로 붉음의 성질, 달[月]과 나폴레옹을 다수성으로서 생각할 수 있는 것과 같은 심리학적 관계에서 태어나는 또 다른 총합이 있을 것이다.[23] 이러한 다수성으로부터 하나의 총합을 만드는 것은 바로 심리적 작용의 지향적 통일성이다. 그러나 여기에서 권리상 물을 수 있는 것은 심리적인 관계를 정초하는 것이 일차적 관계인지, 아니면 그 역(逆)인지 하는 점이다. 어떤 의미에서는, 모든 필연성으로부터, 일차적인 총합이 심리적인 총합에 선행해야만 하는 것처럼 보인다. 각각의 대상은, 내가 그것을 지향적으로 그러한 것으로 파악하고 또 그것을 기수의 작용 속에서 다른 대상에 연합시키기 위해서 종합적 통일성 안에서 이미 구성되어 있어야만 한다. 따라서 심리학적 발생은 구성하는 것이 아니다. 지향성의 수동적이고 직관적인 운동은 우리를 이미 구성된 존재론으로 되돌려 보낸다. 그러나 이것은, 여기서 고려되고 있는 지향성이 심리학적이라는 사실에 기인하는 것은 아닌가? 내가 겨냥하는 **실재적**(réel) 작용에 앞서서 구성된 일차적 총합의 의미 자체는, 초월론적 의식에 **대한** 것이 아닌가? 총합의 통일성에서 각각의 대상의 구성은, 의미로서, 심리학적 주체보다 더 깊은 주체에 의해 현실화되는 종합을 가리킨다. 심리학적 발생은 구성하는 것이 아니지만, 대상의 통일성이 '의미'를 가지기 위해서 지향적 종합은 필요하다. 이 종합이 없이는, 우리가 출발해야만 하는 대상에 대한 지각이 심지어 실재적인 다수성으로서도 지각되지 않을 요소들의 잔해로 흩어져 버릴 것이다. 지각은 한계상 불가능하다.

---

22) 『산술철학』, 3장, p.77(p.72/p.89).
23) 같은 책, 3장, p.79(p.74/p.91).

심리학적 발생의 주관적 종합은, 일단 이해되고 해명된다면, 초월론적 의식 안에서 주체와 대상에 대한 기원적인 종합을 전제하는 것 아닌가? 일차적인 것으로 지각된 관계에 의해 대상의 실재적 통일성을 구성하는 자연적인 발생과, 대상의 의미의 발생, 즉 객관적인 의미를 지향적으로 구성하고 또 그러한 한 심리학적 발생과는 다른, 현상학적 발생을 구분해야만 하지 않는가? 우리는 더 나중에, 후설이 아직은 발견하지 않은 현상학적인 발생이 어떻게 바뀌어 진지한 문제로 제기되는지를 알아볼 것이다.

다만 여기서 후설은, 두 가지 유형의 관계들을 대립시키고 심리학적 관계의 발생적 특성에 배타적으로 관심을 기울이고 있다는 점에 만족하고 있을 뿐이다. 우리를 발생의 또 다른 수준으로 상승시키는, 어떤 하나와 또 다른 하나의 종합적 관계는 주제화되고 있지 않으며,[24] 심리주의와 논리주의는 그들의 변증법이 매우 분명하다는 이유도 없이 서로 충돌하면서 서로 뒤섞인다. 왜냐하면 '집합적 결합'이라는 형식적 개념의 도움을 받아 추상의 과정으로서의 개념의 발생을 기술하면서, 후설은 모든 추상적인 개념이 어찌 되었든 대상에 대한 구체적인[25] 직관이 동반될 때에만 생각될 수 있다는 점을 보여 주었기 때문이다. 여기서 문제가 되는 것은, 이미지 없는 사유의 가능성이라는 문제가 아니라 지향성의 귀결이다. 모든 개념은 어떤 것에 대한 개념이다. '어떤 것' 일반(etwas überhaupt)의 가능성은 개념적 추상의 가능성을 정초한다.[26] 이 '어떤 것' 일반은 그 자체로는 개념이 아니며, 발생을 벗어나 있다. 따라서 한 번 더 말하지만, 경험적 발생

---

24) 그것은 오직 초월론적 지향성에 대한 기술과 더불어서만 주제화된다.
25) 여기서, 의식에 '몸소' 주어지는 대상의 기원적으로 구체적인 현전 위에, 본질의 또는 기호의 **'정초'**(Fundierung) 관계가 알려진다.
26) 같은 책, 4장, p.85(p.80/p.97).

을 정초하는 것은 비(非)심리학적 요소, 비(非)발생적인(non génétique) 요소다. 그러나 그 무(無)-발생적인(a-génétique) 요소는 모호한 함축의 상태에 머물러 있다.

프레게와의 논쟁

후설은 거기에만 몰두하지 않고, 동일한 방법에 따라 정도의 관계, 더한 것과 덜한 것의 관계,[27] 등가의 관계[28]에 대한 심리학적 분석을 선행한 이후 프레게와의 논쟁에 참여하면서, 산술 일반을 발생적으로 해명하는 것의 가치를 옹호하였다. 프레게는 심리학에 대해 산술의 영역에서 개입할 모든 권리를 거부하였다.[29] 그의 말에 따르면, 수 개념에 대한 심리학적 분석은 우리에게 아무런 본질적인 것도 전달해 줄 수 없다. "수는 북해(北海)가 그런 것처럼 더 이상 심리학의 대상이 아니거나 심리적 작용의 산물이 아니다."[30] 북해는 실재하며 그것을 겨냥하는 지향적 작용을 훨씬 더 넘어선다.[31] 후설은 거기에 답하여, 심리학적 발생으로 되돌아가지 않고서, 우리는 단지 '복합된' 논리적 관념만을 정의할 수 있을 뿐이라고 말한다. 그러

---

27) 『산술철학』, 5장.

28) 같은 책, 6장.

29) 프레게의 『산수의 기초』(Grundlegung der Arithmetik). 후설은 『논리 연구』 1권, p.292(프랑스어판)에서 프레게에 대한 반대를 철회한다. 그리고 『산수의 기초』를 가치 있는 책으로 매우 자주 인용한다.

30) 『산술철학』, 7장, p.130(p.118, n.3/p.97n).

31) 여기서 그 문제가 아직도 존재의 객관적 의미가 일어날 수 있는 심리학적 지향성의 수준에서 제기되고 있음을 볼 수 있다. 그러나 존재는 초월론적 지향성 없이 일어날 수 있는가? 아마도, 그것이 초월론적 주체에 대한 객관적인 의미를 지니고 있는 한, 그리고 언제나 이 의미로부터 시작해야만 하는 한, 초월론적 지향성은 정말로 기원적일 것이다. 그러나 이 기원성은 현상학적이지, 존재론적이지 않다. 이것이 바로 앞으로 제기될 후설 관념론의 문제다.

한 관념은 매개적이고 따라서 불충분하다. 그것은 이미 구성되어 있으며, 그것의 기원적인 의미는 우리를 벗어나 있다. 그것은 '성질', '강도', '장소', '시간' 등등과 같은 기초적인 개념들을 전제하고 있는데, 후설이 보기에 그 기초 개념들에 대한 정의는 전형적으로 논리적인 것으로 남아 있을 수 없다. 그 개념들은 주체의 작용과 상관적이다. 등가, 동일성, 전체와 부분, 다수성과 단일성의 개념들은 결국 형식논리학의 용어로는 이해되지 않는다. 만일 이러한 개념들이 선험적으로 이념적인 순수 형식에서 비롯된다면, 그것은 그 어떠한 정의도 허용할 수 없을 것이다. 모든 정의는 실상 구체적인 규정을 전제하기 때문이다. 이것은 오직 형식논리학에 대한 실제적인 구성의 작용을 통해서만 제공될 수 있을 뿐이다.[32]

따라서 우리는 구체적인 심리학적 삶의 측면으로부터 고개를 돌려, 추상화와 형식화가 현실화되는 것이 가능해지는 지각으로 향해야만 한다. 이미 구성된 논리적 '형식'은, 그 구성의 모든 지향적 역사가 드러나지 않고서는 엄밀하게 정의될 수 없다. 만일 그러한 역사가 모든 논리적 개념에 의해 포함되어 있지 않다면, 그 개념들은 그 자체로 이해될 수 없게 되며 구체적인 연산에서 사용할 수 없게 된다. 프레게에 반대하여 후설은 우리가 수 개념으로 인도되는 역사적이고 심리학적인 여정을 기술한다고 해서 수학자를 비난할 권리가 없다고 주장한다.[33] 우리는 수에 대한 논리적 정의를 가지고서 '시작'할 수는 없다. 이 정의의 작용 자체와 그 가능성은 해명될 수 없을 것이다. 따라서 우리가 수학자에게 물을 수 있는 모든 것은,

---

32) 이미 심리학적 발생을 넘어서, 형식논리학의 초월론적 발생에 대한 지시가 있다. 『경험과 판단』과 『형식논리학과 초월론적 논리학』의 주제를 제공하는 것은 바로 이러한 발생이다.
33) 『산술철학』, 7장, p.134(p.119/p.148).

사용되는 개념의 발생에 대한 구체적인 기술로부터 시작하여 그렇게 함으로써 의식에 대해서 그 개념들의 의미를 밝혀 주는 것이다. 후설이 생각하기에, 그 자신은 다수성과 단일성의 개념들이 기원적인 지각 위에 정초되어 있다는 점을 명료하게 보여 주었다. 모든 수는 다수성과 단일성을 포함하므로, 그것에 대한 발생적 기술은 가능하다. 프레게의 논리주의적 야심은 "몽상적이다". 그러나 이 어려움은 사라지지 않았다.

'0'과 1[unité, 단위]의 불가능한 발생

만일 모든 논리적 형식과 모든 수가 그것을 산출한 지향적 작용을 가리키고 또 대상들의 다수성에 대한 지각을 가리킨다면, '0'[34]과 수 '1'의 의미는 발생적으로 어떻게 설명되는가? 이 물음은 진지하다. 그 물음은 프레게에 의해 제기되었는데, 프레게는 정당하게도, 수 이론에서 0과 1에 적용될 수 없는 것은 [수 이론의] 본질을 건드리지 못한다고 생각했다.[35] 모든 발생적 설명이 첫발을 내딛는 것은 바로 0과 1의 생산에 의해서인 것이다. 만일 이러한 과제 앞에서 실패한다면, 위태로워지는 것은 바로 그 원리다. 그런데 난점은 엄청나다. 0의 본질은 모든 구체적인 규정의 부재(不在)가 아

---

34) 근본적으로 문제는 비존재(non-être)가 지향적으로 겨냥될 수 있는가의 여부다. 지향적 관념론은 여기서 실패하는 것처럼 보이며, 오직 특별한 부재의 '의미'에 도달하게끔 해준다, 하이데거적인 존재론은 이 지향적 현상학을 전복한다. '불안'은 기원적이고, 절대적인 존재론적 미규정에 직면하여 실존적인 '거리 두기'를 허락한다. 그것은 논리적 부정의 가능성을 정초하는 무(無)이다. 반면 후설과 더불어, 부정은 언제나 직관으로부터 시작되어 수행될 것이다. 그 직관 안에서 존재는 자신을 구체적으로 제공하면서 '기만'이 된다. 부정은 발생적으로 이차적이다. 우리는 거기서 후설적 논리학의 가장 심각한 장애물을 발견하기 위해서 이것으로 다시 돌아올 것이다.

35) 『산술철학』, 8장, pp.140~150(p.130 이하/p.154 이하).

닌가? 또는 후설이 훨씬 뒤에 말하는 것처럼, 모든 범주적 직관의 '충족'(Erfüllung)의 부재, 그리고 상관적으로 모든 지향적 작용의 부재가 아닌가? 이러한 부재와 부정은 선험적으로 가능해야만 한다. 우리는 지각에서 구체적으로 주어진 총합에서 출발하여, 뺄셈을 하거나 추상함으로써 0에 이르는 것이 아니다. 오히려 뺄셈이나 추상의 연산이 이루어지기 위해서는 0이 지금부터 가능해야만 한다. 그 어떠한 심리학적 발생도, 지각과 그 지각에 의해 정초된 작용의 구체적인 총합에서 출발해서는, 그 본질이 구체적인 총합에 대한 부정 자체인 논리적인 객관성을 구성할 수 없다. 만일 0의 의미가 선험적으로, 그러니까 모든 발생에 앞서서 가능하지 않다면, 단순한 심리학적 추상은 0에 도달하지 않으면서 거기에 무한히 접근할 것이다.

그런데 사람들은 이러한 불가능성이 이론적이고 형식적이라고 반대할 것이다. 그럼에도 '실재적인' 뺄셈은 가능하다. 그것과 더불어, '0'은 갑자기 나타난다. 확실히 그것은 단위가 이미 구성되었기 때문이리라. 그러나 그 단위는, 단지 0의 가능성과 더불어 연대하여 구성될 뿐이다. 0으로 이끄는 궁극적인 부정, 그리고 그것이 전제하는 갑작스러운 불연속은, 단위가 현전할 때에만 가능할 뿐이다. 그런데 단위와 더불어 우리는 동일한 문제를 만나게 된다.[36)]

단위는 어떻게 경험적-심리학적 생성의 운동에서 구성될 수 있는가? 그것 역시 생겨나는 것이 아니라 산술의 궁극적 발생을 정초하기 위해 거

---

36) 우리는 여기서 다른 많은 곳에서와 마찬가지로, 일(一)과 다(多)의 플라톤적 변증법을 상기하지 않을 수 없고, 후설과 그의 수많은 대화자 그리고 그의 제자가 적어도 그들의 생에서 한번은 소크라테스에 의해 문제가 제기됨을 간과할 수 없다.

기 있어야 할 선험적인 개념 내지 본질은 아닌가? 일련의 지각과 추상 작용은 연속된 운동에 따라서는 결코 객관적인 단위에 도달할 수 없을 것이다. 무한한 다양성은 오직 갑작스러운 비약에 의해서만 발생적 생성을 중단시키거나, 그렇지 않으면 적어도 심리학적 삶에서 그 생성을 빼앗는 불연속에 의해서만 단위와 재결합할 것이다. 단위의 의미는, 발생을 살아 움직이게 하고 방향을 설정하기 위해 이미 현전해야만 한다. 아직 산술적인 단위로 구성되지 않은 구체적인 대상들을 무한히 더하거나 빼는 것은 우리를 단위에 가능한 한 가깝게 접근시킬 것이지만, 그러나 우리는 대체 어떤 기적에 의해서 요소들의 경험적 병렬이, 심지어 그와 같은 것으로서 겨냥되지 않는 다수성으로 총합 안에서 변형되는지를 알지 못한다. 그것은 오직 대상 안에서 단위가 이미 거기에 있을 때에만, 지향성이 단지 심리학적인 것이 아니라 초월론적인 것이기도 할 때에만, 그렇게 될 수 있다.

만일 종합이 선험적으로 가능하다면, 그 종합이 대상[37] 안에 있든 아니면 선험적인 논리적 개념 안에 있든, 심리학적 발생은 그것을 산출하는 것이 아니라 단순히 거기서 파생되는 것이다. 그 가능성의 조건은 그 자체로는 발생적이지 않다. 산술적 의미의 생성에 대한 기술은 오직 이차적인 사건, 부차적인 요소에만 몰두할 뿐이다. 의미는 경험적인 생성에서 구성되지 않는다. 따라서 우리는 발생적이지 않은 **어떤 선험적인 것**(un a priori)으로 향한다. 그러나 지향적이라고 하더라도, **그 선험적인 것**은 형식적인 개념이어서는 안 된다. 그것은 종합적이어야만 한다. 따라서 우리는 또 다른 어떤 발생으로 향하게 되는데, 여기서 후설의 대답은 무엇인가?

---

37) 그리하여 우리는 그 종합이 왜 우리에게 기원적으로 나타나는지를 더 이상 이해하지 못한다.

아포리아에 대한 거부

그의 대답은 겉으로 보기에는 의도적으로 심리주의적이고 말하자면 불충분하기는 하지만, 사실상 훨씬 더 복잡하고 또 실제로 현상학의 모든 궁극적인 의미를 포함하고 있다. 프레게는 수와 더불어 동치의 관념과 차이의 관념, 그리고 그것들의 관계에 몰두하면서 다음과 같은 아포리아에 이르렀다.[38] 만일 우리가 '서로 다른' 구체적인 대상들의 **후험적인** 체계 안에서 수의 기원을 찾고자 한다면, 우리는 수가 아니라 '집적'을 획득할 것이다. 그런 의미에서 우리가 말할 수 있는 것은, 구체적인 대상들의 차이와 개별성이 '추상'을 겪기 위해서, 모든 수에 구성적인 단위가 기원적으로 주어져야만 한다는 점이다. 그것으로부터 야기되는 형식적인 등가성이 수를 허용할 것이다. 그러나 역으로, 만약 이론적이고 형식적인 이러한 등가의 가능성이 일차적인 것이라면, 만일 그 가능성이 수의 구성에서 **유일하게** 본질적인 것이라면, 수들은 서로서로 구분되지 않는다. 그들 중 그 어느 것도 내용이나 종(種)적인 의미를 갖지 않을 것이다. 산술적인 종합과 연산은 실행 불가능할 것이고, 수는 나타나지 않을 것이다. 발생의 모든 역설은 여기서 제시된다. 수의 역사적 내지는 심리학적 발생은, 산술적 의미의 출현을 설명하기에 충분하지 않다. 프레게가 했던 것처럼, 수를 '제시하고' 그것을 '사용하는' 심리학적 조작에 앞서, 수의 순수한 개념을 전제해야만 한다. 그러나 우리는 일단 그 순수성 안에서 정의된 그 개념이 의미를 충족하고 취하기 위해 실제적인 발생을 요청한다는 점을 깨닫는다. 사건들의 집적은, 사건들의 '등가성'이 전제된다면, 오직 단위성을 산출할 수 있을 뿐

---

38) 『산술철학』, 7장, p.121 (p.111 이하/p.134); 8장, pp.154~155 (p.139 이하/p.170 이하).

이다. 그러나 만일 그 등가성이 구체적인 대상이나 구체적인 본질(감각적인 대상과 수의 본질)에 의해 규정되지 않는다면, 만일 그것이 어떤 방식으로든 구체적인 것으로서 종합적이거나 발생적이지 않다면, 그것은 결코 산술적 단위성을 야기하지 않을 것이다. 왜냐하면 프레게에 의해 내세워진 등가성은 '선험적 종합'이기 때문이다. 그것이 선험적인 것은 모든 실제적인 종합에 선행하기 때문이며, 그것이 종합적인 것은 이미 발생에 의한 산물이기 때문이다. 그것은 오직 **이미**(déjà) 구성되었기 때문에 구성하는 것일 뿐이다. 이 기원적인 종합은 본질의 구체적인, 그러나 역사적-심리학적이지는 않은 발생을 가리킨다. 그것은 체험된 것의 '중립적인' 영역을 설립하면서 현상학을 통해, 논리주의-심리주의 간의 논쟁을 넘어서는 것을 초래한다. 후설의 실제적인 해법은 이러한 넘어섬을 준비한다. 후설은 프레게의 개념적 이율배반에 대한 기술에 반대한다.[39] 후설의 말에 따르면, 오직 개별적이고 서로 다른 사물들만이 총합으로 모일 수 있지만, 그러나 그러한 총합 안에서, 그것의 고유한 의미 안에서, 고유하게 '차이'라고 말할 수 있는 것은 없다. 기수는 '본질적인' 구분을 전제하지, '실재적인' 차이를 전제하지는 않는다. 다양성 안에서 수를 파악하기 위해 우리는 개별적 대상들 각각을 '어떤 것 일반'이라는 개념하에 포섭한다. 수들은 요소들이 '어떤 식으로든' 서로서로 같아지는 '집합'에서 출발하여 추상에서 태어난다. 집합적 연합과 '어떤 것 일반'의 개념은 수를 구성하기에 충분하다. 구체적인 '모음'에서 출발하여, 우리는 대상의 모든 개별적인 특성을 추상하는데, 그 특성이 '내용'(Inhalt),[40] 말하자면 실제로 실재적인 '어떤

---

39) 『산술철학』, 같은 곳.
40) 파버가 그러한 것처럼, '내용'이라는 단어의 사용을 후회할 수 있다(Farber, *Foundation of*

것'이라고 하는 사실을 제외한다면 말이다. 후설이 강조하는 것처럼, 의식의 지향성은 그 '어떤 것'이 프레게가 말하는 형식적 등가성으로 환원되지 않고 구체적이라는 것을 의미한다. 만일 우리가 제우스, 천사, 그리고 모순이 '셋'이라고 말한다면, 그것은 그것들이 각각 대상의 구체적인 통일성을 가지고 있기 때문이고, 그럼에도 개별적인 내용으로서 그것들이 각각 서로 다르기 때문이다. 등가성은 추상의 산물이다. 그것은 프레게가 말하고자 했던 것처럼 모든 추상에 의해 전제되는 것이 아니다. 프레게는 동일성(identité)과 등가성(équivalence)을 혼동했다. 후자는 대상의 구체적이고 개별적인 규정 안에서 차이들과 양립할 수 있다. 서로 다른 대상을 지시하는 두 수는 서로 같을 수 있다. 후설에 따르면, 그렇게 하여 프레게에 의해 정식화된 아포리아가 해결될 것이다. 실제로 무엇이 일어났는가?

'어떤 것 일반': 구체적인 '선험'의 필연성

어떤 의미에서, 후설은 발생적 관점의 가치를 정초하였는데, 왜냐하면 그는 '집합적 연합'과 추상이 수의 출현에 불가결한 실재적 작용이라는 점을 보여 주었기 때문이다. 모든 수의 본질은, 심리학과 역사에 민감한 구체적인 주체에 의한 산출의 작용을 가리킨다. 그러므로 산술의 심리발생학은 적법할 것이다. 그러나 만일 우리가 수의 발생에 대한 궁극적 정당화를 고

Phenomenology, ch. 2). 그것은 정말로 애매하며, 의식의 지향성과 모순되는 것처럼 보인다. 그러나 우리는 쩐득타오를 따라 이 지향성에 대한 불충분한 해명을 다시 기억해야만 하고, '대상 일반'이라는 개념의 사용이 확인하는 것처럼, 지향성이 비판주의의 개념인 **객관화**(objectivation)에 대응한다는 것을 언급해야만 한다(Tran-Duc-Thao, *Phénoménologie et matérialisme dialectique*, ch. 2, §8, p. 78). 이것은 초월론적 현상학의 본래적인 관점에서, 칸트의 비판주의와 심리주의가 동화되어 있다는 점에 대한 가장 좋은 증거다.

찰한다면, 우리는 그것이 산술적 통일성을 가능하게 하는 그 '어떤 것' 일반, 따라서 그 통일성을 낳는 것처럼 보이는 추상이라는 점을 깨닫게 된다. 그런데 여기서 이 가능성은 선험적이다. 만일 '어떤 것 일반'의 가능성을 연역하거나 구성하고자 한다면, 우리는 이미 또 다른 객관성 일반을 전제해야만 할 것이다. 객관성에 대한 궁극적 정초는 경험적으로 또는 심리학적으로는 연역될 수 없다. 개별적이고 경험적인 추상의 다양성이 일반성(généralité)을 낳는 순간이 있는가? 모든 개념을 정초하는 일반성의 본성은 발생으로 환원 불가능하지 않은가? 그 본질이 논리적이고 심리학적인 '조작'에 의한 산물로 나타나는 순간은 역사적인 순간인가? 그 순간은 경험적인 시간에서, 용어의 일상적인 의미에서 나타나는가? 선험(a priori) 개념의 객관성과 일반성의 본질은, 그것들을 산출하고 또 그것들을 '재생산'할 뿐인 경험적 주관성으로 환원 불가능하다. 다시 한번 말하지만, 발생은 부차적인 것으로 나타난다. 발생은 그 탄생에서 그리고 산술의 연산에서, 보완적이고 준(準)기술적인 역할을 할 뿐이다. 겉보기에 발생은 의미의 통일성을 산출한다. 실상 의미가 그 자체로 선험적으로 발생을 규정한다. 어떻게 후설은, 아직 그의 현상학 이전의 수준에서, 심리주의적인 교리와 논리주의적 토대 간의 모순을 떠안을 수 있었는가?

　　논쟁의 복잡한 의미를 훼손하지 않고서도 후설이 어떻게 거기서 세밀한 유연성과 더불어 그것에 대한 기술에 자신을 맞추는지를 보면, 우리는 놀라게 된다. 비록 추상의 산물이기는 하지만, 수는 추상적인 개념적 규정이 아니다 —— 후설은 밀, 헬름홀츠(Hermann Helmholtz), 크로네커(Leopold Kronecker)의 유명론(nominalisme)[41]을 거부하는데, 그들에 의

---

41) 『산술철학』, 9장, pp.190~198(pp.161~176/pp.212~218).

하면 수는 '숫자', 말하자면 기호, 실제적인(pratique) 대상의 다양성에 붙여진 이름에 불과하다. 두 개인 사물의 '공통적' 이름은 '둘'이라는 식이다. 후설은 수라는 것이 그것 없이는 우리가 구체적인 통일성을 가리키는 방법을 알지 못하는, 그러니까 예컨대 셋의 다양성을 이루는 대상들 각각이 '셋'이라는 형용사에 의해 지시될 수 없다는 것을 우리가 알 수 없을, 그러한 추상적인 기호여서는 안 된다고 응수한다. 왜냐하면 우리는 수에서, 지크바르트가 그러했던 것처럼, 실재적인 다양성을 나타내는 단순한 '술어'를 볼 수 없기 때문이다.

따라서 수는 개념이 아니다. 그렇게 결론을 내리면서 후설은, 오직 개념을 생산할 뿐인 심리학적 발생이라는 원리와 모순에 처하게 되지만, 그러나 그는 현상의 기원적 의미를 존중하는 이미 현상학적인 기술과는 일치하게 된다. 후설의 사유는 프레게의 반(反)심리주의와 구분되는 것만큼이나, 밀과 지크바르트의 협소한 심리주의와도 구분된다. 더구나 심리주의와 반(反)심리주의는, 비록 그들이 인정하지 않는다 하더라도 그 출발점에 있어서는 현상학적 의미에 대해 동일하게 충실하지 못하다. 프레게에 대해서, 수의 가능성은 선험적 개념이다. 그러한 한 그 개념은 물론 '경험 안에' 있지 않다. 칸트에게서처럼 그 개념은 초월론적이고 형식적인 주체를 가리키는데, 그러한 주체에 의해 출발한 경험적-심리학적 발생은 불가능해지거나 의심스럽게 된다. 결국 프레게는 그가 수의 구체적인 규정을 넘어서길 원했을 때 ──또 그가 그렇게 해야만 했을 때── 아포리아에 이르게 되었다. 그래서 그는 자신의 의사에 반하여, 수를 가지고서 '술어'를 만드는 데에로, 극단적으로는 사물의 외적인 기호를 만드는 데에로 환원되었던 것이다. 그렇게 해서 그는 전력을 다해 분리되고 싶었던 경험주의와 다시금 결합하게 되었다. 우리는 이미 그 법칙을 검증했는데, 그 법칙에 따르면, 칸트가 그러했던 것처럼, 우리가 현상학적이지 않은 —— 말하자면 결국 칸트에게는 경험적이지 않은 —— 선험적인 것을 참조하는 매 순간마다, 우리는 초월론적인 의식에서 '구성된' 것을 도입해야만 하며, 또 우리는 초월론적으로 구성된 것과 심리학적으로 구성된 것 사이의 관계가 이해되는 것을 우리 스스로 가로막는다. 여기서 우리는 후설이 훨씬 나중에 '초월론적 심리주의'라고 부를 것을 선취한다.[42] 앞으로 등장하게 될 후설적인 시도의 모든 의미는 (칸트적인 의미에서가 아니라 그 말의 기원적인 의미에서) 경험적이고 또 현상학적인 선험의 가능성에 의지하게 될 것이다. 그러므로 선험적 종합은 더 이상 '판단'의 대상이 아니라 직관의 대상일 것이다.

그러나 선험적이라는 종합적 본질에 대한 직관이라는 교리에 앞서서 —— '사실'이 기원적으로 판명한 동시에 절대적으로 분리 불가능하기 때문에 —— 경험적 선험(a priori empirique)이라는 말의 사용은 모순되는 것처럼 보인다. 비록 후설 사유의 궁극적인 단계에서 그가 이러한 모순 자체의 의미를 밝히려 할 것이지만, 그는 현재로서는 그럭저럭 그 두 용어를 연합하고 병치한 채 주장하고 있을 뿐이다. 비록 그가 (『논리 연구』와 궁극적인 모든 주제들을 예견하면서) 수는 대상들에 그것들의 성질이라 특성으로서 부착되어 있는 것이 아니라는 논리주의의 아포리아에 동의하고, 또 만일 그가 여기서 본질의 기원적인 객관성을 고려한다고 하더라도, 그럼에도 그는 (형상적 직관[43])에 대한 지각적 충족과 의미의 궁극적 기체로서의 감각

---

42) 『데카르트적 성찰』, §41, 독일어판 p.119, 레비나스와 파이퍼가 번역한 프랑스어 초판 p.73 참조[상세 서지는 이 책 62쪽 각주 10번].
43) 『논리 연구』 2권, 여러 곳; 『이념들 1』, 여러 곳, 무엇보다 §136을 참조.

적인 선술어적 핵심을 알리면서[44]) 지각의 대상이 수의 기원적인 '담지자'라고 주장한다. 그러므로 만일 존재하는 것이 '담지자'이고 본질의 일차적인 토대라면, 이러저러한 양상에 따라 대상을 겨냥하는 작용의 역사적이고 심리학적인 발생은, 그 자체로 산술적 의미의 출현을 지지한다. 대상들 '그 자체'의 다양성은 총합과 통일성을 규정하지 않는다. 그러나 '총합' 내지 '통일성'의 의미는, 대상을 넘어서서 또는 그 의미를 제기하는 '실재적인' 심리학적 작용들을 넘어서서 선험적으로 존재하지 않는다. 후설이 다음과 같은 사실을 깨닫게 되었을 때, 즉 그 심리학적 작용은 ─ 만일 그것이 실재적(real)이라면 ─ 의미의 명증을 산출할 수 없고 또 다른 주체에 의해 구성된 것으로 남아 있다는 것을 깨달았을 때, 또 그가 체험된 것이라는 '중립적' 영역에 주체의 작용을 두었을 때, 우리는 현상학적 수준에 도달하게 될 것이다. 왜냐하면 이미 후설은 그가 『이념들 1』에서 강력하게 수행하게 될 것처럼,[45] 경험과 떨어져서 그리고 경험을 넘어서서, 본질을 ─ 여기서는 산술적 본질을 ─ 실현하는 것을 스스로 거부하고 있기 때문이다. 수의 본질은 선험적이지만, 그럼에도 이 선험적인 것은 구체적이다. 따라서 지향성의 교리가 더욱 정교해질 때, 수는 직관에 주어질 수 있다. 그러므로 객관적으로 논리적인 의미의 가능성과 "기원적으로 부여하는 작용" 위에 정초된 형식적 기호학의 가능성은 이미 보존되어 있으며 정당화되어 있다.[46] 직접적인 지각에서 출발하는 추상과 더불어, 또한 구체적인 연산의 원초성(primordialité)과 발생의 원초성도 보증된다.

---

44) 『경험과 판단』과 『형식논리학과 초월론적 논리학』, 여러 곳.
45) 『이념들 1』 §22, 프랑스어판 pp.72~73[서지 정보는 이 책 14쪽 각주 2번 참조].
46) 후설은 이 형식적 기호학을 그 저작의 2부에서 다루는데, 여기서 우리의 직접적인 관심은 아니다.

그러나 그 원초성은 혼동 속에서 보증되는 것은 아닌가? 후설은 아직도 그 기술의 전제들을 해명하지 않았다. 명백한 것은 그 안에서 그 문제를 둘러싸고 제기되는 그러한 용어들을 암묵적으로 받아들이고 초월론적 환원도 형상적 환원을 수행하지 않은 채 본질에 대한 직관이라는 교리를 다듬지 않고 그 기술들을 수용한다면, 후설의 체계적인 '해법'과 그가 해방되었다고 자처하는 교조적인 해석은 더욱 취약하고 더욱 모순적이라는 점이다. 어떻게 우리는, 수의 선험적인 개념적 특성을 부정하면서, 동시에 '수들 그 자체'(Zahlen an sich)[47]를 고려할 수 있으며, 또 그 수들이 (우리가 이미 그것이 종합적인지는 알지 못하는) 구체적인 대상에 의해서, 또 대상으로부터 출발하여 수를 산출하는 추상의 심리학적인 작용을 통해서, 기원적으로 '담지된다'는 점을 지지할 수 있는가? 이 수들 '그 자체'는 어디에 있으며, 산술적 본질을 구성하는 기원은 어디에 있는가? 그것들은 이미 구성되어 있는가? 따라서 발생은 그것들을 산출하지 않는다. 발생은 수에 대해 생산적인가? 수는 단지 경험적인 개념일 뿐이며, 객관적인 타당성을 가지기 위해서는 그것에 대한 기원적 구성이 형식적 기호를 지시하는 선험적인 형식적 개념을 요구한다. 그것이 우리가 심리학적 작용이 어떻게 그것에 도달하고 그것을 사용하는지를 묻고 있는 그러한 수의 영원한 본질이든, 우리가 어떻게 그것이 기수라는 심리학적 작용을 허락하는지 이해할 수 없는 형식적이고 비(非)시간적인 주체이든 간에, 이 두 가지 경우에서 우리는 추상적인 형식에 의존하였다. 그렇지만 후설의 모순되는 해법은, 세밀한 기술에 있어서 그 문제의 환원 불가능한 소여들을 존중하고 복원해야만 할 유일한 것처럼 보인다. 수의 객관성 및 수의 경험적 발생의 동시

47) 『산술철학』, 8장, p.294(p.260/p.321).

적 가능성, 의미의 '실재적인' 창조 및 의식에 그것이 원본적으로 '나타남'
의 동시적 가능성 말이다.

지향성 : 불충분한 해명

『산술철학』 이후의 후설의 모든 노력은, 그가 보존하게 될 기술의 가
정 —— 내용이 아니라면 적어도 처음의 의미 —— 을 해명하는 것이다. 좀 더
나중에 이해될 의식의 지향성은, 구성하는 주체의 작용과 논리적 의미의
객관성을 화해시키는 것을 허용할 것이다. 심리학적 발생, 즉 후험적으로
대상의 의미를 구성하는 일련의 주관적 작용들은, 지향성이 없이는 개념
적인 추상을 마련할 수 없다. 의식과 세계의 관계는 언제나 구성되기 때문
에, 이 구성의 절대적인 기원을 규정하는 것은 그 운동을 이해하는 것을 스
스로 막아 버리며, 또 주체에서 대상으로의 이행을 불가능하게 만든다. 주
관적인 작용과 대상의 의미를 후험적으로 **결합시키는** 종합의 타당성을 우
리는 결코 확증할 수 없다. 어떤 때에는 주관적인 작용이 의미의 객관성을
의심스럽게 만든다. 후설이 『논리 연구』에서 보여 준 것처럼, 우리는 상대
주의적 회의주의에 다가간다. 또 어떤 때는 논리적이고 객관적인 의미가
선험적으로 주어지기 때문에, 그 의미를 구성하는 주관적인 작용은 의심
스럽고 신비한 것으로 머문다. 지각과 실재적으로 논리적인 진전은, 이념
적인 형식의 순수함과 필연성을 훼손하는 것처럼 보인다.

  그러나 오히려 지향성이 기원적이라면, 의식은 즉각적으로 객관화하
는 것이다. 그 의식은 객관적인 의미를, 일련의 진전과 우회를 통해 재결합
할 필요가 없다. 동일성과 등가성이라는 프레게의 것과 동일한 문제를 다
시 제기하는, 추상적이고 논리적인 형식이 아닌 '어떤 것 일반'을 선험적으

로 가능하게끔 하는 것은 바로 지향성이다. 한마디로, 오직 지향성만이 '선험적 종합'을, 그리고 그렇게 함으로써 수의 발생을 정초한다. 그러므로 본질은 선험적인 동시에 구체적이다. 그것을 파악하는 작용은 풍요로운 동시에 필연적이다.

그러나 그렇기 때문에 지향성은 그 절대적인 기원성에서 기술되어야만 하는데, 이 점은 『산술철학』에서 후설이 하지 않았던 것이다. 그는 분명 '지향적 분석'에 대해 말을 하지만, 만약 그 분석이 프레게에게 그토록 취약하게 보인다면, [또] 훨씬 나중에야 만약 후설이 그 원리를 포기한다면, 그것은 그가 여전히 너무나도 충실하게 구성된 지향성, 의식의 의미 내지 구조, 실체적 주체에 귀속되는 특성이라는 브렌타노로부터 물려받은 관념인 심리학적 지향성을 끌어안고 있기 때문이다. 문제는 해결될 수 없는 것으로 남는다. 어떠한 선험적 종합에 의해서, 지향적 객관성의 힘은 심리적 삶과 동일시되는 것일까?

그 문제는 오직 초월론적 지향성이 주제화될 때에만 해결될 수 있다. 어떤 의미에서, 후설은 자신의 경력을 시작하면서 칸트처럼 물음을 제기한다. 선험적인 종합적 판단은 어떻게 가능한가? 하지만 후설은 칸트 이편과 칸트 너머에 동시에 있다. 그가 비판적 문제의 이편에 있는 것은 그가 그 문제를 현상학적인 용어로, 말하자면 경험적인 용어로 제기했기 때문이다. 그러나 또 다른 의미에서, 후설이 칸트를 이미 넘어서는 것은 잠재적으로 발전된 지향성 개념이 그에게 칸트의 형식적 구성주의를 벗어날 가능성을 제공하기 때문이다. 역설적으로, 후설이 훨씬 나중에 칸트의 심리주의를 벗어나는 것은 바로 후설이 『산술철학』의 수준에서 심리주의자이기 때문이다. 칸트의 심리주의는 선험적인 종합의 가능성을 경험적이지 않거나 수학적인 영역에 제한하는 데에서 성립하고, 또 경험적 발생을 선험적인 필연성과 단절시키는 데에서 성립한다. 거기서 칸트는 형식적이고 비(非)지향적인 주체라는 견해에 의해 구속되어 있는 것이다.

넘어섬과 심화

1891년 무렵에도 후설은 아직 지향성이라는 주제에 깊이 천착하지 않았다. 그의 책이 받은 비평들은[48] 후설로 하여금 그의 심리주의를 포기하게끔 밀어붙였다. 후설이 더 나중에 하게 될 것처럼, 프레게도 그 심리주의를 일컬어 후설이 "순진하다"라고 말한다.[49] 더욱이, 그리고 이것이 본질적인 지점인데, 프레게는 '어떤 것 일반'에 대해 신랄하게 비판했는데 그 '어떤 것 일반'은 기수에 대한 경험주의와 모순되는 것으로서, 구체적인 지각 내지 일련의 주관적인 작용들을 가로지르는 무한한 분산이라는 추상을 구제하기 위해 등장하는 것이다. 그리고 사실상, 심리주의의 내부에서, 우리가 '대상 일반'의 지위 및 프레게가 '핏기 없는 유령'이라고 부른 것의 지위를 파악하기는 곤란하다. 그것은 구성하는 것인가? 그것은 선험적인 것인가, 아니면 '추상적인' 것인가? 이러한 본질적인 애매성은 결과적으로 후설의 분석의 모든 수준에서 재생산된다. 그 애매성은 이미, 필연적으로 이미 거기 있는 것으로 나타나는 의미에 선행하고 그 의미를 구성하면서, 의미에 대해 생산하는 동시에 드러내는, 발생의 환원 불가능한 변증법적 특성을 나타낸다. 『산술철학』에서 후설은 선험적인 가능성의 조건과 그것이 생산

---

48) 이 책은 큰 호평을 받았다. Farber, *Foundation of Phenomenology*, p.54 참조.

49) Gottlob Frege, Review of *Philosophie der Arithmetik. Psychologische und logische Untersuchung*(by Husserl), *Zeitschrift für Philosophie und philosophische Kritik*, vol.103, Halle, 1894, pp.313~332 참조.

하는 객관적인 의미에 몰두하지 않은 채 실제적인 발생을 주제화하였다. 그러나 우리는 그 연구가 어떻게 지향성과 '어떤 것' 일반이라는 주제를 통해 그 의미로 방향을 설정하고 있는지를 알아보았다. 심리주의는 매 순간 심화되고 그 자신에게 물음을 던진다. 발생은 선험적인 토대를 가리킨다.

자신의 심리주의에 만족하지 못한 것만큼이나 수학자의 논리주의에도 만족하지 못한 후설은 산술에 대한 자신의 연구를 포기했다. 『산술철학』 2권은 끝내 나오지 않았다. 심리학적 주관성에서 출발한 본질의 발생이 부분적으로 논리적 객관성을 고려하는 데에 실패하기 때문에, 후설이 지금 해명하려는 것은 바로 논리적 객관성의 환원 불가능성이다. "내가 논리학에 제기한 정확한 물음에 대해, 내가 논리학으로부터 해답을 얻기를 기대하는 어디에서나, 논리학은 나를 곤경에 빠뜨렸으며, 그래서 나는 결국 인식론의 기본적 물음에 대해 어떤 명료함에 이르고 또 학문으로서의 논리학에 대한 비판적 이해에 이르기까지, 나의 수학적 철학의 탐구를 완전히 옆으로 밀쳐 둘 수밖에 없었다."[50] 채택된 방법은 그로 하여금 "어떻게 수학과 모든 학문 일반의 객관성이 심리학이나 논리학의 토대와 조화될 수 있는가"를 아는 것을 허락하지 않았다.[51] 따라서 어떤 확실한 의미에서, 후설이 가담한 것은 본질의 심리학적 발생에 대한 순수하고도 단순한 거부의 길에서다. 우리는 어떻게 이 거부가 『산술철학』에서는 잠재적으로 포함되어 있는지를 살펴보았는데, 『논리 연구』의 분석을 지배하는 지향성이라는 주제는 [『산술철학』과 『논리 연구』 사이의] 연속성과 충실함을 증언

---

50) 『논리 연구』 1판 1권, p.vii(프랑스어판 p. ix)[상세 서지는 16쪽 각주 6번 참조].
51) 같은 책, 같은 곳(pp. xiii~ix).

한다. 본질의 객관성은 여전히, 더 이상 심리학적이지 않고 논리적인, 구성하는 주체를 지시할 것이다.[52] 심리학적인 주체와 마찬가지로 그 논리적으로 구성하는 주체는, 객관성을 구성하기 위해, 아니라면 적어도 논리학의 발생과 무한한 생성을 구성하기 위해, 불충분한 것으로 드러난다.

---

52) 특히 당시에 논리주의자들 가운데 후설의 분류를 허용하는 —— 매우 충분한 이유로 그러한 것처럼 보이는데 —— 1권에서 그러하다.

3장
분리 : 발생의 포기와 논리주의적 시도

따라서 현상학적 해명이 불충분하다는 점은, 『논리 연구』의 출판 이후 이어지는 논의에서 후설에게 분명하게 나타났다. 『논리 연구』(1권)에서 후설은 선행하는 연구와 정반대의 입장을 취하면서, 논리적 객관성이 그것을 겨냥하거나 내지는 그것을 생산하는 것처럼 보이는 심리학적 작용으로 환원될 수 없음을 분명하게 제시하였다.[1] 일련의 논문에서 우리는 후설이, '서설'(Prolégomènes)로서 역할을 하는 '순수 논리적인 것'의 개념으로 천천히 나아감을 본다.[2] 그 서문에서 후설은 그의 심리주의를 포기하게끔 이끌었던 반성을 회상한다. 이렇게 그는 "논리적인 것의 의미, 그리고 무엇보다도 인식의 주관성(내지는 인식의 작용die Subjektivität des Erkennens) 및 의식 내용의 객관성(die Objektivität des Erkenntnisinhaltes) 사이의 관계에 대한 일반적인 비판적 반성"에 착수하게 되었다.[3] 그는 하나에서 다른 하

---

1) 『논리 연구』 1권(1900).
2) 무엇보다도 이것은, 그 시기의 다른 저널에서 출판된 강의의 각주이고, 파버가 매우 상세하게 설명했다. Farber, *Foundation of Phenomenology*, ch. 3, pp. 61~89.
3) 『논리 연구』 1권, 서문, p. vii(프랑스어판 p. ix).

나로의 발생적 이행을 시도하지만, "우리가 사유의 심리학적 전체에서 사유 내용의 논리적 통일성으로의 이행을 현실화하려 하자마자, 엄밀한 연속성도 명료성도 나타나지 않는다".[4] 후설은 근본적으로 자신을 전복하기 위해 결정적으로 심리주의를 비난하면서 괴테를 인용한다. "우리는 자신이 과거에 저지른 오류에서 벗어날 때 가장 단호해진다."[5]

논리학의 '선험적인' 통일성

모든 작용과 모든 역사적-심리학적 산출을 넘어서는 순수 논리적인 것의 선험적 가능성에 대해 자문하면서, 후설은 다양성 안에서 간주된 특수한 학문들의 불충분함(Unvollkommenheit)을 확인하는 것으로부터 시작한다.[6] 그 학문들은 형이상학 내지는 인식론에서 자신의 토대를 가리킨다.[7] 모든 학문의 이론적 통일성, 학문 일반의 형식적 가능성의 조건은 특별한 학문, 즉 '학문론'(Wissenschaftslehre)을 구성해야만 한다. 그것이 바로 논리학이다. 그것은 규범적이어야 한다. 그것은 학문의 이념을 고유하게 구성하는 것을 규정한다.[8] 그러나 비록 규범적이라고 하더라도, 논리학은 기원적으로 '기술이론'(Kunstlehre)이 아니다.[9] 실천적 규범은 이론적 명제들에 의해 적법성을 갖게 되고, 이념적인 논리적 법칙들은 대상에 대한 적용과는 독립적으로 존재한다.

---

4) 같은 책, 같은 곳(p.viii).
5) 같은 책, p.viii(p.ix).
6) 같은 책, 1장, §4, p.9(p.8).
7) 같은 책, 1장, §6, p.12(pp.10~11).
8) 같은 책, 1장, §10, p.25(p.24).
9) 같은 책, 3장, §13~15(pp.30~49).

우리는 후설이 여기서 관심을 가지는 형식논리학과, 그가 훨씬 뒤에서야 모든 논리학의 기원이자 토대라고 보여 줄 초월론적 논리학의 차이를 알아차린다. 여기서 형식논리학이 자신의 기원 안에서 구체적인 경험이나 실천적인 '적용'과는 본질적으로 독립적이라고 간주되는 데 반하여, 초월론적 논리학은 기원적인 경험의 중심부 자체에서 나타날 것이다.[10] 그것을 겨냥하는 심리학적 작용과 독립적이라고 간주된 논리적 형식의 객관성이 불충분한 것으로 나타나고, 또 심리학적인 것도 아니고 논리학적인 것도 아니며 다만 초월론적 주체에 의한 구성으로 드러나게 된다. 바로 『논리 연구』의 1권 이후에서다. 우리가 말할 수 있는 것은, 『논리 연구』1권의 끝까지, 그 문제가 심리주의와 논리주의의 용어로 제기된다는 점이다. 그 체계들 중 하나를 절대적으로 넘어선다는 것은 다른 하나를 넘어서는 것이다. 『논리 연구』 2권에서 처음으로 등장하는 이념인, 체험된 것에 대한 현상학적 중립화(neutralisation phénoménologique)는 양자택일에 대한 중립화일 것이다. 중립적인 체험에서 기술된 구체적으로 초월론적인 주체가 없다면, 의미의 객관성을 심리학적 주체 위에 정초하려 하는 것은 그 의미의 객관성이 동시에 심리학적이고 역사적이어야만 하는 논리적 의식에 접근 가능하고 실행 가능하다고 주장하는 것만큼이나 무익한 일이다. 대상에의 모든 구체적인 적용으로부터 독립적으로 이론적 논리학의 명제를 정의하는 것은, 그 적용의 심리학적이고 자연적인 정의를 전제한다. 그 정의는 바로, 구성된 대상에 대한 구성된 주체의 작용이다. 이것은 또한 모든 의식작용에 앞서 이미 구성되어 있는 논리적 본질을 전제하는데, 후설은 훗날 동일한 비판 속에서 심리주의와 논리주의를 한데 모으면서, 주체에 앞

---

10) 『형식논리학과 초월론적 논리학』, 특히 「기하학의 기원」이 보여 준다.

서 (선험적으로) 구성되어 있는 형식을 만나는 모든 주체는 경험적이고 '세속적인' 주체라는 점을 보여 줄 것이다.

우리가 간파하는 것은, 『논리 연구』 1권에서 수행되는 것처럼 보이는 심리주의에 대한 논리주의의 절대적인 반대가 근본적인 넘어섬에 동기를 부여한다는 점이다. 다시 한번 말하지만 이것은 단순한 결별이 아니라, 지향성에 대한 불충분한 주제화가 서로 가까이 있는 두 극단을 반대하는 것처럼, 구체적인 주관성과 객관적인 의미에 대한 기술에서의 진보일 것이다.

심리주의에 대한 옹호와 넘어섬

초월론적 구성의 수준에 도달하지 않은 채 후설이 여전히 자문하는 것은,[11] "규범적 논리학의 본질적이고 이론적인 토대가 심리학에 의존하는지의 여부다". 실상 우리는 오직 자기 자신만을 지시할 뿐인 완성된 논리학을 고려하면, 어떻게 그 논리학이 작용에서 생겨날 수 있는지를 알지 못한다. 이 논리학이 '심리적 삶'(vie psychique) 안에서 정신에 의해 발명되고 개시된 기원에 속한다는 것은 아마도 필연적이다. 개념과 판단, 연역과 귀납, 논리학자가 전념하고 있는 분류는 정신적인 삶(vie mentale)에 나타난다. 거기서 그것들의 의미는 실재적 작용에 의해 순수화되고 형식화된다. 모든 형식 논리의 구성에 필수적인 긍정 또는 부정, 거짓된 또는 참된 판단은, 심리학자가 우리에게 그것에 대한 법칙을 제공하는 실재적이고 역사적인 생성 안에서 이해되는 실재적인 개입 너머에서는 아무것도 아닐 것이다. 그것은 적어도, 후설이 심리주의를 논박하기에 앞서서 엄밀하게 제

---

11) 『논리 연구』, 3장, §17, pp.50~51(p.54); §18, p.52(pp.55~56).

시하는 심리주의의 테제다. 그것은 밀의 테제다 —— "논리학은 심리학으로부터 고립되어 있고 심리학과 더불어 연계되어 있는 그러한 학문이 아니다. 논리학이 하나의 일반 학문인 한, 그것은 한편으로는 전체의 부분으로서, 다른 한편으로는 학문의 기술(technique)로서 심리학과 구분된다. 그것의 이론적인 토대는 전적으로 심리학의 지배를 받는다."[12] 그것은 립스의 테제로서, 립스에게 논리학은 심리학의 구성성분(Bestandteil)이다. "논리학이 심리학의 특수한 분과학(Sonderdisciplin)이라는 사실은 그들의 차이를 해명하는 데에 충분하다."[13] 그의 심리주의에 힘을 실어 주기 위해 후설은 고전적인 논의가 정합적인 심리주의에 맞선다는 점을 강조한다.[14] 그리하여 칸트를 따라 우리는 논리학을 그것의 규범적 특성에 의해 구분하고자 시도했다.[15] 마치 도덕이 삶과 대립하는 것처럼, 논리학은 심리학에 대립할 것이다. 실상 후설의 대답에 의하면, 그래야만 하는 당위(le devoir-être)는 단지 존재(l'être)의 특수한 경우일 뿐이며, 립스와 더불어서 우리가 말할 수 있는 것은 사유의 법칙이 이러한 구분을 허용하지 않는다는 점이다. 사유의 규칙들은 "사유 자체의 자연적 법칙과 동일하다". "논리학은 사유의 물리학이고, 그렇지 않다면 그것은 절대적으로 아무것도 아니다."[16]

---

12) John Stuart Mill, *An Examination of Sir William Hamilton's Philosophy*, p.461. 『논리연구』, 3장, §17, p.51(p.54)에 재인용.

13) Theodor Lipps, *Grundzüge der Logik*, Leipzig, 1893, §3. 같은 책, 같은 곳에 재인용.

14) 『논리 연구』, 3장, §19, p.58(pp.61~62).

15) 이것이 재셰(G. B. Jäsche)와 헤르바르트가 행한 것이다. 같은 책, 3장, §19, p.53(p.56); p.54(p.57).

16) Theodor Lipps, *Die Aufgabe der Erkenntnisstheorie*. 같은 책, 3장, §19, p.55(p.58)에서 재인용.

그러나 '법칙'이나 '규칙'(Gesetz)이라는 용어의 양가성은 우리로 하여금 논리학에 대해 다음과 같이 말하도록, 즉 논리학은 물리학이 아니라 사유의 윤리학이라고 말하도록 하지 않는가?[17] 한편으로 법칙은 "의식의 실재적인 사건들의 총체"[18]로 생각되는 지성적인 작용의 필연성을 정의할 것이다. 법칙은 심리학적 발생에 대한 법칙일 것이다. 다른 한편 법칙은, 이 발생이 진리에 대해 맺는 관계라는 선험적 가능성을 정의할 것이다. 적법성의 두 가지 영역은 판명하게 구분되고 서로 독립적이다. 그러나 만일 우리가 그것을 마치 이미 만들어져 있는 것으로 간주한다면, 당위(le devoir-être)는 단순히 존재(l'être)의 한 종(種)이 되고,[19] 그러한 구분은 순수하게 방법론적인 것이 된다. 이제는 그 어떠한 심리주의자도, 방법으로 간주된 논리학의 대상이 심리학의 대상과 다르다는 점을 부인하지 못한다. 논리학은 단순히 "인식의 기술학(technologie)"[20]이다. 그리고 우리는 오직 그 활용의 자연적인 조건을 말하면서 그 기술의 양상들을 규정할 수 있을 뿐이다. 이념성은 단지 매개일 뿐인데, 그것을 통해 우리는 구체적인 작용에,

---

17) 같은 책, 같은 곳.
18) 같은 책, 같은 곳(p.59).
19) 후설은 수사적인 목적에서 심리주의에 대한 옹호를 취하면서, 그가 언제나 신뢰하는 것으로 남아 있는 주제를 제기한다. 당위(devoir-être) 내지 '가치'는 비존재(non-être)와 마찬가지로 존재의 계기다. 윤리적인 판단 내지 '가치에 대한' 판단은 후설이 나중에 '억견적 정립'(thèse doxique) 내지 '수동적 정립', 절대적으로 기원적인 '선술어적인' 논리학의 층이라고 부르는, 존재에 대한 '정립적' 태도의 변양들이다. 만일 심리주의의 깊은 의미가 ─ 심리주의를 주장하는 모든 사람이 그러한 것은 아니지만 ─ 존재에로의 환원에 있다는 점을 명심한다면, 그것은 가치, 가능한 것, 비존재에 대한 과학주의가 단순한 자연적 실재성으로 강등되는 것인데, 후설의 영감은 지각될 수 있고, 우리는 그의 첫 번째 심리주의적 주제를 그의 말년의 현상학적 주제인 '세속적인' 발생에서 '초월론적인' 발생으로라는 주제와 연결시킬 수 있다.
20) 같은 책, 3장, §19, p.56(p.59).

완성된 명증의 특성을, 즉 자연적 결정론에 의해 정의된 특성 자체를 부여한다. 모든 기술은 물리학 위에 정초되어 있다. 모든 가능한 형식화가 지시하는 것은 바로 이 후자인 물리학이다.

후설은 이미 그러한 심리주의에 대한 '논리주의'의 반응을 거부했다. 그 반응은 악'순환'[21]으로 이끌린다. (그에 대한 유일한 해법은, 모순되는 두 가지 테제를 떠안으면서 다르게 이해된 발생 안에서 그것들의 토대를 발견하는 변증법일 것이다. 그러나 지금 우리의 수준에서, 이러한 변증법은 혼동을 피할 수 없을 것이다.) 실상 우리는 심리주의자에 대해 다음과 같이 대답하지 않을 수 없는데,[22] 만일 논리학이 궁극적으로 이미 체계적인 심리학에 호소해야만 한다면, 경험적-연역적 학문으로서의 심리학 자체의 구성은 이미 그 타당성이 인식된 논리적 형식에 의지하고 있음을 함축한다. 소위 실험에 의한다고 주장하는 학문에 의해 후험적으로 확립된 개념들은, 선험적인 형식적 개념들을 전제한다. 따라서 대답은 칸트적이다. 모든 후험적 종합과 선험적 분석을 가능하게 하는 것은 바로 우리가 수학에서 그 순수함을 발견하는 그러한 선험적인 형식적 종합이다. 후설이 이러한 해법을 거절한다는 것은 매우 의미심장하다. 후설이 출발하고자 하는 선험적 종합은 판단의 종합과 형식적 개념의 종합이 아니라 기원적으로 구체적인 경험의 종합인 것처럼 보인다. 미래에 전개될 현상학은 이 거부에서 예견된다. 지향성과 초월론적 발생은, 기원적인 수준에서 심리주의와 논리주의 사이의 논쟁을 복원하면서, 그 논쟁을 재현한다. 그 기원이 서로에게 모호

---

21) 『논리 연구』, 3장, §19, p.57(p.61).
22) Paul Natorp, "Über objektive und subjektive Begründung der Erkenntnis", *Pholos. Monatshefte* 23, p.264. 같은 책, 같은 곳에서 재인용.

한 채로 남아 있는 심리학과 논리학이 서로 대립하는 것은 무의미하지 않은가? 객관적이고 기술적인 개념들에서 이미 완성되고 움직일 수 없게 된 학문의 '세속적인' 관점에서 보면, 모든 해법은 불가능하다. 심리학이 암묵적으로 논리학을 전제하는 것과 마찬가지로, 학문으로서 논리학의 경험(erfahren), 말하자면 그것의 인간적인 실천, 주체에 의한 그것의 해명은, 우리를 동일한 순환 안에 가둔다. 논리적 법칙의 '타당성'(Triftigkeit)을 승인하거나 정초해야만 하는 것은, 바로 자연적인 경험이다. 이 '순환'의 의미에 대해 결론을 내리면서 후설은 규칙과 가치의 체계로 간주되는 미학에 대해서는 아무것도 인식하지 않고서도 '창조'하는 예술가의 사례를 인용한다.[23] 학자는 논리학에 호소하지 않고서 담론을 구성하거나 종합할 수는 없는가? 마찬가지로 논리적 법칙은, 그들의 명백한 전제 없이는 존재할 수가 없다. 논리학과 심리학이 서로 대립하는 '계기'(moment)는 [이미] 구성된 이차적인 계기다. 더 나중에 후설은 그 문제의 모든 논제 및 기원적인 발생에의 모든 접근을 가로막는 것이 바로 오랜 '침전'과 전통에 의해 포개진 구조라고 말한다. '역사적-지향적' 분석에 의해 지향적 구조의 어둠 자체를 투과하겠다는 이념은 확실히 아직은 준비되지 않았다. 그러나 후설은 기원적인 '전제'에로 '되물어감'(Rückfrage)의 필연성을 이미 정의하였다. 발생의 문제는 후설이 이미 보여 준 것처럼, 논리학과 심리학의 이율배반을 벗어난다. 미학적 창조(Schaffen)의 사례는 후설이 훨씬 뒤에 초월론적 환원 이후에나 기술하게 될, 의미를 기원적으로 창조하는 수행(Leistung-Schöpfung)[24]의 윤곽을 암묵적으로 보여 준다. 발생의 본래

---

23) 같은 책, 3장, §19, p.58(p.61).
24) 무엇보다도 「기하학의 기원」에서.

적인 문제는 오직 초월론적 영역에서만 정확하게 제기될 수 있을 것이다. 심리주의와 논리주의를 서로 대치시킴으로써 우리가 이미 알고 있는 것은, 우리가 경험적-연역적 학문을 통해 이해된 (칸트적인 의미에서의) 경험적 발생에 만족할 수도 없고, 논리학에 대해서 시간적으로 기원적인 '경험'을 고려하지 않는 (칸트적인 의미에서의) 이념적이거나 초월론적인 발생에 만족할 수도 없다는 점이다. 의미의 발생은 형식적인 선험적인 것(l'a priori formel)과 질료적인 후험적인 것(l'a posteriori matériel)의 이율배반을 넘어서야만 한다. 지향성은 이러한 넘어섬을 위한 '매개'로서 봉사한다. 우리가 '호소'할 것은 바로 그 지향성이다. 그러나 우리는 오직 그것에 '호소'만 할 것이다. 지향성은 아직은 초월론적 현상학의 기원적인 온상이 아니라, 다만 더 이상 심리학적이지 않으며 무엇보다도 먼저 논리학적인 의식의 '구조'와 '의미'일 뿐이다. 그것은 앞서의 것과 어느 정도는 유사한 애매성에서 그 논쟁을 복잡하게 만든다. 후설도 그것을 인식하는 것처럼 보인다 —— "나에게는 다음과 같이 생각되는데, 진리의 더 본질적인 부분이 반(反)심리주의의 측면에 있는 것처럼 보이지만, 더 결정적인 관념은 아직 적절하게 정교화되지 않은 채 많은 결함으로 얼룩져 남아 있다."[25] 그것은 아주 기원적이지만, 그럼에도 『논리 연구』 1권에서 해명되는 것은 매우 단호한 논리주의다. 그것은 체험된 주관성으로의 회귀를 요청한다. 그 체험된 주관성은, 논리적인 것도 심리적인 것도 아닌 현상학적인 것이며, 발생의 문제를 완전히 새롭게 만든다. 그것은 어떻게, 반(反)심리주의에 의해서, 그리고 순수 논리학의 이념에 의해서 요구되는 것일까?

---

25) 『논리 연구』, 3장, §20, p.59(pp.62~63).

심리주의는 경험주의다

심리학은 "의식의 사실들(Tatsachen)에 대한 학문, 체험된 사건들을 그것을 살아가는 개인에의 관계에 의존시키는, 내적 경험(innere Erfahrung)의 사실들에 대한 학문"[26]으로 정의된다. 심리학은 "사실학(Tatsachenwissenschaft)이며, 따라서 경험에 의해 생겨난 학문이다."[27] 또한 심리학은 '정확한' 법칙을 형성할 수 없다. 그것이 진술하는 법칙들은 "공존과 계기의 규칙성을" 근사(近似)하게 형성하면서, 단지 경험에 대한 '모호한' 일반화에만 응답할 뿐이다.[28] 자연에 대한 학문이 모호하다는 것은 무익하지 않다. "자연과학은 구체적인 분과들에서 무엇보다도 자주 '모호한' 법칙을 제시한다. 기상학의 법칙들은 모호하지만, 그럼에도 커다란 가치를 지닌다."[29] 그러므로 예를 들어, 우리가 근본적인 심리학적 법칙의 지위와 의미를 부여하고자 하는 관념 연합의 법칙은, 우리가 그것을 엄밀한 방식으로 형성하려 시도하자마자 법칙으로서의 가치를 상실한다.[30]

순수하게 심리학적인 또는 '자연적인' 생성은, 만일 그러한 것으로서 또 자신의 내용 안에서 그 생성이 단지 '모호하고' 근사적인 규정을 제시할 뿐이라면, 어떻게 엄밀한 본질을 생산하거나 나타나게끔 하는가? '모호함'

---

26) 같은 책, 4장, §21, p.60(p.65).
27) 같은 책, 4장, §21, pp.60~61(p.65).
28) 같은 책, 4장, §21, p.61(pp.65~66).
29) 같은 책, 같은 곳, 저자 주(p.65).
30) 후설은 여기서 순수 논리적 규칙의 엄밀함과 정확함을 경험적 법칙의 '모호함'과 대립시키고 있다. 나중에 그는 형상적 기술의 '엄밀함'을 심리학과 같은 경험적 학문에서의 개념의 '정밀성'과 대립시킬 것이다. 「엄밀학으로서의 철학」, 1911년판 pp.289~341 참조[상세 서지는 16쪽 각주 5번 참조].

에서 시작하는 정밀성(l'exactitude)의 발생은 불가능하다. 불연속은 본질적이고 넘을 수 없다. 그러한 것으로서의 근사(近似)는, 만일 그것이 어떤 것에 **대한** 선험적인 근사가 아니고, 또 만일 그 엄밀함이 그것을 위한 일종의 기원적이고 선험적인 지평이 아니라면, 결코 자신의 끝에 도달하지 못한다. 왜냐하면 그 지평이 은폐된 채 남아 있어서, '이미 거기에'(déjà là) 있는 처음의 의미를 고려하지 않고서도 심리주의가 발생적 운동으로부터 유일한 해명을 만들기 때문이다. 발생은 해명하는 것인데, 왜냐하면 그러한 발생은 자신을 벗어나지만 또한 발생 자신을 진전시키는 의미를 요구하기 때문이다.

한 번 더 말하지만, 모호한 종합 내지 후험적 종합은 선험적인 것의 토대 위에서 나타난다. 그러나 만일 선험적 개념이 구체적인 본질을 가리키지 않고, 또 직관에 접근 가능하지 않다면, 만일 그 선험적인 것이 어떤 '경험'에 주어지지 않는다면, 만일 선험적인 종합이 형식적인 판단에 의해 구성되는 것이 아니라면, 후설이 '모호한' 것의 '정밀성'(Exactheit)을 반대한 발걸음은, 한 번 더 말하지만, 칸트의 비판을 닮았다.[31] 그리고 사실 후설의 출발 지점도 [칸트와] 가깝다. 칸트가 흄을 논박하면서 시작한 것과 마찬가지로, 후설도 경험주의로서의 심리주의를 물리치면서 시작한다.[32] 세 가지 본질적인 동기는 다음과 같다.

---

31) 칸트와 후설의 일반적 차이에 관해서는 Gaston Berger, *Le cogito dans la philosophie de Husserl*, ch.6, pp.132~133 참조. 그리고 특히 문제 설정(positio quaestionis) 사이의 본질적인 차이를 적절하게 강조했던 Fink, "Die phänomenologische Philosophie Edmund Husserls in der gegenwärtigen Kritik", p.336 이하 참조.
32) 『논리 연구』, 4장, §21, p.60(p.65).

경험주의의 세 가지 동기

"무엇보다 먼저, 모호한 이론적 토대 위에서, 우리는 단지 모호한 규칙을 건립할 수 있을 뿐이다."[33] 우리는 논리적 법칙과 모호한 경험적 개념을 자주 혼동한다. 용어의 엄격한 의미에서, "모든 논리학의 고유한 핵심(Kern)의 토대를 형성한다(ausmachen)고 우리가 알고 있는 논리적 법칙, 말하자면 논리적 원리들, 삼단논법의 법칙, 습관적 추론의 다양성을 지배하는 법칙, 동일성의 원리, (n으로부터 n+1로의) 베르누이(Daniel Bernoulli)의 원리, 확률의 원리 등과 같은 것은 절대적으로 정밀한 성격을 갖는다."[34] "그것들은 명백하게 참된 법칙들이지, 순수하게 경험적인, 그러니까 근사적인 규칙들이 아니다."[35] 순수 논리학은 순수하고 단순한 경험적 발생에 의해서 산출될 수 없다.

따라서 —— 이것이 두 번째 동기인데 —— 논리적 법칙과 자연의 법칙을 구분해야만 한다. "그 어떠한 자연법칙도 선험적, 그러니까 순수하게 지성적이지(오직 지성에 의해서만 이해 가능하지einsichtig erkennbar) 않다. 그러한 [자연의] 법칙을 정초하고 타당하게 만드는 유일한 길은 경험에 종속된 사실들에서 출발하여 귀납하는 것이다. …… [반면 논리적 법칙에서는] 정초와 정당화가 발견되는 것은 귀납에서가 아니라 필증적인 명증에서다."[36] 그러므로 '귀납과 검증'[37]의 산물인 중력의 법칙은 오늘날 보편적 가치를

---

33) 같은 책, 4장, §21, p.61 (p.65).
34) 같은 책, 4장, §21, pp.61~62 (p.66).
35) 같은 책, 4장, §21, p.62 (p.66).
36) 같은 책, 4장, §21, p.62 (p.67).
37) 같은 책, 4장, §21, p.63 (p.68).

상실했다. 우리는 다른 요소들을 개입시키면서 그것을 증명한다. "우리가 선험적으로 알고 있는 사실은, 무한한 수의 법칙이 중력에 대한 뉴튼의 법칙과 동일한 (역할을) 수행할 수 있고 수행해야만 한다는 점이다……."[38]

그러나 자연적인 '관찰'에서 부정확성을 '제거하기'를 원하는 것은 '비상식적'일 것이다. 사실을 다루는 학문에서 부정확성은 본질적이다. 논리학에서는 절대적으로 그렇지 않다. "거기[사실학]서 정당하게 가능했던 것이 여기[논리학]서는 명백하게 부조리한 것으로 변형된다."[39] 논리학은 우리로 하여금 순수하고 단순한 참일 것 같음(vraisemblance)에 접근하게 하는 것이 아니라, 법칙의 진리(vérité)에 접근하게 한다. "결론적으로, 논리학에 대한 심리학적 정초가 요구하는 것은 부조리하다. 따라서 그러한 정초는 그 자체로 부조리하다."[40] 우리가 지성에 의해 파악하는 진리 자체에 위배해서는, 가장 강력한 심리주의의 논변조차도 논리적으로 가능하지 않다. 심리학적인 사실들과 상황들(Umstände)은 경험적 일반성과 다른 그 어떠한 것도 산출할 수 없다. "심리학은 그 이상은 아무것도 제공할 수 없다. …… 심리학은 필증적인 명증의 법칙을 제공할 수 없으며, 따라서 논리학의 핵심을 구성하는 '초(超)경험적'(überempirisch)이고 절대적으로 정확한 법칙을 제공할 수 없다."[41]

거기에는 더 중요하고 더 깊은 무언가가 있다. 엄밀한 논리적 본질의 발생이 심리적 삶으로부터 비롯된다고 가정한다면, 우리는 동일한 주체의 내부에서, 심리적 삶과 논리적 활동을 구분하기 위해, 또 다른 발생에

---

38) 『논리 연구』, 4장, §21, p.63(p.68).
39) 같은 책, 4장, §21, p.63(p.68).
40) 같은 책, 4장, §21, p.63(p.68).
41) 같은 책, 4장, §21, p.64(p.69).

의지해야만 하는 것 아닌가? 만일 우리가 유일하고도 동일한 유형의 발생을 고려한다면, 우리는 더 이상 심리적 삶이라는 토대에서 논리적인 작용을 분별할 수 없을 것이고, 또 무엇보다도 논리적인 '작용'으로부터 논리적인 '내용'을 분별할 수도 없을 것이다.[42] 만일 역으로, 두 가지 발생이 있는 것이라면, 주체의 통일성을 구제하기 위해서는 어느 하나가 어떤 방식으로든 다른 하나에 선행해야만 할 것이며, 그렇게 우리는 동일한 문제로 되돌아가게 된다.[43] 발생의 통일성은 어떻게 본질의 선험적인 종(種)의 성격과 조화될 수 있는가? "후설이 묻는 것은 두 가지 집합의 자연법칙에서 출발하여 우리로 하여금 사유의 현상들을 해명하게끔 해주는 발생적 분석이 어디에 있는가 하는 것인데, 그 두 가지 집합의 자연법칙 중 하나는, 전적으로 논리적 사유를 낳는 인과 과정을 규정하는 것이고, 다른 하나는 무논리적인(a-logique) 사유를 위하여 함께 규정하는 것(mitbestimmend)이다."[44] 따라서 후설은 주체의 통일성을 훼손하지 않으면서 심리적 발생의 의미와 논리적 본질의 객관적 타당성을 보전하는 일을 염려하는 것처럼 보인다. 여기서 그는 성공하였는가?

『논리 연구』 1권에서 후설이 성공을 거두었던 것처럼 보이는 것은, 그가 단지 원리상으로는 이미 거부했으나 실제로는 훨씬 뒤에야 거부하게

---

42) 같은 책, 4장, §21, p.66(p.71).

43) 이것이 바로 후설이 나중에 경험적 발생과 '자아'의 초월론적 발생을 근본적으로 구분하면서, 초월론적 '나'와 경험적인 '나' 사이에는 '내용'의 차이가 없다고 강하게 강조하는 이유다. 초월론적이고 경험적인 것은 구성의 서로 다른 '계기들'이며, 전자는 절대적으로 '기원적'이며, 후자는 "항시 이미 구성되어 있다"(immer schon konstituiert, 이후 후설의 분석, 특히 수고에서의 분석에서 발견되는 표현. 이는 자신을 미규정적으로 재생산하고, 더 기원적인 계기로의 후퇴가 새로운 장애물을 극복해야만 하는 계기를 표시하는 것처럼 보인다). 따라서 왜 모든 초월론적 구성이 나중에 '발생적'인 것으로 나타나는지가 이해된다.

44) 같은 책, 4장, §21, p.66(p.71).

될 형식주의적 논리주의에 의지해서였을 뿐이다. 실상, 심리학적이지 않은 주체의 통일성은 무엇일 수 있는가? 만일 심리적 사건들, 순수하고 단순한 심리적 삶의 전체성이 객관적인 논리적 종합을 산출하는 데에 무력하다면, 우리는 한편으로는 모든 발생을 벗어나 있는 선(先)구성된 논리적 형식, 그러니까 형식논리학에 의지하고, 다른 한편으로는 그에 상관적으로 객관성에 대한 형식적 능력, 즉 역사적 생산으로부터 완전히 독립적인 순수한 '나'(Je)에 의지해야만 한다. 우리는 칸트주의로 다시 떨어진다. 논리학 및 시간 너머에서 이미 구성된 형식적 '나'는 기원적인 것으로 간주된다. 그것은 초월론적 심리학이다. 모든 실제적인 발생으로부터 해방되기를 원했기 때문에, 우리는 구성주의(constructivisme)에서 최소한의 수용 가능한 것에 이르렀다. 아이러니하게도 심리주의자에게 심리적 삶과 논리적 삶이 통일적으로 나타나는 것과 하나에서 다른 하나로의 이행을 기술하기를 요구하는 '발생적 분석'은 아직은 후설의 눈에는 불가능하게 보인다. 왜냐하면 정확히 말해서 심리적인 것에서 비롯되는 논리적인 것의 '실재적' 발생, 사실에서 비롯되는 본질의 발생, 실재적인 것에서 비롯되는 이념의 발생 등과 같은 것은 없기 때문이다. 실재적인 것과 형식적인 것, 자연적인 것과 논리적인 것 등등의 대립(l'antithèse)이 존재하기 때문에, 모든 발생은 하나와 다른 하나의 의미나 실재성을 훼손시키는 것처럼 보인다. 그것이 바로 우리가 구성된 객관성과 더불어 여전히 논쟁하고 있는 것이다 — 논리적인 본질은 법칙과 원리의 체계에서 '신성화'(神聖化, canonisée)[45]되며, 심리적 사실은 이미 의미가 부여되고, 분류되고, 방

---

45) 후설이 사용하지는 않았으나, 반 브레다 신부가 너무나 자주 '구성된' 내지는 '정초된'이라는
용어를 대체하기 위해 사용하기를 원했던 표현이다(H. L. Van Breda, "Note sur réduction et

향이 설정되고, 동일화된 사건들이다. 또한 본질과 사실 사이에는, 그 어떠한 발생적 매개도 가능하게 나타나지 않는다. 사실과 구성된 본질 이편에 위치한 구성적인 분석은, 아직은 후설로 하여금 그것들의 기원적인 관계를 적절하게 해명하도록 허락하지 않는다. 논리적인 것과 심리학적인 것의 관계를 통한 '중립적'이고 '기원적인' 현상학의 영역에서 초월론적 구성의 가능성은, 아직은 해방되지 않았다. 『논리 연구』 2권에서 소묘되는 주관성으로의 복귀는 현재 제시되는 어려움에 대한 응답일 것이다. 이 구성하는 주관성은 더 이상 심리학적이거나 논리학적인 주관성이 아니라 이미 초월론적인 주관성이다.[46] 후설에 의해 여기서 거부된 '발생적 분석'의 문제가 다시 나타나고, 또 그 장애물이 다시 불쑥 등장하는 것은 바로 그 [초월론적 주관성의] 수준에서다. 현상학적 해명에 앞서는 형식적인 것과 실재적인 것은, 동시에 서로에게 환원 불가능하며, 그리하여 모든 발생의 불가능성은 [동시에] 서로 닮았는데, 왜냐하면 둘 모두는 기원적인 구성이라는 체험된 시간 이편 또는 저편에 있기 때문이다. 그 둘 모두는 이차적이고 파생된 것이다. 형식논리학이 초월론적 논리학을 전제하는 것과 마찬가지로, 심리학적 주관성도 초월론적인 '자아'(ego)를 함축한다. 어떤 의미에서 『논리 연구』 1권에서의 논리주의는 『산술철학』에서의 심리주의를 결정적

<hr />

authenticité d'après Husserl", *Phénoménologie-Existence, Recueil d'études*, Paris, Armand Colin, 1953; 재편집본 Paris, Vrin-Reprise, 1985, p.7). 어떤 경우에는 받아들일 수 있다고 하더라도, 이 표현에 대한 체계적인 사용은 매우 적절하지는 않은 것처럼 보인다. 후설에 대해 논평하면서, 다양한 문체와 우아함에서 얻은 엄밀함이 훼손되기 때문이다. 생각이 진행되면서 후설은 자신을 더욱 대수(代數)적인 스타일로 표현한다. 더욱이 그는 상세한 기술이나 스타일에 빛을 주는 예시를 희생하지 않는다.

46) 당시의 논리주의자들은 후설이 '논리적 실재론'의 필연성을 적절하게 정의한 이후에 주관주의적 관념론으로 빠졌다고 믿었다. 이러한 해석의 오류에 대해서는 『현상학의 이념』(*Die Idee der Phänomenologie*, 후설전집 2권)의 편집자 비멜이 쓴 서문 참조.

으로 넘어섰다. 후설은 —— 적어도 의도에서만큼은 —— 그 심리주의로 돌아가지 않는다. 그러나 심리주의에 반대하는 선험적인 것(l'a priori)이 형식적이고 구성된 것으로 남아 있는 한에서, 지향성이 논리적인 특성을 가지는 한, 또 구체적인 본질에 대한 직관이 여전히 부재한 한, 논리주의는 내적으로 심리주의와 연대하고 있다. 그 둘은 초월론적인 본래적인 발생을 주제화하는 것을 가로막는데, 왜냐하면 하나는 모든 것을 경험적 발생과 일치시키고, 다른 하나는 모든 것에 대해 경험적 발생을 거부하기 때문이다. 그 하나[인 논리주의]는 발생을 가지고서 순수한 풍요로움, 모든 필연적인 본질의 등장을 억제하는 창조적인 종합, 후험적인 종합을 만들고, 다른 하나[인 심리주의]는 발생을 가지고서, 단지 논리적 의미를 산출하지 않을 뿐만 아니라 오직 이전의 논리적 객관성을 통해서만 접근할 수 있을 뿐인 역사적-경험적 우연을 만든다.

　　이러한 어려움이, 심리주의에 대한 모든 비판을 은밀하게 가동한다. 심리주의의 세 번째 경험주의적 동기를 제시하면서 후설은 쓴다. "경험적 법칙은 사실에 대한 단순한 법칙에 관계하지 않으며, 그것은 또한 사실의 현존을 함축한다."[47] 왜냐하면 그것들은 '모호하기' 때문이다. 정상적인 정식화에서 정확한 법칙은 명증하게도 순수한 법칙의 특성을 가지고 있고, 그것은 실존적인 그 어떠한 내용도 자신 안에 포함하지 않는다.[48] 그러므

---

47) 『논리 연구』, 4장, §21, p.71(p.77).
48) 같은 책, 같은 곳. 이것은 순수 '형상'(eidos)에 대한 첫 번째 접근으로, 나중에 더 이상 사례나 '허구' 외에 다른 역할을 하지 않는 '현존적 내용'(contenu existentiel)에 대한 '상상적 변양'(variation imaginaire)에 의해 시험된다. 실재적인 내용이 없는 이 '형상'은 사실성에서 분리된 이념 자체로 있는 것이 아니다. 그것은 사실의 본질이고, 사실로부터 분리될 수 없으며, 그리하여 '직관'에 접근 가능하다. 본질직관이라는 교설은 『논리 연구』 1권에서는 아직 정교하게 다루어지지 않으며, 의미가 형식적 개념으로 남아 있다.

로 정확성은 형식적이다. 우리는 객관적 측면에서 고려되고 있는 그 정확성이, 어떻게 주관적인 작용과 상관적일 수 있는지를 알지 못하고, 또 우리가 의지해야만 하는 형식적인 '나'가, 어떻게 대상의 실존에 접근할 수 있는지를 알지 못한다. 그러므로 두 경우에서 불가능성은 동일한 것이다. 선험적 형식은 필연적인 경험적 규정을 받아들일 수 없다. 그것과 감각적인 직관의 조화는 또한 선험적으로 규정되어야만 한다. 문제는 다만 미루어진 것에 불과하다. 감각적 직관과 동시에 범주적 직관일 수 있는 지향성만이 오직 이 선험적인 규정을 해명할 수 있다. 그러나 지향성은 아직 감추어져 있다. 형식을 우발적인 내용과 결합시키는 발생적이거나 종합적인 관계는[49] 여전히 형식적이다. 고전적인 무한 퇴행은 불가피한 것으로 나타난다. 후설은 어떻게 거기에서 벗어나는가? 언제나 비판주의적 '객관주의'와 닮아 있는 혼란스러운 지향성 개념에 호소함으로써 그러하다.

'어떤 것' 일반에 대한 논리주의의 대답: 사물 안에 정초된 것

"정밀한 과학의 모든 법칙은 사실들에 대한 참으로 본래적인 법칙이기는

---

49) 우리는 '종합'과 '발생'에 대한 우리의 담론에서 [양자가] 끊임없이 동화한다는 주제를 해명해야만 한다. 그것들의 동일성은 직접적이지 않다. 칸트주의와 후설주의 사이의 완전한 차이가 여기서 나타난다. [칸트에게서] 시간성과 창조성에 의해 동시에 특징지어질 수 있을 발생은 오직 경험적일 수 있을 뿐이고, 오직 후험적 종합에 동화될 수 있을 뿐이며, 그에 상응하는 판단에 종속될 뿐이다. 선험적 종합은 그 어떠한 발생도 배제한다. 그것은 경험적이지 않으며, 필연적으로 그 어떠한 감각적 직관도 요구하지 않고, '이념적인' 시간성에 따라 일어난다. 반대로 후설에게서, 모든 각각의 선험적 종합은 존재가 '몸소 주어지는' 구체적인 직관에 정초되어 있으며, 그리하여 그것은 시간적이고 풍부하다. 그것은 발생과 더불어 하나가 된다. 선험적 종합에 타당한 것은 후험적 종합에 타당한 것 그 이상이다. 그러나 오직 선험적 발생만이 진정한 초월론적 문제를 제기한다.

하지만, 인식론의 관점에서 보면 그것들은 이념화하는 허구, **사물 안에 정초된 것**(cum fundamento in re)으로 남아 있을 뿐이다."[50] "(예컨대 이론 역학, 이론 음향학, 이론 광학, 이론 천문학 등과 같은) 체계들은 **사물 안에 정초된 것**으로서만 오직 가치를 가질 수 있다."[51] 이 **사물 안에 정초된 것**은 아주 이상하다. '실재적인' 규정의 기원은 무엇이며, 경험적 사실에서 비롯되어 추상에 의해 귀납되거나 산출되지 않는, 이념적 가능성의 '실재적' 토대의 기원은 무엇인가? 이러한 형식의 선험적인 순수함이 어떻게 선험적으로 규정되는가? 어째서 이론 역학은 역학에 **대한** 이론이며, 이론 천문학은 천문학에 **대한** 이론인가? 본질에 대한 직관에 의존하지 않고서는 그 어떠한 대답도 명료해 보이지 않는다. **사물 안에 정초된 것**은, 본질이라는 구체적으로 지향적으로 겨냥된 것의 대체물이다. 그것은 적절히 변용을 가하면(mutatis mutandis), 『산술철학』에서 '대상 일반'이 했던 역할을 수행한다. 그것은 객관성 일반이라는 일종의 선험적인 범주다. 그것은 이념주의적 논리주의 사유의 불충분함과 뒤섞이는 심리학적 주관주의 사유를 구제하기 위해 갑자기 끼어든다. 하나는 모든 '객관성'이 박탈되어 있고, 다른 하나는 '실재적인' 토대가 박탈되어 있다. 만일 이론들이 '순수한' 것이라면, 만일 그것들이 추상화와 일반화에 의해 구성되는 것이 아니라면, 그것들을 자연적 경험과, 즉 그것들이 본질을 이루는 사실과 일치시키는 '선험적 종합'은 무엇인가? 이론도, 그것을 경험과 연관시키는 종합도, 경험적 활동, 추상과 포섭이라는 심리적 작용의 기원이어서는 안 된다. 본질에 대한 구체적인 직관 없이는 —— 그것은 그 자체로 선험적 종합이고, 나중

---

50) 『논리 연구』, 4장, §21, p.72(p.78). 강조는 인용자.
51) 같은 책, 4장, §21, pp.72~73(p.78).

에 유사한 문제를 제기할 것인데 ── 이념적인 '허구'는 언제나 경험적 발생에 대한 창조로 간주될 우려가 있다. 그 허구가 그것을 생겨나게 한 경험을 고려할 수 있다는 점을 우리는 알고 있다. 그것을 사실적인 내용과 결합시키는 종합 역시 선험적인데, 왜냐하면 이념화(idéalisation)는 경험적인 내용과 그 자체로는 구분되지 않는 '허구'이기 때문이다.[52] 하지만 이념성(idéalité)은 순수하지도, 엄밀하지도 않다. 우리는 동일한 난제에 갇힌 채 머물고 있다. 반대의 가정에서, 이념적인 허구는 또한 선험적인 개념일 수 있다. 순수하고 엄밀하여, 그 개념은 모든 경험적 구성에 앞서 있다. 그러나 그로 인해 그 개념은 선험적으로 추상적이다. 이념적이고 시간적이며 경험을 넘어서는(métaempirique) 가능성은 무슨 종합에 의해서, 또 어떤 순간에 경험적 실재성을 규정할 수 있게 되는가? 이러한 종합의 토대는 무엇인가? 그것은 이념적인 종합인가, 아니면 실재적인 종합인가? 실재성과 마찬가지로 이념성도 이미 구성되어 있기 때문에, 우리의 논리주의는 외견상 그것의 환원 불가능한 반대물인 심리주의와 서로 동일시된다. 이 두 가지 경우에서, 발생의 선험적인 의미와 의미의 후험적인 발생에 대해 심문하면서, 우리는 딜레마에 이르게 된다. 심리주의가 경험주의와 뒤섞이게끔 하는 세 가지 동기들은 또한 논리주의가 그 어떠한 의미도 갖지 않는다는 조건하에서 경험주의와 뒤섞이는 세 가지 동기들이기도 하다. 비록 심리주의에 반대하는 강력한 투쟁을 따라 후설에 의해 감추어지긴 했지만, 환원 불가능한 애매성이 제시된 채 남아 있는 것이다.

---

52) 이러한 허구는 구축된 것(des constructions), 정신에 의해 개념적 혹은 상상적으로 조작(fingere)된 것일 수 있다. 그것은 경험적-기술적(empirico-technique) 의미를 지닐 것이다.

심리주의 – 형식주의 – 목적론

후설은 논리학의 근본적 원리에 대한 심리주의의 해석을 분석하면서[53] 그 해석이 그러한 원리에 부착된 객관성을 고려할 수 없다는 점을 보여 주었다. 심리주의는 거기서 모호한 명제들과 필증적(apodictique)이지 않은 주장으로 남아 있다. 그리하여 밀에게, 경험에 대한 쉽고도 일차적인 일반화인 모순율은 "자신의 토대를 사실에서 발견하는데, 그 사실은 서로를 배제하는 사유의 두 가지 상태인 믿음과 믿지 않음이다".[54] 후설은 아무런 어려움 없이, "그토록 날카롭긴 하지만 신(神)도 포기한 것처럼 보이는 정신[을 가진 밀]을"[55] 그럴듯한 명제로 이끌어 갔던, 심리주의의 착오를 규탄하였다. 후설의 요약에 따르면, 두 가지 진리의 불가능한 공존(Nichtzusammenwahrsein) 대신에, 우리는 판단작용(Urteilsakte)의 실재적(real) 양립 불가능성으로 대체한다.[56] 따라서 모순율은 주관성의 어떤 작용 내지는 실재적인 작용들의 다양성의 산물일 수가 없다. 모순율은 경험적인 귀납에 의해서 창조되지 않는다. 그것은 선험적인가? 그러나 이 객관적인 선험은 형식적이어서는 안 된다. 후설은 자신을 그렇게 옹호한다.[57] 심리주의자의 방식에 고유한 형식논리학을 정초하기 위해, 후설은 랑게(Friedrich Albert Lange)[58]의 노력을 환기하면서 그것을 칸트의

---

53) 『논리 연구』, 5장, §25~29.
54) 같은 책, 5장, §25, p.79(p.85)에서 재인용.
55) 같은 책, 같은 곳(p.86).
56) 같은 책, 5장, §26, p.81(p.87).
57) 같은 책, 5장, §28, p.93(pp.100~101).
58) Friedrich Albert Lange, *Logische Studien, ein Beitrag zur Neubegründung der Formalen Logik und Erkenntnistheorie*, 1877, p.130. 같은 책, 같은 곳에서 재인용.

기획에 가까이 가져간다. 궁극적으로 랑게가 호소했던 "우리의 지성적 조직의 토대"는 칸트의 체계 안에서 인식의 원천으로 간주된 '영혼의 능력' (Seelenvermögen)으로 환원된다. "초월론적 심리학은 정확히 말해 또한 심리학이다."[59] 모든 테제들은 결국 재결합된다. 흄이나 밀의 심리주의, 지크바르트,[60] 그리고 무엇보다도 베르크만(Julius Bergmann)[61]의 인간학적 상대주의는, 칸트와 랑게의 형식주의가 그렇게 하는 것만큼이나, 진리의 의미를 변경시킨다.

그러나 다시 한번, 후설이 양자 모두를 논박하는 것은 진자 운동에 의해서인 것처럼 보인다. 그의 말에 따르면, 모든 심리주의는 회의주의로 이끌리는데, 왜냐하면 우리는 경험에서 출발해서는 "이론 일반의 가능성에 대한 조건"을 도출할 수 없기 때문이다.[62] 그러나 형식적이어서도 경험적이어서도 안 되는 그 이념적 조건의 지위는 여전히 초점을 벗어나 있다. 심리학적 발생 위에서도, 형식주의 내지는 초월론적 심리학 위에서도 정초되어 있지 않은 이념적 조건은, 아직은 부재하는 기원적인 유형의 구성을 함축한다. 후설의 테제는 비판적으로 남는다. 심리주의의 편견은 선험적인 가능성의 기원이나 구체적인 상황에 대한 아무런 해명도 없이 규탄되고 일소된다.[63] 칸트주의에서와 마찬가지로, 선험적인 것들은 모든 구성을 벗어나는 것처럼 보인다. 이것은 정확히, 더 나중에 후설이 관심을 가지게 되는, 선험에 대한 구체적이고 초월론적인 구성일 것이다. 후설이 보

59) 같은 책, 같은 곳(p.101, n.2).
60) 같은 책, p.99(p.105 이하).
61) 같은 책, p.97(p.105).
62) 같은 책, p.110(p.119).
63) 같은 책, p.154 이하(p.167 이하).

기에는, 이 시기에 주관적인 구성에 대한 이념이 경험주의적 발생론에 의해 얼룩져 있는 것처럼 보였다. 순수 논리학에 대한 정의를 제시하기에 앞서 후설은 코르넬리우스(Cornrlius)[64]의 심리주의, 그리고 학문의 원리와 법칙을 최소한의 작용 내지 사유의 경제라는 원리에 의지해 고려하고자 하는 마흐(Ernst Mach)와 아베나리우스(Richard Avenarius)[65]의 사유경제(Denkökonomik)의 목적론적 견해와 거리를 둔다. 학문은 환경에 대한 인간의 실천적인 적응일 것이다. 이념성은 경험적인 다양성에서 비롯되는, 기호들, 경제적이고 다산적(多産的)인 일반화의 법칙들일 것이다. 후설은 그러한 목적론을 절대적으로 거부하지 않는다. 목적론은 어떤 설명적 가치를 결여하고 있지 않다. 확실히 그것은 기술적인 과정과 학문적인 방법에 어떤 빛을 던져 줄 수 있다.[66] 그러나 어떠한 경우에도 그러한 '해석'은 순수 논리학의 법칙에 대해서는 타당하지 않다. "경험이 소박한 것이든 학문적인 것이든, 문제가 되는 것은 어떻게 그 경험이 생겨나는가(entsteht)를 아는 것이 아니라, 그것이 객관적으로 타당한 경험이기 위해서 어떤 내용을 가져야만 하는지를 아는 것이다."[67] 후설이 말하는 발생은 결코 산출이나 실재적인(real) 생성과 혼동되지 않는다. 그러나 지금 금지되고 있는 것은 바로 **모든** 발생에 대한 주제화다. 이미 모든 경험주의는

---

64) 『논리 연구』, p.192(p.208).
65) 같은 책, pp.193~197(pp.209~213).
66) 후설은 언제나 인간학적 학문들의 가치를 그 종(種)적인 활동에서 인정하길 원했다. 다만 그는 그것들에서 그 어떠한 기원성도 부정했다. 거의 40년이나 지난 후에 근본적으로 다른 담론에서, 후설이 가장 엄밀한 초월론적 동기를, 실용주의에 가까이 있는 가장 의심스러운 경험주의적 설명과 서로 뒤섞는 것을 보는 일은 혼란스럽다. 우리는 이것으로 다시 돌아올 것이다.
67) 같은 책, pp.205~206(p.223).

포기되었고, 자라나고 있는 것은 괄호 안에 묶였다. "문제는 실재적인 인식의(그리고 더 일반적으로 말하자면 모든 인식 일반의) 객관적 타당성을 정초하는 이념적인 요소이자 원리가 무엇인지를 아는 것이며, 어떻게 그 작업수행(Leistung)을 적절하게 이해해야만 하는가를 아는 것이다. 다른 말로 하면, 우리가 관심을 두는 것은 **생성**(Werden)이나, 세계에 대한 우리의 표상(Weltvorstellung)의 변화(Veränderung)가 아니라,[68] 객관적인 권리(Recht), 즉 그 덕분에 학문에 의해 제공된 세계에 대한 표상이 다른 표상과 대립되고, 또 그 덕분에 세계를 객관적으로 참된 것으로서 확증하는 그러한 객관적인 권리다. 심리학은 세계에 대한 표상이 어떻게 형성되는지를 명료하게 설명한다. 세계에 대한 학문(Weltwissenschaft)은 (실재에 대한 서로 다른 학문들의 총체로서) 무엇이 그 세계를 참이고 실제로 실재하는 것으로서 **현실화하는지**(realiter)에 대한 명료한 인식을 제공할 것이다. 그러나 인식론은 객관적인 이념성의 관점에서, 실재적인 것에 대한 명료한 인식의 가능성을 구성하는 것이 무엇이며, 또 학문의 가능성 및 인식 일반의 가능성을 구성하는 것이 무엇인지를 명료하게 파악할 것이다."[69]

논리학의 생성 : 목적론의 예고

이러한 선언에는 이중의 반향이 있다. 한편으로 그것이 전제하는 것은, 비판적인 태도 및 모든 경험적 규정에 앞서는, 모든 객관적 인식에 대한 선험적인 가능성의 한계와 조건을 끌어내는 염려다. 실상 후설은 그러한 의미

---

68) 강조는 인용자.
69) 같은 책, p. 206(pp. 223~224).

에서, 자신의 기획과 칸트의 기획 사이의 유사한 관계를 인식하였다. 후설에 따르면 그 자신은 밀이나 지크바르트의 견해보다 "논리학에 대한 칸트의 견해를 더 가깝게"[70] 느껴졌다. 그러나 후설은 칸트가 아리스토텔레스나 스콜라주의에 낯설지 않은 관점에서 순수 논리학을 부동의 그리고 확정적으로 구성되어 있는 형식의 총체로 간주했다고 비판한다.[71] 여기서 후설은 자신을 칸트로부터 구분하는 지점을 한 번 더 강조하고자 한다. 논리학은 무한한 순수 가능성이다.[72] 그것의 생성은 논리적 법칙을 시간과 공간 안에서 구성된 실재성과 동일시하는 대가로 미리 규정되거나 한계가 그어질 수 없다. '철학의 무한한 과제'라는 목적론적 이념을 예고하는 논리학의 무한한 지평이라는 관념, 30년 후에나 나타나게 될 이러한 관념은, 후설 철학에서 (언제나 미규정적인 것과 동의어인) 무한한 것의 첫 번째 출현이다. 그 관념은 언제나 신비한 방식으로, 어려움을 되돌려 보내고 난제를 넘어선다.[73] 여기서 그 관념은 후설로 하여금, 칸트의 '비판적' 물음을 견

---

70) 『논리 연구』, p.215[p.233].

71) 같은 책, 같은 곳.

72) 여기서 무한한 논리학의 이념은 초월론적 논리학의 이념을 알린다. 후설은 그것을 나중에 (『형식논리학과 초월론적 논리학』에서) 본질적인 부분으로 제시한다.

73) 일반적으로 비평들이 후설 철학에서 무한의 이념이 하는 절대적으로 본질적인 역할을 간과하고 있다는 점은 이상하다. 이 역할은 그것이 언제나 은밀하게 수행된다는 점에서 흥미롭거나 중요한 것 그 이상이다. 결국 언제나 어려움을 제거하거나 집어삼키게 되는 것은 무한에 대한 이념이다. 우리는 이것으로 되돌아올 기회를 가질 것이고, 이 '이념'의 현상학적 또는 초월론적 지위는, 만약 생각할 수 없는 것이 아니라면, 적어도 절대적으로 이례적이고 특별하다. 그것은 현상학을 구하러 오는 것처럼 보이며, 동시에 그 모든 의미를 전환한다.
　알다시피, 후설 저작에서 이 무한한 것의 중요성을 지적한 연구자는 다음의 이들뿐이다.
　① 조르주 귀르비치는 후설의 무한한 것이 지닌 부정적인 성격을 정확하게 주장한다. 그리고 그는 고전적인 유형의 절대적이고 현실적인 무한(un Infini)의 부재를 아쉬워한다. 아마도 무한한 것은 무엇보다도 본질적인 미완성이고, 그런 의미에서 결정적인 부정성이다. 그러나 '과제'의 이념은 간과되어서는 안 되는데, 후설에 따르면 그 과제는 무한의 이념으로부터 절대적으로 분리 불가능하다. 후설에게는, 무한의 이념에서, 가치론적(axiologique)이

지한 채, 스콜라주의나 칸트의 형식주의를 벗어나게끔 한다. 그러나 우리가 여기서 권리상 자문할 수 있는 것은, 후설이 이념성의 발생과 역사를 고려하는 것을 거부하면서, 어디서 그리고 또 어떻게, 결코 완성되지 않은 논리학의 구성적 원천을 설정할 수 있는가 하는 점이다. 스콜라주의나 칸트의 관점에서, 만일 폐쇄되고 엄격하며 영원에 대해 구성된 형식적 체계를 내세운다면, 우리는 모든 역사적 발생을 괄호 안에 둘 수 있으며, 그것은 원리상 이론의 여지가 있기는 해도 정합적이다. 만일 반대로, 논리학이 무한에 개방된 순수한 가능성이라면, 우리는 논리학의 구체적인 생성에 존재와 신뢰를 부여해야만 하는 것처럼 보인다. 이 생성이 경험적이지 않다면, 그것의 지위는 무엇인가?[74] 후설이 아직 그것을 규정하지 않기 때문에, 그가 끝내 재결합하게 되는 형식주의와 심리주의 사이의 양자택일을 실제로 극복했다고 말하는 것은 불가능하다. 현상학의 중립적인 영역은 개방되어 있지 않기 때문에, 칸트가 생각한 것과 같은 시간의 이념성과 심리주의자들의 '실재적인' 시간성 사이에서, '구성된' 유일하고도 동일한 시간에 대한 두 모습 사이에서, 후설이 호소했던 구성하는 시간성이 무엇인지 우리는 아직 알지 못한다. 그는 사유경제학의 이론가들이 도치법(ὕστερον

고 목적론적(téléologique)인 실정성이 있다. 우리는 후설의 사유에서 이 '윤리학'의 상황이 얼마나 불편하고 심지어 다소는 인위적이기까지 한지 보게 될 것이다. Georges Gurvitch, *Les tendances actuelles de la philosophie allemande*, Paris, 1930, p.60.

② 폴 리쾨르는 후설이 "칸트적인 의미에서의" 이념들(Idées)에 부과한, 의식과 역사 사이의 매개 역할을 지적한다. 그러나 이 매개의 이념은 매우 흥미로운 것으로, 오직 지각에 의해서만 다루어질 뿐이다. Paul Ricoeur, "Husserl et le sens de l'histoire", *Revue de Métaphysique et de Morale*, 1949, p.282.

74) 점점 옹호되고 있는 이러한 생성에 대한 주제화에도 불구하고, 후설은 그것의 진정한 의미를 제공하는 데 결코 성공하지 못할 것이다. 적어도 이것이 바로 우리가 이 작업을 통해 보여 주려는 바다.

πρότερον)[75]을 사용한다고 비판한다. 후설은 [한편으로는] 선험적인 형식적 가능성의 이름으로 심리주의자의 실재적인 발생을 비판하면서 [다른한편으로는] 논리적인 것의 생성이라는 이름으로 구성된 형식논리학을 거부하는, 이중적인 논점 선취의 오류(pétition de principe)를 범하는 것 아닌가? 하지만 그러한 논점 선취는, 논점 일탈의 궤변도 아니고 수사(修辭)의 결함도 아니다. 더욱이 그것은 방법적인 착오나 논리적인 혼동도 아니다. 후설의 생애 말년에 어떤 식으로든 목적론적인 주제와 뒤섞이게 되는 현상학적인 주제는, 단지 아직은 은폐되어 있을 뿐이다. 『논리 연구』 1권의 수준에서 논리학에 대한 후설의 관념에 통일성을 부여할 수 있었던 것이 바로 그 유일한 동기다.

순수 논리학의 이념 : '중립적인 체험된 것'으로의 필연적인 복귀

후설이 순수 논리학의 이념에 대한 적극적인 정의를 시도했을 때,[76] 무엇보다도 구성하는 주관성으로의 복귀라는 형식을 취한 현상학적 주제가 알려지는 것은 언제나 동일한 애매성을 통해서다. 후설이 말하는 순수함은 어떤 때는 형식적이고 어떤 때는 구체적이며, 어떤 때는 개념적이고 어떤 때는 본질적이다. [둘 중] 하나에 대해 우리는 그것이 모든 경험적 발생을 벗어난다는 점을 확인할 수 있지만, 후설은 거기에 만족하지 않는 것처럼 보인다. 다른 하나에 대해 본질의 '엄밀함'을 훼손하지 않는 어떤 '중립적인' 시간성을 해명하기 전에, 본질의 생성에 관해 결정적인 무엇인가

---

75) 『논리 연구』, p.206[p.224].
76) 같은 책, §62~72, pp.228~254[pp.247~279].

를 말하는 것은 불가능하다. 후설은 학문의 이론적 통일성이라는 관념을 다시 취한다.[77] "문제가 되는 것은, '사실'에 기반을 둔 진리의 토대가 아니라 일반적인 진리에 대한 토대다. …… 일반적 법칙의 토대는 필연적으로 그리고 명증하게, 그것의 본질 자체에 의해 (말하자면 단순히 주관적이거나 인간학적인 방식에서가 아니라 본질 '그 자체'en soi에 의해) 그 어떠한 다른 토대도 필요치 않은, 그러한 법칙들로 이끌어진다. 그것은 근본 법칙들(Grundgesetze)이다."[78] 모든 실재적인 발생적 과정을 넘어 이 '근본 법칙'을 정의하기 위해서는 필연적으로 그것의 일반성이 구성되어서는 안 된다. 구체적이고 심리학적이지 않은 어떤 직관이 그것을 이러저러한 존재론적인 영역의 법칙으로 규정해야만 한다.[79] 그것들은 기원적으로 개념적이어서는 안 되며, 우리가 아직 짐작하지 못하는, 오직 경험에 접근 가능한 본질 위에 **정초된**(fondé) 개념이어야만 한다. 만일 그것이 구체적이라면, 이론의 통일성을 구성하는 근본 법칙의 순수함은 논리주의의 형식적 추상과 심리주의의 경험적 사실성을 결정적으로 벗어나야만 한다. 후설은 매우 멀리서부터 이러한 넘어섬을 거론한다. 그가 순수 논리학에 제시하는 모든 '과제'(Die Aufgabe)는 다음과 같다. 의미의 범주들, 순수하게 객관적인 범주들에 대한 고정, 그리고 법칙 안에서 그것들의 '복합'에 대한 고정, 이 범주들 위에 정초되어 있는 법칙과 이론에 대한 규정, 이론의 가능한 형식에 대한 이론 내지 순수 다양체에 대한 이론은 ── 만일 우리가 비난받을 위험에서 벗어나길 원한다면 ── 우리로 하여금 고전 철학의 판을 떠나도

---

77) 같은 책, pp.228~233(pp.247~253).
78) 같은 책, p.232(p.252).
79) 같은 책, p.233(pp.252~253).

록 암묵적으로 초대한다. 우리가 단순한 심리학과 단순한 논리학을 견지하고 있기 때문에, 우리는 그 순수한 개념들이 실재적 발생에 의해 창조되는 것인지, 아니면 실재적인 발생이 객관적인 경험에서 이해되고 조직되기 위해 선험적으로 순수한 논리적 형식을 전제하는 것인지, 알 수가 없다.

따라서 그 연구는 경험에 **대한** 가능성이어야만 하는 이 순수한 가능성에 대한 해명으로 방향이 설정되어 있다. 그러기 위해 그 가능성은, 그 가능성이 그것의 객관성에서 **나타나는**(apparaissent) 주체에 **의해서**, 구성되어야만 한다. 그 가능성은, 그 자체로 나타나는 구체적인 생성에서의 산물이어야만 하고, 또 선험적으로 그 생성의 의미**여야**(être a priori)만 한다. 이것은 현상학의 고유한 주제일 것이다. 논리적 의미의 근본적인 이율배반과 절대적인 객관성은, 만일 그것이 본질적이고 기원적인 상관자로서 (용어의 고전적인 의미에서) '경험적'이지는 않지만 그럼에도 구체적인 주체의 작용을 갖지 않는다면, 모든 타당성을 상실한다. 그것은 더 이상 연구의 영역을 규정하는 것을 허용하지 않으며, 연역과 귀납을 실행하는 것도 허용하지 않는다. 그것은 더 이상 경험과 '관계되지' 않는다. 논리적이고 학문적인 풍요로움은 불가능하다. 그것은 경험적이고 '모호한' 채로 남는다. 따라서 우리는 오직 풍요로움과 엄밀함이 서로를 함축하면서 양자를 화해시키는 것 그 이상을 수행하는 의미의 발생을 기술함으로써만 스콜라주의적 논리주의의 경직성을 벗어날 수 있다. 이제까지 문제가 되었던 것은 단지 딜레마였다. 생성과 본질 사이에서 선택을 해야만 할 것이다. 전자는 경험적이고 사실적인 시간성으로 이끌리는데, 그것은 심리주의다. 이념성, 그리고 시간의 '공허함'을 전제하는 것은 논리주의다. 이 두 가지 경우에서, 논리학의 기원과 생성, 한마디로 논리학의 발생은 결여되었다. 우리는 단지 무력하고 불투명한 산물에 관계했을 뿐이다. 우리는 우리 자신이 매개, 파생된 개념, 이차적이고 구성된 의미의 세계에 제약되어 있음을 본다. 딜레마는 무엇보다도 혼란이다. 후설은 그 딜레마를 잘라 해결하려 하지 않고, 다만 그 혼란을 해명하고자 한다. 심리주의와 논리주의의 가장 정당하고 가장 정초되어 있는 발언을 동화시키고 떠안으면서 그는, 논리학과 심리학이 생겨나고 정초되면서 자신의 대립을 해소하는, 중립적이고 절대적으로 기원적인 구성의 영역을 해명한다. 이제까지는 극복할 수 없는 것처럼 보이는 발생이라는 진지한 문제가 사라지는 것인가? 원초적인 구성의 수준에서, 우리는 동일하고도 환원 불가능한 역설을 다시 발견하게 되는 것은 아닌가?

2부

·

발생에 대한 '중립화'

1장
노에마적 시간성과 발생적 시간성

현상학에의 접근, '체험된' 것의 중립성

체험된 것 및 구성하는 시간적 주관성으로의 복귀라고 하더라도, 두 권
의『논리 연구』[1]를 구분하는 차이는, 우리가 말하고자 했던 것보다 그다
지 크지 않다. 분명『논리 연구』2권과 더불어, 우리는 현상학의 고유한 수
준에 이르기는 한다. 현상학의 커다란 주제들, 즉 초월론적 지향성, 노에
시스와 노에마의 구분, 본질직관, 형상적 환원이 제시되는 것이다. 그러나
1919~1920년 시기에 비롯되어 연구되는 모든 문제들은, 비록 시간의식에
대한 분석이 취하고 있는 커다란 중요성에도 불구하고, 여전히 '정적'(靜的,
statique) 구성의 문제에 머물러 있다. 발생적 현상학을 구제하는 것이 후
설에게 정말로 불가결해지는 것은 바로 이 시기 이후부터다.

그러나 발생론적 연구의 출현이 후설의 사유에서 혁명적인 것은 아니
었다. 그것은 발생론적인 주제가 '중립화'되고 현상학적 기술이 부재했던

---

1)『논리 연구』2권(1901).

오랜 기간에 걸쳐 준비되고 요청되었다. 사실 우리가 보기에는, 1901년부터 1919~1920년까지 후설 사유의 운동을 살아 있게 만든 것이 바로 이 '중립화'의 어려움이었던 것처럼 보인다.

시간성 자체 안에서 구성되며 체험된 것은, 우리가 살펴보았던 것처럼, 심리학적이어서도 논리학적이어서도 안 된다. 또한 후설에 의해 모든 발생이 경험과학과 관련되는 심리-생리적 인과성으로 고려되는 한, 역설적으로 우리는 오직 발생에 대한 '환원'을 통해서만 현상학적 시간성의 중심부에 다다를 것이다. 그런 의미에서, 심리주의 및 역사주의로부터의 해방을 의미하는 『논리 연구』의 1권은, 훨씬 더 늦게까지도 계속될 것이다.[2] 그래서 발생에 대한 중립화는 심리주의와 논리주의 사이의 변증법적 환원 불가능성에 대한 극복으로 간주된다. 어떻게 그 중립화가 새로운 변증법 안에서 파악될 수 있었는가? 어째서 미래의 발생적 관점으로의 복귀는, 현상학의 첫 순간에서부터 불가피했던가? '세속적' 발생에 대한 거부 내지 중립화는 어떤 의미에서, 적절한 변용을 거쳐(mutatis mutandis) 동일한 문제에 대해 답하게 될 초월론적 발생의 드러남을 함축하는가? 한마디로, '세속적' 발생과, 1900년에서부터 1920년까지 시작된 초월론적 발생의 근본적인 구분은, 어째서 벌써부터 어려운 것으로 드러나는가? 이러한 것들이 바로 우리가 제기하려고 하는 물음들이다.

---

2) 후설은 언제나 『논리 연구』의 내용에, 그리고 의미에 충실히 머무르려고 했다고 말한다. 그는 언제나 현상학의 더 높은 단계로 『논리 연구』를 끌어올리고자 하며, 1928년까지 그것의 재판을 작업했다.

구성된 역사와 구성하는 시간성

역사학과 심리학은 후설에 의해 서로 동화된다. 양자는 모두 구성된 사건을 다루는 사실에 대한 학문이다. 그것들의 경계는 서로 뒤섞인다. 심리주의에 대한 거부는 동시에 역사주의에 대한 거부다. 역사는 이념을 판단할수 없으며, 만일 역사가 그렇게 한다면, 그 가치 평가하는(wertende) 역사는 이념적인 영역으로부터, 자신이 사실로부터 끌어내었다고 주장하는 필연적인 연관을 은밀하게 차용하는 것일 뿐이다.[3] 어떻게 후설은 다른 것을 통해서가 아닌 바로 그 의미 자체에서 구성된 역사와, 『내적 시간의식의 현상학』에서 그가 분석한 것과 같은 기원적 시간 속에서 체험된 것을 동시에 생각할 수 있었는가? 어떻게 그는 구체적이고 기원적으로 시간성을 지닌 주관성이라는 관념과 이차적이고 구성된 발생적 역사라는 관념을 조화시킬 수 있었는가? 만일 시간성이 '구성하는 것'이라고 한다면, 어떻게 발생은 '구성된 것'일 뿐인가? 발생적 해석이 자신의 의미를 빌려와야만 하는 '이념적 영역'은 시간적인가 아니면 비(非)시간적인가? 만일 그것이 비시간적이고 기원적이라면, 주관성은 더 이상 구성하는 것이면서 동시에 시간적인 것일 수는 없을 것이다. 시간적이라면, 그것은 순수하게 역사적이고 심리학적일 것이고, 구성하는 것이라면, 그것은 형식적인 "나는 생각한다"(Je pense)의 이념성으로 환원되어야만 한다. 더욱이 『논리 연구』와 「엄밀학으로서의 철학」에서의 초월론적 기원성 및 『시간의식』에서의 시간적 특성을 모두 강조하면서, 후설은 가장 근본적인 주관성의 이러한 이중적 본질을 구제하고 싶어 하는 것처럼 보인다. 이러한 저술들에는 날카로

---

3) 「엄밀학으로서의 철학」, 1911년판 p.325 이하 참조..

운 양자택일이 존재한다. 기원적인 시간성에 대한 연구는 발생적 역사에 대한 포기와 끊임없이 배치된다.

객관적 시간에 대한 환원

"우리가 시간의식을 설명하려고 하자마자, 객관적인 시간과 시간에 대한 주관적 의식을 그들의 참된 관계 안에서 수립하려고 하자마자, 또 모든 개별적인 객관성 일반이 그러한 것처럼, 시간적 객관성이 시간에 대한 주관적 의식 안에서 구성될 수 있는 방식을 이해하려고 하자마자, 우리가 시간에 대한 순수하게 주관적인 의식과 체험된 시간의 현상학적 지위를 분석하려고 시도하는 한, 우리는 매우 기묘한 어려움들, 모순들, 복잡한 얽힘들 안에서 당황하게 된다."[4] 이제 제시되는 방법에 따라 후설은 객관적 시간을 환원하고 배제(Ausschaltung)하는 것에 대한 연구, "객관적 시간과 관련되는 모든 인정, 가정, 확신, 그리고 존재하는 것의 초월에 관계되는 모든 전제를 완전히 배제하는"[5] 연구를 수행하였다. "실제적인 사물과 실제적인 세계가 현상학적으로 주어진 것이 아닌 것처럼, 마찬가지로 세계의 시간(die Weltzeit), 실재적인 시간, 자연의 시간 역시, 우리가 자연에 대한 학문과 심리학을 심리적인 것에 대한 자연적 학문이라고 말한다는 의미에서, 현상학적으로 주어진 것이 아니다. …… 그러나 우리가 받아들이는 것은, '세속적'인 시간의 실존, 사물의 지속의 실존이 아니라, 스스로를 드러

---

4) 『시간의식』, 서문, p.2[하이데거 편집본 쪽수. 이어서 후설전집 10권의 쪽수와 프랑스어판의 쪽수를 표기한다. p.3/pp.3~4][상세 서지는 이 책 16쪽 각주 4번 참조].
5) 같은 책, §1, p.3[p.4/p.6].

내는 시간, 그렇게 자신을 드러내는 지속이다."[6] 따라서 배제 이후에도 남는 것은, 현상학적인 지속, 가능하고 타당한 유일한 시작, 시간에 대한 반성의 유일한 기원적인 확실성을 구성하는 시간에 대한 직접적인 지각이다. "내가 실제로 현전하는 '잇따르는 것'(ein Nacheinander)으로 듣는 음(音)과 선율의 전개에 대한 의식에서, 나는 모든 의심과 모든 부정에 불합리함을 부과하는 명증(évidence)을 갖는다."[7] 이러한 명증은 주관성에 순수하게 내재적이다. 모든 실존적 주장에 앞서서, 현상학적 '의미'에 대한 절대적인 명증은, 가능하고 필연적인 것으로 나타난다. 그럼에도 주관성이 순수하게 심리학적이지 않고 그 자체로 폐쇄되어 있지 않기 위해서, 또 그 주관성이 더 기원적인 시간성에 의해 구성된 산물이지 않기 위해서는, 이 내재 안에서, 지향성이 통합적으로 고려되어야만 하고, 또 더불어 그것은 과거, 미래 등으로서의 시간적 객관성에 대한 직접적인 구성이어야만 한다. 예를 들어, 시간에 대한 직접적인 의식 안에서 구성되는 과거는, 환원에 의해 배제되는 '실재적인'(real) 시간적 객관성과 구분되어야만 하는 — 바로 이것이 어려운 것인데 — 시간적 객관성일 것이다. "현상학적 분석에 의해서, 우리는 객관적 시간의 최소한의 단편도 만날 수 없다. '기원적인 시간의 장(場)'은 객관적인 시간의 단편이 아니며, 체험된 '현재'는, 그 자체로 파악해 보면, 객관적 시간의 한 점(點)이 아니다. 객관적 공간, 객관적 시간, 그와 더불어 사물의 객관적 세계, 그리고 실제적인 사건들은, 모두 초월론적인 것이다."[8] 파지(把持, rétention)와 예지(豫持, protention)에 의해 변

---

6) 같은 책, 같은 곳(pp.4~5/pp.6~7).

7) 같은 책, 같은 곳(p.5/p.7).

8) 같은 책, p.4(p.6/p.9). 여기서 '초월성'은 후설이 조금 뒤에 강조하는 것처럼 명백히 신비한 의미를 가지지 않는다.

증법적으로, 또 구성하는 것과 구성되는 것의 놀이에 의해서 산출되고 나타나는 시간에 대한 지향적 의식이, 어떻게 순수하게 내재적인 파악에 접근 가능한가? 시간이라는 내적 의식 안에서 이미 구성된 것은, 절대적인 현상학적 명증 안에서, 또 방금 일깨워진 것과 동일한 유형의 명증 안에서 주어지는가? 이 시간적인 명증은 움직이지 않는다. 그것의 본질적인 운동은 그것이 막 구성한 객관성에서 출발하여 그것이 구성하는 객관성을 향하기 때문에 지속적으로 자기 자신을 비껴 나지 않는가? 기원적인 '현재'와의 관계를 통해 체험된 것의 순수한 흐름의 내부에서 구성된 계기들의 초월과, 시간의 '실재적인' 객관성의 초월 사이에는 어떠한 본질적인 차이가 있는가? "본래적으로 내재적인 것으로서의 체험된 것 안에서 우리가 발견할 수 있는 질서의 관계는, 경험적이고 객관적인 질서 안에서 발견되도록 허락하지 않으며, 그 안에 삽입되지도 않는다."[9] 경험적인 질서는 항시 이미 구성된 질서다. 이제, 후설이 그렇게 행할 것처럼, 만일 우리가 다음과 같은 점을 안다면, 즉 기원적인 '현재'가 그와 더불어 시간의 수동적인 종합 및 과거에 대한 직접적인 파지에 의해서만 나타나고, 또 '현재'는 오직 직접적으로 구성된 과거의 근본적인 갱신에서 등장하기 때문에만 구성하는 것이고, 현재는 자신 안에 뿌리를 내리고 있으며, 오직 앞서는 순간과의 수동적인 연속성이라는 토대 위에서만 현재로서 나타나게 된다는 점을 안다면, 우리가 권리상 제기하게 되는 물음은 다음과 같다. 이미 구성된 과거와, 나의 측면에서 그 어떠한 능동적인 개입 없이 구성된, 나에게 부과된 객관적 시간, 양자의 근본적인 불연속은 무엇인가? 후설은 『시간의식』에서 이러한 근본적인 물음을 제기하지 않는다. 왜냐하면 그는 여기서 **이미**(déjà) 그

---

9) 『시간의식』, §1, pp.4~5(p.6/p.10).

의미가 구성되고 알려져 있는 노에마적 시간성에 머물고 있기 때문이다.[10) 객관적 시간은 이미 그러한 것으로서 알려져 있으며, 그것의 의미는 이미 '주제적'이기 때문에, 그 의미는 괄호 안에 놓일 수 있다. 마찬가지로, 체험된 내재성의 시간은 이미 **나에 대해** 의미를 지닌다. 그 시간은 아직은 나타나지 않은 더 깊은 시간성에 의해 구성된다. 또한 '노에마'에서 구성된 두 시간성 사이의 유일한 본질적 차이는, 하나는 나에게 이미 '나의 것'으로 나타난다는 것이고, 다른 하나는 객관적인 것으로 나타난다는 점이다. 우리는 아직, 주체와 세계가 이미 구성된 것으로 있는 표면적인 단계에 머물러 있다. 그것들의 발생은 완성되었다. 선(先)발생적인 구성적 분석의 불충분함은 이미 매우 뚜렷하다. 우리는 구성된 세계와 객관성을 '배제'하였고, 그렇게 함으로써 절대적으로 구성하는 기원을 나타나게끔 하였으나, 그럼에도 구성된 산물을 여전히 지니고 있다. 우리는 이차적인 의미라는 이름으로 환원을 수행한 것이다. 따라서 '정적' 구성에 대한 분석을 주도하는 태도는 '소박하며', 어떤 점에서 그 태도는 자신이 거부한 심리주의와 역사주의에 참여한다.

시간의 기원

실상 후설은 시간의 심리학적 기원과 현상학적 기원을 구분할 것을 주장한다. '경험주의와 내재주의' 사이의 분쟁이 가능한 것은 오직 심리학적인 물음으로부터 비롯되는데, 거기서 "우리는 공간과 시간에 대한 객관적인

---

10) 이는 시간성에 할애된 길고도 주목할 만한 주(註)에서 쩐득타오가 매우 적절하게 지적한 것이다. Tran-Duc-Thao, *Phénoménologie et matérialisme dialectique*, p.140.

직관이 개별적인 인간에게서 그리고 그에 따라 종(種)에서 태어나는, 감각의 기원적인 질료에 대해 자문한다. 우리는 경험적 발생에 대한 질문에 무관심하며 …… 체험된 것을 경험적인 개인이나 심리학적 주체의 심리적 상태로 파악하고, 순수하게 심리적인 것이든 심리-물리적인 것이든 그것들에서 연관을 발견하고, 또 생성의 자연적 법칙, 심리적으로 체험된 것의 형성과 변형에 몰두하는, 심리학적 파악은 현상학적인 파악과 완전히 다르다".[11] 그렇다면 현상학적인 파악은 무엇인가? 후설이 '심리학적'이라는 이름으로 거리를 두는 모든 것은, 초월론적인 세계에서 나타나는 실재적인 사건이다. 그것들은 자신의 여건을 시간 안에서 갖는 사실들이다. 그러나 그러한 사실들은 우리에게 시간에 대한 순수한 법칙에 관해서는 아무것도 보여 주지 않는다. 그것들은 실재적인 시간의 '부분'이 아닌 기원적으로 체험된 시간에서 비롯되어 우리에 대해 구성되는 것이다. 그렇게 하지 않으면 시간은 우리에게 그렇게 나타나지 않는다. 단순히 자연적이고 실존적인 시간에서 출발하여, 시간의식이 어떻게 가능한지 우리는 알지 못한다. 오히려 시간의 객관성이 의미로서 우리에 대해 구성되는 것은 바로 이 시간의식 안에서다. 한 순간에서 다른 순간으로 시간적으로 체험된 것이, 마치 심리적 사건이나 역사적인 인과처럼 구성된 사실로서 연구될 수 있다는 점에는 의심의 여지가 없다. 그러나 그것이 그렇게 연구될 수 있는 것은 오직 현상학적 시간의 기원적인 토대 위에서일 뿐이다. 시작해야만 하는 것은, 바로 이 [현상학적] 시간에 대한 기술을 통해서인 것이다. "우리는 실제적인 실재성을 형성하기 위해 체험된 것을 정돈하는 것이 아니다. 우리가 실제적인 실재성과 관련을 맺는 것은, 오직 그 실재성이 겨냥

---

11) 『시간의식』, §2, p.7(p.9/p.15).

되고, 표상되고, 직관되고, 개념적으로 사유되는 한에서일 뿐이다. 시간의 문제에 속하는 것에 대해 그것이 의미하는 바는, 우리가 관심을 두는 것이 체험된 시간이라는 점이다. 그 체험된 것은 객관적인 시간적 규정을 가진다는 것, 사물과 심리적 주체의 세계에 대해 통합된 부분이라는 것, 거기에서 ── 우리가 아무것도 관계하지 않는 ── 자신의 위치, 자신의 생산성, 자신의 존재, 자신의 경험적 발생을 가진다는 것에 대해 우리는 아무것도 알지 못한다."[12] 비록 우리가 시간적인 객관성의 상황, 역할, 실재적 규정에 대해 오류를 범한다 하더라도, 비록 극단적으로는 그것들이 실존하지 않는다고 하더라도, 시간의 본질은 우리에게 접근 가능하다. 그것은 언제나 형상적 환원과 연대되어 있는, 허구와 상상적 변양의 이념이다. 의미의 사실적 내용을 배제하면서 그 '형상'(eidos)의 순수함을 추출하는 이러한 환원을, 우리는 지금 시간적으로 체험된 것에 대해 수행해야만 한다. "우리가 해명하고자 하는 것은 바로 시간의 선험인 것이다."[13]

심리주의: 근원연합에 대하여

브렌타노 역시 동일한 문제에 착수하였다.[14] 그러나 시간의 기원과 형성을 후험적으로 수립된 심리학적 법칙을 통해 해명하려 하면서 그는 시간의 기원적인 생산 및 과거·현재·미래라는 다양한 시간적 체험의 환원 불가능한 차이들을 고려하는 데에는 결코 도달하지 못했으며, 단지 시간의

---

12) 같은 책, pp.7~8(pp.9~10/p.15).
13) 같은 책, p.8(p.10/p.15).
14) 같은 책, §3, p.8(p.10/p.17 이하).

식의 주요한 종(種)적 성격만을 말했을 뿐이다. 선행하는 시도들과의 관계에 비추어 보면 분명 브렌타노의 분석은 매우 뚜렷한 진보를 나타내고 있기는 하다. '근원연합'(association originaire)이라는 관념 덕분에 그 분석은 복잡한 시간적 과정을 기술한다. '근원연합'은 "직접적인 기억적 표상의 재생산으로서, 예외 없는 법칙에 따라, 아무런 매개 없이도, 각각의 지각적 표상에 결부된다".[15] 그러나 곧바로 떨어져 나가서 '과거'의 체험을 구성하는 모든 경험에 자동적으로 결부되는 이 '복제'(double)는 절대적으로 기원적일(originaire) 수 없다. 시간에 대한 기원적인 의식에서 파악될 수 있는 두 가지 대립되는 운동이 거기서 소묘된다. 후설의 말에 따르면, "예를 들어 하나의 선율이 울릴 때, 개별적인 음은 그 음에 의해 야기된 흥분이나 신경의 떨림이 정지됨으로써 완전히 사라지는 것이 아니다. 새로운 음이 울릴 때, 그것에 선행하는 음은 흔적으로 남지 않고서 사라지는 것이 아니다. 그렇지 않으면 우리는 잇따르는 음들 사이의 관계를 알아차릴 수 없을 것이며, 우리는 매 순간 하나의 음을, 두 음의 울림 사이의 간격, 즉 비어 있는 위상에서 우연적으로 갖는 것이지, 결코 하나의 선율에 대한 표상을 가지지는 못할 것이다. 다른 측면에서 보면, 의식 안에서 음 표상의 지속성이 유지되어서는 안 된다. 만약 그 표상들이 변양 없이 지속된다면, 우리가 가지게 되는 것은 하나의 선율이 아니라 동시적인 음들의 조화[화음]일 것이며, 더 정확히 말하자면 차라리 불협화음의 뒤섞임일 것이다."[16] 후설에 따르면, 연속성과 불연속성, 자기에 대한 부정과 증진, 넘어섬과 보존을

---

15) 후설이 브렌타노의 강의에서 발췌해 인용한 정의. 『시간의식』, §3, p.8(p.10/p.19). 그것은 결코 출판되지 않았으며, 마티(Anton Marty)와 슈툼프가 그들의 저작에 포함시켰다. 같은 책, 서문, p.3(p.4/p.5)을 참고하라.
16) 같은 책, p.9(p.11/pp.19~20).

통일하는 시간적 의식의 변증법적 삶은, 오직 경험적인 것을 기원적인 것과 뒤섞는 분석의 불순함 때문에만 나타난다. (잊지 말아야 할 것은, 후설에게 그 두 개념은 아직 분리 불가능하다는 점인데) 그것이 일으키는 문제는, 발생적 관점에서, 말하자면 심리주의적 관점에서 이끌어지는 것에 기인한다. 그것은 발생적인데, 왜냐하면 시간의 구성에 진정한 **무로부터의**(ex nihilo) 창조를 개입시키기 때문이다. 브렌타노는 경험 자체가 거기에 없을 때 과거로서 '떠밀려나는' 경험의 이 복사물을 어디에서 끌어낼 수 있는가? 그러한 발생적 가설은 심리적 과정에 의한 시간의 창조라고 하는 이념에 가닿는다. 여기서 심리적 과정은 정의상 이미 시간적으로 구성되어 있기 때문에, 시간을 생겨나게 하거나 구성할 수 없다. 그리고 실상 두드러진 심리주의자로서 브렌타노가 시간적 표상의 생산적 원천을 귀속시킨 것은 바로 상상의 능력이다. 부재(不在) 일반의 영역에 대한 열쇠를 쥐고서, '과거'로 변형되기 위해 사라지는 경험을 보존하고 유지하며, 미래의 표상을 생산하기 위해 다가오는 경험을 예견할 수 있는 것은, 바로 상상력이다. 후설은 그러한 가설의 비(非)정합성을 잊지 않고 지적한다. 한편으로 우리는 절대적이고 결함 없는[17] 현재에서 자기 자신과 일치하는 비(非)시간적으로 기원적인 경험이, 어떻게 그후에 외부로부터 시간적인 규정을 받아들일 수 있는지 이해하지 못한다. 매 순간 우리는 과거에 있는 이런저런 기억에 자리하면서 우리 자신을 오해할 위험이 있다. 우리는 가장 큰 혼돈 속에서 끊임없이 경험과 이미지를 뒤섞는다. 과거에 대한 명증[18]과 미래의 본질적

---

17) "브렌타노에 따르면, 시간의 변양적 술어들은 비실재적인 것이다. 유일한 것은, 현재의 규정만이 실재적이다." 같은 책, §5, p.12(p.14/p.24)에서 재인용.

18) 같은 책, §41, p.72(pp.84~85/p.110 이하).

가능성은 그 어떠한 절대적인 보증도 제시하지 않을 것인데, 왜냐하면 그 것들은 상상이라는 활동에 의해 구성된 것이기 때문이다. 기대와 기억은 뒤섞여 있을 것이다.[19] 다른 한편으로는, 전적으로 '재생산하는' 능력인 상상력은 현재에 대한 절대적인 새로움을 어떻게 만들어 낼 수 있을 것인가? 현재가 거기 있다고 하는 절대적으로 기원적인 명증은 심리학적 기능에 의해 구성되거나 재구성될 수 없다. 브렌타노와 더불어 우리는 '비(非)실재적인' 과거와 미래로 이끌리는 것은 아닌가? "그렇지만 추가되는 심리학적 계기는 비실재성을 만들 수도 없고, 현재하는 실존을 사라지게 할 수도 없다." 따라서 시간은 자기 자신이 아닌 것으로부터 비롯되어 구성될 수 없다. 상상은 선험적으로 시간적이다. 상상은 시간을 창조하지도 구성하지도 않는다. 우리가 시간의 형성과 표상을 생산하기 위해 '연합하는' 모든 심리학적 계기들은 모든 가능한 다른 구성에 앞서 시간성 안에서 이미 구성되어 있다. 근원연합의 법칙은 "주어진 심리학적 체험의 영역 위에서, 체험을 새롭게 형성하는 심리학적 법칙이다. 이 체험들은 심리적이고 객관적이다. 그 체험들은 자신의 고유한 시간을 가지며, 그것들의 전개와 발생이 문제인 것이다. 그 문제는 심리학의 영역에서 나타나며, 여기서는 우리의 관심이 아니다".[20] 따라서 모든 발생적 해명은 오직 '구성된' 것의 영역에만 적용될 수 있다. 발생은 오직 구성으로부터 도출되기 때문에 그 구성은 본질상 정적(靜的)이다. 만일 우리가, 시간의 본질이 시간 자신의 장소를 가지는, 체험된 시간에 대한 형상적 분석에 제한하지 않는다면, 체험된 시간과 시간적 객관성의 구성은 어떻게 정적으로 나타날 수 있는가? 그것은 '노에

19) 『시간의식』, §6, p.13(pp.15~16/pp.25~26).
20) 같은 책, §6, p.13(p.15/p.25).

마' 내지 주제(thème)로서 **나타나는 그러한 시간**이고, 그것은 시간적 전개의 선험적인 법칙이며, 한마디로 그것은, 정적이고 후설의 모든 분석을 가능하게 하는, 시간의 의미다. 그러나 우리가 알고 있는 사실은 모든 형상적인 것이 시간적인 주체에 의해 구성된다는 점이고, 모든 '노에마'가 '노에시스'를 가리킨다는 점이며, 시간의 의미는 의식에, 그리고 더 깊은 시간성의 토대 위에서 나타난다는 점이다. 만일 본질과 사실의 분리가 의식의 영역과는 다른 존재론적 영역에서 가능하게 나타난다면, 체험된 시간에 대한 형상적 환원은 본질상 분리할 수 없는 것을 분리하는 것처럼 보인다. 체험된 시간의 '형상'(eidos)은 그 자체로 시간적이며, 시간성에서 구성되어 있다. 그 형상이 정적으로 나타나는 것은, 오직 그 형상이 의거하고 있는 시간성으로부터 해방되었을 때뿐이다. 후자의 시간성은 본질상 발생적이다. (그러나 여기서 본질은, 나타나기 위해서 형상적 환원을 필요로 하지는 않는다. 본질은 심지어 형상적 환원도 선험적으로 배제한다.)

만일 우리가 브렌타노의 이론에서 어떤 부정합을, 예를 들어 상상력의 개입과 같은 것을 제거한다면, 그 이론에서 가장 가치 있는 지점은 항들이 동시에 연대하면서 분리되는 구성하는 것과 구성된 것의 변증법에서 출발하여, 시간을 수립하고자 시도하는 일에 있게 된다. 시간이 구성하는 현상학적 시간으로 나타나는 것은 오직 그 시간이 구성되었기 때문이다. 브렌타노를 비판한 다음, 후설은 전적으로 시간을 구성하는 기원에 매달린다. (현상학적 영역에서조차) 역시 변증법적 성격을 지닌 기술을 통해서 후설은, 구성된 것을 구성하는 것에 재통합하고, 발생을 가지고서 기원적인 장의 내부에 필연적인 계기를 만들도록, 강제되는 것은 아닌가? 현상학은 더이상 자신 안에서 완전한 주인이 아니다. 존재론이 **이미** 그 자리에 있을 것이다.

우리가 말했던 것처럼 발생의 문제는 체험된 선험적인 종합의 문제, 동시에 드러나고 탈(脫)은폐되는 풍요로움 및 창조의 문제, 현상학적 투명성과 뒤섞이는 존재론적 생산성의 문제와 뒤섞인다. 체험된 시간에 대한 분석은 우리에게, 시간적인 풍요로움과 새로움이 오직 방금 앞선 현재 안에서 구성된 것을 떠안는 '파지'를 통해서만 가능하고 또 그러한 것으로 나타나는 연속적인 선험적 종합의 광경을 제공하지 않는가? 구성된 현상학적 시간이 객관적인 시간의 사실과 다르다는 점은 매우 명백하다. 기억을 통해서, 나는 직접적으로 구성된 체험의 기원적인 의미를 재(再)현행화한다. 그러나 정확히 말하면, 형상적 환원은 질료적 사실에 적용될 수 있다. 체험된 것에 대해 이러한 환원을 수행하면서, 우리는 이중의 실패로 나아가는 것 아닌가? 한편으로는, 만일 우리가 '의식' 영역의 형상적인 것을 '사물' 영역의 형상적인 것으로 동화시킨다면, 체험된 것이 구성될 매 순간, 그 체험은 순수한 경험적 사실성이 될 것이다. 그리고 체험된 시간의 전개가 필연적으로, 실행되고 또 나타나기 위해, 구성된 순간에 대한 파지를 전제하는 한 우리는 '사실'을 내적 시간의식에 도입하게 될 것이다. 만일 역으로, 우리가 체험된 것의 환원 불가능한 기원성을 고려한다면, 또 만일 우리가 구성된 체험을 구성된 세계에 동화시키는 것을 스스로 금한다면, 형상적 환원은 불가능하게 된다. 실존과 본질은 의식의 영역에서 분리되지 않으므로 형상적 환원은 더 이상 토대를 갖지 않는다. 경험적 내지 존재론적 발생은 본질적으로 체험된 시간에 대한 분석에 함축되어 있는 것은 아닌가? ([두 가지를] 우리가 일치시키는 것이 아니라, 두 가지 모두가 현상학적 생성과 구분된다.) 후설은 그렇게 생각하지 않았다.

'근원인상'

객관적 시간에 대한 단절이 일단 수행되더라도, 그럼에도 우리는 순수하게 시간적인 대상을 마주한 채로 머물고 있다. "시간적 대상에 대한 지각이 자신의 시간성을 갖는다는 것, 지속의 지각이 지각의 지속을 전제한다는 것, 시간의 어떤 형식에 대한 지각이 시간의 형식을 소유한다는 것은 명백하다. 그리고 만일 우리가 모든 초월에 대해 추상을 행한다면, 현상학적으로 구성하는 것에 따라, 환원 불가능한(unaufhebbaren) 본질에 속하는 현상학적 시간성은 여전히 존속한다. 객관적인 시간성이 매 순간 현상학적으로 구성되기 때문에, 그리고 그 시간성이 거기에서 우리에 대해 객관성으로서의 현상과 객관성의 계기로 있는 것이 오직 이러한 구성을 통해서이기 때문에, 따라서 시간에 대한 현상학적 분석은 시간적 대상을 고려하지 않고서는 시간의 구성을 해명할 수 없다. 그 특별한 의미에서의 시간적 대상을 통해서 우리는 단지 시간에서 통일되어 있는 대상들뿐만 아니라 그 자체로는 시간의 연장도 포함하는 대상들도 이해하게 된다."[21] 예를 들어, 울리는 음은 '시간적 대상'이다. 만일 구성된 것으로서의 대상의 통일체가, 후설이 더 나중에 사용하게 될 표현에 따라, 구성적 분석을 위한 지향적이고 초월론적 '인도자'(引導者)로서 봉사한다면, 우리 기술의 최종적 대상은 바로 그것의 시간적 연장 자체다. 시간적 대상은 질료적으로 순수하게 주어진 것의 '근원인상'(impression originaire)[22]에서 비롯되어 구성된다. 대상을 만들기 위하여, 파지와 예지는 일련의 근원인상을 통일한

---

21) 『시간의식』, §7, p.18(pp.22~23/p.36).
22) 독일어로 'Urimpression'.

다.[23] 이것은 음의 객관적인 전체성인 선율에서도 마찬가지로 그러하다. 하나의 선율이 지각되기 위해서는, 내가 지나간 음을 다시 붙잡고 다가올 음을 미리 잡아야 한다는 점이 필연적이다. 그러나 내가 다시 붙잡고 미리 잡는 것이 실재적이지는 않은데,[24] 그렇지 않으면 우리는 우리 자신을 영원한 현재에서 해방시킬 수 없을 것이다. 현상학적으로 체험된 것과, 심리학적으로 체험된 것 내지 사실성 일반의 본질적인 차이가 바로 그것이다. 본질상 그리고 그렇게 '나타나기' 때문에, 현상학적 '내실성'(reell)은 근본적으로 자연적 실재성과 다르다. 파지는 희미해진 인상의 존속이 아니라 과거의 '준'(準)현전이다.[25] 선율에 타당한 것은 개별적인 음에도 타당하다. 나는 근원인상을 순수하게 실재적인 한 점으로 환원할 수 없고, 그것은 본질상 그러하다. 절대적인 점은, 공간에서보다도 시간에서 더 지각하기 어렵다.[26] 우리는 심리학에서 그렇게 하는 것처럼 감각의 한계 또는 지각의 한계에 대해 말할 수 없다. 근원인상이 어떤 시간적 밀도를 갖는다는 것은, 시간에 대한 지각 및 지각에 대한 시간의 선험적 필연성이다. 결과적으로 절대적인 기원성은 **이미 하나의 종합**인데, 왜냐하면 그것은 선험적으로 '파지적 변양'을 함축하고 있기 때문이다.[27] 이러한 종합의 선험적 필연성은, 후설에 의해 존재론적인 것으로서 제시되지 않고 — 무엇보다도 실재

---

23) 『시간의식』, §11.
24) 같은 책, §12, p.26(p.31/p.46).
25) 여기서 우리는 프랑스 현상학자들이 길어 낸 모든 원천을 인식한다.
26) 더욱이 그것은 공간에서 그러한 것처럼 시간에서도 지각이 불가능하기 때문이다. 여기서 우리는 공간에 대한 시간의 기원성이라는 관념이 탄생하는 것을 보게 되는데, 후설 이후에 하이데거가 그것을 많이 주장했다. 그러나 이러한 관념이 하이데거의 존재론의 토대와 합쳐지기는 하지만, 후설의 현상학에서 그것을 정당화하기는 어렵다.
27) 같은 책, §11, p.25(p.29/p.43).

적인 것으로 제시되지 않고 — 현상학적인 것으로 제시된다. 말하자면, 근원인상은 가장 기초적인 심리학적 수준에서 파악된 감각이 아니라, 시간에 대한 내재적 의식에서의 근원인상이다. 그러나 이 근원인상이 지향적이기 위해서는(그것은 필연적으로 그러한데, 왜냐하면 파지와 예지는 후설에 의해 지향적 변양으로서 기술되기 때문이다),[28) 그것이 같은 방식으로 구성된 — 왜냐하면 기원적으로 겨냥되므로 — 실재적 대상을 '알려 주어야' 하는 것 아닌가? 인상은, 심지어 환각의 경우에서라고 하더라도, 기원적으로 **실재적**(réels)인 것으로서의 선율에 **대한** 인상이나 음에 **대한** 인상이어야만 하는 것은 아닌가? 파지에서의 유사음의 비(非)실재성은, 그것이 이미 구성된 음의 실재성(real)에 근거하고 있기 때문에, 현상학적 시간성을 구성하는 것 아닌가? 현상학적인 선험적 종합은, 근본적이고 노에마적으로 체험된 것보다 더 기원적인, 존재론적인 선험적 종합에 의해 가능한 것은 아닌가? 현상학적 종합이, 원초적인 종합에 대한 단순한 '효과' 내지 단순한 '반영'은 아니다. 그렇지 않다면, 우리는 더 강하게 야기되는 어려움으로 다시 떨어지게 될 것이다. 그러나 다시 한번 말하지만, 현상학적 기원성은 자기 자신이 아닌 것과 변증법적인 관계를 유지한다고 말할 수는 없는 것일까? 어떤 의미에서, 실재적인 음이 객관적인 통일체로 구성되는 것은, 시간을 구성하는 의식이 있기 때문이다. 따라서 이 통일체는 의식의 산물이다. 그러나 의식이, 우리가 직관적이라고 말할 수 있는 태도에 따라, 기원적인 구성으로부터 경험을 만들 수 있는 것은, 또한 모든 종합에 앞서 그 존재 자체 안에서 이미 구성된 것으로 나타나기 때문이기도 하다. 여기서 모든 지향적 운동의 애매성, 즉 생산과 수용성, 창조와 직관, 능동성과 수동

---

28) 같은 책, §12, p.26(p.31/p.46).

성의 애매성이 나타난다. 이 애매성은 후설의 모든 사유에 변증법적이라는 낙인을 찍는다. 여기서 음의 감각적이고 질료적인 주어짐은 주체의 능동성에 의해 구성될 수가 없다.[29) 우리가 감각의 순수한 내용을 지향적인 근원인상의 상관자로 인정하자마자, 우리는 이미 원초적인 구성에 수동성을 도입하는 지점에 서 있게 되는 것은 아닌가? 후설에 의해 15년 더 뒤에야 착수될 수동적 발생이라는 주제는 이미 예고되고 있는 것 아닌가? 후설이 "인상이 모든 파지에 선행한다고 하는 선험적인 필연성"[30)을 인지했을 때, 그리고 다른 한편으로는, 파지가 기원적으로 지향적 명증의 성격을 제시한다는 점을 그가 주장했을 때,[31) 그는 수동적으로 받아들인 '질료적 자료'(datum hylétique)라는 형식하에서, 소위 그가 자신의 분석에서 배제했다고 주장하는 초월론적 대상을 다시 도입하고 있는 것은 아닌가? 이것은 『시간의식』에서 그것의 '예외적인' 의미가 그 텍스트의 방법론적 이상주의와 배치되는 것처럼 나타나는, 그 텍스트에 의해 확인되는 것처럼 보인다. 우리는 다음과 같은 긴 인용을 하고자 한다. "지각에서, 기원적인 시간적 흐름에서 구성된 통일체인 감각내용들의 복합은 파악의 통일을 겪는다. ── 통일적인 파악 자체는 그것의 측면에서 보자면 일차적인 의미로 구성된 통일체다. 그것의 구성에서 내재적인 통일체는, 초월론적인 나타남에서 나타나는 것, 초월론적인 지각에서 지각된 것과 같은 방식을 지니는 [그러한] 의식의 대상이 아니다. 반면, 그럼에도 그 통일체는 본질의 공통성을 갖는다. 왜냐하면 내재적인 인상은 현전(Gegenwärtigen)이고, 마찬가

---

29) 우리는 충분히 오랜 시간 뒤에, 초월론적 구성 안에서의 발생적 문제와 '질료'(hylé) 일반의 상황으로 되돌아올 것이다. 이 책 2부 2장을 참고하라.
30) 『시간의식』, §13, p. 27(p. 33/p. 48).
31) 같은 책, §13, p. 29(p. 34/p. 50).

지로 지각도 현전이기 때문이다. 첫 번째 경우 우리는 내재적인 현전을 가지며, 다른 경우 우리는 나타남을 '통해서'(durch) 초월론적인 현전을 갖는다. 그러므로 초월론적인 나타남이 내적 의식에서 통일되고 구성되는 동안, 또 다른 통일체가 그 통일체 '안에서' 구성되어야만 한다."[32] 그러므로 구성된 나타남을 통해 나타나는 것은 바로 이미 종합된 대상 자체다 ─ 그것은 나타남 이상이며 모든 나타남의 기원이자 토대다. 시간적인 '노에마'를 통해서 겨냥되는 것은 바로 시간의 존재 자체다. 후설이 더 뒤에 가서야 강조하게 될 것처럼, 만일 '근원인상'이 기원적으로 '몸소 주어진'[33] 대상을 가리킨다면, 지향적 분석의 궁극적인 토대인 파지 또는 '일차적 기억'은 자신의 종합 안에 그 대상에 대한 수동적인 직관을 함축한다. 예컨대 리쾨르가 그렇게 하는 것처럼,[34] 지향적 의식의 능동성과 수동성이 자연적 인과성의 체계 안에서의 실재적인 능동성이나 수동성과는 아무것도 닮지 않았다고 말하는 것은 신중하지 못한 것처럼 보인다. 분명 후설은 이러한 구분을 견지하고 있으며, 어느 정도는 리쾨르의 논평이 받아들여지는 것처럼 보인다. 더욱이 분명한 사실은 지향적 의식이 순수하게 또 단순히, 그러한 체계 안의 요소로서 도입될 수 없다는 점이다.[35] 그러나 만일 지향적 의식의 대상이 단지 '노에마적'이어서가 아니라 언제나 기원적으로 '실재적'인 기체여서, 또 만일 기원적인 수동성이 ─ 질료의 수준에서 ─ '자연' 앞에 있는 수동성이라면, 우리는 현상학적 수동성과 자연적 수동성 사이

---

32) 같은 책, §43, p.78(p.91/pp.118~119).
33) "기원적으로 부여하는" 지각에 (비록 조야한 번역이기는 하지만 형용사 'leibhaft'에 할애된) "살과 뼈"(en chair et en os)로 현전하는 대상이라는 주제는 이미 『시간의식』에서 등장한다. 같은 책, §11, p.24(p.29/p.44), §17, p.34(pp.40~41/p.57).
34) 『이념들 1』, 프랑스어판 p.xxx, 리쾨르의 역자 주 1번을 보라.
35) 이것은 현상학을 불가능하게 만들 것이다.

어딘가에 불연속이 위치하는지 묻게 된다. 여기서 우리는, 두 가지 '계기들'의 연대성에 대한 변증법적 기술과 그것들의 본질적인 차이 사이에서 선택을 해야만 한다. 왜냐하면 만약 우리가 구성하는 능동성의 영역 내부에 수동성을 위치시킨다면, 우리는 단지 그 문제를 미루는 것일 뿐이기 때문이다. 그것이 바로 후설이 더 나중에 굴복하게 될 형식주의적 유혹이다. "지금으로서는 단지, 지각으로부터 일차적 기억으로의 연속적인 이행이 있다.[36] …… 이념적인 의미에서, 지각(또는 인상)은 순수한 현재를 구성하는 의식의 위상일 것이며, 기억은 연속성의 또 다른 위상일 것이다." 그러나 정확히 말해, 그것은 이념적인 한계, 그 자체로 존재할 수 없는 추상적인 무엇일 뿐이다. "더욱이, [그 자체로] 동일하게 남는 것은, 이념적인 현재가 비(非)현재(non-présent)와 완전히(toto coelo) 다른 무엇이 아니라, 그것과 연속적으로 조화를 이룬다는 점이다."[37] 따라서 기원적으로 구성하는 현재가 절대적인 것은 오직, 동시에 그것에 앞서, 그것에 의해, 그리고 그것 안에서 구성된 '비-현재'와의 연속성 안에서일 뿐이다. 기원적인 종합은 바로, 구성되는 것과 구성하는 것, 현재와 비-현재, 기원적인 시간성과 객관적인 시간성의 종합인 것이다.[38] 체험된 것의 시간성이 내재적으로 시

---

36) 『시간의식』, §16, p.34[p.40/p.57].

37) 같은 책, 같은 곳.

38) 하이데거와 후설의 시간성에 대한 매우 주목할 만한 연구에서 이본 피카르(Yvonne Picard)가 매우 분명하게 강조한 것은 후설의 시간성의 변증법적 성격이다. 그는 적절하게도 이 변증법을 동일성과 비(非)동일성의 동일성이라는 헤겔의 변증법에 연결시킨다. 그러나 피카르는 시간적 변증법이 하이데거에게서보다 후설에게서 더 본래적이라고 판단하면서, 후설에게서 그 변증법이 전적으로 '현상학적'이라는 점, 그리고 후설의 초월론적 관념론이 언제나 그로 하여금 그것을 시간성의 존재론이나 존재의 시간성에 정초하는 것을 가로막는다는 점을 보지 못하는데, 그것이 바로 하이데거가 행함으로써 시작하고자 하는 것이다. Yvonne Picard, "Le Temps chez Husserl et Heidegger", *Deucalion* 1, 1946을 참고하라.

간의 출현의 절대적인 시작이라는 점은 필연적이지만, 그것은 정확히 말하면 '파지' 덕분에 절대적인 시작으로 나타날 수 있다. 그것은 전승(傳承, tradition) 안에서만 시작할 수 있을 뿐이다. 그러므로 반성을 시작할 때부터, 시간의 모든 초월성과 시간의 모든 구성된 통일체를 배제하는 것은 적법한 것으로 나타난다. 배제의 작용은 순수할 수 없다. 그것은 기원적으로 파지적이기 때문이다.

자유, 그리고 파지의 명증성

따라서 환원의 자유는 환원의 시간적인 필연성에 의해 선험적으로 제약되는 것처럼 보인다. 나는 나의 자유의 작용을 가지고서 시간적인 작용을 만들어 내지 않을 수 없다. 그 시간적 작용이 지속되는 한, 그 작용이 자유로운 작용으로 인식되기 위해서는, 그것이 '다시 붙잡고 있는' 규정된 시간성, 그리고 그것이 떠안고 있는 역사와 타협해야만 한다. 그것의 불순함은 기원적인데, 왜냐하면 선험적으로 시간적이기 때문이다. 그럼에도 후설은 주체의 절대적인 자유를 체험된 시간과 일치시키고 싶어 한다. 그러므로 우리는 우리가 좀 더 강하게 진척시킬 생각이 확증되는 것을 보게 된다. 후설은 단지 주체에 대해 있는 노에마나 주제에서 구성된 시간, 발생이 은폐되어 있는 시간을 기술했을 뿐이다. ── 주체 자신이 구성되어 있기 때문에, 그 주체는 그가 '인식하는' 시간성과의 관계에 의해서 비(非)시간적이고 자유로운 것으로 나타난다. "체험된 것에 대한 현전화(Vergegenwärtigung, 또는 이차적 기억에 의한 재생산)는 나의 자유라는 관할에서 선험적으로 놓여 있다."[39] 이러한 기원적인 자유가 없이는 기억에 대한 그 어떠한 명증성도 가능하지 않을 것이다. 경험적 규정에서 출발하여, 나는 습관의 형태로 되잡아 재생산된 과거를 현실화할 수 있을 뿐이다. 그러나 나는 그러한 과거를 지향적으로 겨냥하기 위해서, 경험의 절대적이고 영원한 현재를 벗어날 수 없다. 근본적인 자유, 말하자면 결단의 절대적인 원천은, 생성이 **그와 같은 방식으로** 구성되는, 모든 현상학적 시간화의 선험적인 토대다. 그러나 그 자유 자체는 추상적이고 형식적이지 않기 위해, 또 세계가 '몸소' 주어지는 실제적인 지각을 가리키면서, 구체적인 기억을 되찾기 위해, 그 자체로 시간적이어야만 하며 파지에 의해 가능해져야만 한다. 그 자유는 칸트적인 의미의 '순수한' 것, 말하자면 모든 실제적인(경험적인) 시간적 규정이 결여된 특성을 지닌다는 의미에서 순수한 것이어서는 안 된다. 만약 자유가 모든 구체적인 시간성이 추상된 것이라면, 그것은 브렌타노가 내세우는 상상력과 유사하게 될 것이다. 그것은 심리적 사실로부터 분리되고 그 자체로 구성된 능력이 될 것이다. 심리적 사실로부터 분리되어 그 자체로 구성된 능력에서 출발해서는, 시간 및 그것의 구체적인 변양에 대한 그 어떠한 선험적인 명증도 가능할 수 없을 것이다. 따라서 그 구성하는 자유는, 자기 '스스로' 시간화되는 시간과 합쳐진다. 후설은 시간의 구성하는 흐름이 절대적인 주관성이라고 말할 것이다.[40] 그러나 후설은 절대적인 주관성과 절대적인 시간성을 통일하는, 절대적인 기원적 종합을 해명하는 것과는 아직 거리가 멀다.[41] 지금은 다만, 종합의 두 극(極) 사이에서 진자 운동을 하고 있을 뿐이다. 자유는 단순히 시간의 산물[42]이거나, 그 안에서 구성된 계기여서는 안 된다. 그러한 가설

---

39) 『시간의식』, §18, p.36(p.42/p.59).
40) 같은 책, §36, p.63(pp.74~75/p.99).
41) 그는 이것을 나중에, 미출판 원고(수고 그룹 C)의 대부분을 차지하는 텍스트에서 시도한다. 우리는 그가 이것에 어떻게 실패하는지를 보려고 한다.

에서 시간적 흐름의 변양의 다양성은 나타날 수 없을 것이다. 우리는 다시금, 자연적인, 실체화된, 일차적 기원과 단절된 시간에 침잠하게 될 것이다. 따라서 자유와 절대적인 주관성은 시간 안에 있는 것도, 시간 밖에 있는 것도 아니다. 반대되는 것의 변증법적 대립은 절대적으로 '근본적이며', 모든 의미의 기원에 놓여 있다. 따라서 그것은 초월론적 능동성 및 그 초월론적 능동성에 정초되어 있는 경험적 능동성의 모든 수준에서 스스로 재생산되어야만 한다. 예를 들어, 모든 본래적인 언어는 선험적인 애매성을 떠안아야만 할 것이다. —— 절대적으로 대립되는 논의를 직접적으로 요청하지 않는 한, 그 어떠한 것도 지시되거나 정의될 수 없는 것이다. 그렇게 '흔적이 남고'(marqué) 미규정적으로 떠맡는 것을 그만두는 것은, 우리에게 철학의 진정한 '무한한 과제'와 '실천적 이념'을 규정하는 것으로 나타난다.[43] 『시간의식』에서 후설은 모든 형상적인 것과 따라서 모든 '로고스'를 벗어나는 것처럼 보이는 기원적인 구성의 영역을, 말할 수 없는 것으로 덮어 둔 채 만족한다. 그는 책의 가장 짧은 단락에서, 시간의 구성적 흐름과 주관성의 동일성을 암시하며 말한다. "그 모든 것에 대해, 우리는 이름을 가지고 있지 않다."[44] 시간이 주관성 안에 또는 주관성에 의해 포함되어 있거나, 반대로 시간이 주관성을 포함하고 그것을 규정하거나, 그것은 비(非)시간적인 '형상'에 또는 자연적인 실재성에 구성된 시간으로 남는다. 그것으로부터 출발해서는 그 어떠한 현상학적 시간도 명증 안에서 나타날 수 없다.

---

42) 이것은 위에서 환기된 형식주의에 대립되는 주제다.
43) 후설은 『위기』와 『데카르트적 성찰』에서 '실천적 이념'으로서 철학의 '무한한 과제'라는 관념을 제시한다. 우리는 이 저술의 결론에서, 현상학의 변증법적 관념을 후설에 대립시키려 할 것이며, 그 '주제' 내지 변증법적 '동기'를 철학에 대한 사명과 완수로 규정할 것이다.
44) 『시간의식』, §36, p.63(p.75/p.99).

결과적으로, 만일 우리가 후설과 더불어, 체험된 것의 순수한 흐름이 절대적인 주관성이라고 말한다면, 문제는 직접적인 혼동, 동어반복 내지는 형식적인 동일성일 수 없다. 주관성은 시간의 존재에 분석적으로 결합된 속성이 아니다. 시간성은 더 이상 특성이 아니며, 또는 기껏해야 주관성의 본질이 아니다. 오히려 문제는, 선험적이고 동시에 변증법적인 존재론적 종합이다. 주관성, 그것은 **스스로** 시간화하는 시간이다. '반성'은 여기서 이차적이고 매개적이다. 반성은 경험적 풍부함이든 아니면 이념적인 '의식화'든 후험적이지 않다.

우리는 후설이 마주쳤을 어려움, 즉 변증법적 시간의 이러한 절대적인 주관성을 『이념들 1』에서 절대적인 주관성으로 제기된 모나드적인 '자아'와 화해시키고자 했을 때 그가 마주쳤을 어려움을 짐작한다. 만약 시간과 주관성의 통일이 **이미** 종합적이고 변증법적이라고 한다면, 어떻게 이 '자아'는 모든 체험의 절대적인 통일체로 간주될 수 있는가? 주체와 그 자신의 절대적인 동일성(identité)에서, 시간적인 변증법은 선험적인 타자성(altérité)을 구성한다. '자아'의 절대적인 내재성 한가운데서 초월성을 성립시키는 초월론적 상호주관성이라는 주제는 이미 요청되었다. 시간적 의식의 객관성의 최후의 토대는, '나' 자신의 친밀성이 아니라 시간 또는 타자이며, 본질로 환원 불가능한 실존의 이 두 형식은 이론적 주체에 낯선 것이며 항상 그 주체에 앞서 구성되지만, 동시에 자기의 구성 및 자기에 대한 자기의 출현의 유일한 가능조건이다.

근원인상과 '선험적' 종합

그러나 결코 후설은 그러한 변증법을 주제화하거나 해명하지 않는다. 진자 운동은 『시간의식』에서와 마찬가지로, 단순한 기술의 수준에서 혼란스럽게 남아 있다. 우리는 어디에서 현상학적 시간이 시작되는지 알지 못한다. 그 시간은 수동적 종합에 의해서 산출되는가, 아니면 능동적 종합에 의해서 산출되는가? 그것은 비(非)시간적인 주체에게 주어지는가? 그 시간은 그러한 주체에 의해 구성되는가? 그것이 '체험되는' 것은, 질료적 계기에서인가 아니면 근원인상에서 비롯되는가? 이에 대해 후설은 명료하게 대답하지 않는다. 때때로 근원인상은 "절대적으로 변양되지 않은 것"[45]이다. 그러한 근원인상은 시간을 구성하고, 모든 파지와 예지 너머에서 구성된다. 순수한 시간의 주관성은 모든 종합과 모든 발생에 앞서 있다. 변증법이 도출되고 구성되는 것은 오직 재생산과 이차적 기억의 수준에서다. 그러나 우리가 이해하지 못하는 것은, 변양되지 않은 기원성으로부터 출발하여 어떻게 파지적 변양과 예지적 변양이 여전히 가능한가 하는 점이다. 또 그것들이 어디에서 자신의 명증성을 이끌어 내는가 하는 점을 우리는 더욱 모르고 있다. 때로는 반대로, 매번 새로운 현재(Présent)는, 가능한 근원인상의 내용이다. 그러나 이 선험적 가능성은 공허하고 형식적인 것처럼 보인다. 그것은 그 어떠한 구체적인 체험도 거기에 대응하지 않는, 오직 '한계점'일 뿐이다.[46] "명백한 사실은 매 순간이 자신의 '이전'과 '이후'를 갖는다는 것, 그리고 시간의 순간들과 경과들은 마치 강도(intensité)의 한계처럼, 사전에 수학적 한계에 근접하는 방식으로 응축될 수 없다는 점이다. 만약 한계점이 주어진다면, 그것은 그 어떤 것에 의해서도 선행하지 않을 현재(Présent)에 상응할 것인데, 이것은 명백하게도 불가능하다. 현재는

---

45) 『시간의식』, §31, p.57(p.67/p.88).
46) 같은 책, §32, p.59(p.70/p.91).

언제나 본질적으로, 시간적 연장의 말단(末端, Randpunkt)이다."[47] 그러므로 변양되지 않은 근원인상이라는 관념과의 모순 속에서, 현상학적 현재가 순수할 수 있고 또 그러한 것으로 출현할 수 있는 것은 오직 발생적으로 구성되는 한에서다.

다음과 같은 대안을 찾아볼 수 있을 것이다. 순수한 시간적 흐름의 절대적인 '주관성'은 때로는 초월론적 의식이고, 때로는 실체적인 '그 자체'의 시간성이며, 때로는 다양한 시간적 체험을 구성하는 능동성이고, 때로는 시간의 모든 현상학적 변양의 기체다. "다음의 '사태'(Sachlage)는 (시간의) 선험적 본질에 속한다. 감각, 파악, 자리 매김, 그 모든 것은 **동일한** 시간적 흐름에 참여하며, 절대적으로 객관적인 시간은 필연적으로 동일하게, 감각과 파악에 속하는 시간과 같다. 감각에 속하는 선(先)객관적인 시간은 필연적으로, 시간적 상황에 대한 고유한 객관화 가능성, 감각의 변양과 이 변양의 정도에 상응하는 가능성을 정초한다. …… 마찬가지로 지각의 시간과 지각된 것의 시간은 동일하게 같은 것이다."[48] 따라서 이 선험적 필연성의 기원과 지위는 무엇인가? 전적으로 객관적이지도, 절대적으로 주관적이지도 않은 그것은 시간의 순수한 존재인 선객관적 시간과 시간의 순수한 현출인 현상학적 시간을 선험적으로 결합한다. 그러나 그것이 그렇게 할 수 있는 것은 어떤 동일성을 따라서인데, 그 동일성에 대해 후설은 아무 말도 하지 않았으며, 또 모든 경우에서, 아무것도 분석되지 않은 것처럼 보인다. 선객관적인 시간과, 객관적인 시간적 통일체의 원천으로 '나타나는' 현상학적 시간 사이에는, 파지와 예지의 과정에 의한 객관성 자체의

---

47) 『시간의식』, 같은 곳.
48) 같은 책, §33, p.61(p.72/p.93).

구성 이외에는 아무것도 없다. 선객관적 시간, 순수한 현상학적 시간, 그리고 객관적 시간이 유일하고도 동일한 시간으로 '나타나는' 것은 파지와 예지 덕분이다. 만일 현상학적 시간이 그 본질 자체 안에 선객관적 시간과 객관적 시간을 함축하고 있다면, 어떻게 그것은 그 순수함으로 '환원될' 수 있으며 또 그 순수함 안에서 스스로를 '나타낼' 수 있는가?

아포리아: '확장된' 환원의 필연성

몇몇 순간에 후설은 더 깊은 반성이 해결할 수 있을 진정한 난제의 형식으로 문제를 제기한다. 그러므로 절대적인 전(全) 통일성(Alleinheit) 안에서 시간성의 흐름을 고려하면서, 후설은 그것의 객관성이 시간의 내재적 의식에 의해서는 길어 내어질 수 없다는 것을 알게 되었다. 시간의 내재적 의식은, 그 자신과는 전적으로 뒤섞이지 않는 어떤 시간을 구성한다. 시간을 벗어나기는 하지만, 그럼에도 그 의식은 비(非)시간적이어서는 안 된다. 이에 관해 기술할 때에 어떻게 이 애매성을 고려할 것인가? 그 의식에 '주어지는', 그 의식에 참여하지만 그 안에서 어떤 식으로든 낯선 것으로 남아 있는 그러한 시간의 구성적 의식에서 출발하여, 우리는 어떻게 독특한 시간의 형성을 이해되게끔 할 수 있는가? 선객관적인 시간은 현상학적 시간 속에서 자신의 구성 이후에야 오는 객관적 시간 안에서 어떻게 식별되는가? 후설은 쓴다. "선(先)현상적이고 선(先)내재적인 이러한 시간성은 시간의 구성적 의식의 형식으로서, 또 그 의식 안에서 몸소, 지향적으로 구성된다. 시간의 구성적인 내재적 의식은 단지 **있는**(est) 것뿐만이 아니라, 그토록 주목할 만하고 또 이해할 수 있는 방식으로 만들어져 있어서, 그 흐름 자체의 '몸소' 나타남은, 흐름 안에서 필연적으로 파악될 수 있어야만 한다. 흐름의 몸소 나타남은 [그 흐름과 구별되는 또 다른] **두 번째 흐름을 요구하는 것이 아니라**, 그 흐름은 자기 자신 안에서 현상으로 구성된다. **구성하는 것과 구성되는 것은 일치하지만, 그럼에도 그것들은 자연적으로 모든 점에서 일치할 수 있는 것은 아니다.**"[49] 따라서 분명한 것은, 내적 시간의식에 대한 분석이 여기서 우리를, 자신의 원리 자체를 반박하는 결과로 빠뜨린다는 점이다. 애초에 문제가 되었던 것은, 시간적 통일체 안에서 이미 구성된 영역에서 내적 시간의식이 스스로 드러난다는 구실에, 실제적으로 실재적인 모든 발생을 배제하는 것이었다. 정확히 말하면, 기원적으로 내재적인 시간 구성에 대한 기술이 끝날 즈음에 우리는, 구성하는 것이 구성되는 것과 '서로 겹친다'라는 것을 알게 되었다. 시간의 '노에마'는 모든 발생적 문제들이 다시 제기되어야만 하는 노에시스적 시간으로 되돌려 보내진다. 소위 구성된 것에 대한 배제는 단지 시간의 법칙 또는 '형상'을 그 자체로 구성된 것으로 남겨 두었을 뿐이다. 따라서 형상적 환원은 무한한 생성과 절대적인 시초의 연속성이라는 발생의 모순, 연속성과 불연속성, 전승과 창조, 수동성과 능동성 등등의 모순에서 벗어나기 위해, 불충분한 것처럼 보인다. 절대적으로 기원적인 것은 우리가 그 의미를 더 깊이 파고드는 한 우리를 비껴간다. 내재적인 시간의식이 주관적인 환상이 아니기 위해서, 시간의 본질이 [한낱] 개념이 아니기 위해서, 그것들이 실제적인 **어떤** 시간의 의식이고 본질이기 위해서, 그것들은 기원적인 종합에 의해 시간에, 그리고 선험적으로 구성된 존재에 결합되어야만 한다. 그러므로 지향성은 자신의 모든 의미를 되찾는다. 우리가 [한편으로] 심지어 의식의 지향성을 부르짖으면서 [다른 한편으로는] 초월성으로부터 '단절'하는 것

---

49) 『시간의식』, §39, pp.70~71 (p.83/p.109). 강조는 인용자.

(mettre hors circuit), 그리고 체험의 순수한 내재성을 파악했다고 주장하는 것은 실상 [서로] 모순되는 것 아닌가? 체험된 내재성에서 지향성이 다시 나타나는 것은 오직, 실재적인 것이 노에시스적 작용에 의해 지향적으로 겨냥된 '노에마'로서 보존될 때뿐이다. 그리하여 우리는 발생을 그것의 '의미'로 환원할 수 있다. 그러나 그 '의미' 자체는 주체의 시간적이고 기원적인 작용에 의해 구성되기 때문에, 구성적 분석을 더 깊이 천착하기 위해서는, 그 의미가 '환원'되어야만 한다. 초월론적 지향성은 새롭게 더 넓은 해명의 대상임에 틀림없다. 그 기원성에 이르기 위해서, 우리는 환원의 방법을 확대하고 변경해야만 한다. 환원의 방법은 더 이상 배제나 단절로 규정되지 않으며, 초월론적 세계와 구성된 것 일반의 존재는 폐기되지 않고 '유보'될 것이다. 발생은 부정되거나 거리를 두지 않고서 괄호 안에 놓일 것이다. 아마도 우리는 발생에 대한 현상학적 '중립화'의 진정한 의미를 이해하게 될 것이다.

2장
근본적인 판단중지, 그리고 발생의 환원 불가능성

『시간의식』 강의가 이루어진 1905년 이후, 후설의 모든 노력은 같은 목표를 향해 방향이 설정되었다. 기원적이고 구체적인 초월론적 구성의 영역을 정의하는 것 말이다. 그 모든 노력은, 여기서 동시에 제1의 방법적 필연성인, 유일하고도 동일한 가능성 위에 정초되어 있다. 후설이 그 의미를 명확히 하고 더 깊게 파고들기를 결코 멈추지 않았던 현상학적 환원 말이다. 현상학의 방향을 점점 더 다급한 방식으로 전개되게끔 하고, 또 후설이 정적(statique) 구성에서 발생적(génétique) 구성으로 이행하는 결정적인 순간을 규정하는 것이 바로 현상학적 환원이다. 그러므로 '정적' 기술의 복잡한 내용을 곧장 연구하기보다는 차라리 그것의 궁극적인 가능조건에 전념하기로 하자.

내적 시간의식에의 접근이 가능했던 것은 오직 초월성으로부터 '단절함'을 통해서였다. 환원의 '박탈적' 성격은 우리에게 출구를 남겨 두지 않는 것처럼 보인다. '근원인상'에서 질료적으로 시간적으로 주어진 것의 수동적 구성이 없이는, 형식적으로 남는 시간적 흐름의 절대적인 주관성과, 그 안에서 구성된 것으로서 현상학적으로 체험된 것 그리고 시간적 객관성과의 동일성을 이해하는 것이 불가능하다. 어떤 의미에서 우리는 선(先)현상학적인 단계에 머물러 있다. 지향성이라는 주제는 감추어져 있고, 현상학적 주체는 형식적인 자유로서든 시간적인 계기로서든 구성된 채 남아 있다. [따라서] 모든 구체적인 생성, 모든 발생을 부정하거나, 또는 경험적 대상의 방식으로 구성하는 주체를 빠뜨려야 한다. 더 근본적인 해명은 필연적이다. 환원의 이념을 재형성해야만 한다. 환원이라는 주제의 역사[1]가 명백히 보여 주는 것은 후설이 점점 더 환원의 근본주의로 접근해 가고, 또 (자연적인 주제들, 자연과학, 정신과학, 신의 초월성, 형상적인 것의 초월성, 순수 논리학 등) 넓고 다양한 영역에 자신을 종속시킬 때마다, 그는 점점 더 환원을 단지 개별적이고도 형식적인 잔여만을 남기기 위해 자신의 대상을 순수하고 단순하게 말소해 버리는, 추상(abstraction)이나 '제거'(soustraction)와 구분한다는 점이다. 점점 그는 순수하고 단순한 부정으로부터 중립화를 구분하는 차이에 세심한 주의를 기울인다. 환원은 회의적 의심이나 체험된 내재에로의 금욕적인 은거가 아니다. 환원은 그것이 유보한 것을 보존한다. 환원은 그것이 그 실존을 '중립화'한 대상의 '의미'를 유지한다.

만약 경험적 사실로서의 발생에 대한 모든 '유보'가 초월론적 현상학 자체의 관점에서 불충분하다는 점이 지금 인정된다면, 우리는 우리 자신에게 다음과 같은 물음을 제기해야만 한다. 후설이 더딘 정교화 작업 이후에야 이해한, 발생에 대한 그 단순한 '중립화'는[2] 정적 구성의 기술을 정초

---

1) 이 주제에 관해서는 『현상학의 이념』에 붙은 비멜의 서문; Tran-Duc-Thao, "Les origines de la réduction phénoménologie chez Husserl", *Deucalion* 3, Paris, 1947; 『이념들 1』의 리쾨르의 프랑스어판 서문 참조.
2) 『현상학의 이념』은 1907년 괴팅겐에서 행한 다섯 강의의 텍스트로서, 환원에 관한 교설이 처음으로 제시된다(이 책 p.27[48쪽] 참조).

하기 위해 충분한가? 아니면 (후설 자신이 거기에 만족하지 않았고 또 발생적 구성으로 이행해야만 한다고 보았다는 점을 우리가 모르는 척할 수 없으므로) 차라리 [다음과 같이 물어야 할 것인데,] 어떻게 그리고 어째서 발생에 대한 환원으로서 판단중지(l'ἐποχή)의 가장 좋은 형식이 후설에게 불충분한 것 으로 드러났는가?[3]

환원, 그리고 발생에 대한 관념주의적 배제

기원적 구성에 대한 연구는,[4] 그 자체로 그러하듯, 여전히 역사적-심리학 적 발생의 관념을 배제한다. "여기서 우리는 역사의 용어로 말하는 것이 아 니다. 기원이라는 말은, 심리학적 인과성의 의미에서 혹은 역사적 발전의 의미에서 이해된 어떤 발생을 생각하게끔, 우리를 제약지도 허락하지도 않는다. 그렇다면 그 말의 어떤 또 다른 의미를 겨냥하고 있는가?

물음은 단지 더 나중에야 반성과 학문을 통해 명료해질 수 있을 뿐이 다. 그러나 우리 모두는 곧장 [다음의 사실, 즉] 사실에 대한, 모든 다른 의식 에 대한, 예컨대 수학적인 유형의 이념적인 의식에 대한, 경험적 유형의 구 체적 의식의 우선성은, 필연적으로 그 어떠한 시간적인 의미도 지니지 않으 며, 또 필연적으로 비(非)시간적인 의미에서 이해된다는 점을, 예감한다."[5]

---

3) 그러나 환원은 현상학적 '주제화'의 유일한 조건으로 남을 것이다. 현상학이 발생적이 될 때, 환원의 방법은 후설에게 여전히 타당한 것처럼 보인다.
4) 우리는 지금 이 시점에 후설이 가장 공들여 쓴 중요한 저작인 『이념들 1』(1913)을 참조한다. 우리는 리쾨르의 탁월한 번역을 직접 인용한다[이 책 p.2[14쪽] 각주 참조][따라서 이하 『이념 들 1』의 인용은 모두 리쾨르가 번역한 프랑스어판의 쪽수이다].
5) 『이념들 1』, p.1.

형상적 환원에서 초월론적 환원으로

이러한 역사적인 발생은 우선 형상적 환원에 의해서 배제되었다. 형상적 환원은 '상상적 변양'이라는 기술 덕분에, 우리로 하여금 사실에서 본질로, 실재적인 개별성에서 형상적인 일반성으로 이행하게끔 한다. 형상적 일반성은 구체적으로 선험적인 것이어야만 한다.[6] 구축되는 것이 아니라 직관에 의해 파악되기 때문에, 그것은 후설에 의해 그림자로 남겨진 새로운 발생적 문제를 제기한다. 만일 구성적 종합이 기원적인 것이라면, 어떻게 본질의 구체적인 것은 어떤 시간성을 전제하는 그 구성적 종합을 비켜가는가? [하나의 대답은] 그 선험이 형식적이라는 것인데, 이것은 후설이 강력하게 부정한다. [다른 대답은] 그것의 구체적인 규정이, 순수하게 경험적이지 않기 위해서, 초월론적인 발생을 지시해야만 한다는 점이다. 후설은 이러한 난점에 몰두하지 않았다. 단순히 그는, 더 이상 형상적이지 않은 초월론적인 환원이 우리에게 지금 드러내 보일, 초월론적 의식의 작용에 의해서, 본질이 ── 정적으로 ── 구성된다는 점을 언급했을 뿐이다. 그 초월론적 의식으로 난점이 옮겨지게 된다.

자연적 태도의 '정립'(thèse), 그것은 동시적으로 체험된 역사다. 그 안에서 "나는, 공간에 끝없이 연장된 세계, 시간에서 끝없이 전개되었고 전개되는 세계에 대한 의식을 갖는다".[7] 그것은 이러한 태도에서 체험된 시간이 객관적이라고 말하는 것이다. 나는 시간에 참여하고, 시간을 고려하지만, 그것에 대해 기원적이거나 창조적인 그 어떠한 의식도 갖지 않은 채, 시

---

6) 후설은 자신의 선험 개념을 칸트의 선험과 구분하고 싶어 한다. 그는 이 주제에 관한 언어에 주의를 기울인다. 『이념들 1』 저자 서문, p.9; §17, p.57, 역자 주; 무엇보다 p.70, 역자 주 1번을 참고하라.
7) 『이념들 1』, 2부 1장, §27, p.87.

간의 전개에 참여한다고 말할 수 있는데, 비록 그 시간이 나에게 알려진다고 하더라도, 그것의 일차적인 의미는 나를 벗어난다. 후설은 이미 『시간 의식』에서 다음과 같이 썼다. "시간이 무엇인지 우리는 모두 알고 있으며, 그것은 세상에서 가장 잘 알려져 있는 것이다."[8] 소위 공간보다 더 기원적인 것으로 나타나기는커녕 시간은 공간적인 우주와 구분되지 않게 뒤섞이고, 우리가 공간적인 우주에 대해 말하는 모든 것은 **시간적 계기(繼起)에서의 존재 질서**로 간주되는 세계에 적용된다. 나에게 현전하는 세계, 그리고 마찬가지로 명백하게, 모든 지금 깨어 있는 상태에 대해 지금 현전하는 세계는, 과거와 미래, 알려진 것과 미지의 것, 직접적으로 살아 있는 것과 생(生)이 박탈된 것이라는 두 가지 의미에서, 자신의 무한한 시간적 지평을 갖는다".[9] 공간적-시간적 세계는 전체적인 세계다. 그 세계를, 초월론적인 영역 내지 형식적인 선험으로부터 '실재적으로' 구분하는 것은 [우리가 관심을 두는] 문제가 전혀 아니다. 그 세계는 무한성과 미완성 내에서 존재의 모든 것이다. "그것은 나에 대해 거기 있기를 멈추지 않는다. 그리고 나 자신은 거기에 통합되어 있다. 따라서 그 세계는 나에게 단순히 **사물의 세계**로 거기에 있는 것이 아니라 동일한 직접성에 의해 **가치의 세계**로서, **선(善)의 세계**로서, **실천적 세계**로서 거기에 있는 것이다."[10] 그것은 나의 자연적인 환경, '이념적인' 환경들[11], 그리고 상호주관인 유형의 환경을 정의한다.[12] 자연적 태도에 대한 기술에 뒤따르는 몇몇 페이지에서 '단

---

8) 『시간의식』, 서문, p.2〔후설전집판 p.3〕.
9) 『이념들 1』, §27, pp.89~90〔이곳과 이후 모두 강조는 원저자〕.
10) 같은 책, §27, p.90.
11) 같은 책, §28.
12) 같은 책, §29.

절'(Ausschaltung) 내지는 '괄호 안에 두기'(Einklammerung)를 통한 이러한 태도에 대한 근본적인 변경의 가능성을 환기하면서, 후설은 그것을 많은 측면에서 닮아 있는 데카르트의 회의와 뚜렷이 구분한다. "**언제나 가능한** 이러한 종류의 절차는, 예컨대 데카르트가 감행하여 이끌어 간 **보편적 회의의 시도**이기는 하지만, 의심할 수 없는 절대적인 존재론적 기획을 나타나게 한다는 점에서 기획에서 또 의도에서 완전히 다르다."[13) 따라서 분명한 것은 애초에 후설의 의도가 자연적 세계에서 의심할 수 없는 것의 '영역'을 '탈취'(soustraire)하는 것이 아니라는 점이다. 후설이 관심을 두고 있었던 것은 회의 자체가 아니라 의심하려는 '시도'다.[14) "의식의 어떤 대상에 대해 의심하려는 시도는 필연적으로 그러한 목적에서 '정립'을 유보해야만 한다. 정확하게 그것이 바로 우리가 관심을 가지고 있는 것이다. 정립이 반(反)정립으로, 긍정이 부정으로 변하는 것이 전혀 아니다. 또한 그것이 추정, 예측, 미결정, (말의 의미가 무엇이든 간에) 의심으로 바뀌는 것도 아니다. 그러한 모든 것 중 어떠한 것도 우리의 자유로운 임의의 힘에 속해 있지 않다."[15) 그 모든 작용들, 믿음의 변양들은, 후설이 암시하는 자유로운 임의와 마찬가지로, 심리학적 실재성이라는 '세속적' 의미로 이해된다. '실재적인' 사건들에 대하여 작용하는 자유는 무엇을 의미할 것인가? 그 자유는 그 자신의 측면에서 보았을 때 '실재적'인가? [만일 그렇다면] 그것은 자유라는 자신의 본질을 상실할 것이다. 실재성(Realität)에 대한 단순한 반대로서 비(非)실재성이라면, 그것은 자신을 발휘하거나 현실화할 수 없

---

13) 같은 책, §31, p.97.
14) 같은 책, §31, p.98.
15) 같은 책, 같은 곳.

을 것이다. 실상 실재성과 비(非)실재성 사이의 대립은 환원을 통해 중립화
된다. 환원 이후에도 세계에 대한 우리의 관계에서 남는 것은, 믿음과 믿지
않음 사이의 대립 너머 또는 이편에서, 중립화된 믿음이다. **이러한 가치전
도는 전적으로 우리의 자유에 달렸다**라고[16] 후설이 확언했을 때, 문제가 되
는 것은 어떤 실재적인 자유가 아니라, 다시 한번 말하지만, 결정론과 임의
적 자유의 '세속적인' 갈등에서 이해되지 않는 초월론적인 자유인 것이다.
데카르트의 방법적 회의와 달리, [후설의] 환원은 소피스트적인 부정도 아
니고 세계의 실존에 대한 주체의 회의적 의심도 아니다. **"그것은 오히려 절
대적으로 고유한 어떤 무엇이다. 우리는 우리가 수행했던 정립을 포기하는
것이 아니다.** 우리가 판단의 새로운 동기들을 끌어들이지 않는 한 —— 바
로 이러한 것을 우리는 하지 않는데 —— 존재하는 그대로 그 자체 지속하
고 있는 **우리 확신에서 아무것도 변화하지 않는다.** 그러나 정립은 변양을
겪는다. 그 정립이 그 자체 존재하는 그대로 머무는 동안, **말하자면 우리는
그것에 대해 '작용을 중지하고', '단절하고', '괄호 안에 두는'** 것이다. 정립
은 괄호 안에 남는 것처럼, 접속의 연관 밖에 있는 것처럼, 여전히 계속 거
기에 존재하고 있다. 우리는 정립을 여전히 체험이라고 말할 수 있지만, 그
러나 우리는 그것을 '아무것도 이용'하지 않는다. 그러나 그것은 단순한 결
여로서 이해되는 것이 아니다. …… 문제가 되는 것은 …… 그 자체 기원적
인 가치의 전도다."[17] 따라서 여기서는, 단절과 괄호 안에 두기의 '세속적
인'[18] 이미지에도 불구하고, 소위 중립화로 하여금 심리주의와 형식주의

---

16) 『이념들 1』, §31, p.99.
17) 같은 책, §31, pp.98~99.
18) 이러한 이미지의 의미와 필연성에 대해서는 같은 책, p.99, 역자 주 5번.

사이에서 진자 운동을 하게끔 하는, 환원의 박탈적 성격은 사라지는 것처럼 보인다. 정립에 대한 근본적인 변경은 거기에서 아무것도 빼앗지 않는데, 왜냐하면 정확히 말해 그 환원이 절대적인 변경이기 때문이다. 그 변경의 변증법을 세세히 검증하는 것은 흥미로울 것이다. 아무것도 변하지 않는 것은 바로 절대적인 변경이 있기 때문이며, 타자(l'Autre)의 절대성은 동일한 것이다.[19)]

그럼에도 후설은 수많은 분석을 통해서, 환원적 방법의 생산성과 불모성을 아직 시험하지 않았다. 환원의 의미는 여전히 그에게 애매한 것으로 남아 있다. 우리가 방금 환기한 모든 주의 이후에, 그가 주제화한 순수하고 초월론적인 의식은, 현상학적 잔여로 이해된다.[20)] 따라서 우리는 초월론적 구성의 기원적 원천에 있는 것이 아니다. 후설은 여기서, 초기의 방법론적 고려로부터 뚜렷이 후퇴를 의미하는 질문을 제기한다.

의식, 형상적 영역, 그리고 현상학적 '잔여'

"우리가 우리 자신 및 모든 종(種)의 '사유함'을 포함하여 세계 전체와 단절한다면 무엇이 존속할 수 있는가?"[21)] 이것은 환원 이후에 어떤 존재론적인 영역이 손상되지 않은 채 **남는다**는 것으로 이해되며, 후설이 저 위에서 말하는 것처럼, [환원 이후에 남는 것이] 존재의 전체성이 중립화되는 영역은 아니라는 것으로 이해된다. 그러므로 우리는 단지, 그것의 구성과 생성이 이미 부딪혔던 문제를 제기하는, 영역적인 형상학의 규정으로 나아가

---

19) 이 책 머리말, p.24 [43쪽].
20) 『이념들 1』, §33, p.105.
21) 같은 책, §33, p.106.

는 것일 뿐이다. 발생은 더 이상 중립화되는 것이 아니라, 경험적 사실성의 영역으로서 배제된다. 우리는 현상학적 문제 제기 이편으로 다시 떨어진다. 후설에 의해 제시된 의도는 그 애초의 의도와 배치되기는 하지만 그럼에도 명백한데, 문제가 되는 것은 **"존재의 새로운 영역에 이르는 것**으로, [그 새로운 영역은] **현재까지는 종(種)적 성격에 따른 자신의 한계가 정해지지 않은 것**이며, 또 모든 본래적인 영역에서와 마찬가지로, 거기서는 존재가 **개별적인"** 그러한 것이다.[22] 그러한 한에서 우리는 현상학이 아직은 경험주의와 비판주의라는 고전 철학과의 논쟁을 근본적으로 넘어서지 못했다는 점을 보게 된다. [한편으로] 의식은 존재론적 영역으로서, 다른 영역들과 같은 자격으로 구성되는데, 그 영역들에 대해 의식은 절대적 타자성이라는 관계에 따라 대립된다. 우리는 심리주의적 경험주의에 머물고 있다. 절대적인 내재성으로서의 '의식' 영역의 타자성은 '자연' 영역과의 관계에 의해서 초월론적 지향성과 반대된다. 이에 대해 후설이 무엇을 말하든 간에, 그는 여기서 단지 심리학적 명목으로서만 지향성을 유지하고 있을 뿐이다. 현상학은 아직 지향적 심리학을 넘어서지 못하고 있는 것이다. [다른 한편으로] 자신의 것과는 다른 영역으로서의 세계와 '구분되는', 세계가 그 상관자인 순수한 의식으로서의 순수한 '나'는 구체적이지도 시간적이지도 않다. 그러한 나는 구성하는 기원으로서 더 이상 '체험되지' 않는다.[23] 그러므로 우리는 형식적인 "나는 생각한다"의 감옥에 갇혀 있게 된다. "칸트의 언어로 말하자면, **'나는 생각한다'는 모든 나의 표상들을 동반할 수 있어야만 한다.**"[24] 그러나 이 비(非)시간적인 '나는 생각한다'는 나의 표상들의

---

22) 『이념들 1』, 같은 곳.
23) 같은 책, §39, p.125 참조.

생성의 기원일 수가 없다. 따라서 표상들과 마찬가지로, 그것은 **이미** 구성되어 있다. 기원적인 구성의 영역은 아직은 드러나지 않았다.

형식주의와 결합된 지향적 심리학과 진정한 초월론적 현상학 사이에서의 이러한 진자 운동은 환원에 대한 모든 방법론적인 고려를 통해서, 그리고 그 결과 안에서 추구된다. 한편으로는 실상, 의식을 존재론적 영역으로 규정하는 (영역적인 '형상학'에서 주제화되는) 좁은 의미의 초월론적 환원은, 그 영역을 근원적인 영역(Ur-Region)으로서 그리고 다른 영역들과의 관계에 의해 구성하는 것으로서 나타나게끔 하는, 더 근본적인 환원을 향한 방법론적이거나 수사학적인 매개로서 자주 제시되었다. "현상학적 환원은 우리에게 초월론적 의식의 경험을 전해 준다. 그것은 어떤 규정된 의미에서 '절대적인' 존재의 경험이다. 그것은 존재 일반의 근원범주(Ur-kategorie), 우리의 언어로 표현하자면 근원영역(proto-région)이다. 다른 영역들은 거기에 뿌리를 내린다. 그 영역들은 자신들의 **본질**(essence) 덕분에 원영역과 관계한다. 결과적으로 그 모든 영역들은 원영역에 의존한다."[25] 따라서 의식을 순수한 본질로 정의하는 것은 독자로 하여금 근원적 영역으로서 의식에 대해 고유하게 초월론적인 이해를 준비하도록 한다. "만약 우리가 그렇게 문제가 되는 '순수한 의식'을 **초월론적 의식**(conscience transcendental)이라고 특징짓는다면, 인식론의 문제 제기에서 자신의 원천을 가지는 동기들은 우리에게 **초월론적** 판단중지(ἐποχή transcendentale)라는 열쇠를 제공하는 작용을 지시한다. 방법의 관점에서 이러한 작용은 '단절하기'나 '괄호 안에 두기'의 서로 다른 단계들로 분해

---

24) 같은 책, §57, p.190.
25) 같은 책, §76, p.242.

될 것이며, 그리하여 우리의 방법은 점진적인 환원의 성격을 띠게 될 것이다. 이것이 바로 우리가 이따금, 그리고 심지어 되도록, **현상학적 환원들**을 (복수複數로!) 말하는 이유인 것이다. …… "[26]

현상학적 환원의 모든 역설은, 외관상 수사학적이고 교수법적인 필연성에 맡겨져 있다. **마침내** 순수한 기원성을 발견하기 위해서는, 어째서 언제나 자연적이고, 구성되고, 파생된 것 등등에서 출발해야만 하는가? 암묵적으로 또는 명시적으로 후설이 끊임없이 불안해하는 것은, 바로 모든 발생의 문제인 것이다. 형식 논리적인 선험적인 순수성을 발견하기 위해 심리주의적인 기술로부터 출발해야만 했다. 이 선험적 형식들이 무한한 생성 안에서 초월론적 주관성에 의해 구성된 것으로서 나타나기 위해서는 그 선험적 형식들을 심문해야만 했다. 체험된 시간을 거슬러 올라가기 위해서는 객관적인 시간에서부터 시작해야만 했다. 환원의 가능성을 정의하기 위해서 지금 우리는 자연적 태도에 대한 기술에서부터 시작해야만 한다. 그러나 아직은 '세속적인' 그 환원은, 그 환원 이후에야 기술이 그 이후에 우리를 순수하게 기원적인 의식으로 되돌려 보낼 그러한 '의식'의 영역을 남긴다. 그러므로 반성이 기원성의 의미를 더욱 깊이 파고들수록, 그것이 넘어야만 하는 매개는 더욱 많다. 생성과 현상학적인 구성을 거스르는 의미를 주파하는 이러한 여정은, 자신의 고유한 시간성과 실제적인 의미를 갖는다. 만약 그 필연성이 불가피한 것이라면, 그것은 선험적으로 타당하다. 그것은 본질적이다. 그것은 현상학적 시간성과 어떤 관계를 유지하는가? 그것은 외적으로 연합된 것이어서는 안 된다. 초월론적 환원이 가능한 것은, 어째서 언제나 (후설에 의해 환원적 방법에 대한 해명에서 재생산되

---

26) 『이념들 1』, §33, pp.108~109.

고 명시화된) 역사적 생성의 어떤 순간에서인가? 그것은 아직 우리에게 알려지지 않았다. 만일 **언제나** 우리가, 수동적으로 수용하고 받아들여야만 하는 이미 구성된 계기에 의해 '실재적으로' 또는 '형식적으로'[27] 시작해야만 한다면, 그리고 만약 그것이 본질적이고 선험적인 법칙이라면, 우리는 그 필연성이 초월론적 구성과 초월론적 생성의 운동 자체와 결합되어 있지는 않은지를 스스로 물어야만 한다. 후설은 그에게 우연적으로 남아 있고 또 우연적인 것으로 남아 있어야만 하는 필연성에 대해 스스로 묻지 않았다. 그는 다만 형식적이지 않은 구체적인 의식의 발견에 의해서, 환원의 필연적인 완성을 알리는 데에 만족했을 뿐이다. "…… **절대적으로 고유한 존재에서의 순수한 의식은** …… 비록 우리가 모든 사물, 모든 살아 있는 존재, 우리 자신도 거기에 포함되는 모든 인간들과 더불어 세계 전체와 '단절'했다고 하더라도 남아 있다. 말 그대로 우리는 아무것도 잃은 것이 없으며, 오히려 절대적 존재의 전체성을 얻었는데, 만일 우리가 정확하게 이해했다면, 그 절대적인 존재는 세계의 모든 초월성, 자신의 존재에서 '구성된' 모든 것을 자신 안에 지니고 있다."[28] 이미지로 말해 보자면, 후설이 말하는 괄호 안에 놓인 것은 현상학의 그림에서 지워지지 않으며, 그것은 정확히 오직 괄호 안에 놓일 뿐이고, 그리하여 어떤 지표가 부착된다.[29] 리쾨르가 주석을 단 것처럼 "이 중요한 구절은, '잔여'를 남기는 환원으로부터, **자신'으로부터'** 배제된 것처럼 보이는 것을 **자신 '안에'** 다시 유지하는 전환을 나타낸다. 환원은 그것이 '의식을 분리하는' 동안 제약된 것으로 남는

---

27) 여기서는 언제나 동일한 동기에 의한 동일한 것이 있다. '실재적인' 시작과 형식적인 시작 모두 절대적인 기원성이 박탈되어 있다. 그 양자 모두는 현상학적 시작에 의해 정초된다.

28) 같은 책, §50, pp.165~166.

29) 같은 책, §31~62의 여러 곳 참조.

다. 그 의식에 실재성을 '다시 가져다주면서' 환원은 세계의 의미를 발견하는 초월론적 구성과 불가분하게 된다."[30]

그러나 그와 같은 선언은 매우 드물게 남아 있으며, 그것을 둘러싼 분석의 내용과 조화되지 않는다. 후설은 다음과 같이 생각했는데, 만약 우리가 형상적인 영역으로서의 의식의 영역을, 그것에 의해 겨냥되는 '실재적인' 것과 뚜렷하게 구분되는 것으로 '고립시킴'으로써 시작할 수 없다면, 우리는 초월론적 생성을 사실상 심리주의적인 관점에서의 경험적 생성과 불가피하게 뒤섞어야만 할 것이다. 초월론적 발생과 경험적 발생 사이의 구분은 아직 준비되지 않았다. 따라서 후설은 그의 분석이 요구하는 현상학적 수준의 이편에 머무르기를 그만두고, 의심에 대해 환원 불가능하고, 비(非)순수에 대해 순수하며, 구성된 것에 대해 기원적이고, 상대적인 것에 대해 절대적인 것으로서의 초월론적인 세계를 점유하고 있는, '잔여적인' 순수 의식이라는 형식주의를 유지해야만 한다. 이 주제는 『이념들 1』의 가장 중요한 진술들을 모아들인다. **"의식은 자신 안에 고유한 존재를 가지고 있는데, 그 존재는 자신의 형상적인 종적(種的) 성격 안에서, 현상학적 배제에 의해 영향받지 않는다.** 그러므로 그 의식은 **현상학적 잔여**로 지속되고, 원리상 기원적인 존재의 영역을 구성하며, 실상 새로운 학문, 즉 현상학이 적용되는 장(場)이 될 수 있다."[31] 조금 뒤에 말해지는 것처럼, "의식의 본질"은 "연구의 주제로 파악된다".[32] 우리는 어떻게 그러한 형상적 분석이 고유하게 기원적인 구성에 대한 모든 연구를 가로막는지 살펴보았다.

---

30) 『이념들 1』, 같은 곳, 역자 주 2번 참조.
31) 같은 책, §33, p.108.
32) 같은 책, §34, p.109.

한편으로, 그러한 형상적인 영역은 다른 영역을 구성할 수 없다. 다른 한편, 그것의 생성은 그 자체로 해명할 수 없다. 그것은 『시간의식』에서 후설이 헛되이 자문했던 초월론적인 '시간적 대상들'의 시간적 질서에 속한다. 우리는, 어떻게 이 '의식' 영역의 생성이 '나타날' 수 있는지 이해하지 못한다. 또한 우리는, 어떻게 그 생성이 다른 영역의 생성과 동일한 것으로서 나타날 수 있는지를 이해하지 못한다. 따라서 그것은 『시간의식』에서 제기된 시간의 문제에 답해지지 않는다. 구성하는 것과 구성된 것에 대한 의식은 어떻게 해명되는가? 스스로 구성된 영역은 비록 '의식' 영역이라고 하더라도, 우리에게 자기 자신을 그렇게 가르치지 않는다.

실상 우리는, 구성되고 비(非)시간적인 본질의 세계에 만족하면서, 구성하는 주관성으로의 복귀를 요청하는 『논리 연구』 1권의 수준에 머물러 있는 것이다. 분명 의식은 여기서 '본질적으로' 시간적이다. 그러나 문제가 되는 것은, 선험적이고 그 자신이 '비시간적인' 본질에서 주제화된 시간성이다. 논리주의의 불충분함은 보충되지 않는다. 초월론적 생성의 기원과 운동은 정적 구성의 형상적 수준에서 기술된다. 발생에 대한 현상학적 중립화는 논리주의적 분리에 의해 얼룩진다.[33] 우리는 한편으로 내재적으로 체험된 세계, '충전적인'(adéquate)[34] 지각과 절대적인 의심 불가능성의 왕국을 가지며, 다른 한편으로는 의심에 종속된 외부 지각의 세계를 갖는다.[35] "모든 내재적 지각은 필연적으로 자신의 대상의 존재를 보증한다. 그것을 파악하기 위해 반성이 나의 체험에 적용될 때, 나는 그 자체로

---

33) 분리의 항들은 전도된다.
34) 같은 책, §44, pp. 140~144 참조.
35) 같은 책, §46, p. 148 참조.

절대적인 것을 파악하는데, 그것의 거기 있음(Dasein)은 원리상 부정될 수 없다. …… **이러한 방식으로 주어진** 체험이 실제로는 존재하지 않을 수 있다고 믿는 것은 부조리할 것이다.”[36] 우리는 ‘내재적 지각’과 ‘초월론적 지각’의 본질적인 차이를 알고 있다. 전자는 충전적이고, 그것은 직접적으로 자신의 대상의 전체성을 파악하는데, 왜냐하면 그것은 [자신의] 대상과 서로 섞여 있기 때문이다.[37] 반면, [후자에는] 음영(陰影, Abschattungen)을 통해서가 아니고서는 결코 주어지지 않는, 초월론적 사물의 선험적인 필연성이 있다. “그 어떠한 지각도, 심지어 그것이 완전하다 하더라도, 그것이 자신의 영역에서 어떤 절대적인 것을 제공하지 않는다는 점은 사물 세계의 본질에 속한다. 그로부터 본질적으로 귀결되는 것은, 모든 경험은 비록 그것이 광범하다 하더라도, 몸을 지닌 것으로서(corporelle) ‘몸소’(en personne) 자신의 현전을 지속하는 의식에도 불구하고, 주어진 것이 존재하지 **않을** 가능성을 남긴다는 점이다. **사물의 현존(Existenz)은 자신의 고유한 소여에 의해 결코 필연적인 것으로서 요구되지 않는다.** 그것은 어떤 식으로든 언제나 **우연적이다**”.[38] 그 안에서 초월론적 세계의 영역은 “절대적인 영역 안에 대립, 시뮬라크르(simulacre), 타자성(altérité)을 위한 자리가 더 이상 없고” 또 “절대적인 정립의 영역”으로 남아 있는, 내재적이고 절대적인 영역으로부터 선험적으로 분리되어 있다.[39] 확실히 그와 같은 고유한 형상적 내용 안에서의 분석들에는 그 어떠한 분석도 가해질 수

---

36) 『이념들 1』, pp. 148~149.
37) 체험의 내실성(reell)과 그것의 ‘현출’ 간의 혼동은 현존(l’existence)과 본질(l’essence)이 선험적으로 뒤섞이는 그 영역에서 모든 ‘환원’을 선험적으로 가로막는 것처럼 보인다.
38) 같은 책, p. 150.
39) 같은 책, §46, p. 150.

없다. 거기로 돌아갈 이유가 없는 것처럼 보이며, 후설은 결코 그것을 건드리지 않을 것이다.[40] 그러나 그것이 단지 형상적인 분석일 뿐인 한, 그것은 더 확장된 해명을 필요로 한다. 그 두 형상적 영역들 간의 '정초' 관계는 무엇인가? '초월론적인 것'은 어떻게 내재적으로 체험된 것 **안에서** 자신을 알리는가? 체험은 어떻게, 그리고 무슨 체험이, 자신의 지향적 본질에 맞게, 자신이 아닌 것에 **대한** 체험이 되는가? 의심은 어떻게 의심할 수 없는 영역, 즉 '절대적인 것' 안에서의 '상대적인 것' 안에서 자신을 드러내는가? 한마디로, 유일하고도 동일한 시간 안에서 내재적인 체험과 초월론적 세계는 어떻게 일치하는가? 체험된 것의 순수한 흐름으로부터 출발하여, 시간적인 객관성들은 어떻게 구성되는가? "나의 흐름이자 생각하는 주체의 것인 체험의 흐름은, 아마도 상당히 넓어서 파악되지 않을 수도 있으며, 이미 흘러간 것이나 앞으로 올 것과 관련하여 알려지지 않을 수도 있다. [하지만] 내가 제한 없이 그리고 필연적으로, '**나는 존재한다**'(Je suis), 이 삶은 내가 사는 것이다, 코기토(cogito)다'라고 말하기 위해서는, 내가 그 실재적인 현전 속에서 흘러가는 삶으로 시선을 옮기고, 그 작용 안에서 내가 나 자신을 이러한 삶의 순수한 주체로서 파악하는 것으로도 족하다. 체험의 모든 흐름, 그러한 것으로서의 모든 나는, 원리상 이러한 명증에 도달할 수 있는 가능성을 함축하고 있다."[41] 그러나 자기 자신에게 내재적이고 또 "자기에 대해 직접적으로 명증한 이 절대적인 것은, 우리에게 그 안에 정초되어 있는 시간적인 객관성에 관해 그 어떤 것도 보증하지 않는다. [다음 둘 중 하나인데] 한편으로, 그 시간적 객관성은 구성된 실재성이라는 자격을

---

40) 우리가 인용하는 텍스트는 3판(1928)에서 발췌된 것이다. 3판은 단순히 1판의 재판이다.
41) 같은 책, §46, p.149.

띠는 한 흐름에 초월론적이다. '주어진 것'에 관한 명증을 기원적으로 정초하는 지향성은 자신의 운동을 수행하기 위해 체험의 순수한 흐름인 내재로부터 벗어나야만 할 것이다. 다른 한편으로는, 『이념들 1』의 경우에서 그래 보이는 것처럼, 시간적 객관성은 기원적으로 노에마적 의미의 자격으로, 의식이라는 순수 흐름의 부분을 형성해야만 할 것이다. 노에시스-노에마 상관관계는 절대적인 주관성의 울타리 안에 위치해 있다. 그러나 '몸소' 주어진 대상에 대한 기원적인 도달로서의 지향성은, 아직은 그것이 그러해야만 하는 것으로 전개되어 있지 않다. 실상 이것이 바로 『이념들 1』에서의 모든 난점들의 일차적인 이유인데, 세계는 자신의 '실재성'에서 그 분석을 따라 고려되는 것이 아니라, 그것의 노에마적 가치에서 고려되고 있다. 『이념들』에서 후설은, 의미의 발생이라는 문제를 정의할, 실재적인 기체와 그것의 의미 사이의 관계를 결코 고려하지 않았다. 실재적인 세계는 의식에 **대해** 자신의 **기원적인 의미**로 환원되며, 우리는 실재적인 세계와 실재적인 객관성의 비(非)현존을 의식의 지향성을 제거하지 않고서도 상상할 수 있다. 의식의 지향성은 여기서 '실재적' 대상의 존재, 미규정적인 X, 무한한 노에마적 규정의 극(極) 또는 이념(idée)에 대한 기원적인 접근으로 정의되는 것이 아니라,[42] 노에마적 의미에의 접근으로 정의되며, [따라서] 후설에 의하면, 그 지향성은 대상의 '실재적' 현존으로부터 독립적으로 보존될 수 있다. 노에마적 객관성이 실재적인 객관성을 대신한다. 마찬가지로, '시간적 객관성'의 중재를 통해 내재적인 시간과 일치되는 세계의 시간은, 실재적인 시간이 아니라 노에시스적 시간과의 상관관계 안에서 기원적으로 노에마적인 시간이다.

---

42) 『이념들 1』, §135, p.457; §143, p.480.

절대적인 관념주의의 정초: '이미 구성된' 구조

『이념들 1』의 모든 어려움과 모호함, 후설이 관념론에 머물고 있다는 것을 확인하게끔 하는 모든 것은,[43] 노에시스-노에마 상관관계의 '구조' 안에 닫힌 채 남아 있는 것에 달려 있다. 자연적인 세계는 '오직' 의식의 지향적 '상관자'일 뿐이므로,[44] 절대적인 의식이 "세계의 무화(無化) 이후에 남는 잔여"로서 제시되는 유명한 49절에서 나타나는, 그러한 절대적인 관념론의 기획에 귀착되는 것은 불가피하다.[45] "[반면] 그 모든 분석은, 어떤 세계나 어떤 사물이 있어**야만** 한다는 점을 함축하지는 않는다. 세계의 현존은 어떤 형상적 형태에 의해 구분되는 어떤 다양한 체험의 상관자다. 그러나 그 **어떠한** 명증성도, 현실적인 경험들이 전개될 수 있는 것은 **오직** 그 경험들이 그러한 연관의 형식으로 제시될 때에만 그러하다는 점을 요구하지는 않는다. …… **의식의 존재, 그리고 체험 일반의 모든 흐름은 확실히, 사물의 세계가 무화될 때에 필연적으로 변양되지만, …… 그것의 고유한 현존이 훼손되는 것은 아니다.**"[46] 리쾨르가 강조하는 것처럼 "세계의 무화는 지향성의 결여가 아니라, 모든 지향적 진리의 내적 갈등에 의한 해체(destruction), [즉] 일반화된 '시뮬라크르'다".[47] "세계의 잔해에서, 우리는 여전히 지향적 의식이지만, 혼돈을 겨냥한다."[48]

---

43) 분명 문제가 되는 것은 고전적 양식의 주관주의적 관념론이 아니다. 그러나 그럼에도 우리가 말할 수 있는 것은, 그러한 관념론으로부터 그것을 엄밀하게 구분하는 것은 그다지 명백하지 않다는 점이다.
44) 같은 책, §47, p. 154.
45) 같은 책, §49, p. 160.
46) 같은 책, pp. 160~161.
47) 같은 책, p. 160, 역자 주 1번 참조.
48) 같은 책, p. 162, 역자 주 1번 참조.

그러나 문제는 단지 뒷걸음질 칠 뿐이고, 지향성은 아직도 대상의 선(先)술어적 존재에 대한 기원적인 도달로서 근본적으로 해명되지 않는다.[49] 이것이 바로 우리가 그 말의 기원성을 인식하면서 『이념들』의 철학을 주관주의적이고 형식적인 관념론으로 정의하는 이유다. 후설은 모든 주석이 한 것보다 더 잘 설명한다. "따라서 우리는 의식(체험)과 실재적(reales) 존재가 서로 협력하며 평화롭게 공존하면서, 경우에 따라 '관계'나 '결합' 속으로 들어가는 종류의 존재가 결코 아니라는 것을 보았다. 참된 의미에서 그 말을 취하는 것, 즉 본질에 의해 결연되고, 서로가 동일한 의미에서 자신의 고유한 본질을 가지는 것만이 유일하게, 모든 사물을 형성하거나 그것과 결합할 수 있다. 분명 내재적이고 절대적인 존재에 대해, 그리고 초월론적인 존재에 대해, 우리는 '존재하는 것'(seiende), '대상'(Gegenstand)이라는 말을 적용할 수 있다. 그것들은 각기 자신의 규정적 지위를 가지고 있기는 하다. 그러나 명백한 사실은, 우리가 양쪽에서 대상이나 객관적 규정이라고 부르는 것은, 공허한 논리적 범주를 가리킴으로써만 동일한 이름을 지닌다는 점이다. 의식과 실재성 사이에는, 진정한 의미의 심연이 패어 있다. 한쪽에서 우리는 음영 지어진 존재, 결코 절대적으로 주어질 수 없는 존재, 순수하게 우연적이고 상대적인 존재를 가지며, 다른 한쪽에서는 필연적이고 절대적인 존재, 원리상 음영이나 현출을 통해서는 주어지지 않는 존재를 가진다."

"그러므로 비록 그 말의 의미가 틀림없이, **인간적인**(humain) 나의 실

---

49) 나중에 후설이 선술어적 세계, 즉 문화적, 논리적, 또는 실천적인 그 어떠한 의미와 '규정'에도 앞서는 세계로 되돌아가는 순간조차도 후설은 이 '선술어적인 것'을 위한 노에마적 의미를 보존하며, 그래서 우리가 후설의 실재론이라고 부르고 싶어 하는 것을 훼손한다. ── 우리는 이것으로 다시 돌아올 것이다.

재적(realen) 존재 및 세계 **안에서의** 의식의 체험에 대해 말하는 것을, 그리고 '심리물리적' 연관의 관점에서 실재적인 그 존재의 다양한 측면에 대해 말하는 것을 허용한다고 하더라도, 그럼에도 불구하고 분명한 사실은 그 **'순수함'**에서 고려된 의식은 **자신에 대해 완결된 존재연관**, 즉 그 안으로 아무것도 침투할 수 없고 그것으로부터 아무것도 벗어날 수 없는, 공간적 내지는 시간적인 질서의 외부를 갖지 않으며, 그 어떠한 공간-시간적 체계에도 거주할 수 없고, 그 어떠한 사물에 의해서도 인과성을 겪거나 그 어떠한 사물에도 인과성을 행사할 수 없는 ─ 만약 우리가 그 인과성을, 실재성들 사이에서 의존의 관계를 설립하는 자연적 인과성이라는, 정상적 의미로 전제한다면 ─ 그러한 것으로 취해져야만 한다는 점이다. 다른 한편, 인간과 인간적인 나가 개별적인 실재로서 종속되어 포함된 **공간적-시간적 세계** 전체는 **자신의 의미 덕분에 순수하게 지향적인 존재**를 갖는다. 결과적으로 그것은 순수하게 이차적인, 의식에 **대해서** 있는 존재라고 하는 상대적인 의미를 가진다. 그것은 의식이 자신의 고유한 경험 안에 정립하는 존재이며, 원리상 오직 현출의 다양한 동기들 안에서 동일하게 머무는 것으로서만 직관에 접근 가능하고 규정 가능한 존재, 즉 이러한 동일성 너머에서는 아무것도 아닌 그러한 존재인 것이다."[50]

  우선 여기서 정의되고 있는 절대적이고 체계적인 관념론은 그 어떠한 결함도 없다. 보전된 지향성 덕분에, 그것은 버클리식의 관념론에 일반적으로 가해지는 비난을 벗어난다. 명증의 궁극적 원천으로서 기술되는 체험 덕분에, 칸트 이후 형이상학적 유형의 관념론의 구축(constructions)과 구분된다. 현존은 노에마의 자격으로 통합된다. 타자성(또는 상호주관

---

50) 『이념들 1』, §49, pp.163~164.

성)은 여기서 기원적으로 주어지지 않기 때문에, 그것 역시 형상적인 형성(configuration eidétique)으로, 노에마적인 구성(composition)으로 남는다. 결국 그리고 무엇보다도, 시간은 지향적 체험과 다른 것이 아니다. 그러므로 그러한 선술어적 현존, 대상의 물질적 기체의 현존, 시간의 기원적 흐름의 현존, 인격적 타자성의 현존은, 선택된 관점에 따라, 체험 너머로 추방되거나 노에마적 상관자의 자격으로 체험에 통합되거나이다. 우리는 앞에서, 거기서 문제가 되었던 것이 지향성의 불충분한 전개라고 말했었다. 우리는 언제나 그렇게 생각하지만, 그러나 이러한 진리는 여기서 그것의 반대물과 타협하는 것처럼 보인다. 왜냐하면 우리는 거꾸로 [다음과 같이] 말할 수 있기 때문이다. 이러한 모든 진행을 정당화하는 깊은 직관은, 지향성에 대한 가장 대담한 해명이다. 사실, 만약 지향성의 모든 범위를 전개하면서 우리가 '실재적인'(real) 현존에 대해 기원적이고 직접적으로 파악한다면,[51] 이러한 파악 자체는 '실재적'이어야만 할 것이다. 지향적 작용은 '실재적인' 작용, 하나의 '사실'일 것이다. 그러므로 현상학 전체는 몰락될 것이다. 더 이상 아무것도, 우리로 하여금 체험된 것과 자연적인 사실성을 구분하도록, 허락하지 않는다. 그 어떠한 '명증'도 가능하지 않을 것이다. 우리는 의미와 가능조건이 우리를 벗어나는 자연과학에 사로잡히게 될 것이다. 객관성에 대한 그 어떠한 접근도 기원적으로 규정될 수 없다.

따라서 후설식의 관념론은 그런 의미에서, 지향성에 대한 환원 또는 주관주의적이거나 심리주의적인 수축(rétrécissement)이 아니다. 오히려 그것은 자신의 노에시스적인 힘을 복원한다. 그러나 그러한 일관성은 염

---

51) 우리는 인용이 문제가 되지 않는 매 순간, 형용사를 명사에 일치시키지 않고도, '실재적'과 '내실적'을 분명히 구별하는 것에 만족할 것이다.

려스럽다. 인식의 절대적 타당성의 그토록 세심한 깊이를 고려하면서 우리는 현존을 현존**의** 본질로, 시간을 시간의 경험으로, 타자성을 그것의 형상적 형성으로 '대체하는' 것 이상을 했었는가? 선술어적인 현존에서 출발하여 본질의 발생을 기술하는 대신 우리는, 의미의 발생을 주재하는 발생의 선험적인 암시 이상을 했었는가? '생성된' 것을 선험적으로 이해되게끔 하는 것을 확신하면서, 우리는 실재적인 운동에 역방향의 운동을 따라갔던 것 아닌가? 분명 지향성이 '실재적인' 작용이 아니라는 것은 필연적인데, 왜냐하면 본질상 '실재적'이 아닌 체험의 근본적 구성자인 한에서 그러한 자격으로, 지향성은 기만적인 힘 그리고 구성된 사실성일 것이기 때문이다. 순수한 환상 또한 우리의 기원적인 명증감(感)일 것이다. 그러나 이러한 명증은 그것이 '기원적으로 부여하는 작용'에 의해 정초되는 한에서,[52] 대상이 '몸소' 주어진다는 한에서, 필연적으로 노에시스적 작용과 노에마적 의미의 형성에 선행하는 근본적인 수동성을 함축하지 않는가?[53] 지향성은 동시에 능동적이고 수동적이다. 지향성이 수동적인 한에서, 그것이 '수용하는' 대상은 원래 필연적으로 '실재적'이고 선(先)노에마적이지 않은가? 실재적인 작용이 없이, 그것은 '실재적인' 대상에 대한 의식이 되어야만 하지 않는가? 지각, 즉 기원적으로 부여하는 작용은 순수하게 체험된 것의 세계를 터지게 하지 않는가? 만약 수동성이, 오직 지향적 의식의 구성적 능동성과 유일하게 조화될 수 있는, 노에시스-노에마의 구조에 도입된다면, 모든 전체 체계는 진자 운동을 하거나 흔들릴 준비가 된 것 아닌가? 지향적 의식에 의해 닫힌 세계를 남길 뿐인 그러한 환원은, 의식에 의

---

52) 『이념들 1』, 여러 곳.
53) 몸소 주어지는 대상이 어떻게 선험적으로 노에마적일 수 있을까?

해 기원적으로 구성되지 않은 것에 대한 환원은 아닌가? 지향성은 능동성과 수동성의 방향(의미sens)에서, 의미의 발생과 기원적인 '봄'(voir)의 방향(의미)에서 깊어질 수 있는 것 아닌가? 어째서 우리는 아직도, 후설이 그 사이에서 진자 운동을 하고 있는 두 가지 유형의 환원을 발견하는가? 그리고 『이념들 1』에서, 후설은 왜 노에시스-노에마 상관관계의 주관적인 영역 안에 가두지 않고서는 지향적 능동성을 구제할 수 없는 박탈적인 환원을 선택함으로써 그러한 흔들림을 끝내는가? 환원에 대한 이론은, 동시적으로 기원적인 능동성과 수동성 사이의 관계가 아직도 불안정한, 지각에 대한 불충분한 기술과 연대되어 있다. 우리가 지금 고찰해야만 하는 것이, 바로 이 관계다. 그것은 우리에게, 후설이 진행 과정에서 회피하고자 하는 것이 바로 그 발생적인 어려움이라는 점을 보여 줄 것이다.

지각의 발생: 질료(hylé)와 형상(morphé)

순수한 '나'와 현실적인 '나'

노에시스-노에마라는 순환의 내부에 항상 머물기로 하자. 이제까지 후설의 모든 진술은 '의식 일반'에 대해서 보편적으로 타당했던 것처럼 보인다. 지각된 것의 구체적인 개별성은 '겨냥된' 개별성이며, 따라서 노에마적 의미를 부여받고 있고, 그러한 것으로서 체험에 동화되어 있다. 개별성은 형상적 형성 안에서 알려지는 바대로 '실재적'이지 않으며, 그것은 지각된 개별성 또는 지각하는 개별성으로서 곧장 보편화된다. 다른 한편, 환원 이후에도 남는 것은 오직 순수한 '나'다. "…… 일단 이러한 환원이 수행되어, 만일 우리가 초월론적 잔여라는 명목으로 유일하게 존속하는 다양한 체험들의 흐름을 주파한다면, 우리는 그 어느 부분에서도 자아를 다른 체험들 중

하나의 체험으로서 맞닥뜨리지 않으며, 또 그것이 단편이 되고 새로이 그것과 더불어 사라져 가는 어떤 체험과 더불어 태어나는, 체험의 기원적인 단편으로서도 맞닥뜨리지 않는다. …… 오히려 [순수한 나는] 불쑥 나타나고 흘러가는 모든 체험에 속한다. 그것의 '시선'은 모든 현행적인 코기토를 '통해서' 대상을 겨냥한다. 그 시선의 빛(Blickstrahl)은 각각의 코기토와 더불어 변화되며, 새로운 코기토와 더불어 불쑥 나타났다가 그것과 더불어 사라진다. 그러나 나는 동일하게 남는다. …… 모든 실재적이고 가능적인 변화를 통해서도 체험들을 보존하는 절대적인 동일성은, 그것을 **그 어떠한 의미에서도 체험 자체의 부분이나 내실적인(reell) 계기로** 간주하게끔 허락하지 않는다. …… 칸트의 언어로 말하면 **'나는 생각한다**(je pense)**는 나의 모든 표상들에 수반될 수 있어야만 한다'.**"[54] 그럼에도, 그렇게 정의된, 지향적 능동성의 '비실재적'(irréel) 성격을 보증하는 그 '순수한 나'는, 순수하게 형식적인 것처럼 보인다. 그러한 한에서, 우리는 어떻게 그것이 구체적인 체험들의 다양성과 더불어 조화되고 일치될 수 있는지 알지 못한다. 우리는 어떻게 그것이 순수한 자아임과 '동시에' 구체적인 인격일 수 있는지, 그리고 무엇보다도, 어떻게 그것이 그 자체로 또 그렇게 지향적인 것으로서 있을 수 있는지 더 이상 상상할 수 없는데, 왜냐하면 지향성은 자기 자신에 대한 내재성의 순수함 및 그것의 분석적 동일성의 순수함을 기원적으로 벗어나게끔 하기 때문이다. 후설은 이러한 위험을 의식하고, 그 '나'가 순수하고 형식적인 가능성의 조건이기를 원하지 않았기 때문에, "그것과 더불어 제시되는 것은, 구성되지 않은 **기원적인 초월성, 내재성의 한가운데 있는 초월성**이다"라고 정확하게 말했다.[55] 그러나 어려움

---

54) 『이념들 1』, §57, pp.189~190.

을 기술한 것이 아니라면, 여기서 그가 한 것은 무엇이겠는가? [한편에는] 체험된 것의 전체성 이외에 아무것도 아닐 위험이 있고 그리하여 우리에게 '경험주의'를 강요할 위험이 있는, 순수하게 체험된 초월론적인 사물이 있다. [다른 한편에는] 우리로 하여금 순수하고도 단순한 경험주의를 벗어나게 만드는, 체험된 명증으로부터 단절된 채 오직 형식적이고 공허한 산물, 객관적인 통일체, 구성된 초월성으로만 존재할 위험이 있는, 체험된 것이 아닌 초월론적 원천이 있다. 양자를 화해시키고 통일시키는 일의 어려움? 이러한 모순은 영원하다. 체험을 구성하는 기원이 있는 곳은, 체험 안과 체험의 너머, 시간 안과 시간의 너머 등등이며, 그래서 우리는 하나의 의미(방향) 또는 또 다른 의미(방향)에서, 절대적인 기원성을 배타적으로 규정할 수 없다. 이제 이러한 변증법은 발생적 관점에서 가능할 것인데, 거기서는 생성이 기원적으로 **스스로를** 구성하고 '나'가 기원적으로 자신을 시간화하기 때문에, 그 '나'는 그 자신에 대해 내재적으로 머물면서도 스스로 끊임없이 출현한다. 그것은 자기 스스로 예지와 파지에 의해 동시에 구성하고 구성되는 기원적인 '지금'의 연속성 안에서 그러하다. 그러나 발생적 생성은, 후설이 보기에, 아직은 그 어떠한 기원성도 갖지 못한다. 언제나 구성된 것으로서, 그 생성은 기원적인 정적(靜的) 구성을 소급 지시한다.

그것은 논리적이고 체계적인 자신의 정합성 안에서 오히려 발생적 구성의 동력 자체일 모순을 '겪을' 수 있을 뿐이다. 실상 이 절대적인 의식은 동시에 '현실적인'(actuelle) 의식이어야만 한다. **"내재적인 존재는 의심이 불가능한 절대적인 존재인데, 원리상 '그것이 존재하기 위해 어떠한 것도 요구되지 않는다'라는 의미에서 그러하다. 반면, 초월론적인 '것들'의 세계는**

---

55) 『이념들 1』, p.190.

전적으로 의식에 의존되어 있는데, 논리적으로 생각되는 의식이 아니라 현실적인 의식에 의존되어 있다."[56] 의식이 '현실적'이라는 점, 말하자면 한편으로는 구체적으로 '제시되고', 다른 한편으로는 어떤 것에 **대한** 의식이라는 점은 무엇에서 비롯되는가? 그것은 기원적으로는 적어도, 체험의 또는 '의식의 시선'의 '모든' 계기(契機)를 가로지르는 순수한 '나'일 수는 없다. 그렇다면 우리는 순수한 '나'의 현실성이 그 자신과는 다른 사물에 의해 부여된다고 말해야만 하는가? 그것은 오직 외적인 개입, 그것에 부과된 사물, 그것에 첨부된 시간을 통해서만 구체적이고 현실적으로 되는, 본질적으로 논리적인 의식을 만드는 것 아닌가? 만약 우리가 역으로, 비록 그것의 "비(非)시간성 내지 전(全) 시간성"[57]에도 불구하고, 현실성을 '스스로' 부여하는 능력을 순수한 '나'에게 귀속시킨다면, 우리는 —— 분명 이것이 『이념들 1』의 깊은 경향인데 —— 지향성을 **순수하고 전적으로 능동적인** 것으로 간주하는 것이다. 말하자면, 절단되어 훼손된 지향성 말이다. 극단적으로, 심지어 우리는 지향적인 **순수한** 능동성은 지향성에 반대된다고 말할 수 있다. 왜냐하면 우리는 어째서 노에시스적 능동성이 여전히 노에마적 상관자를 필요로 하는지, 또 어째서 그 상관자가 지각에 '몸소' 주어진 대상 위에 정초될 수 있는지 더 이상 이해하지 못하게 될 것이기 때문이다. 순수하게 능동적인 지각은 후설에게 의미를 지녀서는 안 된다. 거기에서 직관은 모든 구성에, 모든 도출에 주어진 대상의 구체적인 현전을 기원

---

56) 같은 책, §49, p. 162. 강조는 원저자.
57) 후설에게는 그 어떠한 절대적 '비시간성'도 없다. 우리는 오직 '전 시간성'에 의해서만 역사적인 생성이나 시간적 체험의 다양성을 벗어날 수 있다. —— 그것은 수학적, 논리적, 전통적인 문화 일반 등등의 '이념적 객관성'을 위한 경우일 것이다. 여기서 우리는 '나'(je)의 전 시간성과 비시간성을 하나로 간주하는데, 왜냐하면 그러한 각각 중 어느 하나도 기원적으로 '현실적'(actuell)이지 않기 때문이다.

적으로 '보고' '받아들여'야만 하며, 우리를 기원적으로 부여하는 작용으로
되돌려 보내야만 한다. 지각이 시간에 대한 지각이든 공간적 사물에 대한
지각이든 ─ 후설이 더 나중에 인식하게 될 것처럼 ─ 기원적인 수동성
이 의식의 현실성을 구성하는 것처럼 보인다.

지향성의 질료(matière)와 형식(forme)

그러나 이 수동성은 자기를 구성하는 순수한 '나'의 내부에 혼합물을 도입
하지 않는가? 노에시스-노에마 구조와 '비실재적인' 지향적 체험의 닫혀
진 세계 안에서, 실재적인 대상 '그 자체가' 주어지는 **기원적인** 수동성은 아
무런 신비 없이 통합될 것인가?

    그것의 본질로 변경됨 없이, 그 수동성은 그 자신에 혼을 불어넣고 '활
성화'하면서, 지향적 경험의 구조화된 전체 안에서 비실재적인 체험에 동
화된 노에마를 만드는 **기원적인** 노에시스적 능동성에 동참할 수 있는가?
수동적으로 받아들인 '실재적' 대상에서 출발하는 노에마의 진정한 발생
은 후설에게 분명하지 않다. 순수한 능동성과 마찬가지로 순수한 수동성
은 지향성의 발휘를 유보한다. 변증법적 발생은 지향성의 이중적 운동을
고려하고 그것을 자기-구성(auto-constitution)에서의 시간 자체의 순수
한 발생과 뒤섞으면서, 후설이 체험의 내실적(reell)이고 비(非)지향적인
성분인 감각적인 '질료'(hylé)와, 질료에 혼을 불어넣는 지향적이고 노에
시스적인 '형상'(morphé),[58] 그리고 그 양자에 의해 구성된 비(非)내실적
이고 지향적인 노에마 사이의 신비한 관계를 감춤으로써 제거하고자 했던

---

58) 형상은 체험의 지향적이고 내실적인 구성 요소다. 노에마는 체험의 비(非)내실적인 구성 요
소다.

그러한 모순을 떠안을 수 있을 것이다.

'질료'와 관계된 텍스트는 『이념들 1』에서는 많이 등장하지 않으며, 그 작품에서 가장 어렵고도 가장 모호한 것들 중의 하나다. "후설이 말하는 그 말의 **가장 넓은 의미에서의 체험들** 중에서, 우리는 체험의 흐름 안에서 발견되는 것을 이해한다. 결과적으로 지향적 체험들, 그것의 구체적인 풍부함 안에서 파악된 현실적이고 잠재적인 사유 작용들뿐만 아니라, 그 흐름과 구체적인 부분들에서 드러날 수 있는 내실적인 계기들 역시 그러하다."[59] 다음과 같은 어려움이 드러나게 된다. 체험에서 비지향적인 '내실적인'(reell) 계기들의 지위는 어떻게 될 것인가? 어디에서, 언제, 그리고 무엇에 의해 그것들은 구성되는가? 지향성에 의해 노에마로 기원적으로 구성되기 때문에, 그것들 자체는 구성하는 동력이 아닐 것인가? 그러나 비(非)지향적인 구성자는 지향성을 이차적으로 구성할 수 있는가? 지향성은 산출된 것일 뿐인가? 그것은 불가능하고 또 현상학의 근본적인 원리와 배치된다. 따라서 그것은 무엇인가? 구성하는 지향성으로서 수동적인 기원성이라는 또 다른 수준을 다시 붙잡기 위해서는, 구성의 더 원초적인 영역으로 이행해야만 하는 것 아닌가?

위의 물음은 중요한데, 왜냐하면 '내실적'이지만 비지향적인 그 체험은 모든 지각에 구성적이기 때문이다. 그것들은 감각 자체다. "지향적 체험의 구체적인 통일체 안에 포함된 **모든 내실적 계기는** 그 자체로는 지향성의 근본적인 성격, 그러니까 '어떤 것에 대한 의식'이라는 속성을 소유하지 않는다. 이러한 제한은, 예를 들어 사물에 대한 지각적 직관에서 그토록 커다란 역할을 하는 모든 **감각자료**(Empfindungsdaten)에 관계된

---

59) 『이념들 1』, §36, p.117.

다."[60] 우리가 거기서 주의해야 할 것은, 체험된 것으로서의 그 **감각자료**가 초월론적인 실재성(real)에서의 감각의 질료 자체가 아니라는 점이다. 감각의 질료(hylé)는 그에 대해 초월론적인 지각된 대상에 대립하여, '사유작용'(cogitation)에 내재적이다. 리쾨르의 주석이 잘 말한 것처럼, "독일어 단어 **'내실적'**(reell)은 언제나 사유작용의 구성 요소를 위한 것이며, **'자료'**는 지향성에 의해 혼이 불어넣어진 질료를 위한 것이다".[61] 다른 말로 하면, 그러한 자신의 순수성에서의, 말하자면 지향성에 의해 혼이 불어넣어진 존재 **이전의** 감각적 질료는 **이미** 체험일 것이다. 그것이 없다면, '비실재적인' 지향성이 '실재성'에 혼을 불어넣는 것은 불가능할 것이다. 따라서 질료가 지향적 형식에 의해 혼이 불어넣어지는 것은 바로 비지향적인 체험으로서 그러한 것이다. 그러나 우리로 하여금 그와 같이 결정하게끔 하는 것은 어떠한 명증인가? 만약 우리가 절대적인 명증으로부터 지향적 작용을 만든다고 한다면, 우리는 어떻게 (내실적reell이든 실재적real이든) 실재/내실성(realité)에 대해서, 그것이 지향적 존재 **이전에** 체험된 것이라는 점을 단언할 수 있는가? 우리가 질료를 체험된 것으로서 규정할 권리를 가지는 것은 오직 지향적 형상이 그것에 혼을 불어넣으러 오는 계기에서 **비롯되는** 것일 뿐이지만, 그러나 우리가 질료를 그러한 것으로 그것의 순수성 안에서 고려해 본다면, 우리는 질료가 지향적이지 않다고 말한다. 이것은 체험된 것과 동일시할 수 있는 것이 오직 질료에 혼이 불어넣어지는 계기에서 비롯된다는 점을 우리가 인식하는 것 아닌가? 결과적으로, 지향적 의미가 부여된 존재 이전의 그러한 것으로서의 질료는 현상학적 실재성만

---

60) 『이념들 1』, §36, p.117.
61) 같은 책, 같은 곳, 역자 주 1번.

큼이나 세속적인 실재성일 수는 없는가? 이러한 위험에 대해 후설은 정확하게 반대하지 않았다. "우리에게 나타나는 종이의 흰색을 제시하는 내용으로서 그것[감각적 자료]은 지향성의 **담지자**이지만, 그것 자체는 어떤 것에 대한 의식이 아니다."[62] 이것은 매우 모호한 진술이다. 우리는 이 지향성의 '담지자'가 지향성을 갖는 것인지, 아니면 지향적인 작용에 의해 **담지자로서** 구성된 것인지 알지 못한다. 만일 그것이 지향성을 갖는다면, 지향성의 기원적인 자율성은 무엇인가? 그것은 '시선'에 의해 그것 없이 구성된 것을 드러내는 데에서 성립할 뿐인가? 만일 그 반대라면, 지향적 의미의 선험적인 기체로서의 질료를 질료로서 구성하는 것은 오직 지향성일 뿐이며, 우리는 질료의 기원적인 내실성에 대한 견해를 상실한다. 우리는 더 이상 비내실적인 것으로서 체험 안에 포함되어 있는 노에마로부터 질료를 구분하는 것이 무엇인지 알지 못한다.[63] 만일 질료가 비지향적인 것으로서 내실적인 구성성분이고 노에시스적 지향성에 의해 의미의 혼이 불어넣어지는 것이라면, 그 질료는 필연적으로 '노에마'와 동일한 것 아닌가? 그러므로 체험의 모든 '내실성'은 그것의 구성된 의미로 환원될 것이다.

　후설의 기술은 그 질문에 대해 해답을 주지 않는다. 질료적인 질료는 지각된 사물의 초월론적인 질료도 아니고 지각하는 물체의 질료도 아니기 때문에, 지향성에 의해 그것에 '혼을 불어넣음'(animation)은 질료적인 음영(Abschattung, 陰影)에서 출발하여 이루어질 것이고, 그 질료적인 음영에 대해 우리는, 만약 그것이 이미 지향적이지 않다면, 어떻게 그것이 아직도 초월론적인 대상을 가리킬 수 있는지를 물을 것이다. 후설에 따르면,

---

62) 같은 책, §36, p.118.
63) 같은 책, §97, p.335.

"조금도 시선을 떼어서는 안 되는 점은, 음영의 기능을 수행하는 **감각의 자료**, 즉 색(色)의 음영, 매끄러움의 음영, 형태의 음영 등등 —— 달리 말해 '구상'(figuration)의 기능 —— 은 원리상 단적으로 파악된 색, 단적으로 취해진 매끄러움, 단적으로 취해진 형태, 즉 **사물의 계기들**(moments de la chose) 인 다양한 모든 계기들과는 완전히 다르다는 것이다. **비록 그것이 동일한 이름을 지닌다고 하더라도, 그것은 원리상, 음영이 음영 지어진 것과 동일한 종류의 것이라는 사실을 배제한다.** 음영은 체험에 속한다. 그런데 체험은 오직 비(非)공간적인, 체험된 것으로서만 가능할 뿐이다. 음영 지어진 것은 원리상 오직 공간적인 것으로서만 가능할 뿐이며(그것은 정확히 본질상 공간적이다), 체험된 것으로서는 가능하지 않다."[64] 이것은 매우 명료하기는 하지만, 우리로 하여금 언제나, 어떤 것에 대한 표상 내지 음영이 무엇일 수 있는지, 또 그러한 것으로서 자신의 고유한 계기에서 그 자신이 스스로 음영 지어지는 사물도 아니고 사물에 대한 지향적 겨냥함도 아닌 것이 무엇일 수 있는지 모르게끔 내버려 둔다. 따라서 초월론적으로 실재적인(real) 것과 지향성 사이의 이 매개는 무엇인가? 지향성은 본질상 매개에 의해서 일어나야만 하는 것 아닌가? 그러한 것으로서의 질료적인 체험은 음영에 의해 주어지지 않는다.[65] 체험은 지각된 사물이 그 자체로 음영 지어지는 장소이자 계기다. 그러나 질료적으로 체험된 것과 사물의 관계는 지향적이지 않기 때문에, 오직 형상(morphé)만이 질료(hylé)에서 우리로 하여금, 다른 사물이 아닌 바로 그 사물의 나타남을 '인식'하게끔 해준다. 따라서 질료적인 질료는 그 자체로 절대적으로 미규정적인가? 그렇

---

64) 『이념들 1』, §41, p.134.
65) 같은 책, §42, p.137.

게 생각할 수는 없는 것처럼 보이는데, 왜냐하면 지향적인 형식 또한 그러한 것으로서 선험적으로 절대적인 미(未)규정성이므로(그것이 없이 지향성은 질료로부터 일어날 것이다), 모든 지각은 불가능해질 것이기 때문이다. 지각을 가능하게 하는 것은 오직 질료와 형식의 종합인가? 우리가 그 계기들의 무엇 위에 종합을 정초하는지 모른다는 사실 외에도, 그것은 지향적 형식만이 오직 구성하는 것이지만 종합의 작용 자체는 아니라는 점을 전제한다. 그러므로 우리는 선험적으로 종합 자체를 가능하게 하는, 더 기원적인 지향적 형식이나 질료로 되돌려 보내진다. 그러므로 우리는 '근원**구성**' (constitution primordiale, Urkonstitution)의 수준으로 내려가기 위해 피상적인 것으로 밝혀지는 노에시스-노에마의 구성의 계획을 포기하는데, [그 근원구성은] 후설이 출판되지 않은 상태로 남아 있는 텍스트에서만 분석을 시도했던 것이다.[66] 이 기원적 종합의 의미와 토대를 깊이 파고들지 않은 채, 후설은 "두 가지 가능성이 보류되어 남아 있다"라고 고백하는데, 그의 말에 의하면 "우리는 …… **'형식 없는 질료 그리고 질료 없는 형식'**이라는 표제를 붙일 수 있다".[67] 그것이 명료하게 보여 주는 것은 후설이 **이미 구성된** 노에시스-노에마 상관관계의 감옥에 갇혀 있는 수준에 머물고 있다는 점이다. 그는 감각적으로 주어진 것의 기원적인 구성을 해명하지 않으며, 출간되지 않은 텍스트에서야 관심이 제시되는, '초월론적 감성론'을 포함하는 본래적인 초월론적 현상학의 이편에 머물러 있다. 실상 노에시스와 질료를 구분하도록 허락하는 구성적인 과정에 대해 아무것도 우리에게 말해지지 않는데, 그 과정에서 둘 모두는 노에마와는 정반대로, 체험의

---

66) 그것은 우리가 되돌아가고자 하는 수고 그룹 D다.
67) 같은 책, §85, p. 290.

내실적인 구성 요소로 정의된다. 어느 하나가 다른 하나보다 더 기원적인 지를 알기 위해서는, 바로 질료 없는 형식과 형식 없는 질료의 우연성을 실제로 그리고 아주 면밀하게 고려해야만 한다. '정보를 제공하는' 지향성을 요청함으로써 시작하는 것이 질료인지, 아니면 우연히 마주친 질료에 혼을 불어넣는 것이 잠재적인 지향성인지 우리는 알지 못한다. "여기는 체험의 흐름에서, 그 감각적인 체험들이 도처에서 그리고 필연적으로 '그것에 혼을 불어넣는 파악'의 담지자인지(이러한 파악이 요구하고 가능하게 하는 모든 성격들이 거기에 결합한다), 달리 말하면 그것들이 언제나 **지향적 기능들** 안에 함축되어 있는지를 결정할 장소가 아니다. 다른 한편, 우선 우리는 본질적으로 지향성을 수립하는 성격들이 감성적인 토대 없이 구체적인 충만함을 가질 수 있는지를 아는 물음을 똑같이 보류한 채 남겨 두자."[68] 그러므로 후설은 훨씬 더 엄밀하게, 자신이 답하지 않는 질문을 제기한다. 그는 계속해서 모순을 해명하는 것에 만족한다. "모든 경우, 현상학적 영역의 전체에서는(말하자면, 끊임없이 보존되어야만 하는 구성된 시간성의 단계의 내에서의 전체를 의미하는데),[69] **감성적 질료**(hylé sensuelle)와 **지향적 형상** (morphé intentionelle)의 주목할 만한 이중성과 통일성이 지배적인 역할을 한다."[70] 자신이 고백한 바에 따라 후설은 노에시스–질료의 이중성과 통일성에서 출발하여 의미의 구성을 해명하려고 하지 않는다. 그는 이미 완성된 구성의 수준에서, 통일된 이중성과 복수의 통일성이라는 애매성을 받아들일 뿐이다. 발생적 구성은 분석이 시작하는 순간에 성취되었다. 후

---

68) 『이념들 1』, §85, p.289.
69) 이 괄호의 중요한 의미에 대해 우리는 좀 더 있다가 되돌아올 것이다.
70) 같은 책, §85, p.289.

설은 그 통일성이 이중성의 토대인지 아니면 그 역(逆)인지를 알려 하지 않는다. 무엇보다 그는, 그 이중성에서 무엇이 기원적인지, 그 종합에서 무엇이 선험적인지, 비지향적인 질료인지 아니면 지향적인 형상인지를, 해명하지 않는다. 분명 후설은 정당하게, 둘 중 어느 하나에 절대적이고 배타적인 기원성을 귀속시키는 것을 전제하는 것처럼 보이는데, 그것이 모든 구성적 과정에 대한 이해를 가로막는다. [한편으로] 하나의 경우, 질료로부터 형식과 지향성을 도출하면서, 우리는 체험의 지향성을 구성된 수동성으로 변형시킨다. 지향성은 체험의 유일하게 형상적인 성격이 된다. 우리는 지향적 심리주의의 구습(舊習)에 머물러 있다. [다른 한편] 다른 경우, 만약 질료가 지향적 형상과 마주하여 그 어떠한 자율성도 갖지 않는다면, 만약 그것이 감각적인 질료와 **혼이 불어넣어지기 전에** 구성된 체험이 아니라면, 만약 그것이 자기 자신으로 충분하지 않다면, 만약 그것이 '그 자체로' 소위 이러저러한 대상의 음영의 조건을 나르지 않는다면, 지향성이 그 질료를 통하여 개별적인 대상과 실재적인 초월성을 겨냥하는 것은 불가능해 보인다. 여기에는 다음과 같은 역설이 있다. 만약 지향성이 유일하게 절대적으로 기원적이라면, 그것은 주체의 내부에 닫힌 채 남아 있어야만 한다. 우리는 본질적으로 지향적 심리주의와 구분되지 않는 주관주의적 관념론으로 다가간다.

따라서 이러한 위험을 피하기 위해서, '이중성'은 기원적으로 구성하는 것이어야만 한다. 그 이중성은 상관관계로서 자기 자신이 구성된 이후에 노에마를 구성한다. 한마디로 그 이중성은 통일성을 전제하면서 통일성을 구성한다. 이것이 바로 우리가 변증법이라 부르는 것이다

그러한 이중성은 ─ 그것은 본질법칙인데 ─ 도처에서 이미 구성된 것일 수 있을 뿐이다. 기원성과 이중성은 원리상 서로를 배제한다. 이것은

우리가 심지어 개진할 필요조차 없이 명증한 것인데, 왜냐하면 그것은 기원성 자체이기 때문이다. 상관관계, 종합, 전체성을 기원으로 삼는 것, 그것은 모든 것이 이미 주어져 있는 수준에 머무는 것 아닌가? 노에시스-질료의 총체를 반성의 출발점으로 삼는 것, 그것은 자연과학이나 심리학, 형이상학이나 초월론적 심리주의에 의해 사로잡혀 있는 것이다. 그것은 초월론적 현상학의 이편에 머무는 것이다.

우리는 정적(靜的) 구성의 용어로 기원성을 주제화할 때마다 이러한 딜레마와 재난을 벗어날 수 없다. 이것은 기원성이라는 주제에 시간적 의미를 부여하는 것을 아직 두려워하는 후설이 행하는 것이다. 발생적 생성이 부재한 구성적 영역에서, 통일성이 이중성을 생겨나게 하지 못하는 것보다 더, 이중성이 통일성을 생겨나게 할 수 없다. 왜냐하면 후설은 기원적인 시간성을, 일(一)과 다(多)의 변증법이 좌초하고 또 그와 더불어 모든 초월론적 기획이 좌초하는, 그 기술의 핵심에 놓지 않았기 때문이다. 체험의 흐름에 대한 빈번한 암시에도 불구하고 그 어떠한 순간에도, 시간은 노에시스-노에마 구조의 분석에 결정적인 방식으로 개입하지 않는다. 언제나 환기된 시간성은 시간적 대상이고, 구성된 노에마이며, 의미의 시간이라기보다는 시간의 의미다. 감각적이고 공간적인 질료 그 이상으로서, 정적 분석에 대해 어려움의 원천이 되는 시간적 질료[71]에 대해서는 결코 묻고 있지 않다. 구성에서 가장 기원적이고, 판단중지(ἐποχή)에 대해 가장 환원 불가능하게 [중요한] 현존적 '핵심'인 이러한 질료는 기술에서 감추어져 있다. 질료 일반은 정적인 구성에서 이차적인 지위를 차지하고 있을 뿐이다.

---

71) 시간적 질료는 후기 수고(그룹 C)의 주제를 제공하는데, 그에 대해 우리는 되돌아올 필요가 있다.

"자연히 순수한 **질료학**(hylétique)은 초월론적 현상학에 종속된다. …… 그것이 의미를 지니는 것은 오직 그것이 지향적 직물에 가능한 실[絲]을 제공할 때, 지향적 형성을 위해 가능한 소재를 제공할 때뿐이다."[72] 이러한 종속은, 오직 기원적인 시간성을 배제함으로써만 가능하다. 그 배제는 우리에게 완성된 종합, 구성된 체험을 전달한다. 이것이 바로, 우리가 지금 정적 현상학의 불충분함을 확인해 보기 위해 검증해야만 하고, '초월론적 발생'에 대한 주제화를 시작해야만 하는 이유인 것이다.

노에시스적 시간성: 정적 구성의 불충분함

방법론적 망설임

환원에 의해, 그리고 질료와 형상의 관계에 의해 제기되는 모든 어려움은 결국 구성하는 원천으로서의 '나'에 대한 불충분한 해명에 기인한다. 그 나는 어떤 때는 체험의 흐름을 초월하는 순수 자아이고, 때로는 그 흐름에 내재적인 구성성분이다. 이 두 가지 경우에, '나'의 시간성은 구성된 시간성이다. 그것이 형식이든 대상이든, 비(非)시간적이든 전(全) 시간적이든, 그 '나'는 정의상 기원적인 시간성과 혼동될 수 없다. 또한 환원은 자신의 절대적인 폭에 도달하지 못했고 또 모든 초월성을 '유보'하면서 구성하는 의미를 보존할 수 있기 때문에, 그 환원은 언제나 '세속적인' 사실성에 대한 배제가 언제나 환원 이후에 형상적인 영역, 즉 의미가 부여된 채로 **이미** 거기에 있는 의식을 남기는 그러한 피상적인 수준에서 좌초할 수밖에 없다. 그것의 지향성은 이미 수행된 종합이다. 마찬가지로 시간성은 오직 능동

---

72) 『이념들 1』, §86, p.298.

적이고 지향적인 형식과 수동적으로 감성적인 질료라는 양자 관계 안에서의 한 계기 또는 요소로서 도입되기 때문에, 우리는 아포리아에 이르게 된다. [그 아포리아는 바로] 다른 하나의 출현이나 생산을 막는, 어느 하나의 선행성과 절대적인 기원성이다. 말하자면, 우리는 환원의 작용을 가능하게 하는 것이 바로 이 시간성 자체라고 하는 점을 보지 않은 채, 기원적인 시간성에 대한 환원을 수행하는 것이다. 이 작용은 시간을 취한다. 그것은 이미 종합적이다. 환원이 이미 수행되었고 또 언제나 가능하다는 점을 전제하면서, 후설은 구성된 시간이라는 전(前)현상학적인 피상적 수준에 머무르고 있는 것이다.

더욱이 후설은 그가 구성된 시간성의 수준에 위치하고 있음을 기꺼이 인정한다. 그러나 그가 생각하기에, 이런 방식으로 "시작해야만 하는" 것은 일종의 외적인 필연성을 환기하는 것이다. 그는 그것을 되풀이하여 강조하려 한다. "우리가 이제까지 제약되었던 논의의 수준에서, 그리고 체험의 모든 시간성을 구성하는 궁극적 의식의 모호한 심층으로 내려가는 것을 사양하는 논의의 수준에서, 오히려 우리는 체험을, 그것이 통일적인 시간적 과정으로서 내재적인 반성에 스스로 제공하는 그대로 받아들인다."[73] 이러한 의식은 퇴행적 반성의 관점에서 볼 때 궁극적이다. 그것은 사실상 기원적이다. 기원적인 것이 언제나 철학의 궁극적인 계기로 나타나는 것은, 오직 '심리학적'이거나 '역사적인' 우연을 통해서일 뿐인가? 역사 안에서 선험적으로 제시되는 것이 어떻게 오직 역사적인 종합의 용어로만 드러날 수 있는지, 어떻게 역사가 '이미 거기'로서 나타나는 것에 대해 창조적일 수 있는지를 아는 것은 정확히 발생의 문제가 아닌가? 이것은

---

73) 『이념들 1』, §85, p.288.

우리가 생산의 작용이 절대적으로 의미에 선행하거나 혹은 그 역(逆)이거나를 확언할 수 있지 않더라도 그러하다. 본질이라는 용어의 충만하고도 절대적인 의미에서 만약 본질이 그러하다면, 어떻게 그 본질은 발생에 의해 드러날 수 있는가? 어째서 그 본질은 나타나기 위해 발생을 필요로 하는가? 만일 반대로 발생이 더 이상 본질을 나타내는 것이 아니라 창조하는 것이라면, 발생에 선행하는 무슨 의미 덕분에 그 본질은 우리에게 절대적이고 필연적인 것으로 나타나는가? 후설은 아직 그것에 대해 염려하지 않았다. 우리에게 기억되는 것은 현상학적 영역의 전체에 대해 말하면서, 그가 정확히 다음과 같이 만족한다는 점이다. "말하자면, 끊임없이 보존해야만 할 구성된 시간성의 수준 내부에." 게다가 시간성의 형상적인 영역들은 **이미** 의미가 부여되어 있기 때문에, 발생의 문제, 이른바 시간성의 기원적인 의미에 대한 문제 내지 의미의 기원적인 시간성에 대한 문제는 **이미** 해결되었거나 **아직은** 제기되지 **않았거나**겠지만, 그럼에도 그 문제가 "현상학을 위한 지도적 이념들"(Idées directrices pour une phénoménologie)의 순간에 제기되지 않았다는 점은 확실하다.

그것은 시간적 체험에 대한 모든 분석이, 정확히 『이념들 1』에서, 앞서서 만났던 어려움들을 다시 낳기 때문이다. 『시간의식』에서의 정의들을 반복하면서 후설은 우리에게 "**현상학적 시간**을 구분하는 차이, 즉 체험이라는 (**통일적이며** 순수한 나) **유일한**(seul) 흐름 안에서 모든 체험의 통일적인 형식과, '**객관적인**'(objectif) 시간, 말하자면 **우주적인**(cosmique) 시간의 차이를 세밀하게 고려할 것을" 권유한다.[74] 후자는 '측정이 가능'하고, 체험된 시간과 더불어, 초월론적인 물질적 대상이 질료적인 음영과 맺는 것

---

74) 같은 책, §81, p.272.

2장_근본적인 판단중지, 그리고 발생의 환원 불가능성 · 211

과 동일한 관계를 유지한다. "감각의 계기를 마치 색깔이나 연장처럼, 그리고 감각을 통해 음영 지어지는 사물의 계기를 마치 사물의 색깔이나 사물의 연장처럼, 동일한 형상적 종류에 위치시키는 것은 불합리할 것이다. 마찬가지로, 현상학적 시간과 세계의 시간에서도 그러하다."[75] 그러나 공간적인 지각이 문제가 될 때, 이러한 음영의 의미는 이미 모호하다. 그 음영의 의미는 우리가 시간에 대한 지각을 고려하면 더욱더 그러하다. 시간적 질료에 의해 음영 지어지고 나타내어지는 것은 무엇인가? 만약 이 시간적 질료가 자신의 종(種)을 가지고 공간적인 질료와 기원적으로 구분된다면, 만일 시간적 질료가 공간적 질료에서 비롯하여 파생되는 것이 아니라면, 그것은 시간에 대한 공간적인 측정으로서의 우주적인 시간을 '나타나게' 할 수 없을 것이다. 후설은 "자연의 공통성"[76]하에서, 시간적 질료와 공간적 질료 사이에 근본적인 차이가 존재함을 인식하였다. 그러나 그는 그렇게 주장하지 않으며, 무엇보다 모든 공간적인 질료가 시간적인 질료를 전제하지 않는지, 또 그 위에 정초되어 있지 않은지를 묻지 않는다. 이러한 정초 관계를 인식하는 것은 질료적 음영이 근본적인 역할을 수행하는, 정적 구성에 대한 분석의 불충분함을 명백하게 만든다. 진리는 다음과 같은데, 구성하는 생성의 문제가 여전히 제기되는 것은 그 자체로 취해진 공간적 질료의 내부에서다. 왜냐하면 만일 감각적 자료가 지향적이지 않은 내실적 체험이라면, 그것의 규정은 오직 수동적 구성에 의해서만 만들어질 수 있기 때문이다. 개별적인 실재성의 음영으로서, 그것은 지향적으로 혼을 불어넣음에 선행해야만 한다. 수동적 구성이 지향적이지 않은 체험의 내실

---

75) 『이념들 1』, §81, p.273.
76) 같은 책, §81, p.274.

적인 구성성분일 수 있는 것은 오직 그것과 동일한 시간에 참여함으로써뿐이다. 이러한 시간의 통일성은, 같은 이유에서, 그 구성에서 기원적으로 수동적인 계기를 고려해야만 한다. 그 통일성은 오직 지향성 자체보다 더 심층에 있는 것처럼 보이는 의식의 "기원적인 시간성"[77] 안에서, 또는 그것에 의해서만 그런 방식으로 구성될 수 있다. 지향성 자체는, 우리가 그 필연성을 깨달았던 역설에 따라 정적으로 남아 있는 능동적 구성을 수행하게 할 뿐이다. 발생적 구성이라는 관념, 그리고 수동적 발생과 능동적 발생 사이의 차이는 후설에게 아직 마련되지 않았다. 그것은 무엇보다도, 분석에 저항하는 수동성의 관념이다. 이제 우리가 보게 될 것처럼, 그것은 바로, 우리가 발생 일반으로 주제화해야만 할 수동적 종합, 정적인 구성과 매우 잘 조화되는 순수한 발생의 관념이 있기 때문이다.

질료에 관해서 공간적 연장과 시간적 연장을 비교한 다음, 후설은 자신의 분석을 일련의 제안과 보류로 환원한다. "시간은 나중의 연구가 보여주게 될 것처럼, **완전히 한정된 문제의 전체**(ensemble), 그리고 대단히 어려운 문제들의 전체를 포괄하는 표제다. 앞서 우리의 분석은 어느 지점까지는 의식의 영역에 대해 함구해 왔다. 그렇게 할 수밖에 없었던 이유는, 무엇보다 오직 현상학적인 태도에서만 보일 수 있는 측면들을 뒤섞지 않고 옹호하기 위해서였다." 또 그 시기가 마감되어 가는 중인 정적 현상학의 불충분함을 요약하면서 그는 덧붙이기를 "우리가 다양한 환원들을 통해 다루어 왔던 초월론적인 절대자는 실상 궁극적인 말이 아니다. 어떤 의미에서 더 깊고 절대적으로 고유한 어떤 것(etwas)이 자기 스스로 구성되며, 그

---

77) 후설도 체험의 고유한 통일적인 흐름을 '의식의 기원적 형식'으로 말한다(리쾨르는 'Urform'을 의식의 'forme-mère'로 번역하였다).

것은 결정적이고 참된 절대 안에서 자신의 원천(Urquelle)을 갖는다".[78] 그러므로 모든 환원들이 가능할 수 있는 것은 오직, 우리가 아직 그 형태(개별적인 자아, 기원적인 시간성, 목적론적인 의미에서 이해된 역사, 상호주관적 공동체 등등)를 알지 못하는 어떤 주체가 생겨나고 또 자기 자신을 생겨나게 하기 때문이다. 환원의 작용 자체는 시간의 기원적이고 수동적인 종합을 가리키는 시간의 선험적인 법칙들에 따라 스스로 시간화한다. 만일 어떤 시간에 대한 환원이 있다면, 환원에 대한 어떤 시간도 있다. 더 깊이 파고들어야만 하는 것은 바로 그것이다. '그에 대해' 현상학이 가능한 주체는 시간적인 주체다. 그러므로 한편으로, 그 자신 이외의 다른 것에 의한 시간의 능동적인 구성은 불가능하다. 시간 그 자체에 낯선 모든 것은 시간 안에서 구성되기 때문에, 모든 다른 구조에 대해 최후의 토대로 기여하는 것은 바로 시간의 자기구성(l'auto-constitution)이다. 다른 한편, 그것은 순수하게 능동적인 양상에 따라 구성되지 않는 시간의 본질에 속한다. 구성된 과거에 대한 파지는, 새로운 '지금'에 대한 종합 내지 수동적 발생을 함축한다. 그 어떠한 초월론적 능동성도, 이미 구성된 과거를, 의식에서 그러한 것으로 '되잡을' 수 없다. 만약 과거에 대한 구성과 파지가 능동적이라면, 그것들은 기원적인 '지금'의 현행성 안에서 또는 미래에 대한 투사와 예지 안에서, 순수한 능동성으로서 스스로 닫혀 있을 것이다. 과거는 그러한 식으로는 결코 다시 붙잡히거나 다시 알려지지 않는다.

그러므로 이른바 수동적 발생의 주제화는 이 시기까지 획득된 모든 현상학적 분석의 결과를 이미 뒤집어 놓을 것이다. 우리는 순수 '자아'를, 지향적 계기 안에서 주체에 의해 수동적으로 받아들여진, 더 이상 개별적이

---

78) 『이념들 1』, §81, pp. 274~275.

거나 단자적일 수 없는, 역사 안에서 스스로 생산되는 주체로 대체해야만 하는 것 아닌가? 만약 수동적 발생이 우리로 하여금 구성하는 역할을, 계속되는 생성 안에서 이미 구성된 것에 부여하도록 강제한다면, 현상학과 구성된 학문 일반(역사학, 심리학, 생물학, 사회학 등등)의 관계, 초월론적 체험과 경험적 사실들의 관계는 변증법적인 '구성'(composition)의 의미로 심층적으로 변화되어야만 하는 것 아닌가?

후설은 그렇게 확장될 미래의 주제를 아직은 제시하지 않는다. 무엇보다도 그는 거기서 '필연성'을 보지 못한다. 그는 "다행히 우리는 예비적인 분석 속에서, 그 엄밀함을 위태롭게 하지 않고서도, 시간의식의 수수께끼를 옆으로 치워 둘 수 있다"라고 쓴다.[79] 그러나 아마도 이 형상적 '엄밀함'(rigueur)이 타당할 수 있는 것은, 오직 본질들이 초월론적 기원에서 해명되는 한에서, 자연과학의 개념적 '정밀성'(exactitude)에 대립될 때에만 그러하다. 그 구성의 심층적 분석의 이편에는, 개념으로부터 본질을, 구성된 정밀성으로부터 구성하는 엄밀함을 구분하게끔 해주는 것이 아무것도 없다. 『이념들 1』의 주제들이 주어지고 이미 구성된 구조인 한에서, 그에 대한 기술의 엄밀함은, 그 자체로는 심리학적 기술 이상의 보증을 제공하지 않는다. 그럼에도 후설은 여기서 토대로 남아 있는 방법을 신뢰하면서 ― 그 방법은 매우 모호하다고 고백해야만 할 것이지만 ― 시간에 대한 형상적 기술은 그것이 끊임없이 함축하는 고유하게 초월론적 기술보다 진술이라는 관점에서 볼 때 선행할 수 있다고 생각한다. 여기서 우리는 후설이 그토록 자주 암시하는 '초월론적으로 이끌어 가는 것', '[초월론적] 실마리'(fil conducteur)라는 관념을 환기해야만 한다. 그러므로 형상적 영역,

---

79) 같은 책, p.275.

예를 들어 '사물'의 영역은 '현상학적 연구에서의 실마리'로 기능할 수 있다.[80] 여기서 시간성에 대한 형상학은 우리를 시간의식이라는 기원적인 구성으로 천천히 나아가게 해야만 한다. "체험 일반에 적용된, 시간성이라는 일반적인 용어가 표현하는 형상적 속성은, 단지 따로따로 취해진 각각의 체험이 일반적인 방식으로 소유하는 성격만을 지시하는 것이 아니라, **체험을 체험에 결합하는 필연적인 형식**도 가리킨다. 모든 실재적인 체험은 필연적으로 지속하는 체험이다(우리는 체험된 실재성에 대한 명료한 직관을 토대로 이러한 명증을 형성한다). …… 그것은 끝없이 흘러가는 **고유한 '체험의 흐름'**에 속한다."[81] 그러므로 우리는, 모든 체험에 대한 '본질적 성격'을 발견하면서, 순수하고 단순한 형상적 기술을 넘어서는가?

'지금'의 기원성 그리고 칸트적인 이념

의심의 여지 없이 분명한 사실은, 이 "체험을 체험에 결합하는 필연적인 형식"이 칸트적인 유형의 시간의 이념성, 즉 연합과 인과성의 형식적 가능조건 내지 감성의 선험적인 형식과는 아무런 공통점도 없다는 점이다. 그것은 "일반적으로 모든 각각의 체험이 소유하는 형식"이 아니라 그 자체로 구체적인 체험이어야만 한다. 그것을 특수한 각각의 체험으로부터 구분해 주는 것은 무엇인가? 시간적 체험의 다양성[多]과 시간의 동질적 통일성[一]을 어떻게 조화시키는가? 이 통일성은 추상적이지 않으므로, 그것은 직접적으로 구체적인 다양성**의** 통일이다. 그러나 만일 그것이 단지 체험의 다양성**의** 통일일 뿐이라면, 우리는 그러한 각각의 체험이 자신의 내재성

---

80) 『이념들 1』, §150, p.503.
81) 같은 책, §81, p.275.

안에서 시간의 무한성에 속한다는 것을 어떻게 의식할 수 있는지 알지 못한다. 실상 후설은 쓴다. "모든 체험, 예를 들어, 즐거움의 체험은 시작할 수 있는 것과 마찬가지로 끝날 수도 있는데, 그러니까 자신의 지속을 한정할 수 있다. 하지만 체험의 흐름은 시작할 수도 끝날 수도 없다."[82] 무한하기는 하지만 그럼에도 특수한 각각의 체험과는 구분되는, 전체성에서 취해진 체험의 흐름은, 무엇을 말하고자 하는 것인가? 그것은 무한한 한에서 체험될 수 없다. 다른 한편, 그것의 무한성은 그와 같이 유한한 체험으로부터 시작해서는 구성될 수 없다. 다른 한편, 후설이 분명히 말하는 것에 따르면, 유한한 것과의 관계에 의한 그것의 초월성은 초월론적인 사물의 양상에서의 초월성일 수 없다. 그것은 여전히 내재성 안에서의 초월성이다. 따라서 하나이자 무한한 흐름은, 순수한 나와 마찬가지로, 내재성에서 구성되지 않은 초월성, 체험들과 뒤섞이지 않으면서도 이념성과는 구분되는 체험이다. 만일 우리가 그것을 변경하지 않는다면 그 텍스트는 이해하기 불가능한데, 이는 발생적 기술에서 한편으로는 순수한 나와 체험의 이념이, 다른 한편으로는 역사 일반의 해석 속에서 구성하는 것과 구성되는 것의 관계가 조명되기 때문이다.

실상 만약 그 체험이 그 자체로, 『이념들 1』 49절에서 규정된 노에시스-노에마 순환에서 빠져나갈 길 없는 체험으로 이해될 수 있다면, 체험의 무한한 흐름이 거기에서 나타나는 것은 불가능하다. 규정되지 않은 채 흘러가는 시간은 우주적인 견해에 의해 공간화된 시간이어서도 안 되고, 매 체험에 의해서 구성되고 또 그 체험과 더불어 사라지는 '노에마적' 시간이어서도 안 된다. 따라서 그것은 순수한 시간을 포함해야만 한다. 완전히 선

---

82) 같은 책, 같은 곳.

술어적인 순수한 시간은, 예를 들어, 절대적으로 미규정된 미래의 형식을 취할 수 있다. 이제 그러한 미래는, 그러한 것으로서 기원적으로, 체험된 내재성에 이미 통합된 노에마적 구조에 도달할 뿐인 지향성에 절대적으로 접근 불가능하다. 그것과 더불어, 『이념들 1』에서 규정된 틀에서 우리를 벗어나게 해주는 새로운 초월성이 그려진다. 우리는 적절한 변용을 가하여 과거에 대해서도 같은 것을 말할 수 있다. 그러므로 자신의 능동성과 수동성이라는 이중의 의미에서 깊은 지향성은, 체험의 구체적인 전체성으로서의 순수한 나를, 수동적으로 구성되는 선술어적인 시간에 다시 결합시켜야만 한다. 그러므로 체험은 더 이상 순수한 내재성으로 정의될 수 없지만, 그럼에도 그것은 지향적이다.

그것의 결론은 다음과 같다. 나, 즉 체험된 내재성 안에서의 초월성인 나는 더 이상 순수하게 단자적인 '자아'에 현출하지 않는다. 초월론적 상호주관성이라는 주제는 그러한 분석의 배경에 있다. 나는 시간 안에도, 시간 밖에도 있지 않고, 분석적으로 시간과도 뒤섞일 수 없기 때문에, 나는 시간 자체여야만 하며, 파지와 예지에 의해, 무한한 미래와 과거에서, 노에시스로서 그리고 노에마로서, 변증법적으로 재생산되어야만 한다. [즉] 능동성과 수동성으로서 그러해야만 한다. 여기서 변증법은 기원적이기 때문에, 구성된 것은 구성하는 것을 구성하고, 역으로도 그러하다. 절대적인 단자는 기원적으로 '타자'(l'autre)를 받아들인다. 이 '타자'가 감각적인 사물의 선술어적 존재이든, 시간의 선술어적 존재이든, 아니면 '다른 자아'(alter ego)의 선술어적 존재이든, 아무리 그것이 이상하게 나타나 보이더라도, 거기서 초월론적 의미를 인식해야만 한다. 그러므로 그 순수한 '나'는 수동성과 능동성을 구성하는 변증법적 발생에서 시간적으로 스스로 구성되어야만 한다.

수동적 발생과 더불어 우리는, 이제까지 언제나 구성된 것으로 보였던 것, 즉 자연적 태도 그리고 그것에 대답하거나 자연과학과 인문과학의 대상을 만드는 모든 것에 구성하는 가치를 부여해야만 한다. 그 모두는 유일하고도 동일한 역사에 참여하는데, 그리하여 그 역사에서 출발해서 체험의 개념은 개혁되고 확장된다. 체험의 직접성과 명증성은 선험적으로 종합적인데, 왜냐하면 기원적으로 시간적이기 때문이다. 따라서 그것들은 오직 모순의 용어로만 기술될 수 있을 뿐이다. 또 그것이 바로 후설이 『이념들 1』에서, 말하자면 발생적 주제를 조명하기 몇 년 전에, 그 '나'를 순수하면서 동시에 시간적인 것으로 기술하기를 원하면서, 그 '나'를 **동시에** — 그러나 모호하게 — 절대적인 현재(Présent absolu)이자 칸트적인 의미의 이념(Idée)으로, 암묵적으로 동일시했던 이유다. "나는 언제나 그 시선을, 체험이 **그 아래서 주어지는** 시간적인 **양상**으로 돌릴 수 있으며, …… 그 '나'가 주어진 것이라는 양상에서 연속된 흐름 안에서 구성되지 않고, 통일성을 과정에 또는 지속에 부여하는 [지속 가능한 체험에서 생겨나지 않는다는] 점을 명증하게 인식할 수 있다."[83] 그러나 이러한 통일성은 지속 자체에 외재적인 형식적인 개념이 아니기 때문에, 그 자신의 편에서 보자면 '어떤 새로운 종(種)의' 체험이다. 후설이 충분한 방식으로 정의하지 않는 것이 바로 이 새로운 종이다. 실상 한편으로는, 이 형식이 모든 체험들의 형식이기 위해서 그것은 현행성이 결코 변화하지 않는 현전적 체험으로서 나타나야만 하고 스스로 나타나야만 한다. 그러나 이 현행성은 연속적인, 다양한 체험의 현행성과 혼동되어서는 안 된다. 이 체험들로 나의 시선을 돌리면서, "나는 …… '지금'의 현전적 양상을 주목할 수 있고, 그 지금에서

---

83) 『이념들 1』, pp. 275~276.

그리고 원리상 모든 지금에서, 새롭고 또 언제나 새로운 지금이 필연적인 연속성으로 결합된다는 점을 관찰할 수 있다. 동시에 매번 현행적인 지금이 '방금 막'(Soeben)으로 전환되는 것을 주목한다. 이 '방금 막'은 또 자신의 편에서 연속적으로 보자면, 언제나 새로운 '방금'의 '방금'으로, 그리하여 끝없이 전환된다".[84] 따라서 변화하는 다양성에서의 체험들 자체와, 그 체험들에 대해 내재적인 동시에 초월론적인 시간적 체험의 순수한 형식을 구분해야만 하는 것은 바로 체험의 내부에서다. 내재성과 초월성 사이의 이러한 기원적인 긴장은 신비스러운 것으로 남는다. "현행적인 지금은 필연적이고 점(點)적인 어떤 것으로 머문다. **질료가 언제나 새로울 때에도 존속하는 것은 바로 형식이다.**"[85] 만약 이러한 점적인 한계가 결코 그러한 것으로서 내실적으로 체험되지 않는다면, 그것은 체험을 알려 주는 선험적인 개념이다. 그것은 비시간적인 이념성, 구성된 이념성이다. 만약 반대로 그것이 체험된다면, 그것은 점적인 것일 수 없다. 순수하게 점적인 성격은 연속성의 부정이고, 따라서 시간적 체험의 명증 자체에 대한 부정이다. 하지만 그렇게 체험된 것의 순수한 점적 성격 없이는 연속성에 대한 명증 역시 불가능하다. 연속성은 언제나 점적인 것과 언제나 새로운 것이 서로 잇따르는 오직 하나의 현전을 통해서 지속한다. 매 현전의 엄밀한 점적 성격이 없이는, 시간·현재·과거·미래의 다양한 현상학적 변양들은 그것들에 대한 명증으로부터, 그리고 그것들의 기원적인 구분으로부터 단절될 것이다. "체험을 촉발하는 매 순간의 지금은, 비록 그것이 새롭게 나타나는 체험의 시작하는 위상이라고 하더라도, 필연적으로 자신에 **앞서는 지평**을 가

---

84) 『이념들 1』, p. 276.
85) 같은 책, 같은 곳.

진다. 그것은 원리상, 공허한 선행성, 즉 모든 의미가 박탈된 내용 없는 공허한 형식일 수 없다. 그것은 필연적으로, 이러한 형식하에서 지나간 어떤 것, 지나간 **체험**을 포함하는, 지나간 현재의 의미를 갖는다."[86] 따라서 그러한 '지금'의 점적인 성격은 선행성이다. 그것은 파지를 포함하며, 이어서 파지의 파지 등등을 포함한다. 그것은 연속된 밀도(densité)를 갖는다. 그것은 구체적이다. 따라서 순수한 형식 내지 순수한 자아는, 언제나 새로운 '지금들'의 창조가 파지에 의해 부단히 필연적으로 연속되는, 그러한 발생적 역사 없이는 불가능하다. 점적인 현행성에서 드러나는 시간적 형식 내지 나의 순수성은 '본질적으로' 그리고 선험적으로 과거에 의해 날라지고, 미래에 의해 방향이 지어진다. 그것의 의미 자체, 말하자면 그 '지금'의 기원성과 고유성은 그러한 이중적 운동의 가능성 위에 정초되어 있다. 그것의 절대는 체험된 '관계'에서 취해지는 데에서 성립한다. 그것의 순수성은 그것이 아닌 것에서 드러나고 풍부해진다.

우리는 ── 후설이 여기서 그렇게 하려고 시도하는 것처럼 ── 시간의 형식적인 순수성을 실재적이고 가능한 '지금들'의 체험된 전체성으로 생각할 수도 있을 것이다. 왜냐하면 점적인 '지금'은 순수하지 않고 복합적이어서, 우리는 나와 시간적 형식의 통일성을 '전체성'의 형식하에서 찾으리라 기대할 수 있기 때문이다. 그러나 후설이 인정하는 것처럼, "[지금들의] 연쇄의 **전체성**(totalité)은 …… 자기만의 고유한 순수한 시선에서는 결코 주어지지 않는다".[87] 그렇다면 우리는 가능한 '지금들'의 무한한 전체성을 포괄하기 위하여, 연쇄에 제한된 순환의 개념적인 구성과 형식적인 연

---

86) 같은 책, §82, p. 277.
87) 같은 책, §83, p. 280.

장에 의지할 수밖에 없는 것 아닌가? 후설은 연쇄의 가능한 무한성에 대한 직관을 믿는다. "그 모든 것은 직관적으로, 그러니까 **내재적 직관이 제시하는 '경과에서의 한계 없음'**(Grenzenlosigkeit im Fortgang)이라는 형식하에서, 파악될 수 있다."[88] 여기서 소위 무한한 전체성에 대한 직관이라는 것을 도입하면서 후설은, 시간적인 자아(moi temporel)의 내재적이고 모나드적인 순수성을 수호하려는 헛된 시도를 하는 것처럼 보인다. 그가 이러한 시간성을 깊이 파고드는 척하는 것은, 오직 그 시간성을 그것의 변증법적 본질로부터 벗어나게 만들 뿐이다. 잇따르는 것의 무한한 전체성에 대한 직관은 없으며, 오히려 잇따르는 것의 전체성이라고 하는 미규정성 자체에 대한 현행적인 직관이 있을 뿐이다.[89] 그러므로 매 순간 구체적인 직관에 의해 파악될 것은, 바로 그것의 본질적인 미완성[또는 불완전함]이다. 구체적인 직관은 순수한 현재를 구성하는 운동 자체다. "우리가 어떤 방식으로든, 내가 말하는 **통일체로서의 체험의 흐름 자체**를 파악(saisie)하는 것은, 바로 파악에서 파악으로의 연속적인 전개 안에서다. 우리는 그것을 개별적인 체험으로서가 아니라 **칸트적인 의미의 이념**의 방식으로 파악할 것이다."[90] 그리고 좀 더 뒤에 후설은 "칸트적인 의미의 이념에 대한 직관"에

---

88) 『이념들 1』, 같은 곳.
89) 여기서 모순되어 보이는 것은 미규정적인 것에 대한 직관이라는 이상한 관념이다. 이 미규정적인 것을 모든 직관에 접근이 불가능한 한계로 인식하는 대신, 후설은 그것을 구체적인 형식하에서 체험에 내재적이고 현전하는 것으로 만들고 싶어 한다. 본질적으로 한계가 있는 절대적 의식을 드러내는 대신에, 그는 관념론에 의해 미규정적인 것에 구체적인 내용을 부여한다. 미규정적인 것에 대한 직관은 무한한 가능성에 대한 직관이다. 후설적인 관념론과 현존의 철학 사이의 분열이 만들어지는 것은 바로 여기에서다. 현존의 철학은 죽음의 가능성과 실존적 필연성에서, 그리고 시간의 미규정적인 가능성이라는 관념에서 동시에 출발하여, 가능성의 불가능성과 불가능성의 가능성을 결합하도록 우리를 이끈다. 소위 미규정적인 것에 대한 직관의 비본래성(l'inauthenticité)은 현재의 미완성과 미래의 미규정에 직면하여, 절대적으로 미규정된 것에 앞서 '불안'을 넘어선다.

대해 말한다. 만약 우리가 그 칸트적인 의미의 이념이 칸트 자신에게, 그리고 무엇보다도 직관에 의해 충족될 수 없는 것이라는 점을 고려한다면, 칸트적인 비판주의와 형식주의와 대면하여 후설에 의해 기획된 혁명은 그 모든 의미를 취할 것이다. 구성된 시간성의 수준에 있는 『이념들 1』의 수준에서, 그럼에도 이러한 혁명은 정초된 것처럼 보이지 않는다. 어떻게 거기에 아직 있지 않은 것에 대한 직관이 가능할 것인가? 어떻게 비존재(le non-être)와 부재(l'absence)가 직접적으로 그리고 구체적으로 파악될 수 있는가? 그것은 후설에게서 모든 작용 및 지향적으로 겨냥된 모든 것의 기원과 토대가 존재의 실정적 정립에 있는 것만큼이나 어려운 것처럼 보인다. 무한(l'infini)에서 미규정(indéfini)으로의 변형은, 기원적인 체험에 부정(négation)을 도입하면서, 우리에게 '주어지지' 않은 전체성에 도달하기 위하여, 우리로 하여금 개념적인 매개 아니면 다른 매개를 사용하도록 강제해야만 하는 것 아닌가? 이러한 전체성은 형식적으로 남으며, 소위 그 전체성을 겨냥한다고 주장하는 직관은 기원적인 현전에 의해 '충족'될 수 없다.

그것은 직관이 시간에 대한 형상적 직관에 머물기 때문이다. 여기서 시간은, 구체적이기는 하지만 그럼에도 노에시스적 주체의 구체적인 시간성과는 뒤섞이지 않는 노에마적 본질이다. 시간이 기원적인 '지금들'의 미규정된 연속성에서 나타나는 것은 오직 구체적인 형상적 필연성일 뿐이다. 그러나 다른 한편 우리는, 본질들이 비록 절대적인 명증감 안에서 지각된다고 하더라도, 초월론적 주관성의 작용에 의해 본질로 구성된다는 점을 알고 있다. 만일 그 자체 비시간적인 본질을 고려하면서, 단순히 형상적 영역으로서의 의식이 형상을 생산하고 파악할 수 있다는 사실에 우리

---

90) 『이념들 1』, 같은 곳.

가 이미 놀랄 수 있다면, 시간의 본질이 문제가 될 때에는 더할 나위 없이 그러하다. 따라서 시간을 그 본질 안에서 구성해야만 하는 것은 바로 초월론적 의식이다. 그러나 순수한 나(Moi pur)로서의 그 [초월론적] 의식은 또한 시간의 구체적인 형식이다. 그 형식이 시간의 본질을 구성하는 것은 오직 그것이 이미 시간적이기 때문이다. 그 안에서 질료와 형식의 종합, 체험들과 '지금'의 종합, 그것의 구체적인 현행성과 미규정된 가능성의 종합은, 항시 **이미** 만들어져 있다.[91] 다른 형상적인 영역에 대하여 우리가 분석의 의미를 변질시키지 않고서도 노에시스-노에마 상관관계의 구성된 구조에 따라 체험을 기술하기를 시도하는 반면에, 시간의 본질은 그러한 논의에 저항한다. 노에시스적 작용은 이미 시간적이고, 이미 기원적인 종합에 의해 구성되어 있다. 순수한 형식은 본질적으로 **이미** 질료적이다. 질료(hylé)와 형상(morphé)이라는 용어로 말하자면, 형상의 명시적인 개입에 앞서는 시간적인 질료는 이미 '수동적으로 알려져' 있으며, 그러한 한에서 형상이 '혼을 불어넣을' 수 있는 질료를 만나게 되는 것은 오직 선행하는 계기에서 시간적 종합이 수동적으로 수행되었기 때문이다. 이번에는 적어도 수동적인 체험의 수준에서,[92] 초월론적인 '나'의 발생 자체는 이론의 여지 없이 명백하다. 그 발생과 더불어 우리는 궁극적인 초월론적 원천으로 우리에게 제시되는, [그러니까] 노에시스-노에마에 앞서는(pré-noético-noématique) 절대적으로 기원적인 시간을 해명하기를 시작한다. 그리고 후설이 쓴 것처럼, "우리는 두 개념을 필연적인 상관자로 간주하는데, 한편으로는 **고유하게** 순수한 나가 있고, 다른 한편으로는 3차원에 따라 충족

---

91) 그것은 그 자체로 나타나는, 기원적인 유한성을 구성하는 '항시 이미'이다.
92) 순수한 내재 안에서 그러한 체험이 어떻게 가능한지는, 정확히 해야만 하는 것으로 남아 있다.

되면서 본질적으로 그 자신이 이러한 충만함과 연계되어 내용의 연속성을 통하여 스스로 야기되는 **고유한** 체험의 흐름"[93]이 있다는 것이 만약 참이라면, 그 상관관계는 평형(équilibrée)도 정적(statique)인 것도 아닌 채 남게 된다. 왜냐하면 한편에서는 그 고유하게 순수한 나가 이미 시간성 안에서 구성된 것이기 때문이고, 다른 한편에서는 그 체험의 흐름이 이미 주체와의 관계에서 통일되어 있기 때문이다. 그리하여 우리는 이 용어들 각각의 내부에서, 상관관계의 두 극(極)을 동시에 요구하는 종합을 다시 발견하는 것이다. 따라서 그 상관관계는 피상적이며, 우리는 더 기원적인 종합으로 돌려보내진다. 순수함의 극한에서 우리는 언제나, 주체로서 스스로 구성되는 시간의 종합 내지 시간의 발생을 만나게 된다. 이러한 발생적 종합은 그렇게나 기원적이고 선험적이어서, 우리는 시간이 순수한 주체성에 선행하는지 아니면 그 역(逆)인지를 절대적으로 결정할 수 없다. 변증법은 무한한데, 왜냐하면 구성하는 주관성은 종합적으로 시간과 뒤섞이기 때문이며, 현존은 '대자'적인 유한성이기 때문이다.

'근원종합': 발생적 구성의 필연성

비록 후설이 초월론적 발생에 대해 아직 말하지 않기는 하지만, 그럼에도 그는 탐구해야 할 것으로 남아 있는 새로운 영역에 대해서 암시한다. 그것은 바로 (우리가 거기서 능동적이고 이산적인 종합synthèse active et discrète을 볼 수 없는) 시간 자체의 고유한 의식인 '근원종합'(Ursynthese)으로서, 거기에 결부된 문제 제기와 더불어 명시적으로 제거되었던 것이다.[94] 그러

---

93) 『이념들 1』, §83, p. 279.
94) 같은 책, §118, p. 403. 역자 주 1번 또한 참고.

므로 순수하게 방법론적인 필연성을 위해 감추어져 있는 것은 이제까지 추구되어 온 현상학적 분석의 모든 토대다. 그 토대는 바로 발생이다.

그리하여 『이념들 1』의 끝에서 우리는 전복을 목격한다. 현상학의 처음의 직관은 발생에 대한 거부 내지 '단절'을 동기 짓는 것처럼 보였다. 그리하여 시간성을 비시간적인 '형상'(eidos)으로 변형하는 데로 이끌리면서, 우리는 동시에 순수한 주체의 실제적인 시간성으로 되돌아가야만 했다. 발생적 시간성에 대한 환원은 환원 자체의 시간적 발생에 이르기까지 깊어진다. 주관성이라는 것을 고려해 보더라도 그 안에서조차, 시간의 사실(le fait)과 본질(l'essence)의 종합, 시간적 주체의 현존과 지향적 의식이 절대적으로 기원적이기 때문에, 사실과 본질, 형상적 환원의 타당성과 초월론적 환원의 타당성 사이의 모든 구분은 다시 의문에 부쳐지는 것처럼 보인다. 시간적 질료, 그러니까 모든 질료 일반의 수동적인 종합은, 우리에게 실재적인 것과 [내실적인] 체험 사이의 구분을 재고하게끔 이끄는 것처럼 보인다. 따라서 우리는 단지 초월론적 발생을 주제화하는 것이 필연적인 것처럼 보일 뿐만 아니라, 그 결과 심지어 초월론적 발생과 실재적인 (real) 발생 사이의 구분에 새로운 토대를 찾는 것도 필연적인 것처럼 보이는 그러한 지점에 이르게 되었다. 경험적인 것과 초월론적인 것은 엄밀한 분리에 저항하는 것처럼 보인다. 현상학의 새로운 노력은, 그 분리를 매우 멀리 그리고 깊이 재발견하도록 시도해야만 한다. 이것이 바로 철학이 치러야 할 대가인 것이다.

3부

·

발생의 현상적 주제: 초월론적 발생과 '세속적' 발생

1장_
판단의 탄생과 생성

후설의 사유가 발생적 현상학으로 향하는 모든 경로는 우리가 보았듯이 시작부터 방향이 정해진 것이었다. 그러나 그 경로는 단선적인 것이 아니었다. 따라서 『이념들 1』이후에 1915년에서 1920년까지의 발생적 주제의 출현이 이전 철학의 완성이나 혁명을 구성하는지 결정하는 것은 불가능하다. 이것의 결정을 위해서는 후설의 철학에 '삼단논법'의 '체계적' 성격을 부여해야만 할 것이다. 전제를 검증하지 않는 결론들은 모든 철학적 정합성을 파괴할 수도 있을 것이기 때문이다. 유사한 시각이 후설 사유의 심층적 의미와 모순된다는 것을 차치하고, 더 이상 급작스러운 전환이나 단절을 믿지 않기 위해서는 수고에 담겨 있는 주제들의 뒤엉킴, 이들의 연대기의 복잡함을 한번 보는 것으로 충분하다. 『이념들 1』이후에 갈수록 후설이 강조하는 '주제'의 이념은 현상학의 의도 자체와 일치한다. 의미들의 드러내기 혹은 해명은 구성에 아무것도 더하지 않기 때문이다. 의미들은 선행했던 것을 가치 절하하거나 파괴하지 않는 것처럼, 창조하거나 발명하지도 않는다.

이것은 모든 후설적 주제들에 일반적으로 들어맞는다. 그러나 우리가 긴 괄호를 연다면, 이것은 정확히 한 번에 주제의 이념이 본질의 발생의 이념과 양립 가능한지를 묻기 위해서이다. 발생을 하나의 주제로서 다루는 것은 발생을 그 노에마적 의미로, 그리고 이런 한도에서 '경전화된' 생성, 즉 빛을 시선에서 투사하는 것으로 비시간적 의식에게는 충분한, 이미 현전하는 본질로 환원하는 것이 아니겠는가? 발생이라는 주제의 출현은 모든 발생처럼 창조인 동시에 드러남이 아니겠는가? 이 문제를 정면에서 다루지는 말자. 이것들은 우리를 주제에서 멀어지게 할 것이다.[1)]

발생적 현상학의 가능성에 중요하고도 명백한 암시는 『이념들 1』의 몇 년 후에 나타난다고 지적하는 것으로 우리에겐 충분할 것이다.[2)] 1919~1920년에 후설의 강의는 발생적 논리학을 다룬다. 이 강의가 란트그레베가 『경험과 판단』[3)]으로 편찬하고 편집한 근본 텍스트이다. 이 강의 순간부터 그의 생애 마지막까지 후설은 발생의 문제를 자신의 사색의 중심으로 삼았다.

이 발생과 후설이 이전처럼 배제하거나 '중립화'하려 했던 경험적 발생 사이에는 아마도 공통점이 없을 것이다. 초월론적 연구에 대한 후설의 충직함은 한시도 부정된 적이 없다. 사람들은 흔히 다소간 암묵적으로 발생, '생활세계', 역사성의 주제화를 초월론적 현상학에 초기 주장들의 포기로서 제시했다. 최소한 후설에게 이것은 결코 의문의 여지가 없는 것이었

---

1) 게다가 동시에 연관되어 있기도 하다.
2) 후설이 자신의 초기 심리학주의를 포기하도록 결정하는 데 미쳤던 나토르프의 영향이 다시 한번 중요했던 것 같다. 전하는 말에 따르면 나토르프는 후설에게 "현상학에 운동을 도입하기"를 조언했다고 한다.
3) 이 텍스트의 역사·가공·출판에 관해서는 『경험과 판단』에 란트그레베가 붙인 서문, pp.v~vii 참조[프랑스어판 pp.5~10][이후 『경험과 판단』을 인용할 때에는 괄호 안에 프랑스어판 쪽수를 병기한다. 상세 서지는 17쪽 각주 10번 참조].

다. 위와 같은 사람들의 가설을 물리치더라도, 우리들은 어느 정도로 이제 발생적 주제에 의해 점유된 상황이 '실재적'인 것과 지향적 체험, 세속적인 것과 초월론적인 것, 구성된 역사성과 기원적 시간성 사이의 혼돈의 위험을 더 이상 시급하게 하지 않는지를 자문할 수 있을 것이다. 이러한 '계기들' 사이의 엄밀한 분할의 기획은 정적인 현상학에 의해서는 지지되지 않았다. 이것은 생성을 의미들 자체의 구성과 혼동하며, 이 다양한 심급들을 연결하는 변증법적 연속성 혹은 연대를 더욱 환원 불가능하게 할 발생의 관점에서 그렇지 않겠는가? 발생적 생성이 그 의미에서 초월론적 주체의 행위에 의해 더 이상 구성되지 않고 '자아' 자체를 구성하므로, 현상학의 영역은 더 이상 노에시스-노에마 구조의 체험된 내재성에 의해 정의되지 않는다. 현상학은 더 이상 본질들의 이론적인 관중에게 즉각적으로 투명하게 나타나지 않는다. 어떤 점에선 바로 발생적 생성에 현상학이 도달해야 하는 것이다. 바로 거기에서 완수되어야 하나, 존재론이 되거나 근본적 관계들의 존재론과 상호 지탱하며 그러해야 하는 것이다. 자기 자신을 낳는 초월론적 주체는 더 이상 이론적인 의식이 아니라 실존(existence)이다. 후설은 기원적 존재론으로의 이행을 말하지 않는다. 그는 현상학이 이미 그것을 존재론으로 잇는 관계들을 정의한다고 생각한다.[4] 따라서 그는

---

4) 이러한 존재론은 게다가 '단형적'(monotypique)이다. 인간 '현존'과 경험적 '현존'은 본질적으로 구분이 되지 않는다. 이 두 가지 모두가 이론적 직관 앞에선 '객관화'될 수 있다. 그러나 이 존재론은 특히 현상학의 첫 계기들의 그것이다. 따라서 모든 후설의 사유가 이러한 존재론적 전제에 의해 동기를 부여받았고, 레비나스에게 동의하기 어렵다. 레비나스의 테제는 게다가 『데카르트적 성찰』 이전 텍스트에만 의거하고 있다. 이미 『이념들 1』의 주체의 기원적으로 '가치 평가적'이고 '실천적인' 심지어는 '윤리적인' 태도에 관한 특정 설명들은 일의적인 존재의 뉘앙스를 갖는다. Emmanuel Levinas, *La théorie de l'intuition dans la phénoménologie de Husserl*, Paris, Vrin, 1930 참조(4판은 1978년)[에마뉘엘 레비나스, 『후설 현상학에서의 직관 이론』, 김동규 옮김, 그린비, 2014].

발생적 영역으로의 그의 사색의 새로운 진전은 모든 그 이전 계기들에 연속적이어야 한다고 믿는다.

그러나 이러한 고요함은 답이 아니다. 구성의 절대적 원천, 초월론적 '나'는 순수 '현상학화하는'(phénoménologisante)[5] 태도를 유지하면서 역사에서 야기될 수 있을 것인가? 이것이 그 자체로 시간적 현존하는 것이라면, 그것이 구성하는 본질들의 가치와 객관적 순수성은 어떻게 될 것인가?

선술어적 명증성과 발생의 토대

'논리학의 계보학'으로 제시되는 『경험과 판단』의 시작부터 우리는 이미 『이념들 1』의 구도를 떠난다. 기원적 세계의 경계들이 열린 것이다. 후설은 있는 그대로의 존재자의 기원적 명증성의 문제에 착수한다. 인식은 '존재자'를 향해 애를 쓴다. "인식을 향한 노력이 존재자를 향해 방향을 잡고 그 주체에게 판단에 의해 존재자인 것과 존재자인 방식을 얘기해야 한다면, 존재자는 그것이 판단의 대상이 될 수 있기 위하여 이제부터 선소여된 것이어야 한다."[6] 자신의 선술어적 명증성 속에 주어진 바로 이 존재자로부터 판단과 술어적 명증성의 발생이 기술되어야 하는 것이다. "우리가 논리학을 의식하게 되었을 때(혹은 '논리학적으로' 의식하게, 즉 논리학이 '나타났을' 때), 그 논리적 체계와 함께 인식은 항시 이미 자신의 작업을 완수했다. 우리는 항시 이제는 우리 인식에 획득된 판단을 정식화하고 개념을 형성하고 결론을 유도했다. 이것들은 있는 그대로 이미 우리에게 선소여된 것

---

5) 후설이 수고에서 자주 사용하는 분사다.
6) 『경험과 판단』, §4, p.11(p.21).

들이다."[7] 이 모든 것이 논리적 반성 이전에 참된 판단과 단지 그렇게 주어진 판단 사이의 차이들이 우리에게 알려졌다는 것을 함축한다. 그러나 논리학자가 진지한 의미에서 어떤 논리학을 향해 방향을 잡았다면, 그의 관심은 판단의 단순한 게임 규칙으로서가 아니라, 그 덕분에 인식 일반이 가능한 한에서 판단의 형성이 만족시켜야 할 규칙으로서 판단의 형성(형식 논리학의 원리와 규칙들)의 법칙들에 관한 것이다.[8] 그런데 만약 "시선이 의식의 산출로서의 판단을 향하게 되면"[9] 그것은 전통적 논리학의 문제와 조우하고, 항시 발생적 심리학에 방기된다. 기원의 문제들은 전통적 논리학의 단순한 수준에서 제기되지 않음으로써, 그것들은 개념과 판단의 실재적이고 자연적인 형성의 학으로서의 심리학으로 보내지게 되었던 것이다. 그런데 판단의 발생적 심리학의 기획[10]은 근본적으로 판단의 발생적 현상학의 기획과 구분된다. 전자는 사실 논리적 형식과 관련해서 모든 주관적 소급의 유일한 출발점인 명증성의 문제들을 한시도 심각하게 다루지 않았기 때문이다. 사람들은 지식이 어디선가 실현되어 모든 경험적 지식을 평가하는 것을 가능하게 했기 때문에, 명증성이 무엇인지를 사전에 안다고 믿었다. 그러므로 그 발생적 의도에서 후설이 심리학의 가치에 이의를 제기했던 것이 아니다. 정반대로 이러한 주장이 소극적인 것이기 때문에, 그것이 지금부터 기원적 명증성의 의미가 알려졌다고 전제하기 때문에, 그것이 자신의 첫 번째 함축을 명확히 하지 않았기 때문에 심리학은 불충분한 것이다. 발생적 현상학은 정반대로 "올바른 사유의 심리학적 기술

---

7) 『경험과 판단』, §3, p.7(p.17).
8) 같은 책, §3, p.8(p.18).
9) 같은 책, §3, p.9(p.19).
10) 같은 책, §3, pp.9~10(p.19).

(技術)"이 되기보다는, 선술어적 명증성에서 술어적 명증성으로 나아가는 절대적 여정을 다시 그릴 것을 제안하는 것이다. 이런 점에서, 발생적 현상학은 우리를 더 이상 의식의 형상적 구조들 앞에 내버려 두지 않고, 경험 자체의 순수성 앞에 두는, 확장된 초월론적 환원이 실행된 것이라고 전제한다. 바로 이 원천에서 명증성의 발생은 그 원천을 취하는 것이다. 지향성의 운동은 전적으로 존중된 것으로 보인다. 이것은 우리를 있는 그대로의 존재자와 선험적으로 접촉하는 자리에 놓는다. 그러나 우리는 여전히 이러한 경험의 즉각성이 어떻게 복합 술어적 작용을 야기하게 될 것인지를 모른다. 논리학 일반을 토대 짓기 위해 비판 이전의 경험론을 피하는 것이 어떻게 가능할 것인가? 모든 형식적 선험의 포기가 이제는 전체적이고 완수된 것이다. 초월론적이고, 순수하고, 구체적이고 시간적인 '나'가 그러한 것으로서의 존재자에 직접적으로 접근한다. 이 접근을 뒤따를 발생은 '나'의 관점에서 능동적일 것인가, 수동적일 것인가? 능동성은 수동성의 변형된 계기일 것인가, 그 역일 것인가? 다른 한편, 모든 논리학과 모든 '이론' 일반이 존재자가 직접 현전하는 존재자의 지각에 의거할 때, 현상학은 전 객관적인 태도에서 지각이 이루어지는 한층 더 기원적인 영역에 의거하지 않게 될 것인가? 다른 가설로, 현상학은 모든 술어적 혹은 선술어적 객관화가 매개적이고 의심스러운 것으로 나타날 감각주의[11]에서 그 끝을 다하지 않을까? 초월론적 발생의 이념은 경험론에 도달하지 않는가? 이런 경험론은 기원성에의 무한한 자부와, 술어와 형식적 체계의 침전을 하나도 놓침 없이 해체하려는 의지에 의한 것이다.

---

11) 란트그레베는 후설의 '감각주의적' 선입견을 언급한다(*Phénoménologie-Existences*, 1953, pp.205~206에 실린 장 발Jean Wahl에게 보내는 편지, p.206).

인식의 목적인 존재자는 항시 "미리 주어져"[12] 있어야 한다. 그러나 아무런 방식으로나 주어져 있어서는 안 된다. 그것은 '직접 주어진 것' (Selbstgegebenheit)의 명증성 속에서만 있어야 하며, 상상이나 기억의 단순한 '현전화'(Vergegenwärtigung)[13] 속에 있어서는 안 된다. 필증성을 토대 짓는 명증성은 필증성과 혼동되지 않는다. 이 후자는 사실 명백한 기체로부터 술어 기능의 차원에 있는 것이다. 따라서 문제틀은 두 가지의 수준을 갖는다. 그 자체 속에 미리 주어진 대상의 명증성의 그것과 이 대상의 명증성의 토대에서 완수되는 술어적 작용의 그것이다. 따라서 선술어적 명증성의 세계로부터 술어 기능의 발생이 있다. 이 발생은 형식논리학에 의해서도, 문제틀의 상위적이고 피상적인 수준에서 두 가지 모두가 유지되는 심리학에 의해서도 연구되지 않았다.[14] "판단 작용의 발생에 대한 현상학적 해명을 위해서는 어떤 …… 소급이 불가피하다."[15] 만약 우리가 판단의 현상학적 발생을 그것의 산출의 기원성에서 찾는다면, "단순 판단 작용은 '인식하는' 판단 작용의 지향적 변형이라는 것"[16]이 드러날 것이다. 우리는 모든 발생의 인과적 그리고 심리학적 발생으로의 중립화 이래의 모든 길이 완수되는 것을 본다. 발생적 관점이 이제는 토대 연구를 지휘할 유일한 관점이다. 기원이 지각에 맡겨진 실재적 기체 안에 있음으로 인해, 우리는 체험된 내재성과 노에시스-노에마적 의미의 세계에서 아주 멀리 외부에 있다. 모든 노에마는 기체의 술어적 구조화이다. 모든 노에시스

---

12) 『경험과 판단』, §4, p.11(p.21).
13) 같은 책, §4, p.12(p.21).
14) 같은 책, §4, p.14(p.23).
15) 같은 책, 같은 곳.
16) 같은 책, §5, p.15(p.25).

는 '직접 주어진' 것의 명증성에 토대를 두고 있다. 그러나 그 어느 때보다도 심리-생리적 혹은 역사적 발생은 제거되었다. 초월론적인 것의 구체적 순수성이 구원된 것이다. "우리는 이미 어떤 의미에서 이것이 발생의 문제일지를 알게 된다. 이것은 첫 번째 발생(역사적이고 개체 자체에서 상응하는 역사적 의미에서)도 아니고, 이는 판단으로서의 인식이 솟아나는 산출들을 가로질러, 그것의 기원적 형식 속에서 직접 주어진 것의 인식이다."[17]

여기서 심리학주의와 역사주의가 결정적으로 극복되며 우리는 최초 발생의 주제화에 의해 『이념들 1』의 모든 관념론을 넘어서는 것으로 보일 수도 있을 것이다. 왜냐하면 판단은 심리적 작용인데, 즉 "실재적이고 개체적 내재자(immanent)"가 아니라 우리가 노에마에 대하여 이것이 내재적이고 비실재적 체험이라 말했던 의미에서 "비실재적 내재자"[18]이기 때문이다. 그러나 존재자의 실재성에 관한 명증성의 비실재적 체험의 토대에 관하여 새롭게 문제가 제기된다. 어떤 점에서는 명증성이 비실재적 체험인 것이 필연적이다. 이렇지 않고서는 명증성은 구성된 실재와 혼동될 것이다. 따라서 진리는 불가능할 것이다. 그러나 만약 발생이 비실재적 체험의 내부에서 완수된다면, 그것은 있는 그대로의 존재자에서 분리되어 그 토대를 상실하게 될 것이다. 우리는 또다시 『이념들』의 관념론의 포로가 될 것이다. 만약 정반대로 후설이 원하는 것처럼 보이는 것으로서, 발생이 어떤 의미, 어떤 본질, 어떤 술어에서 시작하지 않고, 존재자 자체의 선술어적 실재성에서부터 시작한다면, 주어진 것의 명증성에서 범주적 판단으로 이행하는 인식의 비약을 물론 용인해야 한다. 후설이 원하

---

17) 『경험과 판단』, §5, p.16(p.26).
18) 같은 책, §5, pp.16~17(p.26).

는 바[19]와 같이 판단의 산물이 한없이 가치가 있기 위해서, 그것이 항시 동일한 인식(보편적 진리의 기준인 것)을 주기 위해서, 판단은 "비실재적 내재자"이고 "초시간적"이어야 한다.[20] 따라서 "초시간적인 것"의 발생이 있다. 이것이 늘상 우리가 구성의 모든 수준들에서 부딪히는 동일하고 환원 불가능한 역설이다. 초시간적인 것이 일단 용인되고 그 특수성 속에서 기술되어, 그것은 자신의 발생으로부터 절연된다. 그에 따라 초월론적 생성 속에서 초시간적인 것에 시간적 상황을 부여하는 것과, 그로부터 그것을 '산물'로 삼는 것은 불가능한 것처럼 보인다. 논리적 형태이거나 초시간적 범주로서 그것이 가능하도록 만들 발생과 관련하여 마찬가지로 이것은 선험적일 수 있을 것이다. 이 발생은 또다시 우연적이고 심리학적일 것이다. 이것이 칸트적 시도의 모든 의미일 것이다. 역으로 — 이것이 후설의 의도에 보다 가까운 것일 텐데 — 우리는 이 초시간성을 전(全) 시간성(omnitemporalité)으로 간주할 수 있을 것이다. 이처럼 발생의 산물은 초월론적 시간성에 뿌리 내림과 동시에 심리학적 시간성에 대해서 자율적일 것이다. 그러나 이것은 이 초시간성을 시간성 일반의 변형으로 삼는 것이다. 그것이 획득된 것으로 보이는 자율은 그것의 종속의 양태일 따름인 것이다. 아마도 후설은 바로 이런 의미를 의도한 것으로 보이고, 이 주장은 그에 의해 「기하학의 기원」에서 확언되는 것으로 보일 것이다. 그러나 정확히 초시간성이나 전 시간성을 시간의 단순한 특수화로 삼기 위해서는 시간이 그것의 선술어적 계기에서뿐만 아니라 초월론적 자아의 체험되고 비실재적인 내재성 외부에서 고려되어야 한다. 이렇지 않고서는 우리는 다

---

19) 같은 책, §5, p.16(p.26).
20) 같은 책, §5, p.17(p.26).

음과 같은 것들을 이해할 수 없을 것인데, 이를테면 시간이 그러한 것으로서의 존재자의 시간성과 조화를 이루는 것, 무한한 술어적 침전들이 논리학의 초-개체적 전통으로 내어지는 것과 같이 시간이 그러한 침전들의 장소가 되는 것을 이해할 수 없을 것이다. 기원적 시간은 체험된 내재성의 그것보다 더 근본적인 시간이다. 그것은 현상학적 시간을 가능하게 만드는 것이어야 한다. 그것은 극단적으로 역사적 침전의 무한한 시간성과 혼동된다. 만약 그렇지 않았다면, 우리는 모든 술어적 객관화와 모든 초시간적 논리적 형태의 구성을 금지하는 선술어적 시간의 실체주의 혹은 감각주의의 위험을 무릅쓰게 될 것이다. 그러나 침전의 무한한 이러한 전체성은 하나의 이념이다. 이 이념은 모든 역사의 계기를 구성하는 절대적이고 완성된 역사 혹은 목적론의 이념이다. 선술어적인 것의 절대는 이렇게 가장 구체적인 동시에 가장 형식적이고 그 자체에서 가장 결정된 동시에 가장 텅 빈 것이다. 발생이 절대적이고 배타적으로 목적론에 의해 의미가 부여되었다면, 그것은 그 자체로 '불필요한' 것으로 나타난다. 발생이 첫째 지각의 선술어적 계기에만 의거한다면 그것은 '불가능한' 것으로 나타난다. 만약 논리학의 전체사의 이념이 선험적으로 발생을 고무한다면, 우리는 왜 이 발생이 외부적 시간에서 그것을 체화하고 무엇이 그것을 왜곡하고 소외시킬 수 있는지를 자문한다. 만약 다른 한편 선술어적 계기가 진실로 순수하다면, 우리는 어떤 방식으로 그것이 갈수록 복잡해지고 자신의 기원에 종속되었으면서도 자율을 획득하는 의미를 발생시키고 토대 짓는지를 모른다. 오직 기원적인 변증법만이, 이에 의해 무한한 변증법만이 이 현상학적 역설을 받아들이는 것을 가능하게 한다. 이 점에 대한 후설의 결론이 어떤 것이든, 우리는 이미 초월론적 상호주관성과 목적론의 이중적 필연을 감지한다. 그러나 후설은 이것을 아직[21] 제시하지 않았고, 논리적인 것의 이러한 발생과 초월론적 행위의 관계에 대해 질문을 던진다.

'세계'의 모호한 의미

"세계가 믿음의 보편적 토양"이고 이러한 사실로부터 그것이 "그 전체성에서 수동적으로, 확실성에서 항시 이미 사전에 주어"[22]졌다면, 초월론적 행위의 의미는 어떤 것일까? 만일 이러한 행위가 선소여되고 그러한 것으로서 이미 구성된 기체 위에서 행해진다면, 다시 말해 '선소여된 것'의 의미와 더불어 행해진다면, 그것은 기체에 내재적이고 수동적으로 받아들여진 의미를 이념화하고 형식화하는 것 이상일 것인가? 판단은 감각적 경험 속에 선소여된 것의 단순한 양태화(modalisation)로서 첨가되는 것이 아닐까? 선술어적 명증성으로부터의 필증성의 발생은, 이미 있는 것만을 산출하고, 대상에 있는 것을 '출현'시키는 발생으로서, 즉 그 자체로 명증성을 전제하고 경험적 단순 발생에 어려움 없이 동화될 수 있을 발생으로서 『경험과 판단』에서 아주 자주 출현한다. 술어가 순수하고도 단순하게 그것을 토대 짓는 선술어적 존재에 의해 결정되었기 때문에, 그것은 기원적으로 초월론적 행위에 의해 구성된 것이 아니다. 또는 보다 정확히 초월론적 행위는 그것을 기원적으로 정의한 수동성 속에서 소멸된다. "세계의 존재는 그 전체성에서 자신으로부터 절대적으로 나아가는 것이며, 결코 의심받을 수 없는 것이자, 판단 행위에 의해 우선 산출된 것이 아니라 이미 모든 판

---

21) 이것이 목적론이라는 주제가 이후 『위기』에서 취하게 될 형태로 수고에서 나타나는 계기이다. 초월론적 상호주관성의 주제는 보다 이전(1910~1911년)의 것이다.

22) 『경험과 판단』, §7, p. 26(pp. 34~35).

단에 전제된 토양을 형성하는 그것이다."[23] 그러므로 만일 우리가 초월론적 구성에서 논리학을 토대 짓기 위해 이러한 세계로 돌아가야만 한다면, 능동성과 수동성의 개념들이 그들의 초월론적 의미에서 이해되어야 하는 것이 명백하다. 모든 선술어적 명증성의 장소인 '생활세계'는 우리가 자주 그것을 제시하는 것처럼, 주체의 의도된 초월론적 행위를 좁은 의미에서 선행하거나 결정하는 이미 구성된 세계가 아니다. 후설에 의해 정의되는 세계는 인식 주체가 그것의 포로가 될 현재적으로 실재적인 세계로서가 아니라 "가능 판단의 모든 기체의 지평"[24]으로서 정의되는 것이다. 그것은 그것에 토대 지어진 명증성에 열려 있는 가능성이다. 전통적 논리학 그리고 형식논리학의 모든 '세속성'의 토대인 이 세계는 그 자체로 '세속적'인 것은 아니다.

우리는 여기서 '세계' 개념의 심각한 모호성에 부딪힌다.[25] 한편으로, 세계는 그 현재적인 '실재성'에서 선술어적이다. 언제나 이미 거기에 있는 것으로서, 원초적인 존재론적 구조에서 세계는 모든 의미로 사전 구성된 기체이다. 그러나 다른 한편 그것은 모든 판단의 가능한 토대들의 무한한 전체성에 대한 이념이다. 그것 안에서 기체로서의 실존의 현실성과 초월론적 경험의 무한한 가능성이 맞선다.[26] 이것이 발생의 문제를 다시 솟구치게 만드는 것이다. 가능한 경험의 무한한 지평으로서의 세계는 그 자체

---

23) 『경험과 판단』, §7, p.25(p.34).
24) 같은 책, §9, p.36(p.45).
25) 우리는 기쁘게도 우리의 최근 독해에서 란트그레베의 상당히 정확하고도 올바른 동일한 생각을 만나게 된다(조금 앞에서 인용된 편지[이 장 각주 11번]).
26) 기원적 '지금'과 무한하고 절대적 형상과 질료, (칸트적 의미에서의) 체험의 전체성으로서의 순수한 나의 모호성과 아주 가까운 모호성(앞서 이 책 2부 3장 참조). 이 두 모호성의 의미는 동일하고, 동일한 어려움을 드러낸다.

로 술어 또는 실재적인 선술어적 세계의 양태화일 수가 없다. 그것은 아주 많은 텍스트들이 가리키듯이 기원적으로 가능한 것의 무한한 지평이다.

여기서 가능한 것은 현재적인 것의 술어도 아니고, 구체적 선술어적 명증성으로부터 야기된 것도 아니다. 그것은 그 자체로 존재자도, 현재적 존재자들의 집합도 아니다. 따라서 그것은 초월론적 발생으로 환원될 수 없는 형식적 '선험적 가능성'이다. 나는 존재자의 선술어적 계기로부터 혹은 현재적 전체성 즉 존재자들의 '유한한' 전체성의 선술어적 계기로부터 술어 기능의 무한한 지평의 이념으로 이행할 수 없다. 선술어적인 것은 따라서 이중적 측면을 띠게 된다.

어떤 경우에는 무한한 결정 가능성, 그것은 의식에로 존재의 열림 또는 '무한정성'(apérité)이다. 그것은 표명될 수 있는 것의 무한한 전체성이다. 그것의 '이미 있음'은 그 의미를 드러내기 위한 의식작용을 기다리는 것을 의미한다. 의식에 수동적으로 받아들여진 그것의 사전-구성의 성격은 한 주체의 초월론적 능동성에 앞선 현상학적 의미의 순수하고도 단순한 부재이다. 그것에 대립하기보다 오히려 초월론적 수동성은 초월론적 능동성의 형식적 조건일 것이다. 그러나 그렇다면 우리는 구성의 구체적 토대가 어떤 것인지를 더 이상 알지 못한다. 만약 구체적 선술어적 존재자가 초월론적 능동성 앞에서 그 자체로 어떤 의미도, 그 자체로 지성적인 어떠한 규정도 갖지 않는다면, 우리는 의식이 어떻게 의미를 존재자들에게 줄 수 있거나 혹은 한계적으로 어떻게 의미를 이러저러한 것으로서 지향적으로 인식할 수 있을지를 알지 못한다. 초월론적 자아가 수동적으로 받는 것이 미결정된 기체일 뿐이라면, 의식이 존재자에게 '제공할' 의미는 주체적 구성, 의미의 창안 혹은 화용론적 제작과 혼동될 수 있을 것이다. 이념화는 개념적 매개화일 것이다. 기체에 내재한 어떤 본질도 이념화들을 토대 지을 수 없고, 주관적·심리학적·인간학적 등등의 관계 혹은 상황만을 대상과 관련하여 그렇게 할 수 있다. 우리는 여기서 지향성의 주관주의적·인간학적 등등의 편향을 가질 것이다. 수동적으로 지각된 대상의 의미로의 즉각적 접근은 본질들의 '형성된'(factice)[27] 산출일 뿐일 것이다. 이 본질들이 기체에 내재적인 것이 아님에, 개념으로 머무를 것이다. 현상학의 근본 지향은 왜곡될 것이다.

그런데 이것은 후설 텍스트의 단지 가설이거나 결과가 아니다. 여러 번에 걸쳐 술어 논리의 이념화는 인위적 발생의 산물로서 정의되었다. 선술어적 실존에서 야기된 이러한 이념화들은 이론적으로 우리가 항시 해소할 수 있고 해소해야 하는 문화적 침전의 모습을 띤다. 바로 이러한 침전이 상부구조적이기 때문에 기원적 의미의 '재현실화'(reactualisation)는 항시 가능하다. 선술어적 세계의 기원으로의 모든 소급은 가능한데, 논리적 침전이 일정 정도 방법적이고 실천적인 필연성에 의해 이미 주어진 세계에 덧붙여지기 때문이다. 역설은 따라서 다음과 같다. 바로 세계가 초월론적 수동성에 형식적으로 선소여되기 때문에, 초월론적 능동성에 의해 산출된 이념화는 개념적으로 유지되고 우리로 하여금 그들의 토대로서 선소여된 실재성을 다시 찾도록 하는 것이다. "경험의 명증성에의 복귀"는 "'생활세계', 즉 우리가 항시 이미 살고 있는 세계에로의 복귀"이다.[28] 우리가 살고 있고, 또 가능한 판단의 기체로서 우리에게 영향을 미치는 모든 것이 발산하는 세계는 우리에게 논리적 산물들의 침전적 구조로서 사전에 항시 이미 주어진다. 선소여된 존재의 의미는 우리, '현시대의 성인(adultes)'에 의

---

27) 철학적인 동시에 보통의 의미에서.
28) 『경험과 판단』, §10, p.38(pp.47~48).

해 근대 과학의 모든 발견 덕분에 결정되는 것이다.[29] 우리가 과학에 관심이 없을지라도 세계는 우리에게 원리적으로 과학에 의해 결정될 수 있는 것으로 사전에 주어지는 것이다. "이상과 같이, 우리 경험의 세계는 즉시 '이념화'의 도움으로 이해될 수 있다. …… 이러한 이념화가 …… 정확히 우리 인식의 방법들의 산물임을 더 이상 알지 못하는데, 이러한 인식들은 우리의 즉각적 경험의 '선소여된 것들' 위에 스스로를 토대 짓는 것이다. 그리고 이러한 경험은, 그것의 즉각성에서, 정확한 공간도, 인과율도, 객관적 시간도 모르는 것이다. …… 우리가 과학의 대상에 관해 얘기할 때 …… 그것들이 이러한 순수 경험의 토대 위의 범주작용들에서 순수하게 '경험되고' 결정되는 것으로서 경험의 대상이 문제 되는 것이 아니다."[30] 그리고 바로 여기서 우리는 일부 사람들이 다양한 동기로 스캔들이라 판단하는 문구를 발견한다. "우리는 늘상, 그 속에서 정확한 과학이 존재자들의 세계를 포괄하는, 이러한 즉자적인 규정들의 세계가 경험 세계와 즉각적인 직관의 세계 위에, 생활세계 위에 내던져진 이념의 외투에 불과하다는 것을 망각하고는 한다. …… 이 이념의 외투들이 우리로 하여금 방법인 것을 참존재자로 삼도록 하는 것이다."[31]

범주적 직관의 교의와 모순되는 것으로 보이는 이 심각한 선언은 이처럼 화용론적이고 개념적 견지에서 모든 이념들의 삶을 정의한다. 모든 술어는 개념적 형식화, 과학적 이해의 도구이다. 초월론적으로 의도된 논리학의 발생은 선술어적 실존의 헐벗음을 감추는 인위성의 조작 외에 다른

---

29) 같은 책, §10, pp.38~44(pp.47~54).
30) 같은 책, §10, p.41(pp.50~51).
31) 같은 책, §10, pp.42~43(p.52). 이 문구는 『위기』에도 다시 등장할 것이다.

것이 아니다. 이는 실망스러운 결론인데, 선술어적 세계의 정의를 술어 기능의 절대적이고 유일한 토대로서 엄밀하게 따랐기 때문이다. 구체적 절대자로서 선술어적 절대는 결국 그리고 그것이 절대이기 때문에 공허하고 형식적인 전체성이 된다. 논리적으로 당연히, 선술어적 절대는 어떠한 규정도 받아서는 안 된다. 그것이 '받아들이는' 결정들은 정의상 그 자체로 어떤 타당성도 없이, 그것들이 외부적이기만 한 관계를 갖는 '사전에 주어진 것'에 의거하기에, 필연적으로 관례적인 것이다. 논리적인 것의 발생은 실천적 필연성이고, 선소여된 것의 순수성의 전체적인 타락이다. 생성은 쇠퇴이다. 따라서 시간성은 기원성이 아닌데, 시간성이 손상시키는 비시간적 순수성과 관계해서만 정의되고 나타날 뿐이기 때문이다. 사람들은 발생의 기원적이고 절대적인 극을 발견했다고 믿었으나, 재차 발생의 절대적인 것은 단지 발생의 부정이자 탈가치화일 따름이다. 그것의 미규정성 자체에 의해 절대적인 것은 자신의 반대로 전환되었다. 시간의 절대적인 것은 비시간성이다. 그러나 만약 발생을 체험된 것과 기원적인 것으로 삼는다면, 이 비시간성은 그러한 것으로서 주제화되자마자, 야기되는 우연적인 것으로 보인다. 그것은 기만일 것이다. 우리는 변증법을 피할 수 없다.

때때로 후설은 정반대로 선술어적 세계를 더 이상 형식적이고 미규정적인 가능성으로가 아니라, 주어진 것과 같이 항시 현전하는 현재성으로 제시한다. 그러나 이것도 동일한 아포리아에 다다르는 것으로 보인다. 술어적 판단의 모든 '계보학'은 사실 단순 경험들과 '토대 지어진' 경험들 사이의 구분을 전제한다. 단순 경험을 향한 소급은 우리를 기원적 세계로 인도할 것이다. "만일 우리가 경험의 개념을 개체적 대상의 객관적 명증성으로 획득했다면, 이러한 경험은 그것이 그 기원성에서 지각되었을지라도 그것의 침전된 이념화 없이 그럼에도 불구하고 그 자체로 다형적으로 머무를 것이다."[32] 이렇게 나타나는 '생활세계'는 단지 논리적 연산의 세계, 가능 기체로서 선소여된 대상들의 영역이 아니라 가장 구체적이고 가장 일상적인 의미에서의 경험의 세계이다. 후설은 일상적 의미는 순수히 인식 행위에만 아니라 결정에, 그리고 삶의 행위들에 안정성을 제공하는 '습관성'(Habitualität)에 관계를 맺는 것이라고 정확히 말한다. 습관성은 따라서 이론적 행동보다는 실천적이고 '가치평가적' 행동에 의거하게 된다. 술어적 판단으로부터 소급하면서 우리는 따라서 수동적 믿음의 영역, 그리고 세계의 양태로 드러났던 "판단의 기체에 대한 선소여적 양태의 의식"[33]에 도달하게 되었다. 이처럼 이 수동적 '억견'(doxa)은 인식의 이론적 작업의 토대일 뿐만 아니라 개별적 가치평가와 '실천'의 토대이기도 하다. 이 안에서 "있는 그대로 전체로서 수동적 '억견'에 항시 이미 선소여된, 그리고 모든 개별적 판단에 대해서 그것이 믿음의 토양을 제공하는 한에서 세계는 단순 경험의 기원에서 단순하게 '감각적인' 기체들의 세계로서 주어진다 —— 모든 단순 경험은 …… 감각 경험이다."[34]

수동적 '억견'에 주어지는 이 감각적인 것에 대한 궁극적 의거는 선술어적 세계를 그 자체에 닫힌 순수 현재성으로서 정의한다. 따라서 기원적으로 수동적인 믿음으로부터 술어 기능의 무한한 가능성으로 세계를 구성하거나, 그렇게 세계가 나타난다고 보는 것은 불가능하다. 여기에, 세계에 대한 하나의 이념 혹은 개념이 있는데, 이는 선험적으로 수동적 믿음이나 발생적 산물, '단순한' 경험의 복잡화에 선행해야만 하거나, 그렇지 않으면

---

32) 『경험과 판단』, §12, p.51 (p.60).
33) 같은 책, §12, p.52 (p.61. 'Habitualität'를 'habileté'로 옮긴 것은 명백한 오역이다).
34) 같은 책, §12, p.54 (p.63).

방법론적 이념화, 유용한 형식화이어야만 하는 것이다.

첫 번째 가설에서 우리는 형식주의에 의해 남용되도록 내버려 둔다. 기원적 '억견'에 선행하는 이 선험은 추상적이다. 그것은 감각적인 것의 선술어적 명증성에 토대 지어지지 않는다. 그것은 모든 발생을 가능하게 하는 선-발생적인 이념성이다. 발생은 따라서 '세속적', 경험적, 후험적이다. 우리는 여전히 칸트주의와 가깝다.

두 번째 가설에서 세계 자체는 무한한 지평으로서, 미규정성 혹은 규정 가능성으로서 단순하고 감각적이며 현재적인 명증성에 반드시 토대 지어져야 한다. 그것은 그 자체로 술어적 복잡화, 형식적 일반화, 이념의 베일이 된다. 이렇게 구성되고 야기된 세계의 무한은 또한 경험적 후험이 된다. 그것은 거짓 무한으로 존재와 시간에서 그것에 선행하는 감각적 유한의 개념적 부정에 의해 산출된다. 그것은 무한한 것의 현재성보다 미규정적인 것의 부정성에 더 참여하지 않는다. 형식논리학의 도구로서 그것은 어떤 기원성의 풍요도 가지지 못한다. 그러한 이념을 일깨운 발생 또한 원초적 실존에 부가되는 것이다.

두 경우에 발생과 절대적 기원성은 따라서 상호 배제한다. 한편으로 세계는 모든 가능한 발생적 경험의 선험적 장소이다. 이런 의미에서 그것은 칸트적 의미에서 이념과 구분되지 않고 체험된 직관에서 포착될 수 없다. 다른 한편, 그것은 사실적으로 — 후설에 따르면 — 직관에서 통각된다. 이러한 직관은 기원적인 감각 세계의 직관이 될 수 있다. 따라서 그것에 따라 발생적 과정이 감각적 개체에서 지평의 무한한 전체성으로 이행하게 할 수 있는 필연성을 정의하는 것이 불가능한 것으로 나타난다. 보다 수용하기 어려운 가설에서, 세계는 수동적 억견의 주어진 것에 더해지는 술어이다. 이런 의미에서 그것은 자신과 다른 것에 의해 야기되고 이끌어진다.

지평과 무한한 전체성의 가능성은 더 이상 기원적인 것이 아니다.

발생적 현상학의 사명에 정반대인 이러한 두 가지 운동의 환원 불가능한 양자택일이 『경험과 판단』의 주요한 분석의 한가운데 다시 나타난다. 이는 무엇보다 매번 '세계'에 대한 물음이다. 세계는 기원적으로 포착되는 개체적이고 감각적인 기체들과 다르다. 세계는 이것들을 토대 짓고 포괄한다. "유한한 각 기체는 '어떤 것 속에서의 존재'로서 결정 가능하다. 그리고 이 어떤 것에 대해 그것은 다시, 무한히 가치가 있다. 그러나 이러한 관점에서 세계는 절대적 기체인데, 말하자면 그 자체는 '어떤 것 속에' 있지 않는 반면에, 모든 것이 그 속에 있는 것이다. 그것은 더 이상 포괄적 다수성 속에서의 상관적 통일체가 아니며 …… 세속적인, 실재적 통일성 혹은 다수성인, 모든 것이 요컨대 의존하는 것이다. 세계만이 절대적 독립의 엄격한 의미에서 독립적이고 절대 기체이다."[35] 이 세계의 이념은 따라서 개체적 기체들로부터 구성된 것이 아니다. 그것은 단순한 명증성의 대상도 아니다. 그것의 통일성은 그 부분의 전체도[36] 유일한 존재자의 개체적 통일성도 아니다. 그것은 따라서 기원적 '억견'에 의해 수동적으로 수용된 것도 논리적 능동성에 의해 구성된 것도 아니다. 따라서 이 통일성의 기원은 어떠한 것인가? 후설은 이것에 대해 말하지 않는다. 그리고 선술어적 현존으로 돌아가기 위해 실행해야 하는 소급이 감각적 실재성 혹은 절대적 미규정성에로 도달해야 하는지 우리는 모른다. 궁극적 의거는 어떤 때는 감각적 세계의 절대적으로 결정된 통일이거나(그렇다면 술어의 발생은 상부구조이다), 어떤 때는 순수한 결정 가능성이다. 논리적 발생은 실재적 토대를

---

35) 『경험과 판단』, §29, pp. 157~158(p. 163).
36) 같은 책, §31, p. 165(pp. 170~171).

상실했다. 그것은 인식 기술(技術)의 진보와 혼동이 된다. 두 가지 경우에 그것은 **세계의 진리**로의 어떤 진입도 마련하지 않는다. 두 세계, 실재적 세계와 가능세계는 ── 결코 어느 하나가 다른 것을 산출하지 않을 뿐만 아니라──후설이 뭐라 하든 '세속성'의 주어진 정의에 결국은 응답하는 것으로 나타난다. 이 세속성은 '구성된 것'의 동의어이고 논리적 형식만큼이나 초월하는 감각적 실재성들을 규정한다. 두 가지 모두 초월론적 구성에 종속되는 것이다.

여기서 이전에 휠레(hylé)에 관해서처럼, 수동성을 초월론적 능동성의 첫 계기로 삼음으로써 초월론적 기원성과 구성된 세속성 사이의 엄격한 구분을 거부한다. 이렇게 되면 초월론적인 것은 순수 능동성과 수동성의 형식적 전체로서 '나'의 능동성이 될 수 없고, 다만 수동성으로부터 능동성의, 감각적이고 개체적인 기체들로부터 절대적 기체와 경험의 무한한 가능성으로서의 세계의, 발생적 생성과 산출이 될 수 있을 뿐이다.[37] 이것이 '기원적' 세계를 심리학으로부터 구성된 세계로부터 구분하길 원하면서, 그리고 우리를 절대적 기체에로 향하는 소급으로 이끌면서,[38] 후설이 막연하게 예감하는 것으로 보이는 것이다. 그는 바로 이 대상이 자체로 현전하게 되는 감각적이고 선술어적인 명증성에 대한 모든 교의에 반하는 것으로 보이는 다음과 같은 놀라운 문구를 썼다. "여기서는 결정된 역사적 주관성으로부터 (침전된) 이 이념화의 분출의 역사적 사실성으로 향하는 (이와 같은) 소급이 문제가 아니다 …… 우리 것인 이 세계가 여기서는

---

[37] 그 밖에, 수동성에 선험적으로 현전하여 능동성의 최종 의미를 전제해야만 하기에 문제를 연기하기만 하는 것.
[38] 『경험과 판단』, § 11, pp. 47~48(pp. 56~57).

우리에 대해 주관적 원천으로부터 **가능세계 일반의 구조와 기원**을 연구할 하나의 예시에 불과하다."[39] 사실성이 일반적으로 선술어적 침전의 궁극적 기체로서 기술되었던 것에 반해, 그것이 이제는 일종의 우발성이자, 초월론적 주관성에 의한 진리의 드러남의 장소로서 '가능세계 일반'의 의미를 연구하는 한 예시가 된다는 것이다. 그러한 사실성은 주체의 능동성이 그 위에서 실행되는 것이다. 따라서 발생 자체는 그 자체로 모든 사실성이 박탈된 것이다. 생성의 초월론적 의미만이 후설의 관심사이다. 그것은 이미 예고된, 역사의 목적론적 이념이다. 이는 우리가 역사의 경험적 실재성에 일치시키는 데 가장 큰 어려움을 느낄 것이기도 하다. 발생의 의미는 생성 속에서의 항구성이고, 어떤 발생에 의해서도 산출되지 않는다는 것이다. 의미의 근본성과 생성의 근본성은 상호 배제하거나 변증법적으로 구성할 수 있을 따름이다. 『경험과 판단』의 수준에서 그것들은 혼란 속에서 서로 뒤섞인다. 어떤 분석에서도 우리는 최초이자 근본적인 것을 명확하게 보지 못한다. 이를테면, 실재적인 것이나 가능적인 것, 수동성 혹은 능동성, 개체성 혹은 전체성 등이 그러할 것이다.

부정의 기원

'수동적 억견'과 '생활세계'를 이것들의 기원성에서 기술한 뒤에, 후설은 이러한 원초적 확실성의 양태화로 넘어가서 부정의 기원을 해명하길 시도해야 했다.[40] 이 부정은 항시 선행하는 정립적 혹은 억견적 태도의 순수하

---

39) 같은 책, §11, pp.47~48(p.57).
40) 같은 책, §21, p.93(p.102 이하). 그는 이렇게 해야 하는데, 왜냐하면 이것이 발생의 가장 어

고 단순한 변형일 따름이다. 부정의 작용에서, "대상을 향한 지각적 관심은 지속될 수 있다. 이 대상은 보다 오랫동안 향해질 수 있다. 그러나 또한 이 대상은 향해질 수 있는 방식으로 주어지기를 지속할 수 있다. 그럼에도 불구하고, 기대 지향의 충족 대신 실망이 도래한다."[41] 길고도 주목할 만한 부정 현상의 기술이 뒤따른다.[42] 우리는 이러한 기술에 따라서 부정, 기원적 확실성의 단순한 변형이 비판적 영역에 자리 잡는다고 믿을 수도 있었을 것이다. 부정은 판단이었으며, 부정성은 선술어적 '관심 중심'의 자격으로 현전하는 부재 대상의 속성이었다. 억견적 실증성 혹은 변형되지 않은 확실성은 기원적인 것이기에, 부정은 발생의 논리적 산물로서 나타나고 이렇게 술어적 판단의 다른 형태에 동화될 수 있었을 것이다. 그것은 초월론적 논리에 의해 구성된 형식논리학의 수준에서 이처럼 포함될 것이다. 그러나 이러한 가설은 심각한 위험을 현전화할 것이다. 우선 부정적 술어는 실증적 기체와 필연적으로 연결될 수 없을 것이다. 변형되지 않은 확실성으로부터 부정의 발생은 모든 본질적 필연성을 상실한 것으로 보인다. 그것은 심리학적 우연의 산물이 될 위험성을 갖는다. 사실 이러한 실망의 위상은 어떤 것인가? 이것을 순수히 심리학적인 것으로 삼음으로써 우리는 부정의 기원적 구성을 놓치고 베르그송적 형태의 심리학적 해법에 도달할 것이다. 따라서 부정성은 술어적 능동성에 대응하지 말아야 한다. 후설은 다음에서 보여 주는 바대로, 그것에 대해 잘 알고 있다. "부정은 우선 술어적 판단의 사실이 아니다. 그 기원적 형태에서 그것은 수용 경험의 선

려운 단계이기 때문이다. 어떻게 부정이 절대적으로 기원적인 확실성이나 주장을 '변형'시킬 수 있는가?

41) 『경험과 판단』, §21, p.94(p.103 이하).

42) 같은 책, §21, pp.94~95(pp.103~104).

술어적 영역에서 이미 현전한다."[43] 특기할 만한 위험들을 피하기 위해 이 해석도 마찬가지로 역설적이다. 역설적 수동성과 기원적 확실성의 영역에서 구성되는 것이 부정이다. 논리적 확실성에 의해 산출되지 않기에 부정은 초월론적 능동성에서 탄생하는 것이다. "부정은 의식의 변형이다."[44] 후설은 또한 말하기를, 이 능동성은 기원적으로 수용성이거나 수동성이고 세계에의 환원 불가능한 믿음의 형태를 취한다는 것이다. 따라서 선술어적 영역에 속함에도 불구하고, 부정은 모든 기원성이 거부하는 것으로 보인다. 그것은 근본적 확실성의 부대현상적인 동시에 전(前)비판적인 양태화이다. "부정은 유지되는 억견적 확실성의 토양과 결정적으로 세계에 대한 보편적 믿음의 바탕에 대한 항시 부분적 삭제이다."[45]

이러한 분석의 이점은 후설이 끊임없이 기술하는 발생의 두 축, 즉 '선술어적 수용성'과 '논리적 능동성', 초월론적 수동성과 능동성, 수동적 억견과 양태화된 확실성 등의 사이에서 아마도 발생 자체의 계기일 매개적 계기를 정의하도록 후설을 강제하는 것으로 보인다는 것이다.[46] 부정

---

43) 같은 책, p.97(p.105).
44) 같은 책, p.98(p.107).
45) 같은 책, 같은 곳.
46) 그런데 이 계기는 후설 철학에서 자리가 없다. 후설은 부정의 현상을 이론적·초월론적 주체로부터 기술하기를 시도하며 그가 구체적이고 현존적인(논리적 술어적 기원으로부터 부정을 구하는 유일한) 태도를 환기하도록 강제되자마자 심리학과 관계해서 그렇게 해야 한다. 실패, 실망 등은 어떠한 초월론적 지위도 갖지 않는다. 이것들은 따라서 순전히 경험적인 것들이다.
   이것이 후설과 하이데거를 구분 짓는 모든 차이다. 초월론적 주체는 기원적으로 하이데거에겐 현존적이다. 이것이 그로 하여금 심리학적이지도 논리적이지도 않은 부정의 기원을 기술하도록 하는 것이다. 부정을 허용하는 것은 무 자체이다. 따라서 후설이 말하는 '발생적' 소급은 하이데거에서 보다 근본적일 것이다. 심려는 우리를 무 '앞에' 재배치할 것이다. 역설적으로 후설이 역적 억견, 즉 존재의 기원적으로 정립적인 태도에서 출발하기에 그는 심리학적 태도 혹은 이론-논리학적 태도의 포로인 채로 남는다. 그가 존재자로부터 출발하기

은 그 순수성에서 정의된 어떤 계기에도 속하지 않는다. 그것은 그럼에도 불구하고 모든 구성에 연결되어 있다. 부정이나 실망의 가능성이 없이는, 지향이나 지향성은 불가능할 것이다. 중립화는 기원적으로 '실망'(déception), 즉 그 실존을 부정함이 없이도, '나'가 사실성으로부터 '떨어져 나오는' 계기가 아니겠는가? 수동성에서 초월론적 능동성으로의 이행은 기원적으로 부정이 아닌가? 우리가 후설의 분석에만 만족한다면 고려하기가 상당히 어려운 이 모든 '이행'에서 부정은 매개의 역할을 보장한다. 있는 그대로 그것은 모든 발생의 동력이자 운동으로 나타난다. 그것이 매개이기 때문에 그것의 위상은 모호하고 능동성과 수동성 그리고 나타날 수 있는 모든 대칭 짝에 동시에 참여하는 것이다. 후설이 부정의 '이중성'을 해명하지 않고 그것을 혼동 속에 방기하는 것으로 인해 그는 참된 발생적 운동을 주제화하기를 스스로 금하는 것이다. 단지 두 가지 극단적 계기만을 해명하며, 그는 모순 자체가 발생을 정의하고 고무한다는 것을 알아채지 못하고 모순틀 속에서 당황해하는 것이다. 가능세계 일반의 이념을 야기한 그 자연적이고 문화적 전체성에서 실제 세계였음을, 사실에 선행하는 것이 본질임을, 발생을 구성하는 것이 의미임을 혹은 의미를 산출하는 것이 발생임을 우리가 몰랐던 것과 마찬가지로, 이제 우리는 부정이 수동적 '실망'을 허용하기에 선험적으로 가능했던 것인지 혹은 역으로 부정을 토대 짓고 산출하는 것이 실망인지를 알지 못한다. 이것 혹은 저것에, 즉

에 존재론적인 것에 다다르지 않는다.

　이런 점에서 그는 부정에 기원적 의미를 주고 태도나 조작이 아니라 무에 그것을 토대 짓는 헤겔이나 하이데거에 대해서는 이편에 있다. 무를 생성의 변증법적 '동력'으로 삼는지는 알아야 할 것이다. 기원적 무와 심려의 은폐일 논리적 의미를 사람들은 그것에 다시 부여하지는 않는다.

초월론적인 것 혹은 존재론적인 것에 절대적 우선성을 부여하는 것은 발생을 동결하는 것이다.

이미 구성된 시간성

이러한 어려움에 응답치 않는 한에서 후설의 분석은 실망스러운 것이다. 우리는 여기서 결코 발생을 만나지 못한다. 이것은 한 번 더 시간성이 여기서 부차적으로 다루어졌다는 것이다. 그것은 그러한 것으로서의 부정의 기원에 전혀 개입하지 않는다. 그러나 부정의 현전을 모든 지향적 작용에, 모든 환원에, 모든 술어적 능동성 등에 토대 짓는 것은 시간의 기원성이다. 이것은 각각의 절대적 현전이 파지에서 이행된 계기의 부정인 동시에 동화이기 때문이고, 이러한 파지 자체가 이행된 미래로서의 현전을 보존하고 부정하는 예지에 즉각적으로 결부되어 있기 때문이며, 지향성의 모든 운동이 이러한 시간의 변증법에 의해 구성되기 때문에, 부정은 여기서 모든 발생의 본질적 생기로서 나타나는 것이다.

그런데 『경험과 판단』에서 시간과 관련된 모든 텍스트는 우리에게 아무것도 가져다주지 않는다. 감각적 기체의 통일체처럼, "지속의 통일체들은 수동적으로 미리 주어진 것이다".[47] "우리가 '이 음조'를 그 지속성에서 알게 될 때, 우리는 순간적 현재로 향해진 것이 아니며, 계속 변화하면서 …… 그것을 가로질러 그 변형 속에서, 이러한 변형과 이 현상의 흐름 속에서 본질로서 현전하는 통일체로서의 음조로 향해지는 것이다."[48] 따

---

47) 『경험과 판단』, §23, p.117(p.124).
48) 같은 책, 같은 곳.

라서 이러한 음조의 본질적 통일성은 우리의 수동성에 있는 그대로 미리 주어져서 그 시간성에서 이미 구성된 것이다. 모든 개체적·감각적 혹은 다른 기체들의 출현을 토대 짓는 것이 이러한 시간적 통일성인 한에서 우리는 이 기체들과 그것들의 통일성의 발생이 이미 완수되었다고 말할 수 있다. 상당히 자세하고 주목할 만한 복잡성의 분석에서, 후설은 사실 음조의 포착의 능동성이, 예를 들면 생생한 지속의 수동적 구성에 의거하며 아주 복잡한 구조를 갖는다는 것을 보여 주고 있다. 이것은 "여전히 포착되어 있음"의 성격을 가지면서 미래를 향해 "미리 포착하는" 성격을 가지는, 변형된 능동성에 합치된 끊임없이 흐르는 능동성이다. 소리의 능동적 포착이 일어나는 한 이 능동성은 나에게서 나온다. 그러나 그 자체에서 "진정으로 그리고 계속적으로" 나오는 능동적 영역(rayon)과 "그럼에도 능동성의 법칙성 자체로 남는 엄격한 수동적 법칙성"을 구분해야 한다.[49] 따라서 후설이 덧붙이길, 능동성 이전의 수동성은 사전 구성적인 시간적 흐름의 수동성으로 있지 않고 게다가 고유히 객관화하는 침전된 수동성, "즉 대상을 주제화하고 공(共)주제화하는 수동성 …… 일종의 능동성 속의 수동성"[50]으로 존재한다. 우리로 하여금 시간 구성의 가장 심층을 참조하게 하는 이러한 변증법의 토대는 후설에 의해 전혀 밝혀지지 않았다. 이는 후설이 능동성으로부터 수동성을 엄밀하게 구분하는 '언어'의 불가능성만을 주목하는 데 그쳤기 때문이다. 담론은 구체적 기술의 정밀함, 그 뉘앙스, 그 대조에 맞추어져야만 한다. "이러한 지적은 지향적 현상의 모든 기술들과 관계가 있다." 그러나 후설은 기술적이고 거의 수사적인 수준에서 이 어려움을 유

---

49) 『경험과 판단』, §23, p. 119 (p. 126).
50) 같은 책, 같은 곳.

지한다. 왜 지향성은 능동적인 동시에 수동적인가? 왜 모든 구성은 수동성과 능동성의 종합으로 시작하는가? '포착하여 보유함'(Im-Griff-behalten) 속에서 그것들의 주제화 이전에, 왜 시간의 통일성은 수동적으로 사전 구성되는가? 현상학의 첫 계기와 동시에 제기되었던 이러한 질문들은 답이 없는 상태이다. 『강의』[『내적 시간의식의 현상학』을 가리킨다]와 『이념들』의 암시와 선취 들과 유사한 수많은 암시와 선취에 의해, 후설은 선술어적 시간적 통일성을 시간의식의 수동적 종합의 완수로서 제시한다.[51] 개체화와 개체적인 것의 정체성은 "절대적 시간적 상황"의 토대 위에 가능한 것이 된다.[52] 혹은 "지각의 개체적 대상은 그들의 공간적 상황을 시간 속에서 그들의 '함께-있음'의 토대에 가진다." 그러나 주관성의 수동성도 능동성도 아닌 이 절대적인 시간의 기원은 베일에 싸인 채로 남아 있다. 선술어적 시간은 『강의』에서의 노에마적 시간에 반하여 진정 절대적 시간성의 토대이다. 그러나 절대적 시간성은 수동성-능동성 짝을 함축하며 우리는 무엇이 그것의 구성과 초월론적 주제의 시간과 실재적 기체 사이에서의 일치의 첫째 조건인지를 모른다. 동일한 시간 내에서 대상의 '함께-있음'의 토대는 무엇인가? 후설은 지각의 시간은 절대시간을 정의하기에 충분치 않음을 강조한다. "그것에 의해 지각의 (개체적 대상들이) 통일되는 시간은 체험된 지각의 주관적 시간이 아니라 그것들의 대상성에 참여하는 객관적 시간이다. 지각의 체험된 경험들은 그것들의 내재에 동시적이거나 다수성의 유일한 지각에 일반적으로 용해될 뿐만 아니라, 더 나아가 그것들 자체에서 실제적으로 존재하는 것으로서 향해진 대상성은 그것들의 지속에서 객

---

51) 같은 책, §35, p.180(p.186).
52) 같은 책, §39, p.198(p.202).

관적으로 동시적인 것으로 향해진 것이다."[53]

따라서 의식에 부과되어 이것에 사전 구성된 것으로 나타나는 객관적 시간의 통일성이 있다. 객관적 시간이 의식작용에 의해 이미 구성된 것으로서 나타나거나 아니면 초월론적 시간이 체험된 내재로 개입하지 않는 『강의』에 우리는 아주 멀리 떨어져 있긴 하지만, 그럼에도 불구하고 객관적 시간은 초월론적 시간 혹은 『강의』에서 '스위치를 끈'(hors circuit)[정립을 차단한] 세속적 시간에 비견될 수 없다. 환원은 명백히 제거된 것이 아니고, 후설이 보기에는, 초월론적 능동성 '일반'[54]에 의해 사전 구성되는 한에서 이 객관적 통일성이 수동적으로 의식에 의해 수용된 것이다. 초월론적 능동성과 '자아-세계'의 상관관계의 이러한 확장은 의식의 지향적 존재에 일치하는 것이다. 이렇게 해서 절대시간적 상황[55]이 지각된 대상에 일치되는데, 그것은 '직접' 주어지고, 충만히 완수된 지향적 작용이 대상의 존재로서 존재에 접근하는 것이기 때문이다. 상상의 대상은 동일한 특권을 가지지 않는다.

이러한 확장이 초월론적 능동성 일반의 모호함만을 다시 나타내게 함에 따라 객관적 시간의 통일성은 그 자아가 더 이상 유일 원천이 아닌 역사적 발생에 의해 변증법적으로 산출된다. 객관적 시간의 자기 구성의 필연성을 강조하며 후설은 "객관적 시간, 객관적 존재 그리고 객관적 존재자의 모든 규정들은 단지 나를 위한 것이 아니라 타자들을 위한 존재를 진정 의미한다"라고 말한다.[56] 하나의 "필연적 연관"이 있는데, "이는 '나'의 모든

---

53) 『경험과 판단』, §36, p.183(pp.188~189).
54) 우리는 이제부터 그 전체성에서의 초월론적 행위를 능동성과 수동성을 포용하는 것으로 가리키기 위해 '초월론적 능동성 일반'이란 표현을 사용할 것이다.
55) 같은 책, §39, p.198(p.202).

지각과 위치적 현전화의 지향적 대상과, 감성의 형식으로서의 시간의 토대 위에서의 '나'의 공동체의 지향적 대상 사이에서 성립하는 것이다".[57] 이러한 감성의 보편적 형식이 시간의 통일성을 토대 짓는다. 모든 지각은 이전성(以前性)과 미래의 자기 지평을 갖는 것이다. 그런데 기억이 나의 고유한 과거로 나를 이끌어 간다면, 이 과거는 고유한 것으로서 나에게 속하는 것처럼 내가 현재적으로 살고 있는 세계에 속한다. 상호주관적 관점에서 만약 타자가 내게 그의 지난 경험을 기술한다면, 여기서 상기된 것은 우리에게 공통된 현재의 객관적 세계에 속하는 것이다. 우리가 기억하는 모든 계기는 유일하고 동일한 세계, '우리 대지'(notre terre)의 계기들이다. 유일한 세계에서 내가 지각하고 지각했었고 타자들이 나에게 알려 준 모든 것, 이 모든 것은 한 자리, 객관적 시간이 그것에 결정하는 자리를 갖는다. 따라서 "감성에서 구성된 시간적 연속은 …… 독자적인 것이다".[58] 감성에서, 즉 그 기원적 나타남에서 구성된 것으로서의 지향의 모든 대상이 여기에 정렬된다. 따라서 기원적으로 나타난 모든 것은 결정된 시간적 자리를 가진다. 즉 지향적 객관성에서 그러한 대로 주어진 시간일 뿐만 아니라 객관적 시간에 고정된 자리를 갖는 것이다. 따라서 칸트의 명제는 참이다. 시간은 감성의 형식이고, 이로써 객관적 경험의 모든 가능세계의 형식이다.[59] 어떤 현상의 객관적 실재성에 관한 모든 질문에 앞서 모든 현상 일반의 본질적 속성이 부과된다. 그것들이 시간을 주고, 주어진 모든 시간은 유일하고 동일한 시간에 통일된다. 마찬가지로 모든 '나'의 경험과 지각들

---

56) 같은 책, §36, p. 184(p. 189).
57) 같은 책, §38, p. 188(p. 193).
58) 같은 책, §38, p. 190(p. 195).
59) 여기서 우리의 분석은 38절의 분석에 아주 가깝다.

은 그것들의 지향적 대상들에 대해서 '일치된다'. 이러한 일치는 기원적으로 "모든 주관적 시간에서 구성되는 객관적 시간과 이것 안에서 구성되는 객관적 세계의" 일치이다.[60]

이론적 태도의 전제

객관적 시간, 즉 논리의 모든 계보학과 여기서 주관하는 모든 초월론적 능동성의 궁극적 토대는 발생의 산물이다. 이는 유일하고 동일한 세계에 속함과 같이, 실재적 세계 혹은 자연적 세계, 상호주관성의 세계, 순수 자아의 세계가 그러한 발생에 긴밀하게 참여했던 것으로 보이는 것이다. 그러나 『경험과 판단』 전체에 걸쳐 후설은, 발생이 이미 완수된 객관적 시간의 이 연속 이상으로 발생적 기술 혹은 탐구를 밀고 나가지 않을 것이다. 『강의』와 『이념들 1』에서처럼, 기술된 시간성은 고정되었다. 그것은 어떤 한 계기에서 모든 구성의 운동을 중지시킨다. 이렇게 되면 구성은 더 이상 초월론적이고 기원적인 것이 아니다.

그러나 이러한 불충분성은 말하자면 1919년 이전의 분석에서는 의식적인 것으로 보였다. 그것은 임시적이고 방법적인 것으로 제시되었다. 근본적 발생의 부재는 후설에 따르면 순전히 '주제적'이었다.[61] 그러나 『경험과 판단』의 주장은 명백하게 발생적이다. 그런데 후설은 여기서 발생의 심화가 현전하는 분석들을 결정적으로 토대 짓게 될 이후 연구들에 여전

---

60) 『경험과 판단』, p.194 (p.198).
61) 우리는 게다가 '철학적 관점에서' 어떻게 기원적인 것의 무한정한 이 매몰을 해석해야 하는지를 보았다.

히 의거한다. 『경험과 판단』의 여러 곳에 흩어져 있는 구절들은 『이념들 1』에서처럼 후설의 모든 걱정을 반영하고 이러한 고찰의 계획적 의미를 연장한다. 여기서 주목할 만한 것은 모든 형식적 계획이 항시 실제적 발생 앞에서 멈춘다는 것이다. 그러나 실제적 발생에 이르지 못하는 모든 철학은 형식적 관념론의 구도 위에서 움직일 수 없게 될 뿐이다.

서론의 마지막 14절에서 후설은 연구의 '한계'를 선언한다.[62] 기체들의 통일체들이 이미 구성되었기에 범주적 판단의 '이차적' 발생을 다시 그리는 것이 가능하게 될 것이다. 후설은 말하길, 우리는 일반적으로 술어적 판단의 구조를 거기서 연구하기 위하여 지각적 판단을 하는 쪽으로 방향을 잡아야 한다. 술어적 판단은 감각적 지각에 토대 지어진다. 그런데 감각적 지각과 이후 설명은, 우리에게 영향을 미치는 사전에 주어진 최후 기체로서 신체에 맞춰진 순전히 사변적 관심을 전제한다. 따라서 우리는 선술어적 영역에서 우선 이미 '완수된' 지각적 관심을 획득한다. 그러나 이 완수는 그 자체로 후설이 여기서 고의로 한편에 내버려 둔 발생을 필연화했다. 비사변적 관심에서 이론적 관심으로 의식을 이끌어 가는 운동은 우리의 시선에는 여전히 은폐된 채로 있다. 그러나 후설은 "자신의 주변 세계(Umwelt) 속에서 구체적으로 사는 나는 그 실천적 목적들에 바쳐져 있으며, '무엇보다도' 사변적 내가 아니다"라는 것을 인정한다.[63] "자신의 구체적인 생명의 세계 속에 있는 나에 대하여, 존재자의 사변은 그것이 개개의 특권을 수용함이 없이도 경우에 따라서 그리고 잠정적으로 받아들일 수 있는 하나의 태도이다." 심리학적 의미에서 극단적으로 하나의 태도조

---

62) 같은 책, pp.66~72(pp.74~80).
63) 같은 책, §14, p.67(p.75).

차 아닌 이론적 태도는 따라서 원초적인 것이 아니다. 그렇지만 후설이 항시 '사후적'이라고 인정하는 근본적 의식 포착이 절대적으로 시작해야만 하는 것은 바로 이러한 이론적 태도이다. 절대적 시작은 철학의 절대적 끝에서만 철학적 주제화의 대상일 수 있다. 이러한 철학적 반성이 항시 완수되지 않기에, 후설의 주장에도 불구하고, 기원적인 것을 향한 경주는 영원히 본질적으로 실패에 처하는 것으로 보인다. 현상학을 체계화하고 토대 짓는 모든 '제1철학'을 금지하는 이 변증법의 미규정성은 당분간은 후설을 불안하게 하지 않을 것으로 보인다.[64] 그에 따르면, 이론적 태도의 특권은 이론의 여지가 없이 확고한 것인데, 이는 그러한 이론적 태도가 "모든 실천적 행동의 바탕에 있는 세계의 구조들을 발견하고 주제화하는 한에서이다. 비록 그러한 구조들이 일반적으로 주제화되지 않을지라도 말이다".[65]

이에 뒤따르는 모순은 가장 단순한 것으로부터 출발하도록 강제하는 방법론적 요구의 구실하에, 즉 부동의 대상들의 선술어적 지각에서 구성된 명증성의 구실하에[66] 후설이 사실 가장 복잡한 것, 가장 정교하고, 가장 완수된 것에서 출발한다는 것이다. 완성된, 방법론적으로 가장 접근성이 높은 구성의 영역은 실제 가장 복합적이고 가장 '침전된' 것이다. 방법론적 요구에 양보하는 것은 가장 단순한 것에서 가장 복잡한 것으로 나아가는 실제적 발생을 고려하기를 거부하는 것이다. 그것은 그것의 역사적으로 '궁극적인', 형식적으로 '기원적인' 의미에서 그것을 받아들이고 주제화한다는 구실하에 다시 발생을 환원하는 것이다.

---

64) 후설은 점점 더 이러한 절대적 종합의 가능성을 꿈꿨던 것이다.
65) 『경험과 판단』, 같은 곳.
66) "운동의 지각과 귀속 판단이 분석하기에 훨씬 더 어려움에⋯⋯"(같은 책, p.70(p.78)).

따라서 후설이 그로부터 모든 술어적 판단이 갑자기 나타나는 가장 근본적이고 가장 기원적인 명증성에 도달할 것을 제안하며 그의 '주제'는 지각된 사물과 외부 세계의 구성일 따름이라고 고백할 때, 우리는 놀라지 않는다. 우리는 논리적 연산이 어떻게 지각 경험 위에 구성되는지를 이해하기 위해서만 지각 구조에 의지한다. 후설은 이렇게 다소 상대적으로 피상적인 연구에 스스로를 한계 지음에 따라, 가장 포용적인 의미에서' 생활세계의 전체사적 발생도, 이처럼 정의된 현상학과 대상을 구성하는 실재 자연 혹은 과학들 사이에 가능한 관계 혹은 합의도 설명할 수 없었다. 어떤 주석에서 후설은 다음과 같이 쓰고 있다. "이러한 맥락에서 어떻게 '휴머니티의 생활세계'로서 구체적으로 지명된 세계가 엄격한 의미에서 객관적 세계에, 즉 자연과학들에 의해 결정된 대로의 세계에 관계될 수 있는지를 아는 문제는 한편에 남겨 둘 수 있을 것이다."[67] 이렇게 한편으론 우리가 이해하기에 너무나도 방대한 술어적 구조들의 기원성은 그 토대에서 자율적인 것으로 나타나고 아마도 개별적으로 주제화될 수 있을 것이나, 다른 한편 그것들은 후설에 의해 그 기술이 보다 기원적인 영역에 의거하는 구성된 층에 속하는 것으로 제시된다. 왜냐하면 후설은 다음과 같이 명확히 표명하고 있기 때문이다. "우리의 분석이 이루어진 지점에서 구성적인 여러 층과 연산들이 이미 전제되었고, 사전에 주어진 공간적 대상들의 한 장(場)이 이미 구성되었다고 전제되었으며, 그것과 함께 사물 자체의 지각의 구성에 그 모든 수준에서 관계 지어진 한 층 전체의 구성적 연구들이 전제되었다."[68] 이 하위 층들은 감각적 장의 구성적 형성의 층이자, 이러한 단

---

67) 같은 책, §38, p. 189(p. 194).
68) 같은 책, §14, pp. 71~72(p. 80).

독적 장들, 운동감각들의 연관 짓기, 지각하는 주체의 신체와의 그것의 정상적 기능 속에서의 관계, 감각 대상 자체의 단계에 의한 구성 그리고 다른 사물들과의 관계이다. "시간적인 것으로 그리고 시간적으로 확산되는 사물의 이미 완수된 구성을 또한 전제하는 것, 그리고 다른 한편 내적 시간 의식에서 공간적 객관성이 구성되는 단독적 작용들의 구성. 이 모든 것이 여기서 실행된 것들보다 훨씬 더 심화된 구성적 연구들의 차원이다."[69] 보다 이후에 후설은 선언하길 "시간의 구성의 문제는 …… 여기서는 포괄적으로 다루어지지 않을 것이다".[70]

후설이 이 문제를 다룰 것을 주장할 때, 발생의 문제는 따라서 한 번 더 괄호 쳐진다. 그런데 여기서 『경험과 판단』은 발생의 새로운 문제들에의 '서론'의 모습을 띨 수 없고 이후 연구들을 예고할 수 없다. 만약 『경험과 판단』이 란트그레베에 의해 1919년의 수고로부터 저술되었다면, 후설 자신의 주의 깊은 지도하에 행해진 이러한 공들임은 1938년, 저작의 출간 1년 전까지 지속되었을 것이다. 그가 완전히 만족하지 않았던 원고들을 사람들이 그에게 출판하기를 제안했을 때 항시 주저하였던 후설은 사망 전날 이 책의 출간에 동의하였다.

사실 발생의 이러한 환원은 여기서 단지 '주제적'인 것이 아니다. 그것은 후설이 역사적 생성을 그의 성찰의 중심적 그리고 거의 배타적인 주제로 삼을 때에도 유지될 것이다. 어느 정도까지 모든 진정한 발생이 현상학적 그리고 철학 일반의 의도를 위험에 빠뜨리고 거기서 완전히 실패하게

---

69) 『경험과 판단』, p.72(p.80).
70) 같은 책, §23, p.116(p.124). 동일한 장르의 유보에 관해서는 같은 책, §38, p.194(p.199)를 참고하라.

끔 하는지를 느끼며, 후설은 끊임없이 그리고 끈기 있게 현상학적 해명에 거의 접근할 수 없는 영역에 방대한 방법론적 진입을 준비했던 것으로 보인다. 『경험과 판단』은 저술과 성찰이 20년 동안 계속되었던 책이다. 발생이 언제나 주의의 대상이 되는 것으로 보이는 『형식논리학과 초월론적 논리학』, 『데카르트적 성찰』, 『위기』는 『경험과 비판』의 본질적 특성이 수정되지 않고 출간되었다. 그것은 하나의 증언이다. 다른 증언도 있다. 이처럼 예를 들면 후설은 시간의 기원적 구성에의 문제에 직접적으로 이르는 아주 중요한 수고들[71]을 한 번도 출간하지 않았다. 일정 부분 오이겐 핑크[72]에게 위탁하며, 그는 조교가 그에게 제안했던 집필들에 죽을 때까지 불만족스러워했다.

이것은 시간을 가장 기원적이고 가장 간결한 그 현존에서 즉각적으로 질문하며, 후설이 생각했던 바대로 현상학적 태도는 넘어설 수 없는 어려움에 직면해 있었다는 것이다. 후설은 발생의 순수 기술을 통해서 시작하지 않았기에, 그의 방법론적 예비 학습은 사실 본질들의 창조적 생성을 후설이 나중에 철학의 이념 자체와 뒤섞을 생성의 '이념' 혹은 의미로 동화시키는 모든 발생의 철학의 전제들을 배신하는 것이다. 차후에 우리에게 실제적 발생에서 그것의 목적성으로, 말하자면 모든 역사적 사실성을 박탈당하고 생성이 '존재하지 않는' 것으로의 참된 환원으로 나타나게 될 이러한 목적론적 이념은 1930년대부터 그러한 것으로서 명확하게 밝혀지고 고려될 것이다. 30년대 이전에, 발생적 현상학의 체계화에 대한 두 가지 강력한 시도는 『경험과 판단』에 그려진 대로 실패하지 않을 수 없는 것으로 보인다.

---

71) 후설 사유가 전통적 현상학에 가장 이질적인 길을 완주하는 중요한 미간행 수고 그룹 C.
72) 핑크는 이 텍스트들을 출간하거나 위임하기를 거절했다.

초월론적 발생과 절대적 논리

이러한 시도의 첫 번째는 진정한 『순수이성비판』을 초월론적 발생 위에 토대 짓기 위한 것이다. 이것이 우리가 여기서 자세히 검토하지 않을 『형식논리학과 초월론적 논리학』의 의도이다.[73] 여기서 우리의 관심을 끄는 문제에 관해 이 책은 『경험과 판단』의 주장들에 본질적인 어떤 것도 더하지 않는다. 우리는 탁월한 심오함의 몇몇 장들에서 ― 여기서 하나의 예시 이상인 수학적 발전의 영역에서 ― 발생적 현상학이 '의식의 진보'와 '진보의 의식' 사이에서 끊임없이 선택함에 앞서 계속적으로 사로잡히는 이율배반을 증명하고 있는 카바예스의 훌륭한 시론을 참조하는 것으로 만족해야 할 것이다.[74]

자임된 절대적, 즉 비발생적이고 형식적인 논리학을 초월론적 의식의 발생학과 초월론적 논리학 혹은 구성적 현상학 위에 토대 짓기 원함에 따라, 후설은 항시 동일한 딜레마에 봉착했다. 카바예스는 다음과 같이 적고 있다. "……절대적이고 최후인 학은 그 역시 자신을 다스리는 교의를 요구한다." 또한 선험적으로 규범들(혹은 최소한 '길잡이' 혹은 '초월론적 안내자')을 제공하는 이 교의는 그러한 규범들을 토대 지으며 초월론적 논리 또는 창조자 주관성에 선행할 것이다. 이러한 논리와 주관성은 '그 자신으로부터 이해할' 수 없을 것이다. 아마도 그것은 구성하는 계기와 구성된 계기

---

73) 우리의 의도는 애초에 수학의 발생의 문제에 길게 전념해서 카바예스의 테제(Jean Cavaillès, *Sur la logique et la théorie de la science*, Paris, 1947)를 따라 이것을 『형식논리학과 초월론적 논리학』의 정확한 텍스트와 대면시키는 것이었다. 시간이 모자라 우리는 이 기획을 포기해야만 했다.

74) *Ibid.*, p.78.

사이의 일치가 그것으로부터 유보한 절대적인 것의 단독성을 남용하는 것이다. 게다가 일치조차도 없이 전자의 후자에로의 삽입이 있을 뿐인데, 구성하는 구성의 규범들은 구성된 구성 중에서 일부일 뿐이기 때문이다. 그런데 이러한 구도상 동일화는 특히 현상학이 받아들이기에 어려운 것인데, 단지 여기서 연구의 동력과 객관성의 토대는 창조적 주관성과의 관계이다. 만약 이러한 주관성이 자기 차례에 규범화된다면, 그것의 규범들을 상위의 주관성에 다시 연결짓기 위해서는 새로운 초월론적 연구가 필요할 것인데, 어떤 내용도 아니고 의식만이 즉자적으로 제기할 권한을 갖기 때문이다. 만약 초월론적 논리학이 진정으로 논리학을 토대 짓는다면, 절대적(다시 말해, 절대적인 주관적 능동성을 지배하는) 논리학은 없다. 만약 절대적 논리학이 있다면, 그것은 자신의 권위를 자신으로부터만 얻게 되어, 그것은 초월론적이 아니다."[75] 논리의 모든 발전과 종합을 창조적 주관성의 생성에 의거하는 초월론적 발생으로 삼는 것은, 사실상 논리적 진리의 절대성을 사라지는, 무너져 가는, 우발적인 것으로 만드는 것이 아닌가?

이러한 반론은 아마도 기원적으로 그리고 지향적으로 객관적 진리를 향한 것이 아닌, '직관'에 의해서만 창조되는 경험적·심리학적 주관성에 대해서만 가치가 있다. 그러나 이렇게 되면 발생적 생성에 더 이상 참여하지 않는 것은 직관적으로 포착된 진리이다. 만약 초월론적 주관성이 지향적이라면, 우리는 발생이 어디에 위치하는가를 자문해야 한다. 의식작용 속에 혹은 그것의 상관물 속에 있는 것인가? 발생적 활성화는 (동시에 창조의 산물인) 직관의 대상 혹은 (동시에 직관적 수동성인) 산출의 행위 속에 있는 것인가? 발생의 의미와 기원을 전자나 후자에 배치하는 것은 필연적이

75) *Ibid.*, p.65.

고 선험적인 종합과 논리의 생성의 가능성을 스스로 금지하는 것이다. 그래서 발생의 절대는 절대의 반대인 것이다. 그것은 시간적 절대, 이미 생성되어 더 이상 이행하지 않고, 아직까지 거기에 있지 않은 것을 선취하는 것을 다시 붙잡는, 초월론적 주관성의 '살아 있는 현재'의 명증성에서의 종합적 생성이다. 초월론적 발생에 고유한 것은 명증성에서 절대의 생성을 산출하는 것이다. 카바예스가 말하는 절대적 논리는 그 직관적 운동 속에서 초월론적 주관성의 작동을 다스리는 필연성이다. 그것은 동시에 어떤 종합도, 어떤 명증성도 그러한 절대적 논리학이 없이는 선험적으로 가능하지 않은 한에서 이러한 주관성의 역사적 산물이다. 각각의 축이 다른 축을 비시간적 절대로 동화하고 전제하면서만 발생적으로 나타나는 발생의 모호성은 시간의 존재론적 변증법을 '재산출'할 뿐이다. 만일 정확히 이 두 축이 불가역적이고 단선적이며 절대적 연속성에서 서로에게 관계해서 동시적이되거나 정렬되었다면 그것은 부조리하거나 불투명할 것이다. 한마디로 모순은 만약 의식의 지향성이 기원적인 시간성 자체가 아니라면 비정합이거나 철학적 불충분일 것이다.[76]

시간성과 지향성 사이의 동일성을 자각하는 것은, 첫 번째로 객관적인 논리적 진리와 이것을 산출하거나 포착하는 작용과의 절대적 동시성의 가설을 기각하는 것이다. 시간적인, 초월론적 의식은 항시 명증성과 '대자' 속에서 그것에 주어지는 진리에 선험적으로 선행하는 것으로서, 그것이

---

76) 이러한 혼돈은 선험적으로 종합적이기에 형상적일 뿐만 아니라 존재론적이다. 지향성은 시간의 기원적 실존과 혼동되면서 더 이상 이론적 시각이 아니다. 그것은 인간적 실존 자체이다. 후설은 바로 이런 결과를 지향적 의식의 시간성과의 관계를 형상적 관계로 삼으며 항시 피하려 했던 것이다. 그러나 지향성과 체험된 시간성의 현상학적 동일성을 후설은 더 이상 깨달을 수 없었다.

구성하게 되고 이미 의미를 부여받은 산물의 자격으로, 자율적이고 '즉자적' 가치로서, '대자적'인 것을 구성하는 운동의 토대로서 주어지는 진리에 연속하는 것으로 나타난다. 명증성 속에서의 의식과 진리의 명백한 동시성은 따라서 **항시 이미 종합적,** 즉 선험적으로 종합적이다. 절대적 동시성, 즉 두 계기 혹은 한 계기의 자신과의 분석적 동일성은 선험적 종합, 즉 **존재의 진리**와 양립할 수 없는 것이다.

그런데 현상학적 명증성의 절대 토대, 즉 모든 언어, 모든 논리, 모든 철학적 담론의 궁극적 심급은 지향성이 의식의 시간성과 뒤섞인다는 것이다. 나는 의식에 이질적인 것만을 생각하고 향하며 지각할 수 있다. 이 지향적 운동이 기원적으로 종합적임에 그것은 기원적으로 시간적이다. 따라서 절대적 논리와 초월론적 논리 사이의 모든 관계는 카바예스가 보여 주는 것처럼 형식적 이율배반에 도달한다. 만약 정확히 우리가 의식의 '시간적-지향성'[77]을 더 이상 고려하지 않거나, 우리가 지향성 혹은 시간성을 몇몇 절대적 의식의 상호 결정 혹은 우리가 그 신화를 비밀리에 간직할 심리학적이고 우연적 성격들로 삼는다면 말이다.[78] 만약 역으로 현상학적 명증성이 우리를 가르치는 것처럼 의식의 존재 자체가 시간적-지향성이라면, 절대적 논리학은 초월론적 논리학의 절대적 규범일 것이다. 이는 이러한 초월론적 논리학이 절대적 논리학을 '살아 있는 현재'의 명증성에서, 절대적 논리학에 의해 '다시 잡힌' 과거에서 이미 구성된 것으로, 그리고 그것

---

77) 우리는 그 구성 요소의 전자 혹은 후자를 실사의 형용사, 실체의 속사(屬詞, attribut)로 만드는 것을 피하기 위해서 이 신조어를 허용한다. 보다 나중에 동일한 이유로 의식-현존을 말해야 할 것이다. 여기서는 이런 사정을 적시하는 것으로 충분하다.

78) 만약 한편에서 우리가 카바예스의 반론에 대한 후설의 답을 소묘한다면, 우리는 그것을 현상학적 주제를 해명하며 할 것이다. 그러나 다른 한편 이 절대의식의 신화는 또한 후설의 신화로 남는다는 것을 고백해야 한다.

안에서 그것에 의해 장래의 명증성에서 변형될 수 있는 것에 한해서 그러하다. 그것은 구성하는 것으로서 **자신을** 인정할 것이다. 구성하는 것과 구성된 것의 놀라운 일치는 후설이 절대의 단독성을 오용하고 있다고 생각하는 카바예스를 놀라게 한다. 그러나 오용하는 것은 카바예스 자신이 아닌가? 왜냐하면 후설이 초월론적 논리 혹은 의식을 구성된 형식 논리의 절대로 삼을 때 정확히 이 절대의 시간성 자체가 그에게서 모든 신학적 측면을 제거하는 것으로 보이기 때문이다. 구성하는 것과 구성된 것의 생각할 수 없는 불가능한 일치는 여기서 분석적인 것이 아니라 종합적이고 시간적인 선험이다. 그것은 변증법적 일치이다. 카바예스의 비판은 자신에 닫혀 있고 자신이 아닌 것과는 외부적 관계를 유지하는 '완벽한' 절대(이 두 용어는 후설에서 동의어가 아니다. 완벽한 절대는 구성된 절대, 절대적 초월론적 의식에 종속된 실재성이다)에만 관한 것이다. 그것은 최종적으로 "형성된" 절대, 논리적 심리학적 의식, 혹은 상관적으로 형식 논리, 일군의 경전화된 규범이다. 카바예스는 논리학의 생성의 문제를 고도의 명철함과 더불어 제기한 후, 그의 후설 비판에서 노에시스-노에마[79] 상관관계의 관념론적 수준에 즉 정적 구성의 계기에 멈추는 것으로 보인다.

지향성과 시간성이 기원적으로 서로 관련된다고 말하는 것은 —— 두 번째로—연속의 가능성과 절대적이고 비가역적인 예속의 가능성을 멀리하는 것이다. 그것은 의식이 시간 바깥에서보다 시간 안에 더 있지 않다는 것을 인정하는 것이다. 어떤 시간적 질서도 의식에 외부로부터 부과될 수 없으며, 의식을 절대적으로 둘러쌀 수도 없다. 의식 자체는 절대적으로 자

---

79) 그가 이 주제에 대해 말하는 것은 Cavaillès, *Sur la logique et la théorie de la science*, p.44 를 보라.

유로운 방식으로 논리적 진리의 생성이나 창조를 방향 지을 수 없다. 절대적 명증성은 의식과 진리 사이의 종합적 상관관계가 기원적으로 이미 있었던 것의 산출이라는 것이다. 그것은 기원적 시간이 연속하는 공간적 선의 측면을 취할 수 없다고 하는 것이다. 그것은 부딪히게 되는데, 그것의 나아감은 회귀이다. 그것의 심급들은 그것들의 명증성의 순수성에서 다소간 처럼, 즉 여전히 그리고 이미 그것들의 과거이자 미래이다. 바로 실제적 예지에 의해서 우리는 자유롭게 과거를 재산출할 수 있다. 파지에 의해서는 미래가 지나간 현재의 미래 등으로서 나타난다. 구성하는 것과 구성된 것, 초월론적 논리학과 형식논리학의 전대미문의 일치 앞에서 놀라는 것은 시간성의 명증성 앞에서 놀라는 것이다. 이 놀라움은 그 자체가 시간적 명증성 위에 토대 지어진 것이다. 따라서 이러한 놀람은, 시간적 명증성에도 불구하고, 그에 따라 시간성과 실존의 이론적 의식이 선험적으로 가능한 관념론적이고 심리주의적인 선입견의 희생양이다. 그것은 그에 의해 의식의 시간적 실존의 의미가 심화되지 않음으로써, 우리가 시간으로부터의 해방과 뿌리 뽑힘에 대해, 하나의 시간적 심급의 '관점'을 다른 하나의 심급 위에서 취하는 태도에 참여하는 것이다. 그러한 태도에 의해, 우리는 모든 명증성과 모든 관점의 시간적 의미가 해명되지 않은채, 우리는 비시간적 관점이 가능하다고 믿는다.

카바예스가 그의 분석의 말미에 그가 초월론적 논리학으로부터 형식논리학의 단선적 발생이라 믿은 것에 반해서 변증법의 필연성을 환기했을 때, 그는 "발생적 필연성은 능동성의 필연성이 아니라 변증법의 필연성이다"[80]라 쓰며 의식의 시간적 존재를 해명하고 후설의 사유에서 그의 오래

---

80) *Ibid.*, p.78.

된 관념주의적이고 형식주의적인 선입견[81]을 제거했을 뿐이다.

오래된 선입견? 이것은 그렇게 명백하고 그렇게 단순한 게 아니다. 왜냐하면 한편으로 시간성이라는 주제, 논리의 초월론적 발생의 유일한 토대가 『형식논리학과 초월론적 논리학』에 부재하다는 것은 심각한 사태이기 때문이다. 이전처럼 모든 구성하는 시간성을 전제하며 우리는 자임된 방법론적 함축에 의해 형식적 관념론 혹은 경험주의의 위험을 감수할 수 있다. 다른 한편 의식과 시간의 기원적으로 종합적이고 존재론적인 동일화는 엄밀하게 관념론의 포기로 이어지는데, 이는 방법론적이건 초월론적이건 마찬가지이다. 그런데 후설은 여기서 그 어느 때보다 단호하지 않다.

이것은 의식과 시간의 기원적으로 종합적인 동일화가 다시 순수 주체와 기원적으로 역사적인 실존을 혼동하기에 이른다는 것인데, 역사적 실존은 영혼적 복제도, 구성된 사건도, 초월론적 '나'의 경험적 사실성도 아니다.[82] 그것은 주체의 '실존' 자체이다. 이 실존은 기원적으로 시간적이고 유한한 것으로서 '세계에' 있다. 이렇게 되면 지향성은 더 이상 존재의 향함이자 어떤 순수 주체에 의해 작동되는 그것의 다양한 계기의 노에시스적 종합이 아니다. 지향적 체험은 더 이상 '실재적인 것'의 의미를 구성하는 단순한 '비실재적인 것'이 아니다. 근본적으로 본래적이고 기원적인 형태에도 불구하고 주체는 하나의 '실존'이다. 노에시스-노에마적 종합은 이론적이지 않다. 그것은 실존적 경험이다. 이렇게 되면 지향성은 더 이상 관념적 '자아'를 세계에 연결시키는 것이 아니다. 그것은 고유하게 존재론적

---

81) 카바예스는 『경험과 판단』을 읽지 않았다. 그는 『데카르트적 성찰』도 결코 인용하지 않는다.
82) 이것은 후설이 결정을 내리길 원하지 않았던 것이다. 현존은 그에게 항시 형성된 실재성으로 이론적 주체에 의해 구성된다.

인 종합의 매개적 계기이다. 그 자체로 자신의 의미를 소유하는 것은 존재이다. 선험적 종합은 존재와 의미의 종합이다. 이것이 바로 인식 주체에 의해 실행된 술어적 종합의 가능성의 유일한 조건이다. 이론적인 초월론적 주체의 수동적 구성은 이렇게 되면 실존의 기원적인 운동의 관념주의적이고 전환된 표현일 뿐인 것이다.

도식적으로 정의된 이 모든 결과들은 우리가 보듯이 극단적으로 중대한 것들이다. 기이한 전도에 의해 이러한 결과들은 우리를, 지향성 자체의 괄호 치기로 이끄는데, 이는 그럼에도 불구하고 우리가 이미 떠나왔던 것이다. 실존이 더 이상 초월론적 시선에 의해 기원적으로 구성된 것이 아니기에, 실존 자체의 이론적 의식은 이제 실존의 변형된 계기일 뿐이다. 그것은 존재론적 종합에서 '출발했다'. 그것은 더 이상 절대적으로 기원적이지 않다. 우리는 후설이 이러한 결과 앞에서 물러서는 것을 이해한다. 이 모든 것은 초월론적 현상학적 관념론의 붕괴 자체를 의미한다. 현상학, 이론적 의식에 주어진 명증성의 학은 방법론적으로 첫째이다. 그러나 그것은 선결적으로 하나의 존재론 전체를 요구한다. 그것은 종합적으로 기원적으로 시간에 동일한 존재의 자기 구성의 계기이다.

후설이 그가 지연시키길 그치지 않았던 모든 딜레마를 피하는 유일한 방식은 그것들을 그것들의 토대에 내포시키는 것이었다. 이를 위해서는 그가 항시 주제화를 선언했던 초월론적 시간성을 해명해야 했다. 그런데 이런 주제화는, 만약 그것이 전체적이라면, 현상학의 자신에 대한 최초 소여들을 뒤집게 될 것이다. 따라서 카바예스에 대한 후설의 가능한 답변은, 우리가 그것을 소묘한 것처럼, 후설의 출판된 저작에 엄밀한 동시에 틀린 것이며, 불충실한 동시에 그에 부합하는 것이다. 『데카르트적 성찰』, 위에서 언급했던 체계적 시도의 두 번째는, 능동적인만큼 수동적인, 궁극적인 발생적 구성 일반의 이념을 결정적으로 바라는 방법을 제시하면서, 그와 결부되어, 초월론적 관념론, 초월론적 현상학의 제1철학을 세우는 것을 목적으로 한다. 어떤 조건에서 이러한 기획이 실패하지 않거나 혹은 최소한 계속될 수 있을 것인가? 그리고 진정한 발생의 철학과 뒤섞거나 화해하기 위하여, 어떤 새로운 의미를 초월론적 관념론에 주어야만 하는가?

'이론'의 무한한 이념과 어려움의 반복

『데카르트적 성찰』[1]은 우리에게 후설 사유의 가장 체계적인 표현을 제공

한다. 이 책은 대략 1930년대에 준비되고 저술되어 그 모든 원리들이 재론

되고 주목할 만하게 종합되는 현상학적 방법의 연속성을 나타내는 것 이

상이다. 이것들은 연구의 새로운 방향을 선언한다. 사람들은 후설이 이전

의 어떤 주제도 포기하지 않으며 그의 진전을 명확히 하고, 어떤 계기에도

후퇴 혹은 변동, 단절이나 주저함을 암시함이 없이도, 이후 운동을 소묘하

는 숙련과 깊이에 감탄한다. 우리가 그의 사유의 경로를 표지하기를 시도

했던 모든 딜레마와 난관들, 현상학의 순수 원리에 충실한 발생의 철학의

필연성, 불가능성을 가리키길 원했던, 모든 주제적 혹은 체계적 변환, 이 모

---

1) 1929년에 소르본에서 행해진 일련의 강의. 이것은 우선 가브리엘 파이퍼와 에마뉘엘 레비나
스의 프랑스어 번역으로 1947년에 출간되었고, 슈테판 슈트라서에 의해 독일어판으로 재독,
교정된 것이 1950년에 출간되었다. 원문과 번역본을 함께 인용한다[상세 서지는 이 책 62쪽 각
주 10번 참조].

든 것이 환영(幻影)적인 의미만을 가지는 걸까? 이것이 『데카르트적 성찰』이 처음으로 생각하도록 하는 것이다. 여기서 가장 크게 조명될 발생적 주제는 현상학의 모든 과거와 조화롭게 구성되는 것으로 보인다. 제시된 것과 같이, 그러한 발생적 주제는 필연적 성찰들을 통해 간파되는 방법으로서의 근본적인 함축의 형태를 취한다. 어떤 것도 문제시되지 않고 하물며 부정되지 않는다. 사실 여기서 진행되는 방대한 철학적 담론은 힘차고 고요한 몸짓 뒤에 깊은 불편함을 감추고 있다.

첫 세 성찰, 이전 단계의 재론이자 심화에는 우선 이전과 동일한 어려움이 약간 갱신된 형태로 다시 나타난다.『논리 연구』,『이념들』,『경험과 판단』에서는 특정한 무한한 이념들의 지위, 논리학의 무한한 생성의 이념, 체험된 명증성의 무한한 시간의 이념, 경험의 무한한 가능성의 지평으로서 세계의 이념이 우리가 기억하듯이 매우 불투명한 상태로 남아 있었다. 그 안에서 우리에게 현전하는 명증성의 양상에 적합하기 위해서는, 이 이념들이 토대 지어진 본질이어서도, 구성된 개념이어서도, 개별적 경험들로부터 나온 술어여서도, 개체적 기체여서도 안 되는 것이다. 귀납 혹은 절대적 외연에 의해서 획득된 한계-개념들과 달리 그것들은 정반대로 일종의 구체적이고 보편적인 현전을 가지는 것이었다. 한마디로 이것들의 역설은 가장 구체적인 것과 가장 기원적인 것, 즉 '나'의 가장 순수한 시간성 혹은 세계의 선술어적 기체와 뒤섞이며, 이것들이 동시에 가장 형식적인 것이었다는 점이다. 절대적으로 선술어적인 것, 이것은 어떤 규정도 아직 받아들이지 않은 것, 어떤 것으로부터도 주어지지 않은 것, 그리고 모든 구성의 이편에 위치하여 한계적으로 모든 초월론적 능동성에 접근이 불가능한 순수 존재이다. 이것은 어떤 현상학적 '나타남'도 받아들이지 않는다. 그것은 어떤 경우에도 '몸소' 현전하지 않는다. 따라서 주체의 유일한 방책은 그

외연이 모든 구체적 내포를 털어 버리며 자신이 정화됨을 보면서만 절대적일 개념을 형성하는 것이다. 우리는 여기서 아주 정확하게 헤겔에 의해 정의된 변증법, '순수 존재는 비존재와 동일하다'를 재발견한다. 개별성의 유한성을 피하려 했기에, 결정들에 결부된 부정들을 넘어서려 했기에, 우리는 추상적 보편에, 순수 부정에 도달하는 것이다.

이것이 현상학에 일어난 일이다. 무한한 전체성의 이념이 사실과 본질 사이의 선험적 종합의 유일한 토대이자, 체험의 개별성과 형상적 보편성 사이의 유일한 매개이다. 이러한 이념은 모든 구성 일반의 구체적인 궁극적 준거가 되었다. 따라서 이념은 아주 자연스럽게 그 자체로 결코 구체적 주체에 의해 구성된 적이 없기 때문에 가능성의 형식적 조건으로 전환한다. 한계적으로 그것은 모든 초월론적 경험의 선험적 성격으로 기술되고 우리를 이처럼 초월론적 심리주의에 다시 떨어뜨릴 수도 있을 것이다. 확실한 것은 모든 발생과 모든 생성을 가능하게 하면서, 이념은 그 자체로 역사적인, 발생적인 어떤 것도 가지지 않고, 직접 기원적 명증성에 주어지지 않는다는 것이다. 따라서 양자택일이 남는다. 그것은 그 자체로 구체적이고 개별적으로 현전함이 없이 모든 명증성의 가능성의 조건일 수 있다. 그러나 무엇에 근거하여, 명증성의 기원성에 대해 말할 수 있는가? 명증성들이 이러한 조건에 의해 앞서고 토대 지어지기 때문이다. 아니면, 구체적이고 단순한 명증성은 진정으로 기원적이어서 무한한 이념은 정의상 직관 속에 주어지지 않기에 그것은 복잡함, 상부구조, 개념적 산물로 머문다. 그것은 토대로서의 성격을 잃고 모든 경험 일반의 술어로 변형된다. 따라서 후설은 이것을, 침전된 의미가 즉각적으로 주어지는 정확하게 구성된 수준에 자리를 잡으며, 무한 이념인 동시에 기원적 명증성으로 삼을 수밖에 없었다. 그러나 이 구성된 수준은 이미 그 자체로 더 이상 기원적이지 않았다.

우리가 보았듯이, 시간적 실존의 변증법만이, 딜레마를 없애지는 못할지라도, 최소한 그것의 철학적 의미를 밝힐 수 있다. 후설은 우리가 철학의 이념 자체와 뒤섞인다고 보여 주려 시도할 이 변증법을 거부하는 것으로 보인다. 사실상, 극도의 관념주의적이고 합리주의적인 지향에 항시 충실하게 후설은 생성을 심화시키면서 이것을 끊임없이 만날지라도 순수 생성 자체에서 멈추기를 결코 원하지 않는다. 순수 생성은 자신과 다른 것에 의해 생각되고 그것의 '형상'에 환원되어야 한다.

따라서 『데카르트적 성찰』에서 현상학을 절대적 과학, 모든 가능한 과학, 역사에 현존하고 일정 문화에서 구성된 모든 과학의 토대로 제시하며, 후설이 새로운 '이념', 그에게 그 자체로, 어떤 생성에 의해서도 구성되지 않은 그러한 것으로서의 생성의 의미를 줄 목적론적 이념에 의거하는 것에 놀라지 말자. 후설이 과학의 토대의 조정하는 것과 '목적-이념'을 다루는 3절은 저작의 가장 당혹스러운 부분의 하나이다. 현존 과학, 사실 그리고 이것들이 우리에게 내어진 이념들의 '스위치를 끔'을 가능한 한 멀리 진행시킨 뒤에, 외관상으로 넘어설 수 없는 근본주의에 도달하여 어떻게 데카르트가 그의 시대의 과학적 이상을 미리 주어진 것으로서 여김으로써 그의 원래 기획을 실패했는지를 보인 후에, 후설은 다음과 같이 쓴다. "창발적 철학자로서 우리는 과학의 어떤 규범적 이상에도 가치를 부여하지 않는다. 그리고 우리는 우리가 우리 스스로 새롭게 창조하는 한에서만 그 이상의 일부를 가질 수 있다."[2] 이토록 전면적인 혁명 이후, 연구의 실마리는 어떻게 될 것인가? 후설은 대답하길, "우리는 자연스럽게 우리에게 주

---

[2] 『데카르트적 성찰』, §3, p.49/pp.6~7[앞의 각주에서 데리다가 말한 것처럼, 이하 독일어판 쪽수와 프랑스어판 쪽수가 차례로 병기한다].

어진 사실로서 주어진 과학으로부터 과학의 일반적 이념을 받아들인다. 그런데 우리의 근본적 비판의 태도에선 이 과학들은 가설적 과학들이 된다. 따라서 일반적 목적-이념은 동일한 의미에서 가설적인 목적-이념으로 환원되어야 한다. 따라서 우리는 아직은 이것이 일반적으로 실현 가능한 것인지를 알지 못한다. 그럼에도 불구하고 가설의 형태로, 유동적이고 결정되지 않은 일반성의 자격으로, 우리는 이 이념을 **소유하는** 것이다. 따라서 우리는 그것이 실현 가능한지 어떻게 실현 가능한지를 모르는 채로 철학의 이념을 가지는 것이다. 우리는 이 이념을 임시적 가설로, 하나의 시도로서 받아들이고 어느 정도로 그것이 가능하고 실현 가능한지를 신중하게 검토할 것이다."[3] 후설은 그가 이처럼 '이상한 복잡함'에 들어감을 자백하는 것이다. 그러나 그는 곧 덧붙이길, 만일 우리의 근본주의가 작용에로 이행되어야 하며 단순한 몸짓에 머물러서는 안 된다면, 이러한 이상한 복잡함은 불가피한 것이라고 언급한다.

현존 과학에서 빌려 오고 가설로서 받아들여진 이 이념은 한 번도 구체적으로 결정되지 않을 것이다. 이것은 다양한 과학들이 그것들의 공통된 '의도'를 나타내도록 하며 이것들의 역사적 사실성을 추상함으로써, 언제나 해명된, 형식적 지향으로 머무를 것이다. 아마도 후설은 이러한 기획에서 순수하고 단순히 그것의 경험적 생성을 박탈하며 기획의 의미에 도달하는 것을 스스로 금지하는 것일 수도 있다. "실재적으로 주어진 과학들을 출발점으로 삼는, 비교에 기반을 둔 추상에 의한 학적 개념의 형성이 여기서 중요한 것은 아니다. 실재적으로 주어진 (문화적 현상의 자격으로서) 과학과 진정하고 엄격한 의미에서 과학 사이에는 동일성이 없다. 우리의

---

3) 같은 책, 같은 곳. 강조는 인용자. 이 '소유'의 신비한 의미는 어떠한 것인가?

고찰들의 의미 자체가 함축하는 것은 이러한 단언이다. 실재적으로 주어진 과학은 그 자체에서 그것들의 사실적 현존을 넘어 그것들의 현존의 사실 자체에 의해 정당화되지 않는 주장을 포함한다. 바로 이러한 주장 안에 이념으로서의, 진정한 학의 이념으로서의 학문이 함축되어 있는 것이다."[4] 이러한 주장 혹은 이러한 지향은 있는 그대로 드러나기 위해서 개념으로부터 엄밀하게 구분되어야 하고 어떤 방식으로라도 체험되고 재체험되어야 할 것이다. "현존하는 과학의 가치에 관하여(이 점에서 그것들의 주장들이 어떤 것일지라도), 상관적으로 그것들의 이론의 정확도에 관하여, 그것들의 구성적 방법의 견고함에 관하여 모든 판단은 우리에게 금지될 수 있다. 그 반면에, 어떤 것도 우리로 하여금 '향함'과 학문적인 행위를 '체험하고'(erleben) 추구된 목적의 의미를 밝히는 것을 저지하지 못할 것이다. 이처럼 전진적 심화에 의해 우리가 학문적인 향함의 지향을 파고들면, 우리는 우리 앞에 …… 진정한 학문의 일반적인 목적론적 이념으로 구성된 계기들을 펼치게 된다."[5] 이렇게 되면 우리는 절 중간에 다르게 조명되지 않는 제목의 의미를 이해하게 된다. 학문의 "최종적 의미의 계시"는 "노에마적 현상으로서의 그것을 체험하는 작용"에 의해 획득된다.[6] 다른 말로 순수한 학문적 지향은 과학의 모든 사실적 계기들을 활성화하며, 단순한 역사가나 자발적으로 그의 행위를 체험하는 단순한 학자의 시선에 가려진 채로 남는다. 과학적 행위의 사실을 '중단시키는' 현상학적 환원에 의해, 심층의 지향은 실재적 결과 혹은 그것이 의미를 부여하는 사실 내에서 매

---

4) 『데카르트적 성찰』, 같은 곳.
5) 같은 책, p.50/p.8.
6) 같은 책, p.50/p.7.

장되거나 타락하여, 이제는 있는 그대로 그리고 그것의 순수성에서 자신이 인정됨을 알게 된다. 모든 과학에서 숨은 노에시스적 원천이 되는 대신 그것은 환원 이후에 의식에 대해 노에마적 혹은 주제적인 대상이 되는 것이다. 우리는 이처럼 모든 과학의 구성하는 운동을 드러낼 수 있었을 것이다. 그러나 자아의 시간성과 과학의 초월론적 생성이 우리로 하여금 더 이상 순수한 '나'를 구성의 첫 번째 계기로 고려하지 않기를 권유하기에, 이제 이 역할을 하는 것은 목적론적 이념(목적-이념)이다. 우리가 자아에 이차적이고 매개적인 역할을 부여하는 것이 아니라, 한계적으로 그것은 이미 이상한 변형으로서 순수한 초월론적 자아는 이 목적론의 순수한 삶과 뒤섞여야 할 것이다. 진정한 초월론적 힘은 방향 잡힌 생성 혹은 생성의 방향 잡기의 무한한 전체성일 것이다.

후설이 우리를 인도하는 경험의 매우 매력적인 성격에도 불구하고, 우리는 그 가능성을 의심할 권리를 갖고 있다. 어떻게 우리는 있는 그대로 하나의 지향 혹은 순수한 목적론적 이념을 '체험할' 것인가? 한편으로 우리는 — 이것은 외부적 반박일 것이다 — "노에마적 현상"의 표현이 실패한 것이라고 판단할 수 있다. 노에마적 현상 혹은 현상학적 주제는 그것이 항시 참조하는 초월론적 의식에 대해서 이것에 의하여 구성된다. 지향적으로 '학적인 노력'을 체험하는 주체의 지위는 어찌될 것인가? 이것은 그 자체로 기원적일 것인가? 그것의 역사에서 사건으로서 도래할 이러한 경향성의 절대일 것인가? 아마도 후설이 의미한 것은 이러한 것이 아닐 것이다. 순수한 '나'는 후설이 보기에는 보편적인 것과 절대 토대에 대한 자부로서 정의된 과학의 이론적 지향과 뒤섞인 것이다.[7] 이러한 이론적 태도가 후설

---

7) 같은 책, §3, p.51/p.9.

의 고백에서처럼 기원적이 아니었다는 것뿐만 아니라,[8] 우리는 이 '체험하기'가 그 안에 실상 학적인, 구성된 어떤 계기도 내포되지 않는 순수한 학적 지향일 수 있다는 것을 절대적으로 알지 못한다. 이 지향 혹은 이 목적론적 의미는 형식적 개념이고 선험적 가능성의 조건이다. 있는 그대로 이것들은 '체험'될 수 없다. 그렇지 않으면 이 '체험하기'의 순수성은 모든 현상학적 순수성처럼 구체적이다. 그렇다면 이 순수성은 종합적이다. 이것은 순수하고 구체적인 시간에서 전개되는데, 그것의 형상적인 것은 우리에게 모든 구성적 ─ 여기서 우리가 도달하길 바라는 ─ 계기가 그것의 토대의 친밀성 속에 구성된 계기를 포함한다는 것을 드러내 주었다. 구성하는 시간으로 구성되는 시간의 이러한 본질적 침입은 따라서 우리가 순수 지향적 목적론과 현존 과학의 사실성을 엄밀하게 구별하는 것을 금지한다. 능동적 종합에 대해 언제나 선행하는 시간의 수동적 종합은 사실과 지향, 존재와 의미의 선험적 종합이다. 지나간 계기의 지향은 살아 있는 현재 속에 붙들려 그것이 참여하는 구성에 있는 것으로, 구성된 실존이면서 동시에 구성하는 지향, 말하자면 예지이다. 한마디로 순수한 목적론적 지향의 모든 파악은 실재적 학의 구성된 계기와 본질적으로 결부되어 있다. 이 구성된 계기가 동시에 그것의 토대인 것이다. 학문의 생성에 대한 순수 의미의 파악은 그 자체로 하나의 생성임에 결코 그 절대적 한계를 건드리지 않는다. 발생적 의미는 발생의 산물이다. 이러한 변증법이 우리를 무한한 진전이나 소급으로 이끄는 것이다. 이것은 우리가 의미한 대로 학적 지향을 역사적 사실성에서 '체험하기' 혹은 '재체험하기'의 가능성 자체이면서 그것을 선취하는 것의 가능성 자체임에도 불구하고, 후설에게 무한 소

---

8) 앞 장[3부 1장]을 볼 것.

급은 형식적 장애로 남는다. 그는 이것을 체계적인 것의 어려움으로서 암시하나 여기서 멈추지 않는다.[9] 그는 이처럼 시간이 설정하는 환원 불가능한 현존을 스스로 이론적이길 원하는 체험의 중심으로 위치를 이동시킨다. 현상학의 창설과 동시에 '현존' 혹은 '이론적 표현'의 꿈을 반영했던 본질직관의 교의는 여기서 절대적인 목적론적 이념을 '체험'하려는 지향과 함께 연장된다. 그것은 불가능한 분석적 혼동이나 변증법의 이념이 '의미'하는 경험과 인식의 필연적인 종합적 일치이다. 초월론적인 것과 실존적인 것을 구분한 뒤, 후설은 그의 철학의 토대로서 경험적인 것과 이론적인 것의 절대적 분리와, 지향성에서, 말하자면 노에마적 현상으로서 학의 체험하기에 대한 노력 속에서 인식과 구체적인 것의 분석적 일치를 동시에 유지해야만 했다. 바로 이런 이유로 후설은 그를 심리주의적 관념론자로 — 부분적으로 옳게도 — 비난했던 자신의 제자들 대부분으로부터 버림을 당했다. 초월론적 '나'의 구체적 삶이 기원적으로 '실존'이 아님에, 그것은 심리학적 사실, 구성된 사건이 되었던 것이다. 후설의 철학을 초월론적 심리주의로 바꾸기 위해서는 후설 자신이 칸트에 대해 던졌던 비난과 같은 몇몇의 것들을 강요하는 것만으로도 충분할 것이다. 이것은 명백히 그렇게 간단하지는 않고, 후설 사유의 모든 전개에 깔려 있는 변증법적 주제의 해명이 여기서 상당히 강력한 해답을 제공할 것이다.

이처럼 현상학의 모든 운명이 걸려 있는, 절대학의 이러한 목적론적 이념, 무한한 이론적 지향의 이러한 경험은 따라서 이전에 만났던 어려움과 딜레마를 다시 유도할 뿐이다. 경험의 순수한 능동성은 무한한 성찰과 매개에 의해서만 있는 그대로 해명될 수 있을 것이다. 그러나 이러한 이념

---

9) 『데카르트적 성찰』, §18, p.81/p.37.

은 그것이 노에마적 현상으로서 '체험'되는 한에서 초월론적 자아에 대해 가능한 경험이다. 따라서 후설은 그것을 초월론적 자아의 구성의 종합에 이르는 방법론적 여정에 위치시킨다. 한 번 더 구성의 외관상 토대는 우리가 구성의 실제적이고 심층적 운동을 함축인 것으로서 좇아야 하는 '초월론적 안내자'일 뿐이다. 불충분하나 필수적인 매개 단계에만 관련이 있는 것이고, 우리는 목적론의 궁극적 토대가 우리에게 마침내 전개될 것을 상상할 수 있다. 이것이 어쨌든 '네 번째 성찰'이 하려고 한 것인데, 여기서는 "초월론적 자아 자체의 구성적 문제"가 다루어진다. 후설이 이 성찰에 앞서 수행한 감탄할 만한 분석을 세세히 논평하는 것은 흥미로울 것이다. 우리는 매번 각 절과 각 행에 동일한 어려움이 재생산되고 환원되며, 다양하게 변화되는 것을 볼 수 있을 것이다. 그러나 우리 작업의 한계는 이를 허용하지 않는다. 목적론이 노에마로 체험되고 하나의 발생으로 구성된 주체 자체를 가정하기에, 이 발생, 네 번째 성찰의 모든 주제를 연구하는 것에 우리는 만족하도록 하자.

능동적 발생의 모순

지금까지 발생의 궁극적 원천에 대한 탐색에서 우리는 구성된 계기만을 만났을 뿐이다. 사실, 본질, 노에마적 시간, 노에시스-노에마적 상관관계, 초월론적 능동성은 기원적 시간층을 가정했다. 사실 우리는 엄밀한 의미로 초월론적 발생에 여전히 도달하지 않았다. 발생적 구성의 가장 기원적인 심급이 항시 우리 앞에서 도망치고 우리의 과정의 진전은 절대적으로 초월론적인 자아를 향해 매개의 무한정한 표지 세우기에 의해 가능되었다. 절대적으로 초월론적인 자아는 그것의 신비한 비결정 속에서 우리가 그것을 가정하듯이 논리 형식적 주체이거나 상호주관성의 전체이거나 무한한 역사이거나 기원적인 시간적 실존일 수 있었다. 이러한 자아의 구성만이 우리에게 더 많은 것을 알려 줄 수 있다. 만약 후설이 그토록 오랫동안 그것의 주제화로부터 물러서 있었다면, 그것은 모든 현상학적 체계가 동요할 위험이 있다는 것을 그가 잘 알고 있었기 때문이었다. 이러한 주체의 자기 구성은 그의 현상학적 그리고 이론적 능동성의 의미 자체를 문제시하게 되는 것은 아닌가? 그것은 이러한 의미를 일반적으로 살아 있는 것의 구체적 실존으로 환원하는 것은 아닌가? 특히 이런 한도 내에서 우리는 한 번 더 구체적 구성의 관념적 '의미'에 의해 보편적 목적론으로 보내지는 것은 아닌가? 후설이 주제를 자아론적 발생의 주제에 연결시키는 초월론적 관념론은 헤겔적 형태의 절대적 관념론의 차원으로 확장되는 것은 아닌가?

'네 번째 성찰'의 첫 절들은 우리로 하여금 많은 것을 생각하게 한다. 후설은 지금까지 우리가 구성된 상관관계와 "코기토와 코기타툼(cogitatum) 사이의 지향적 관계"의 수준에서 부동화되었다는 것을 인정하는 것으로 시작한다.[10] 그런데 "자아 그 자체는 그에 대해 연속적 명증성, 즉 자기에서 실존하는 것으로서 자기 구성하는 실존이다".[11] "그러나 우리는 지금까지 이러한 자기 구성의 한쪽만을 건드렸을 뿐이다. 우리는 우리의 시선을 코기토의 흐름에만 주었을 뿐이다. 자아는 그 자신을 단지 생의 흐름으로서만 스스로 포착하는 것이 아니라, 이것 혹은 저것을 체험하는 '나'로서, 이러저러한 코기토를 체험하는 동일한 나로서 포착하는 것

---

10) 『데카르트적 성찰』, §31, p.100/p.56.
11) 같은 책, §31, p.100/p.55.

이다."[12]

그러므로 우리는 여기서 동일한 나와 더불어, "의식적인 능동성 혹은 수동적 감응" 속에서 그 자체가 야기된 것처럼 보이는, 모든 가능한 의미작용의 절대적 참조를 우리 연구의 끝에 이르러 대상으로 삼는다. 이러한 나에 관해 사람들이 말할 모든 것은 구성의 매개적 영역에서 반향할 것인데, 이는 또한 마찬가지로 모든 것이 그 안에서 구성되고, 그것에 대해 구성될 것이기 때문이다. "구체적인 모나드적 자아가 실제적이고 잠재적인 의식의 삶의 전체를 포함할 것이기 때문에, 이러한 모나드적 자아의 현상학적 설명의 문제(그 자신에 대한 그것의 구성의 문제)는 일반적인 모든 구성적 문제를 내포해야 한다. 따라서 이러한 자기 구성의 현상학과 현상학 일반의 회복이 산출된다."[13]

이제는 방법의 전면적 방향 전환을 기다리는 것이 정당할 것이다. 형상적 환원, 초월론적 환원 그리고 이것들이 가능하게 만들었던 형상적 직관은 한 주체에 대해 구성된 계기들에 적용되고 있었다. 우리는 이미 이러한 환원들을 그들의 완성에까지 이끌어 가고자 함에 따라 장애에 부딪혔다. 이제는 내가 절대적 구성 원천으로서 그리고 시간적 종합으로서 동시에 인정됨으로써 그것은 본질적으로(여기서 본질은 현존과 정확히 뒤섞인다) 모든 괄호 치기에 대해 환원 불가능한 것으로 보인다. 환원을 실행하고 허가하는 것은 그것의 실존 자체이다. 그것을 형상적 일반성으로 환원하는 것 자체는 그것에 기원적으로 시간적인 동시에 구성하는 것이 있음을 상실하는 것이다. 후설 스스로에 의해 알려진 두 가지 불충분성은 다음과

---

12) 『데카르트적 성찰』, §31, p.100/pp.55~56.
13) 같은 책, §31, p.102 이하/p.58.

같다. 이는 재차 그것에서 실존과 본질을 분리하며 그리고 본질에만 우리의 관심을 기울이며 형상적 심리학이나 초월론적 심리주의에 결정적으로 떨어질 위험을 감수하는 것이다. 그것은 마지막으로 진정한 초월론적 발생의 기술을 놓치는 것이다. 순수 실존으로부터 초월론적인 것을 분리하며 우리는 초월론적인 것을 구성된 '형상'으로 삼는 것이다. 우리는 절대적 기원성의 이편에 머무르는 것이다.

그런데 후설은 우리를 자아론적 발생으로 이끄는 초월론적 분석을 형상적 분석으로 삼는다.[14] 이것이 34절 전체가 의미하는 바다. "우리가 현상학을 선험적, 순수 형상적 직관의 학의 형태로 표상하면, 그것의 분석은 나의 사실적 자아의 가능한 모든 변양들, 따라서 가능성으로서의 자아 자체를 포괄하는 초월론적 자아 일반의 보편적 형상의 구조를 드러내게 할 뿐이다."[15] 이러한 예비적인 형상적인 것의 필연성은 후설이 보기에, 우리는 이 점을 잊지 말아야 하는데, 방법론적인 것이다. 만약 우리가 선험적 본질의 기술로부터 시작하지 않으면 우리는 결코 어떤 엄밀함도 주장할 수 없을 것이다. 실존 자체는 가장 기원적인 분출로부터 철학적 시선에 나타날 수 없을 것이다. 따라서 경험적 혹은 실존적 기원성의 이름으로, 혹은 발생에 앞선 몇몇 계기들의 이름으로 이러한 후설적 본질주의에 제기된 비판들이 의미를 가지기 위해서는, 이미 구성된 형상적인 것을 가정해야 할 것이다. 이것이 그 모든 깊이에서 현상학으로부터 첫 번째 발걸음을 끌어내었던 모든 철학의 전제이다. 철학의 절대적 시작은 본질주의적이어야 한다. 이러한 법칙은 그것이 '방법론적'인 한에서, 그것이 본질을 구성하고

---

14) 같은 책, §34, p.105/p.58.
15) 같은 책, §34, pp.105~106/pp.60~61.

그에 앞서는 발생의 실제적 운동에 토대 지어지지 않은 한에서, 그리고 모든 철학적 해명을 지배하는 한에서 형식주의와 관념론, 또는 원한다면 형상주의를 현재적 혹은 가능한 모든 철학의 개시적 계기로 삼는다. 모든 반성은 이러한 관념론을 받아들이는 것에 의해 시작해야 하는데, 그렇지 않으면 그것은 항시 혼동과 비본래성에 머무를 것이다. 이것이 우리로 하여금 변증법적 철학을 발생의 유일한 가능 철학으로 말하게 하는 것이다. 사실 이것은 형상적 계기들이 그 자체로 발생에 의해 앞서 구성된 것이고, 따라서 그것들이 이차적이고, 발생의 현상학적 계시의 절대적 시작을 참조함을 아는 것이다. 발생의 의미는 어떤 발생에 의해 산출되나, 발생은 우리가 그것의 의미의 기원성에서 출발했을 때에만, 그것에 존재에서 접근 가능하고, 그것의 나타남에서 가능한 것이다. 모든 철학은 모든 생성의 실제적 과정의 역방향에서 주파하도록 되어 있다. 후설에 가해진 모든 비판들(특히 하이데거나 쩐득타오의 것, 심지어 이 둘은 상당히 다르지만)은 그것이 후설에 의해 정의되고 해결된 문제틀을 전제하고 있다는 것을 알지 못하는 근본적 전도로 향하는 것이다.

따라서 우리는, '본질적 일반성'의 평면 위에서 역사적이고 개별적인 발생을 실제적으로 요구하는 것이 기술된 것을 볼 때, 형상적 환원의 절대적 필연성에 대한 후설의 충실함의 모든 깊이를 놀라지 않고 평가해 보자. 이는 모든 엄밀 철학이 스스로 지불하는 불충분함에 대한 대가이다. 동기화된 의식의 파악 혹은 필연적인 이 불충분함의 그리고 가능한 이 엄밀함의 종합적 선험이 무한 변증법으로서의 철학의 이념 자체를 구성하는 것으로 보인다. 반성의 절대적 시작은 형식적 시작이지만, 이것 없이는 우리는 모든 의미, 모든 철학 그리고 모든 과학의 이편에 머무른다. 역사적–심리학적 생성은 따라서 선험적으로 그것의 형상적 형식으로 환원된다. 후설은 다음과 같이 정확히 적는다. "내가 행사하는 혹은 내가 지금 행사할 수 있는 이론적 활동이 내 삶의 통일성 내에서 뒤로 …… 옮겨지고, 이러한 불가능성은 마찬가지로 형상적 불가능성으로 변형되었다고 명백히 가정조차 할 수 없다. 나의 유아기적 삶의 이념과 그것의 구성적 가능성은 그것의 이후 발전에서만 그러나 그것의 현재 내용이 아닌 것에서 '학적인 이론적 행위'를 포함할 수 있는 유형을 우리에게 제공한다. 이러한 제한은 그것의 토대를 보편적 선험적 구조 속에, 공존과 자아론적 연계의 본질적이고 보편적인 법칙 속에 갖는다."[16] 마찬가지로 기원적 시간 자체는 "모든 자아론적 발생의 보편적 형식"으로서만 그려질 것이다. 그리고 우리들은 "노에시스-노에마적인 특정 형식적 구조에 따라 흐름의 양식이 그것에 따라 구성되고 합쳐지는 보편적 발생의 형식적 법칙"의 정의로부터 시작해야만 한다".[17] 이 모든 것이 실망스러운 것이고 후설은 여기에 동의하는 것처럼 보인다. "형상적인 현상학적 문제틀의 최후 일반성에 대한, 그리고 이에 의해 궁극적 발생에의 진입은 아주 어렵다. 그럼에도 불구하고 현상학 초심자는 그 자신 안에서 출발점을 취해야만 한다는 사실에 —— 예를 들자면 —— 결부되어 있다. 초월론적 분석에서 그는 자아로서 스스로를 발견하며, 이후 자아 일반으로서, 즉 자연, 문화(과학, 예술, 기술 등), 상위 질서(국가, 교회 등)와 더불어 우리에게 친숙한 존재론적 유형의 세계 속에서 의식을 가지고 있는 자아 일반으로서 스스로를 발견한다. 첫 번째로 정교화된 현상학은 **정적 현상학**이다. 그것의 기술은 특정한 유형을 연구하고 적어도 체계적인 방법으로 그것들에 순서를 부여하는 자연사(史)의 기술과 유사

16) 『데카르트적 성찰』, §36, p.108/p.63.
17) 같은 책, §37, p.109/p.64.

하다. 우리는 여전히 보편적 발생과 단순한 시간 형태를 초월하는 자아의 발생적 구조의 문제에서 멀리 떨어져 있다. 사실 이것은 상위 질서에 대한 질문이다. 그러나 우리가 이 문제를 제기할 때, 우리는 아무렇게나 한 것이 아니다. 사실 본질적 분석은 제일 먼저 자아에만 그칠 것이다. 그러나 구성된 세계가 그것에 대해 이제부터 존재하는 자아만을 발견할 뿐이다. 이것은 그로부터만 — 그에게 내재적인 발생적 법칙의 형태를 끄집어냄으로써 — 우리가 절대적으로 보편적인 **형상적 현상학**의 가능성을 인식할 수 있는 필연적 단계이다. 이 후자의 영역에서 자아는 자기 자신의 변양들을 자유롭게 실행할 수 있는데, 그것은 우리에게 친숙한 존재론적 구조의 세계가 본질로 구성된다는 관념적 가정조차 유지하지 않는 만큼이나 그러하다."[18]

어떤 의미에서 발생에 대한 모든 형상적 현상학의 본질적이고 결정적인 한계를 표시하는 이러한 선언에서, 우리는 두 가지 불충분함을 인식한다. 고백된 불충분함은 형상적 해명이 발생의 매개적 계기로부터만 설정된다는 것이다. 이는 발생 자체가 아니라, 단지 그 자체로 역사의 통일성에서 산출된 것이자 그러한 것으로서 의문시되지도 주제화되지도 않은, 이제부터 존재론적 구조의 세계의 토대 위에 구성된 현상학적 의미일 뿐인 것만을 설명할 따름이다. 우리는 왜 여기로부터 시작하는 것이 필연적이었는지를 보았고, 이러한 결점은 철학의 사명 자체에 연계된 것으로 나타났다. 이런 의미에서 우리는 모든 철학의 피할 수 없는 관념론의 한계를 다음과 같이 정의하려 시도했었다. **항시 그리고 본질적으로,** 형상적 반성은 이미 구성된 존재론을 가정할 것이다. 이것은 시간적인 동시에 존재론

---

18) 『데카르트적 성찰』, §37, pp.110~111/pp.64~65.

적인 필연성이었다. 관념론은 시간적 실존의 유한성에 의해 구성되기 때문에, 발생의 순수한 보편적 형상은 결코 가능하지 않을 것이다. 원본적 시간의 변증법적 구성이 이러하므로 후설이 말한 것과 반대로 자아는 "친숙한 존재론적 구조의 관념적 가정을 유지하지 않는 것과 같이 자유롭게 자기 자신의 변양들을 실행할 수" 없다. 그런데 우리가 절대적인 실존적 한계를 보는 곳에서, 후설은 하나의 방법론적 한계만을 볼 뿐이다. 모든 관념론이 그것의 반대로 전환되어야 한다고 우리가 믿는 계기에서, 후설은 하나의 단계를 극복하는 것을 생각할 뿐이다. 그는 존재론의 절대적 형상적 환원이 가능하고 이것이 발생의 보편적 형상학을 토대 지을 것이라고 생각할 뿐만 아니라, 그가 막 자신의 연구에 규정한 잠정적인 한계들에서 발생의 형상적인 것이 이미 모든 엄밀함에서 가능하다고 평가한다. 바로 여기에 보다 심각한 불충분함이 감추어져 있다.

　유보와 방법론적 주의로 [논의를] 끝냈던 것처럼, 그 직후 후설은 그의 첫 번째 형상적 분석의 결과를 발전시킨다. 그는 말하길, "구성적 발생의 보편적 원리는 …… 두 가지 근본적 형태로, 능동적 발생의 원리와 수동적 발생의 원리로 제시된다".[19] 주체의 계속된 개입에 의해 개시되고 추구된 능동적 발생이 형상적 검토에 주어질 수 있다는 것은 어쨌든 원리적으로 항시 가능하다고 간주될 수 있다. 능동적 구성의 모든 계기는, 여전히 그것들을 산출한 지향적 의미로부터 활성화되어, 매 순간 그것들의 기원적 의미의 순수성에서 '재산출'되거나, 후설이 후에 언급하는 바와 같이 '재활성화'될 수 있다. 이러한 발생에서 '구성된' 것이 구성의 주체 자체에 의해 환원되는 한에서, 그것들의 순수한 의미는 지향적 의미로서 이처럼 존중

---

19) 같은 책, §38, p.111/p.65.

된다. 어떤 점에서 나의 역사의 의미를 산출하는 것이 나 자신인 한에서, 이 의미는 완전히 '나'에 대해 투명하다. 나의 생성의 사실성과 지향적 의미 사이에서 구별은 모든 명증성에서 이루어질 것이고, '나'의 역사에 대한 의미의 유일한 절대 원천으로서, 나로서, 모나드적인 주체로서, 나에게 나타남에 따라, 나는 이 역사를 완전히 이해 가능하도록 만들 것이다. 나는 나의 경험의 계기들에 상대적인 다양성의 절대적 형상적 의미, 모든 '타자들'이 참조해야만 할 생성의 구성하는 '동일자'일 것이다. 이것은 명백하고 쉬운 것이다. 그 점을 강조하지는 말고, 두 가지 어려움이 이미 예고된다는 것을 그저 주의하자. 우선 능동적 발생이 문제가 될 때, 형상적 환원은 더 이상 강요되어서는 안 된다. 능동적 발생의 모든 계기들은 본질적으로 구성적이고 이 수준에서 초월론적인 것과 경험적인 것의 분리는 어떤 의미도 없다. 우리가 기원적 실존의 핵심을 만나 변증법적으로 그것의 본질과 뒤섞이며, 모든 '상상적 변양', 모든 형상적 환원에 저항하는 곳이 여기가 아니겠는가? 그다음으로, 어떤 대상들은 능동성 영역 자체 내부에서 본질적으로 주체 전체성에 의해 구성된다. 그것들이 모나드적 자아에 의해 구성된 명증성 자체는 '타아' 혹은 '자아들의 다수성'에 의해 동시적 혹은 심지어는 미래적 대상들의 이전 구성을 함축한다. 이러한 자아들 역시 초월론적 능동성의 힘이고 이처럼 그것의 능동성의 친밀함 자체에서 환원될 수 없는 수동성을 도입한다. 이 문제는 결정적으로 중요하다. 후설은 여기에서 자아 형상[20]만을 신경 쓰며 이 문제를 고지하고 다시 돌아올 것('다섯 번째 성찰'에서 행할 것)을 예고함에 만족한다. 한 번 더 이러한 방법론적 분할은 그것이 전개하는 각각의 의미를 위협할 수 있다. 단지 또 다른 분석에 의거

---

20) 『데카르트적 성찰』, §34, 프랑스어판 p.61, n.1.

시키며, 후설이 그가 여기서 말하는 자아론적 발생을 '능동적'인 것으로 소개할 수 있는, 초월론적 상호주관성의 의미를 해명할 뿐이다. 그럼에도 불구하고 그것을 좇아서 내부에서부터 분석의 빈틈을 해명하도록 해보자.

후설의 사유가 전진할수록, 그것은 능동적 발생을 피상적이고 이차적인 것으로 제시하는 경향이 있다. 그것은 필연적으로 수동적 발생에서 자신의 토대를 가정한다. 바로 이것이 우리에게 최종 심급에서 모든 구체적 형상적인 것으로 환원할 수 없는 것으로 나타나는 것이다. 바로 이것이 형식적이고 개념적인 자격으로서만 초월론적 구성에 통합될 것이다. 바로 이것이 마지막으로 초월론적 관념론의 기원적 기획을 변환시키며 형식적 관념론과 그것의 모든 변형태에 도달하는 위험을 감수하는 것이다. 어떻게 후설이 이러한 관념론을 목적론에의 참조와 역사철학에 의해 구하려 할 수 있었는지, 이것이 우리가 이제 나타내고자 하는 것이다.

수동적 발생: 역사철학의 필연성

능동적 발생의 원리를 정의한 이후에 후설은 적기를, "그러나 여하간 능동성에 의한 구성은 항시 필연적으로 하부층으로서 수동성을 전제하는데, 이러한 수동성은 대상을 받아들이고 그것을 모든 사실로서 발견하는 것이다. 이것을 분석하면서 우리는 수동적 발생 속에서의 구성에 부딪힌다".[21] 그런데 그것이 선험적 직관에 의해 향해지는 한에서 모든 '형상'은 그러한 것으로서 나타나고, 또 그러한 것으로서 존재하는데,[22] 그것이 의식적 능

---

21) 『데카르트적 성찰』, §38, p.112/p.66.
22) 이것이 플라톤주의적 본질주의와 후설적 본질주의 사이를 구별하는 필연적 조건이다.

동성의 지향적 상관이라면 우리는 수동적 발생의 형상적 지위는 어떤 것인지를 자문하게 된다. 지향적으로 구성되지 않음이 수동적으로 구성된 대상의 본질이라고 말하는 것, 여기서 배타적으로 자신의 수동적 운동에 지향성을 제한하는 것은 실재적으로 그리고 '그 자체에서' 구성하는 지향성에 이질적인 것을 능동성에 정확히 형식적으로 포괄하는 것이 아니겠는가?[23] 후설이 수고에서, 그리고 『경험과 판단』에서 하는 것처럼, 수동성이 능동성의 한 계기라고 말하는 것은 어떤 기원적 명증성에 의거하지 않는 능동성의 추상적 개념을 사용하는 것이다. 이것은 형식적 관념론의 포로로 머무는 것이다. 왜 능동성은 그 자체로 수동성의 변형이 아닌가? 이런 계기의 하나를 다른 하나로 환원하는 것은 심리주의에 가깝게 나의 의식의 사실적 작용에 연결된 것으로 객관성을 인정할 뿐인 주관주의를 특권화하거나, 그 역시 심리주의적인 지향적 작용을 '세속적' 결정론의 연장으로 삼는 유물론을 특권화하는 것이다. 이 두 가설에서 우리는 초월론적 지향성의 순수 원리에 불충실한 것이다. 순수 실존적 경험으로서 이론적 주체에 의한 모든 초월론적 구성에 선행하고, 그러한 것으로서 모든 형상적 해명으로 환원 불가능한 수동적 종합을 기술하는 대신, 이것을 선-범주적인 실존과 객관성의 핵심으로 삼는 대신에, 후설은 이것을 고유한 의미에서 능동적 발생의 가능성의 조건으로만 여긴다. 그가 보기에 최종 분석에서 이 능동적 발생에게로 모든 초월론적 발생이 환원되는 것이다. 초월론적 환원이 실행되어, 수동적 종합이 절대적으로 기원적인 구성층으로서 나타나는 반면, 후설은 함축적으로 그리고 그의 초기 의도와 모순되게 순

---

23) 형식주의는 게다가 유물론과 합류한다. 순전히 수동적이어서 지향적 운동은 자연 인과율의 효과 내지 반영이 되는 것이다.

수한 그리고 그 자체로서의 수동적 종합을 자기 차례에서 괄호 치기 하는 것으로 보인다.

38절의 두 번째 부분은 이 미묘한 편향을 증언한다. 몇 문장은 아마도 수동적 종합의 모든 원초성을 자리 매김하고 정의한다. "삶에서 우리에게 어느 정도 이미 만들어진 것으로, 현전하는 단순 사물로(예를 들면 망치, 책상, 화장용품같이 이것을 성격 짓는 모든 술어들은 빼고) 제시되는 것은 '그 자체'의 기원성에서 수동적 경험의 종합에 의해 주어진다."[24] 이러한 수동적 종합은 존재자와 더불어 존재자의 선험적이고 순수하게 존재론적인 종합이다.[25] 이는 항시 전(前)구성된 생성의 자리를 차지하고 주체의 능동성에 의해서만 **있는 그대로** 그리고 기원적으로 포괄될 것이나 항시 **'이미 거기에'의 의미와 함께 포괄될** 것이다. 모든 의미 구성의 시간은 이러한 무한한 참조에 의해 구조화된다. 어떤 계기에도 초월론적 능동성은 — 이것 역시 형상적 필연성인데 — 수동적 종합에서 전구성된 실존을 절대적으로 동화시키지 않았을 것이다. 만약 이 능동성이 거기에 도달했다면, 한편 그것이 산출했을 의미는 그것의 토대를 어떤 실존 속에도 갖지 않을 것이고, 다른 한편 그것의 고유한 생성의 목적을 나타냈을 것이다. 후설은 체험된 것의 기원적인 지향성과 시간성을 중지시킬 신화적이거나 형이상학적인 두 가지 결과를 인정한다. "[정신의] 능동성이 그것의 종합적 산출을 완수하는 반면, 수동적 종합은 그것들에 물질을 제공하며 계속해서 전개된다. 수동적 직관에서 선소여된 사물들은 계속해서 직관의 **통일성** 속에 나타나고, 이것을 해명하고 부분과 세부의 개별성을 포착하는 능동성에 행해진

---

24) 『데카르트적 성찰』, §38, p.112/p.61.
25) 이는 기원적으로 시간의 종합 형식을 취하는데, 시간은 모든 존재론적 종합 일반의 토대다.

변형의 몫이 어떤 것이든, 사물은 계속해서 이러한 능동성의 실행 동안, 그리고 그 속에서 사전에 주어진다."[26] 여기서 휠레적 구조의 ——이미 『이념들 1』에서 상당히 불명료한 —— 지향적 구성의 동의어인 수동적 종합은 따라서 직관의 통일성의 구성적 계기이다. 그러나 후설이 여기서 제시하듯이, 이러한 통일성은 간단하지 않다. 통일성 속에서, 절대는 그 자체로 분할된다. 모든 현상학과 철학의 순수성이 결정적으로 영향을 받을 본질적 구성은 그러한 통일성 속에서 나타난다. 사실 직관의 이러한 통일성은 수동적 종합에서 **전적으로** 구성될 수 없다. 수동적 종합은 그것이 지향적 의식에 대한 현상인 한에서만 종합으로 나타난다. 어떤 초월론적 능동성도 대상의 통일성이 수동성에서 전적으로 구성되었다면 불가능할 것이다. 기체의 실재적 통일성은 시간적이건 감성적이건 대상의 의미의 통일성을 야기하지 않을 것이다. 그러나 역으로 초월론적 능동성은 무엇보다 드러냄이다. 그것이 참여하는 구성에 대한 의미의 통일성은 본질적으로 경험적 혹은 감각적 기체의 실재적 통일성에 의거한다. 그러므로 직관의 통일성은 기원적으로 종합적이다. 그것은 전술어적 시간과 현상학적 시간의 변증법에 의해서만 가능할 뿐이다. 본질적으로 복잡하기에 형식적일 수만 있는[27] 순수 단순성 속에서 포착되기 위해, 이러한 직관의 통일성은 그것의 과거와 미래 속에서 미규정적인 발생을 참조한다. "이 종합은 …… 자기 자신속에서 알려지는 자신의 '역사'를 갖는다."[28] 초월론적 능동성의 계기에서이 역사가 '알려지는' 것은 반론의 여지가 없는데, 그것은 이 능동성이 무

---

26) 『데카르트적 성찰』, §38, p.112/p.66.
27) 직관의 절대적 통일성은 기원적으로 이제는 '형식적 직관'일 수만 있을 직관의 순수 형식일 수 있을 뿐이다. '형식적 직관'은 기원적으로 어떤 것에 대한 직관이 아니다.
28) 같은 책, §38, p.112/p.66.

엇보다도 의식에 선소여된 것의 드러냄과 직관이기 때문이다. 여기서 알려지는 역사는 정의상 이미 자신의 지향적 의미를 갖춘 것이다. 그것은 현상학적 역사이다. 그러나 우리는 현상학적 역사가 구성이자 해명인 실재적 역사를 가정한다는 것을 조금전에 보았다. 그런데 후설이 수동적 발생에 의해 가정된 역사가 그 자체로 '알려진다'라고 쓴 순간에, 그는 현상학과 존재론 사이의 이러한 변증법을 중단시켰다. 모든 역사는 그 자체로 알려짐에 따라 선험적으로 그것의 현상학적이고 지향적 의미로, 그것이 그것의 진정한 발생 속에서 창조하지 않고 그것에 지속적으로 선존재하며, 봉합하고 내용을 주는 의미로 환원된다. 그것의 가능성은 기원적인 구성하는 능동성의 변형이다. 우리는 이처럼 형상적 엄격함은 구해 냈지만, 그것은 발생을 왜곡시키고 없앰에 따른 것이다.

이어지는 텍스트는 이런 의미에서 기술의 흐름을 바꿀 뿐이다. "바로 '본질적'(wesensnäßig) 발생 덕분에 나는 내가, 자아가 첫눈에 사물을 경험할 수 있다"라는 것을, "게다가 이 사실은 현상학적 발생에 대한 만큼이나 심리학적 발생에 대해서도 가치를 갖는다"라는 것을 인정한다. 어떤 의미에서 후설은 발생적이거나 역사적인 구성의 능동적이고 지향적인 계기에 그치는 것이 항시 가능하다는 것을 명백히 의도하는 것이다. 후설은 그스스로 다음과 같이 쓴다. "그러나 수동성의 영역으로 돌아오지 않고, 물론 심리학의 심리-물리적 방법을 사용하지 않으면서, 우리는 성찰하는 자아가 사물의 경험과 모든 경험 일반의 현상 자체의 지향적 내용을 파고들 수 있고, 여기서 '역사'에 이르는 지향적 참조를 발견할 수 있다. 이러한 참조는 현상들 속에서 그것들에 본질적으로 선행하는 다른 형태들의 잔여들을 알게끔 한다(비록 이러한 잔여들은 정확하게 동일한 지향적 대상에 관계하지는 않더라도 말이다).[29] 역사는 따라서 여기서 유지되는 배타적으로 현상학적인 관점에서 의미의 지향적 연쇄이자, 능동적 종합에 의해 '활성화된' 수동적 종합이 수동적 종합으로 '알려지는' 계기들의 연속일 뿐이다. 역사는 체험된 의미가 부여된 역사, 초월론적 주체에 대한 역사일 뿐일 것이다. 그러나 이러한 지향적 참조는 원리적으로 무한하고, 이러한 한도에서 이것들의 의미들의 절대를 결코 잡지 못한다. 그런데 그것들은 형상적 연구의 가능성을 여는 능동적 종합이 항시 수동적 종합에 선행되기 때문에 무한하다. 또한 엄밀히 말하자면, 형상적 분석은 의미의 절대적인 것이 **이미** 알려졌다고 가정해야만 하고, 예외적이고 현상학적이지 않은 유형의 강요나 명증성을 통해 수동성 자체의 문턱에서 절대적 지향적 의미와 초월론적 능동성을 설정해야 한다. 이렇게 되면 아마도 우리는 여기까지 유일한 객관성의 토대이자 존재로서의 존재에로의 접근의 유일한 확실성이었던 수동적 종합을, 주체의 순수한 능동성 속에서 우리가 그 위험들을 파악했던 순수하게 산출적인 지향성으로 변형시킬 위험성을 감수하는 것일 터이다. 그러나 이것이 후설에게는 그의 기술의 절대적 엄밀함을 구할 유일한 방식으로 생각되었다. 그렇게 해서 생성은 그의 합리성을 위하여 선험적으로 사실성과 그것의 실제성을 빼앗기게 되었던 것이다. 후설은 적기를, "여기서 우리는 부분적으로 모든 능동성에 선행하고 부분적으로 그것을 포괄하는 새로운 종합의 수동적 구성의 본질적 법칙을 만날 것이다. …… **완전히 전개된 자아로서** 나에게 영향을 미치는 것이 대상으로서, '알아야 할' 술어들의 기체로서 파악되었다는 사실은 이미 이러한 수동적 종합에서 일어난 것이다".[30] 그러나 이러한 종합이 항시 두 가지 의미에서 미완성이기에,

---

29) 『데카르트적 성찰』, §38, p.113/p.67.
30) 같은 책, 같은 곳. 강조는 인용자.

그것은 항상 이미 시작된 것이고 결코 끝나지 않은 것이기에, "완전히 전개된" 자아는 무한한 역사의 주체이다. 그것에 의해 우리가 발생적 형상을 토대 짓기를 원하는 절대적 지향적 의미는 무한한 한계에서 거부되었다. 그럼에도 불구하고 그의 모든 반성을 방향 짓는 관념론을 가장 높은 명료함과 더불어 정의하는 것을 가로막지 않은 것은 다음과 같은 것이다. "바로 이것이 그 기능이 '알려지게 된' 해명의 가능성의 가능한 최종적 그리고 사전에 알려진 형식이다. 그 자체로서, 그러한 형식은 우리의 영원한 소유로서 그리고 언제나 새롭게 접근 가능한 것으로서 대상을 구성할 수 있을 해명의 최종 형식이다. 이 최종 형식은 발생에서 산출된 것으로 사전에 이해 가능하다. 그것은 자기 자신을 이러한 형식의 기원적 산물에로 되돌려보낸다. 알려진 모든 것은 기원적 인식의 **포착에로** 되돌려 보내진다. **우리가 알려지지 않은 것이라 부르는 것은 여전히 알려진 것의 구조적 형식, 대상의 형식, 그리고 보다 정확히 공간적·문화적·일상적 등등의 대상 형식을 갖는 것이다.**"[31]

발생이 그것의 지향적·형상적 의미로 환원됨에 따라 그것의 수동성이 초월론적 능동성 속에 **선험적으로** 통합된다는, 마찬가지로 역설적인 명제에 더 이상 놀랄 것이 없다. 우리는 생성의 실제적 기원성의 대가로 최종 형식이 "사전에 알려질" 뿐만 아니라 보다 정확히 그리고 여전히 보다 복잡한 방식으로 "발생에 산출된 것으로서 사전에 알려"진다는 것을 이해하게 될 것이다. 후설은 발생으로부터 구성된 산물의 **선험적이고** 이념적 형식에만 관심이 있을 뿐이다. 그는 바로 여기서 출발하는 것이다. 발생 자체를 이해 가능하게 하는 것은, 여기서 더 이상 자기 자신에 그것의 의미

---

31) 같은 책, 같은 곳. 강조는 인용자.

를 부여하는 발생적 구성의 초월론적 작용이 아니라, 선험적 가능성의 형식과 조건인 것이다. 이런 용어들로 정의되어, 발생은 그 환원 불가능한 실제성에서 칸트주의에서처럼 최종 분석에서 실제적으로 야기되지 않는 주체의 초월론적 행위에 의해 가능해지고 이해되는 감성 —— 여기서는 순전히 수동적인 종합의 대상 —— 의 잡다 혹은 경험적 발생의 형식하에 이해된다. "알려진 것의 구조적 형식"은 아마도 후설이 보기에 그 자체로 발생에서 산출된 것일 것이나, 이것들은 그것들이 모든 가능한 발생의 의미를 선험적으로 정의하는 계기에서만 철학적 반성과 형상적 기술에 개입할 것이다. 이를 위해서 그것들의 구체적 계기에서 그것들은 실제적 발생의 내용 자체와 관계에 의해서 자율적이고 초월론적이어야 한다. 어떤 발생의 산물이건, 그것은 알려진 것의 구조적 형식에 의해서 포괄되고 조직화될 것이다. 다른 말로, 이러한 구조적 형식은 보편적이고 **선험적**이다. 그 자체로서, 그것은 기원적으로 발생으로부터 추상된 것이다. 여기서 후설은 칸트로부터 그 자신을 구분하는 모든 차이가 **선험적인 것**이 **현상학적**이라고, 다시 말해, 구체적인 것이라고 반박할 수 있을 것이다. 그는 자기 자신을 직관에 부여하며 이처럼 형식이나 범주로부터 구분한다. 그리고 후설은 39절에서 38절의 결론을 사실상 반복하면서 다음과 같이 부수적으로 쓰고 있다. "'사실'이 그 자신의 '비합리성'과 더불어 구체적 **선험**의 체계 속에서 구조적 개념이라는 관점을 망각해서는 안 된다."[32]

그러나 우리에게 이것은 이제는 강요된 것일 뿐이다. 모든 구체가 시간성에 의해 구성됨에, 그것은 기원적으로 선험과 후험, 진리와 존재, 드러냄과 풍부화로서 복잡한 것이다. 형식적이건 아니건 순수 선험은 비시간

---

32) 『데카르트적 성찰』, §39, p.114/p.68.

성이나 절대적 시간적 선행에 의해 정의되어야 할 것이다.[33] 우리는 이 두 가능성들이 초월론적인 것의 환원 불가능한 시간성에 의해 우리에게 금지된 것을 알고 있다. 또한 본질의 선험적 직관의 이념 자체, 모든 현상학의 지도 원리도 우리가 매 걸음마다 그 필연성을 검증했던 변증법의 조명하에 심도 깊게 변환되어야 한다. 발생의 구체적 선험, 알려진 것의 최종 형식 등등은 그것들의 고유한 수동적 종합에 토대 지어져 그것들의 반대항과 짝을 이루며 이러한 한에서만 발생적이다. 말하자면 그것은 다시 환원 불가능한 예견에 의해 그것의 분석의 결과 자체와 일치하지 않음 속에서, 후설은 현상학의 방법과 제일 철학을 초월론적 관념론으로 정의하는 것이다.[34]

후설이 기원성을 강조하고 있는, 주목할 만큼 견고하고 밀도 있는 몇몇 장에서, 이러한 초월론적 관념론은 지속적으로 성급한 체계화의 인상을 남긴다. "인식에 대한 초월론적 이론으로서의 …… 현상학"[35]을 제시함으로써 후설은 그것에 의해 그가 수동성을 초월론적 능동성 일반에 통합할 형식주의를 승인한다. 칸트적 관념론이나 심리주의 관념론[36]과는 아무런 공통점이 없으며 초월론적 관념론은 "가능한 인식 주체로서 나의 자아에 대한 해명 이상이 아니다"[37]라고 스스로를 변호한다. 그런데 이렇게 정의된 자아론적 학은 한계적으로 그것이 자아가 아직 자아로서 그것의 의미를 취하지 않은 궁극적 수동적 종합에 의거하는 한에서 —— 여기서 현상

---

33) 전(全) 시간성 자체는 '재산출'의 변증법에 복속한다(같은 책, §35, p.155/p.108 참조).
34) 같은 책, §40, p.114/p.68.
35) 같은 책, §40, p.115/p.69.
36) 같은 책, §41, p.118/p.72.
37) 같은 책, 같은 곳.

학의 심리학, 사회학, 생물학 등과의 야합이 이루어지는 것이다 ── 그것의 토대에서 자율적이지 못하다. 이러한 자아론적 학은 관념론의 틀을 깨버리는 것이다. 후설이 우리에게 말하길, "이 관념론의 증거는 현상학 그것 자체이다".[38] 그러나 이 증거는 단지 매개적일 뿐이다. 후설 자신에 따르면, 모든 현상학은 이미 구성된 존재론을 가정한다. 초월론적 관념론이 명백히 자신의 고유한 계기에서 존재론 위에 스스로를 토대 짓지 않는 한, 그것은 고전적 관념론과 혼동될 우려가 있다.

후설은 이 모든 어려움들을 잘 의식하고 있었다. 휠레, 초월론적 상호주관성, 기원적 시간화라는 세 가지 형식하에 주제화된 수동적 발생의 문제는 끊임없이 후설을 괴롭히는 것이었다. 이 시기에 쓰인 모든 수고가 이를 증언한다. 매우 풍요롭고 모든 체계적인 관심이 면밀하게 검토된 분석에서,[39] 후설의 사유는 끊임없이 관념론과 '실존주의' 사이에서 동요한다. 이때의 실존주의는 (이러한 용어의 심층적 의미에서) 모든 현상학을 전복하거나 피상적이고 순수하게 방법론적인 것으로 만드는 것이다.

이처럼 '살아 있는 현재'[40]라는 주제에 대한 성찰에서, 후설은 자아의 시간의 수동적 구성을 분석하며 넘어설 수 없는 어려움에 부딪히게 될 것이다. '주의하고 있는' 능동적인 '나'의 내부에서 수동성을 어떻게 정의할

---

38) 『데카르트적 성찰』, 같은 곳.
39) 우리는 이 작업의 한계가 우리로 하여금 우리가 여기서 의미를 도식화하는 미간행본을 길게 아주 밀착해서 분석하는 것을 허락하지 않는 것을 유감으로 생각한다. 이런 상황은 이후 작업으로 보내며, 우리는 이 장의 부록으로 우리가 아주 주의 깊게 참조하고 여기서 직접적으로 우리의 관심을 끌 수 있는 수고의 제목과 주제를 적시하는 것으로 만족할 것이다.
40) 미간행 수고 정리번호 C-17-IV(1930년 여름). 쩐득타오가 이것을 요약하고 아주 명석하게 그 의미를 심화시켰다. Tran-Duc-Thao, *Phénoménologie et matérialisme dialectique*, p.139, n.1.

것인가?[41] 조금 뒤에서 동일한 텍스트를 재론하면서,[42] 그는 "초월론적 현상학적 나와 실제적 시간성"을 혼동하며 '어려움에 대한 해결책'을 찾았다고 생각한다. 그로부터 정확하게 "현상학적 주제는 '존재하는 나'[43]에 대해 항시 이미 구성된 것이다. 존재하는 '나'가 나타나는 현상학적 '나'는 따라서 그 자신이 초월론적인 구성하는 것이 아니겠는가? 새로운 복귀에 의해 결론 내리면서, 후설은 "초월론적인 나가 비시간적인 것이 아닌지"[44]를 자문한다. 그 또한 매우 상세한 텍스트에서, 후설은 시간과 존재가 항시 수동적으로 사전 구성된 것인지를 자문하는데, 선시간성과 선실존은 "현상학을 하는 나"[45]에 대해 가능한 모든 경험과 모든 담론을 넘어서 있지 않다. 마지막으로 살아 있는 현재를 향한 환원의 가능성 자체에 대해, 후설은 1932년의 한 텍스트에서 자문하고 있다.[46] 자기 시간화가 있다면, 시간적 발생의 환원과 형상적인 것의 초월론적 의미는 어찌 될 것인가?[47] 이 시기의 모든 수고는 시간, 휠레, 상호주관성의 문제를 뒤섞는다. 이것은 본질적으로 초월론적 관념론의 관점에서 그것들의 의미가 동일하다는 것이다. 그러한 것으로서, 그것의 모나드성 속에서, 초월론적 자아의 단순한 해명은 그것들의 실존과 그것들의 의미의 구성을 설명할 수 없다. 그 초월론적 현상학이 '이론'인 인식의 객관성은 시간적이고 감성적인 휠레의 수

---

41) 수고 정리번호 C-17-IV 필사본, pp. 1, 3(1930년).
42) 같은 수고, p. 4(1932년).
43) 같은 수고, p. 7(1932년).
44) 같은 수고, p. 8(1932년).
45) 수고 정리번호 C-13 필사본, p. 9(1934년 11월 11~15일).
46) 수고 정리번호 C-7 필사본(1932년 6월 중순)(마지막 문장은 추후 삭제되었는데 무슨 이유인지 모르겠다 — 데리다의 1990년 주).
47) 같은 수고, pp. 1~2.

동적 종합에 의해 초월론적 상호주관성의 기원성에 의해서만 가능할 뿐이다 —— 후설 자신이 이것을 강조한다.[48] 이 세 가지 주제의 공통 뿌리는 기원적 휠레를 타아의 핵으로 정의하는 후설에 의해 다시 한번 더 밝혀진다.[49] 사실 바로 시간의 (그리고 그것의 토대 위에서, 공간에 대한) 근원인상으로부터 살아 있는 현재의 경험 속에서 초월론적이고 이론적 주체인 나에게 나타날 것은, 지나가고 올, 다시 잡히고 선취될, 주변 세계의, 역사의, '자아'의 계기들의 환원 불가능한 이타성이다. 바로 이러한 토대 위에 초월론적 상호주관성, 객관성 일반의 가능성의 조건이 창설되는 것이다. 만약 초월론적 상호주관성이 하나이자 공통된 세계로부터만 가능하다면, 실존과 본질은 우리에게 모나드적인 초월론적 자아 —— 따라서 초월론적 관념론 전체 —— 의 해명을 진정한 구성적 분석의 이차적인 필요불가결하나 불충분한 계기에 불과한 것으로 환원시킬 우려가 있는 수동적 발생 속에서 주어지게 된다. 진정한 분석은 존재론으로부터 설립되어야 한다.

만약 후설이 이러한 문제들에 관련된 수고에서 한 번도 만족을 표시하지 않았다면 이것은 우연이 아니다. 초월론적 상호주관성, 심리학과 역사에 대한 물음들에 명시적으로 이르는 다섯 번째 『데카르트적 성찰』, 질료적 자연, 활성화된 자연, 그리고 정신적 세계의 구성을 기술하는 『이념들 2』는 어려움의 반복일 뿐이다. 사실 후설이 1930년 이래 취하는 모든 체계적이고 겉으로 보기에 결정적인 입장은 존재가 "실천적 이념, 이론적 결정의 무한 작업의 이념"으로 머무르는 초월론적 관념론에 충실한 채로 남아 있는 것들이다.[50]

---

48) 『데카르트적 성찰』의 '다섯 번째 성찰' 참고.
49) 수고 정리번호 C-6 필사본, p.5(1930년 5월).

이러한 관념론의 전개는 평온하고 연속적인 것이 아니다. 수동적 발생과 함께 우리는 초월론적 영역 안에 역사적 시간을 도입하였다. 만약 수동적 발생이 무한 소급으로 우리를 강제함으로써 자아론적 능동성에로 동화 불가능한 것처럼 보인다면, 초월론적인 것을 역사 일반의 차원들에 확대하면서 수동적 발생을 되찾으려 해서는 안 되는가? 그리고 목적론적 이념에 의해 수동적 발생 자체에 유일한 자아가 그것에 부여할 수 없었던 지향적 의미를 재부여해서는 안 되는가? 따라서 이전의 모든 형상적 분석이 새롭게 토대 지어질 것인가?

1925년의 수고에 나타나는 목적론의 문제는 후설 철학에 깊이 뿌리내리고 있다. 지향성 일반의 주제, 철학적 '과업'의 이념에 연계되어, 그것은 또한 암묵적으로 그 모든 형태, 즉 논리학의 무한 생성, 순수 자아의 체험의 무한 전체성의 이념, 경험의 무한한 가능성과 토대로서의 세계에 대한 이념 등등에서 무한 이념에 결부되어 있었다. 그것이 처음으로 나타나는 『데카르트적 성찰』 이래 철학적 목적론은 후설 사유에서 특권화된 입지를 점한다. 그것은 『위기』와 「기하학의 기원」의 중요한 주기에서 진정한 역사철학으로 전개된다. 바로 이것이 어떠한 한에서 이 역사철학이 초월론적 현상학의 체계를 완결하며 동시에 그리고 동일한 계기에 후설의 발생 철학의 넘을 수 없는 깊이와 환원 불가능한 불충분함을 확인하는지가 우리가 결론적으로 검토해야 하는 것이다.

---

50) 『데카르트적 성찰』, §41, p.121/p.74.

부록

우리는 여기서 루뱅에 있는 '후설 문서고'에서 우리가 참고할 수 있었던 미간행 텍스트 중에서 즉각적으로 우리의 관심을 끌고 우리에게 시간이 있었다면 우리의 논제에 직접적으로 포함할 수 있었던 것들을 선택한다. 우리는 이 텍스트들을 그것들의 주제에 따라 나타내었다.[51)]

> 미간행 D 그룹: '원초적 구성'
> — 운동감각을 주제로 정적 분석과 발생적 분석 사이의 구분의 어려움 (D 12, 1930~1931년, pp. 19~27)
> — 기원적 연합과 시간화 – 실재, 시간, 공간, 인과율의 구성:
> - 기원적 연합의 선시간화로서의 분석, p. 1
> - 종합적 통일로서의 근원인상의 운동, p. 3
> - '관점성'에도 불구하고 동질적인 시간의 구성의 문제, p. 4
> - 시간의 필연적 시작도 시작의 비시간성도 없다면 '내가 존재한다'의 필증적 토대는 무엇일 것인가?, p. 5;
> - 체험의 흐름은 '지속적'이고 내재적이나 '체험 가능한 것'의 의미가 아님, p. 6 (D 15, 1932년 11월 1~3일)
> — 내재성의 영역에서 '즉자적 존재'의 발생 속에서 '기원적 현상'으로서의 '회복'과 '융합' (D 9, 1926년)
> — 수면 단계와 꿈 단계 사이의 분리의 의미. 무의식의 수수께끼; 파지

---

51) 우리는 우리가 인지할 수 있었던 수많은 텍스트 중에서 그 주제가 출간된 저작들에서 명백히 한 번도 재론되지 않았던 것들만을 인용할 것이다.

의 무의 가설은 검증 가능한가? (D 1, 1930년 이전, pp.3~7)

B 그룹: '환원'

— 보편적 구성의 현상학은 발생의 보편 이론으로 변형되어야 하는가?

- 모나드의 발생은 있는가?, p.58
- 『강의』에서 우리는 정적인 현상학에 머물렀다, p.62
- 수동적 발생의 영역: 인간학적 세계의 구성. 생리학적 진화와 물리적 세계의 통일체에서의 그것의 조건, p.63
- 능동적 발생의 영역: 나의 사유의 동기화. 가치. 의지 p.63 (B III, 10, 1921~1923년).

C 그룹: '시간의 구성'

— 체험류의 반성적 경험에 관계된 것에서 '실재적' 분석과 지향적 분석 사이의 분리의 어려움. (C 12, 1 F 날짜 없음)

— 초월론적 '본능'의 이념 – 본능과 보편적 목적론이 세계의 구성으로 전개됨 (C 13, 1934년 1월 1일)

— 경험 세계의 존재론의 방법에 대체된, 주관성의 본질적 현상을 향한 소급에서 그러한 것으로 선소여된 세계에 대한 환원의 방법으로서의 근원현상학적 현재의 방법적 환원의 개시. 경험은 살아 있는 현재의 기원적 구조, 즉 휠레, 자아론적 구조, 원초성, 시간화의 층위, 자연, 세계……의 기원적 시간화의 기술에서 초월론적 안내자이다.

- '선소여된 것'으로서의 세계, 그러나 열린 지평의 형태로, p.1
- 채워지지 않은 경험의 지평에서 구성된 것(형태, 아이, 아기, 동물)

의 출현. 보편적 세속 심리학과 그것의 가능한 방법의 문제. 정상성의 이념, p.2

- '현재'에서 구성된 것으로서의 초월의 구성적 기원, p.2
- '나-인격'의 수동적 구성과 시간화, p.8 (C 6, 1930년 8월)

4부

·

목적론: 역사의 의미와 의미의 역사

1장
철학의 탄생과 위기

수동적 발생은 초월론적 영역에 구성된 세계를 은밀히 재도입하면서 역사의 해명을 필연적으로 만들었다. 역사의 문제는 후설에 의해 인과율과 '세속적' 사건들을 다루는 경험 과학들에 속하는 것으로 항시 간주되었다. 이런 자격으로 현상학은 말하자면 역사적 인간을 추방한 것이었다. 자아와 상호주관성의 시간적 구성에서 수동적 종합의 드러남은 기원적으로 그의 역사적 환경에 사로잡힌 인간의 드러남이었다. 우리는 모나드적 자아의 단순한 해명에 의해 그것의 수동적 발생을 설명하는 것이 얼마나 어려웠던지를 보았다. 수동적 발생 그 자체로서 자아의 능동성에 의해 산출된 모든 지향적 의미가 박탈된 것이었다. 따라서 초월론적 관념론을 구하기 위해, 수동적 발생이 그것을 무기력하고 '실재적인' 순수 소여로부터 이론적 의미의 전(前)의식적이고 전(前)능동적인 기획으로 변형시키는 몇몇 지향성에 의해 기원적으로 활성화되는 것이 필요불가결한 것이었다. 이것이 초월론적 목적론의 역할이었다. 철학의 무한한 과업으로서 자아의 해명의 이념은 재차 현상학을 구해야 하는 것으로 보였다.

그러나 목적론은 현상학과 모순됨으로써 현상학을 구해 냈다. 이 목적론은 본질적으로 기원적 명증성에서 구체적 주체에게 주어질 수 없는 것이었다. 그것의 임무에 충실하기 위해서 이러한 목적론은 모든 능동적 구성과 그 자체로 주체에 의한 모든 의식 포착에 선행해야 했다. 이것은 후설이 외면적으로 그토록 두려워했던 형이상학과 선험적 형식주의의 위험이었다. 지향성을 초(超)주관적인, 초(超)시간적 혹은 전(全) 시간적 행위로 삼는 것은 현상학의 모든 이전 결과들을 부인하는 것이 아니겠는가? 이토록 심각하고 이토록 까다로운 문제는 『데카르트적 성찰』에서는 직접적으로 상정되지 않았다. 목적론적 이념은 어려움들이 극복할 수 없는 것으로 보였던 순간에 도래하였다. 그러나 우리는 여전히 그것의 기원에 대해 아무것도 몰랐다. 이러한 이념의 초월론적 주체는 무엇이었던 것인가? 그것은 '노에마'로 구성되거나 주체 자체의 노에시스적 운동과 뒤섞이는가? 후설은 이런 질문들을 추측할 수 있게끔만 내버려 둔다. 그는 목적론적 이념의 명증성의 양태가 절대적으로 예외적이어서, 사실대로 말하자면 이러한 이념이 그것이 감춰지고 은폐된 채로 철학의 명백한 운동 아래에 머무른다는 충분한 이유로 그 자신과 다른 것에 토대 지어지지 않을 유일한 것이라고 생각하는 것처럼 보였다. 아무것도 그것을 의문시하지 않고 또는 단순히 환원하거나 '중립화'할 수 없기에, 진정한 철학자는 철학의 행사 자체를 통해 의미를 검증하고 정당한 것으로 인정하며 몸소 겪는 것이다. 신비스럽게도 현상학은 또한 목적론의 '증거'였다.

그러나 이를 위해서 이러한 목적론의 필연성이 그것이 토대였던 경험적 사건에 의해 위태롭지 않게 되어야만 했다. '세속적인' 역사의 구성 자체를 주재하며, 그것은 본질적으로 흔들리지 않고 변질되지 않는 것이어야만 했다. 경험-심리적이지 않은 초월론적 명증성이 되기 위해서는 그것이 모든 초월론적 가능 주체에 의해 알려지거나 알려질 수 있어야 한다는 점이 더욱 필수적이게 되었다. 그래서 우리가 외부에서 현상학적 목적론에 대해 가할 수 있을 반대를 고려치 않고 후설 자신이 근본적인 질문을 스스로에게 제기해야 했던 것을 우리는 알게 된다. 목적론적 이념은 어떻게 어떤 주체, 역사의 특정 계기에 세계의 특정 장소에서 부정되거나 무시되거나 왜곡되거나 감춰지며, 현존치 않고 혹은 '망각되는'가? 어떻게 초월론적인 목적론적 이념의 '위기'가 가능한가? 경험적 사건은, 만일 그것이 단지 구성된 것이라면, 어떻게 구성의 작용 자체를 '은폐'하거나 '감출' 수 있는가? '위기'의 단순한 실존은 우리로 하여금 '세속적' 역사 속에서 철학의 이념을 내려오게 하고, 경험적 사건 자체에 구성하는 역할을 내어주도록 강제하지 않을 것인가? 목적론은 이처럼 항시 시간의 동일한 변증법과 존재와 시간의 동일한 선험적 종합에 따라 역사의 산출인 동시에 산출물일 것이다. 이것이 최소한 우리가 후설로부터 기대할 수 있는 답변이다. 이것은 최소한 명시적으로 그가 우리에게 주는 답변은 아니다.

'빈 강좌'[1]에서 순수 초월론적 자아와 목적론적 이념의 경험적 육화

---

1) '유럽 휴머니티 위기 속의 철학'이라는 제목으로 1935년 5월 7일, 빈의 쿨투어분트(Kultur-bund)에서 행해진 '빈 강좌'는, '위기 연작'이라 일컬어지고 특히 '인간 지성 연구를 위한 프라하 철학 서클'에서의 일련의 강좌를 포함하는 대연작을 구성하는 텍스트 중 첫 번째 것이다. 이 강좌가 '유럽 학문의 위기와 초월론적 현상학'이라는 제목이 붙는 『위기』의 본질적 텍스트에 도달한다(그중에서 첫 두 부분은 1936년에 베오그라드의 『필로소피아』*Philosophia*지에, 그리고 제레의 나쁜 프랑스어 번역으로 1949년 『철학연구』*Les études philosophiques*에 발표되었다)(이 책 p.4, n.8[16쪽 각주 7번] 참조).

　　빈 강좌의 텍스트는 리쾨르가 번역하고 슈트라서가 서문을 붙여 『형이상학과 윤리학』(*Revue de Métaphysique et de Morale*)지에 1950년 발표되었다(이 책 p.40, n.13[63쪽 각주 13번]). '후설 문서고'가 현재 위기 연작의 완본판을 완성했는데, 이것은 그 밖에 비멜 부부가 수집하고 소개한 중요한 부록 텍스트들을 많이 포함한다.

　　『위기』의 역사, 전개, 구성에 관해서는 빈 강좌에 대한 슈트라서의 서문과 리쾨르의 탁월한 논문 Ricoeur, "Husserl et le sens de l'histoire", pp.280~282 참고.

　　후설의 역사철학은 비판자들에겐 후설의 사유를 우리가 절대적으로 새로운 척하는 방향

사이의 매개 역할을 받아들이는 것은 유럽이다. 물론 이것을 후설과 더불어 정확히 하는 것을 서둘러야 하는데, 유럽은 그것이 지리적, 정치적 혹은 다른 결정을 수용하는 '세속적' 의미에서 이렇게 포용되지 않는다. 경험적 유럽 또한 무한한 초월론적 목적론 속에서 우리가 이해하기에 가장 어려운 자신의 발생을 가진다. 어떤 엄밀한 것도 지리적, 정치적 혹은 경제적 등등의 사실성으로부터, 유럽의 형상적 통일성을 정의할 수 없다. 이것은 유럽을 이해하기 위해서 하나의 이념, 순수하고 선험적인 의미에서 출발해야 한다는 것을 의미한다. 유럽에 관한 이러한 이념은 유럽에서 태어난 이념이다. 후설이 우리에게 말하는 것은, 그 자신의 절대적 기원성 속에서 유럽적 이념인 것이 바로 철학적 이념이라는 것이다. 진실을 말하건대, 유럽은 철학의 요람이 아니다, 그것은 그 자체로 정신적 의미, 철학의 이념의 의미로서 태어났다. "유럽은 탄생지를 갖는다. 나는 지리학적인 용어에서 유럽이 어떤 것을 소유하고 있든지 간에, 하나의 영토를 생각하고 있는 것이 아니라, 하나의 국가에서, 혹은 이러한 국가에 속하는 몇몇 고립된 인간들이나 집단들의 핵심에서 탄생의 정신적 장소를 생각하고 있는 것이다. 이 국가는 기원전 6~7세기의 고대 그리스이다. 여기서 정신적 창조들에 절대적으로 새로운 유형의 …… 태도가 나타났다. 이러한 정신적 창조들은 뚜렷이 경계 지어진 문화적 형식들의 부분을 취했다. 그리스인들은 이 태도에 철학의 이름을 주었다. 그것의 기원적 의미에 따라 옳게 번역되면 이 용

으로 돌리는 심리학적 심지어는 정신분석학적 고려에 대한 항상적 구실이다(참고로 예를 들면 Ricoeur, "Husserl et le sens de l'histoire", pp.280~283) 이러한 언급들이 순전히 일화적인 의미를 갖지 않지만, 그것들은 종종 후설의 역사철학을 그의 이전 철학에 연결하는 깊은 연속성을 감추고 있고 우리가 그것의 설정과 동시에, 얼마나 이전 철학이 후설 철학을 요구했는지를 알게 되는 것을 방해한다.

어는 보편적 학문, 세계 전체의 학문, 모든 존재하는 것을 포용하는 유일한 전체성이다. …… 이런 의미에서 취해진 철학의 출현은 그 속에 모든 학문을 함으로써, 나에게는 그것이 매우 역설적인 듯 보이지만, 유럽을 정신적 관점에서 특징짓는 기원적 현상이다."[2] 이것은 이전의 모든 모호함의 지속을 저버리는 이상한 선언이다. 철학의 이념은 '실재적' 경험적 역사에 의해 운반되거나 산출되지 않는다. 이런 의미에서 유럽적 사실성은 괄호 치기 되어야 한다. 그것의 순수성과 필연성에서 철학의 이념을 탐지하기 위해서는 우리는 고전적인 '상상적 변양'(variation imaginaire)에 의해 그것에 지리적이고 역사적인 수많은 뿌리들을 가정해야만 한다. 이런 자격으로 우리는 유럽을 아시아나 아프리카로 대체할 수 있어야만 할 것이다. 후설은 경험적 사실성에서 유럽이 철학적 이념과 특권적 관계를 갖지 않는다는 것에 이의를 제기하지 않을 것이다. 그러나 유럽은 탄생의 정신적 장소, 철학의 신비롭고 비물질적인 거처로서 변양에 저항한다. 철학의 이념과 뒤섞이는 유럽적 형상이 있다. 그러나 이 형상이 사건도, 경험적 국지화도 아니기에, '기원전 7세기의 그리스'에 대한 정확한 암시, '국가'라는 표현, '몇몇 고립된 인간들'에 대한 경의는 허구적이고 은유적인 의미만을 갖는 것이 아닐까? 단지 우연적인 예들과만 관계가 있을까? 절대 그렇지 않다. 언급 속에서 이루어지는 이러한 정확성은 동일한 착상의 많은 텍스트들에서처럼 그것이 실재적이고 대체 불가능한 사실들에 관계하며, 실제적으로 역사적인 필연성과 관계가 있다는 것을 잘 보여 준다. 이것은 실제적으로 실제적인 역사가 본질들에 전적으로 특수한 의미를 준다는 것을 의

---

2) 「빈 강좌」, p.237[1977년판 pp.35~37/그라넬 번역판 pp.354~355][괄호 밖의 쪽수는 『형이상학과 윤리학』지에 발표된 판본의 쪽수이다. 상세 서지는 이 책 63쪽 각주 13번 참조].

미한다. 이러한 본질들은 더 이상 상상적 변양, 허구 그리고 형상적 환원에 의해 획득되지 않는다. 그것들은 실존에 선험적이고 종합적으로 연결되어 있다. 여기에서 우리가 다양하게 하거나 중립화시킬 수 있는 것은 진리의 이념이 어느 날 나타난 소크라테스 이전 사상가들의 유한한 실존이다. 어떤 하나의 계기에, 철학의 순수 이념은 하나의 민족 혹은 사람들의 집단의 운명과 실존에 합류되기 위해 도래했다. 그것이 심지어 실존과 동일시되기 위해 왔다고 말할 수 있는가? 이것은 어떤 방식으로라도 이념이 실존에 선존재했었다는 것을 가정해야 할 것이다. 정반대로 철학을 산출시킨 것은 실존이라고 말해야 하지 않을까? 그러나 진리의 기원적 드러남이 실존의 운동에 후행한다면, 우리는 이러한 실존을 순수하게 경험적이고 실재적인, 심리적인 것 등으로 생각하게 되지 않는가? 그렇다면 모든 기원적 명증성, 진리에의 모든 접근, 존재로서의 존재의 모든 발현은 실존에 금지될 것이다. 따라서 초월론적인 것과 경험적인 것은 기원적으로 모든 것이 '세계-내에' 있음에 따라 존재의 진리에 열리는 실존 속에 함축되어야 한다. 바로 그리스 민족의 실존 속에서 이처럼 이러한 '인간적 현실'이 나타날 것인데, 그 본질은 실존과 뒤섞이고 하이데거적 의미에서의 '현존적 분석'과 (후설에 의해 거부된 세속적 학문과 명백히 아무런 공통점이 없는) '인간학'을 대상으로 삼는다.

후설은 이 '인간적 현실'(réalité humaine)에서 출발하지 않고 여전히 인간적 실존의 전체성에 대한 형상적 환원이 가능하다고 믿으므로, 우리는 유럽에 대한 경험적 정의의 거부(인용된 텍스트의 첫째 문장)와 "특정 인간들의 중심" 속에 지닌 것으로서, 그리고 기원적 역사적 현상으로서 철학의 현전화 사이에서의 모순[3]을 마찬가지로 보지 않을 수 없다. 철학의 이념 혹은 유럽 형상이 탄생의 정신적 장소만을 가진다면 우리는 아주 엄밀히 이 장소를 실재적 시간과 공간에 자리 잡은 헬레니즘적 현상과 혼동할 수 있다. 우리는 이렇게 철학의 이념을 하나의 사실로 환원하는 것이다.

이것은 발생의 문제가 여전히 해명되지 않았다는 것을 의미한다. 무한 목적으로서의 철학의 이념, 유럽의 형상이 탄생했다면, 그리고 이 탄생이 위치 지어질 수 있고, 날짜가 정해질 수 있다면, 우리는 그것에 선행하거나 포위할 수 있었던 것을 자문한다. 우리는 초월론적 환원에 대해 동일한 질문을 이미 제기했었다. 혹은 환원의 가능성이 숨겨져 있거나 은폐되어 있음에도 불구하고 자연적 태도의 시간성 속에 이미 현전하고 있었다는 것이다. 우리는 그렇다면 왜 탄생이 경험적 생성의 다른 계기보다 그런 계기에 나타났는지를 묻는다. 환원의 순수 의미는 우리에게 그것을 가르쳐 줄 수 없고 우리는 불가피하게 '세속적' 인과율에 의거하여야 한다. 초월론적 환원을 자연적 인과율에 의해 설명함에 따라, 우리는 그러한 초월론적 환원의 모든 기원적 의미를 상실하게 한다. 혹은 환원은 시간성에서 절대적 시작을 표시한다. 그러나 그것이 환원하는 '소박한' 경험의 내부에서의 그것의 상황은 더 이상 어떤 의미도 없다. 우리는 여전히 그것이 아닌 것에 의해 그것을 설명하도록 강제된다. 이 두 가지 경우에서 기원적 계기와 구성된 계기 사이의 본질적 구분은 우리로 하여금 그것의 역할을 전도하고 그것들의 정의를 전복하도록 강제한다.

목적론의 차원에서도 질문은 유사하다. 철학의 설립은 자신의 지리적·역사적 연장 속에서 휴머니티를 분할하는가? 하나가 다른 경험적 집단에 제한될 두 계통, 즉 한편으로 유럽이라는 정신적 도래에 앞서 있었던 유

---

3) 우리는 마찬가지로 '인간적 현실'이 모순 자체라고 생각하지 않는다. 단순히 그것은 나타나고 스스로 드러나는 모순이다.

럽인들, 다른 한편으로 비유럽인들로 말이다. 이러한 가설은 웃음을 자아 낸다. 그러나 후설은 빈 강좌의 개정판에 적기를 "유럽만이 '내재적 목적론', 하나의 의미를 갖는다. 인도, 중국은 단지 경험적인 사회학적 유형만을 갖는 반면, 유럽은 정신적 형태의 통일성을 갖는다"라고 했다.[4] 진지하게 고려한다면, 이 명제는 모순적이다. 철학적 목적을 의식하는 휴머니티가 과거가 있고, 어떤 계기에서 철학적 태도를 개시했다면, 인간의 역사적 시간성은 단절을 알고 있었을 것이다. 어떻게 휴머니티는 무지에서, 철학이 지닌 무한한 임무에 대한 의식으로 넘어갔는가? 순전히 경험적인 주체성에서 초월론적 주체성으로 넘어갔는가? 철학의 이념이 기원적으로 무한한 의미를 갖는다면, 무지는 망각일 뿐이고 경험적 주체성은 기원적인 초월론적 주관성의 매몰일 뿐이겠는가? 그러나 그렇다면 어떻게 인간 집단의 경험적 유형들과 초월론적 유형들을 엄밀하게 구분할 수 있겠는가? 초월론적 가능성이 항시 **이미 거기에** 있기에, 이러한 가능성을 일깨우는 작용은 초월론적 혹은 경험적 '탄생'이겠는가? 이것은 역사적 우연 이상이겠는가? 만약 그것의 본질에 충실하게 무한한 임무가 항시 기원적으로 현전하거나 가능하다면, 우리가 거기서 의식을 취하는 작용은 그 자체가 기원적이지 않다. 이것은 이러한 목적론의 모든 토대를 허무는 것이다.

이러한 생성의 완수는 따라서 아주 불투명하다. 인도나 중국 혹은 최소한 경험적 개인으로서의 인도인이나 중국인 들이 이러한 무한 임무에 대해 의식을 가지고 서양 문화에 참여함으로써 그러한 임무를 받아들일

---

4) Ricoeur, "Husserl et le sens de l'histoire", p.290에서 재인용. 루뱅에서 우리는 불행하게도 당시 비멜이 다음 판본을 교정하기 위해 쾰른에 가져간 『위기』의 많은 비간행 텍스트들에 접근할 수 없었다. 그러나 이 텍스트들의 본질적인 부분들은 이 출판된 단편들에 의해 우리에게 알려졌다(이 개정판은 1954년에 후설전집 6권으로 출간되었다).

수 있기 때문에, 그것은 어떻게 항시 가능한 것으로 남을 것인가? 우리는 두 가지 가설을 그려 볼 수 있다. 혹은 하나의 형식 혹은 다른 형식하에서 철학의 이념은 묻혔으나 그것의 도래에 선행하는 경험적 생성에서 현전한다. 절대적 이념으로서 그것은 경험적 발생에 의해 산출되지 않았고 그것의 인간학적 육화에 선행한다. 그러나 이렇게 되면 두 가지 질문이 제기된다. 우선 인간사의 그런 계기에, 그런 장소에서 왜 그러한 이념이 출현했는가? 그리고, 극단적으로, 그러한 이념의 나타남이 왜 필연적인가? 바로 거기에 불가사의가 있다. 이는 정의상 시간성이 '유한'하지 않은 그 자체로서의 이념을 드러낼 수 없고, 그 자체로서의 이념을 알지 못하는 경험적 주체성도 드러낼 수 없는 것이다. 다음으로 만약 이념이 분명 무한이라면, 그것의 뿌리내림은 우연일 뿐이란 말인가? 그렇지 않은 것으로 보인다. 목적론적 이념은 초월론적 주관성 혹은 그것의 노에마적 상관자 자체이다. 이런 한도에서 그것은 우연히 인간학적 주체성에 연결되지 않는다. 그러나 만약 역으로 우리가 이러한 뿌리내림을 절대적이고 본질적인 사건으로 삼는다면, 우리는 소위 무한한 이념에 가능한 몇몇 보충이나 풍요함이 부족하다는 것을 인정할 것이다. 동일한 방식으로 만약 역사에서 이념의 탄생이 경험적이고 세속적 질서라면, 어떤 권리로 그것의 사실성을 박탈하고 또다른 경험적 세계와 구분할 것인가? 어떤 실존적인 결정을 그 자체로, 후설이 강조하듯이, 어떤 '실재적' 결정을 갖지 않는 유럽 형상에 줄 수 있을 것인가? "내가 보기에, 우리가 가진 것은(그리고 모든 명석한 개념의 부재에서 잘 정당화되는 것은) 하나의 감정이다. 우리의 유럽적 휴머니티는 그것에 본유적이며 유럽의 형태에 영향을 미치는 모든 변화들을 지배하는, 그리고 그러한 변화들에 영원한 극으로 향해진 발전의 의미를 제공하는 원현(entéléchie)을 지닌다. 우리가 여기서 그것들의 고유한 성격을 물리적 영역에서 조직화된 존재에 주는 최종적 경향성의 하나에 맞서고 있다는 것이 전혀 아니다. 결과적으로 배아 형태로부터 숙성에, 그리고 노화와 소멸로 정도차에 의해 이르게 될 일종의 생물학적 전개와 관련이 있는 것이 아니다. 본질적으로 민족에 관한 동물학이란 없다."[5] 역설은, 이념의 경험적 의미와 초월론적 의미를 절대적으로 구별하기를 원하면서, 우리가 경험적 최종성 속에서 절대적으로 순수하기를 원하는 목적론적 최종성을 변형시킨다는 것이다. 왜냐하면 두 가지 경우에 이념의 유럽적인 발생은 우연의 모습을 취하기 때문이다. 만약 이러한 발생이 전적으로 정신적이라면, 우리는 왜 그것이 발생인지를 알지 못한다. 이념의 무한성과 영원성은 인간적 생성을 필요로 하지 않아야만 할 것이기 때문이다. 그러면 인간적 생성은 그 자체로서 목적론적 삶에 대해 배타적으로 경험적이고 외부적인 것으로 남아 있게 된다.

후설은 아마도 목적론적 이념은 초월론적 주체성의 생성을 초월하는 것이 아니라고 응수할 것이다. 우리가 그 앞에서 사유를 고정시키려 하는 딜레마는 이념의 '별도의' 실현에 의해서만 가능하다. 이념이 일단 실체화되면, 인간적 주관성은 세속적일 수 있기만 하다. 사실 철학의 이념은 노에시스적 동력이고 초월론적 주관성의 노에마적 상관자이다. 그것은 지향적 최종성이다. "유럽 휴머니티의 정신적 목적은 민족 각각이 분리하여 취하고 사람들이 개별적으로 취하는 특수한 목적을 둘러싸면서 무한에 처해진다. 그것은 정신적 생성이 그 전체 속에서 찾는 방향 속에서의, 만일 우리가 이렇게 말할 수 있다면, 스스로 넘어서고자 하는 무한한 이념이다. 이 생성에서 의식은 이 용어를 전개에 따라서, 그리고 그것의 한가운데에서 목적

---

5) 「빈 강좌」, pp. 235~236(p. 33/p. 314).

으로 취할 뿐만 아니라, 의식은 이 용어를 전개를 원하는 하나의 목적으로서 또한 실천적으로 제기하고 규범과 규범적 이념의 통제하에 자리 잡은 전개의 새로운 형식으로 세운다. 우리는 우리 역사성의 사변적 해석을 주기를 주장하는 것이 아니다. 우리는 모든 선입견에서 자유로운 의식의 포착을 통해 밝혀지는 생생한 예감을 표현하는 것이다."[6]

우리는 그렇다면 두 번째 가설인 '이념은 초월론적 경험 바깥에 존재하지 않는다'를 만날 것이다. 이념이 경험에서 예고되는 방식이 아주 불가사의하다는 것뿐만 아니라, 모든 환영이 이 '정서적 탐지자'[7]를 노린다는 것도, 예감, "우리 모두가 갖고 있고, 모든 명석한 개념의 부재에 잘 정당화되는 이 예감"(이러한 양식이 후설에게 있어 평상시와는 매우 다른 언명), 이념의 초월론적 생성의 구성은 거의 다르지 않은 차원에서 우리가 그것에게로 수동적 발생과 능동적 발생의 짝을 이끌었던 모든 아포리아들을 재산출한다. 사실 이념의 생성이 초월론적 경험에서 구성되기 위해서는 이념이 능동적으로 향해지고 '나' 혹은 '나의 공동체'에 의해 받아들여지기 전에 수동적 종합에서 산출되어야 한다. 다음과 같은 배타적 선택이 있을 것이다. 발생의 수동적 계기가 이미 이념에 의해 활성화되었거나, 그러면 주체가 더 이상 자아가 아니라 자아들의 혹은 초-인간적 자아들의 무한한 전체성인 초월론적 능동성 일반에 포함될 것이다. 유럽의 정신적 계통과 경험적 유형의 계통들 사이의, 고대 그리스의 과거와 그것의 철학적 탄생 사이의 분할은 그 모든 의미를 상실한다.

초월론적 발생은 그렇다면 어떤 것에 의해서도 선행되지 않는다. 우리

---

6) 같은 글, pp.235~236(pp.33~35).
7) 같은 글, 같은 곳(p.35).

는 이전 가설로 되돌아온다. 혹은 수동적 계기가 전(前)초월론적 영역에 의거한다는 것이 가장 그럴듯해 보인다. 그러나 세속적인 것과 초월론적인 것 사이에서 연속성을 보장하는 수동적 종합에 의해, 우리는 더 이상 초월론적 구성으로부터 경험적 구성을 엄밀하게 구분할 수 없다. 따라서 그것이 아닌 것으로부터 철학의 이념의 발생이, 철학적 의식에 대한 파악으로부터 그것이 아닌 것의 인식이 있을 것이다. 그러나 그렇다면 무한 임무의 이념이 어떻게 순수 유한성에 설정될 수 있는가? 어쨌거나 무한은 인간 유한성에 이미 현전했어야만 하지 않는가? 그리고 이렇다면 왜 그러한 이념은 유한 속에서 드러나게 될 것인가? 현상학적 관념론에 토대 지어진 단순한 '형상적인 것'이 해결할 수 없고 근본적 전회에 동기를 부여해야 할 만큼의 질문이 있다. 이것은 이념의 발생을 고려하기에 부적절한 형상적인 것의 관점을 포기하고 우리가 충실하게 기술하고 체험하고 — 역시 마찬가지로 이론적 '임무'와 관계가 있다 — 또는 이러한 발생을 재체험하기를 시도할 수 있는 새로운 존재론으로 방향을 바꾸면서만 되는 것이다. 이러한 존재론은 형상적 현상학의 본질적이고 넘어설 수 없는 계기를 모르는커녕 기원적인 시간적 실존의 수준에서 사실과 본질, 경험적인 것과 초월론적인 것이 분리될 수 없고 변증법적으로 결부되어 있다는 것을 시간성의 현상학의 심화를 통해 보여 줄 것이다. 이러한 동일성은 그 스스로 자기 구성하는 존재가 경험적 사실로서 구성된 그것의 계기에서 지양되고, 초월론적 주체로서 구성하는 그것의 산출성에서 나타나는 존재와 시간의 기원적으로 변증법적인 동일성이다. 존재가 변증법적으로 '대자적' 주체가 되고, 기원적 시간성을 받아들이며 그것의 기원적 유한성으로서 변증법의 필연성을 의식하는 인간 실존이 존재론적 반성의 출발점이다.

이 출발점이 후설에게는 지금 결정적으로 부족했던 것으로 보인다. 빈 강좌는 이를테면 형상적 괄호를 항시 닫힌 것으로 놔두며, 역사의 한 이념으로부터 출발하여 이 이념과 그것의 역사적 뿌리내림의 실제적 발생을 설명하는 데 지속적으로 실패한다. 아마도 후설은 발생의 변증법적 운동을 인지했을 것이다. 그는 적기를, "이처럼 그것의 가치와 진리와 함께 야기된 것은 즉시 상위 수준의 이념적인 것의 가능한 창조를 위한 재료가 된다".[8] 혹은 다시, "역사성의 한가운데에 또한 혁명이 필요하다. 이러한 역사성은 이제부터 휴머니티의 역사, 무엇보다도 유한한 역사가 되는데, 이는 무한한 과업을 수행할 수 있는 휴머니티의 존엄에 접근하는 것이다".[9] 그러나 이것은 부수적으로 언급된 것이다. 후설은 이 혁명을 있는 그대로 그리고 그것의 가능성의 조건에서 결코 기술하지 않는다. 그의 반성의 주제는 그러나 그것이 기원적으로 구성적이지 않았다는 것을 인정했던 이론적 태도에 머무른다. 그는 이러한 이론적 태도의 삶과 그것의 상관에 아주 아름다운 장들을 할애한다. 이러한 목적론의 위기는 형식적 주관성일 뿐인 것을 절대적 객관성으로 취하며 인간이 그의 모든 근심과 그의 모든 행위에 의해 자발적이고 순진하게 세계에 있는 전-철학적 시기의 자연주의로 다시 떨어지는 과학의 순진한 객관주의[10]의 일시적 승리로서 해석된다. 이렇게 우리는 '정신의 자연화'와 순수한 주관성의 회복에 다다르는 것이다. 그러나 이러한 위기의 기원은 심화되지 않았는데, 정확히 한편으로 위기에 목적론적 이유가 없고, 다른 한편 위기 자체는 정의상 우리에게 기원적인 어떤 것도 드러내 줄 수 없기 때문이다. 만약 후설이 보기에 객관주

---

8) 「빈 강좌」, p.238(p.41/p.357).
9) 같은 글, p.239(p.45/p.359).
10) 같은 글, p.249(p.73/p.374).

의적 자연주의가 그것에 의해 우리가 자율적 절대자로 취했던 이념적 대상을 창조하는 초월론적 발생의 무지나 망각으로부터 유래하는 것이라면, 우리가 기원적인 실존적 구성을 해명하는 것을 게을리했던 이론적 태도로부터 절대적으로 출발하는 것과 동일한 죄, 그리고 동일한 '선입견'을 범하는 것이 아닌가? 그러나 아마도 여전히 기원적인 실존적 구성을 해명해야 할 시간이다.

2장
철학의 제일 임무: 발생의 재활성화

만일 "우리가 처한 결정적 상황들의 기원들에 적용된 목적론적-역사학적 의식 포착"이 "초월론적 현상학에 독립적인 입문"[1]을 구성할 수 있다면, 다른 말로 만일 그것이 초월론적 주관성으로의 복귀를 위한 지향적 안내인 역할을 할 수 있다면, 아마도 철학의 이념에 대한 설명이 우리로 하여금 마침내 이론적 태도의 이러한 실존적 구성을 다루게 할 것이라면, 그래서 모든 필증적 의미는 이러한 태도로부터만 접근이 가능할 것이라면, 이러한 태도의 발생을 밝히는 것은 아마도 모든 발생의 필증적 의미에 접근하는 것일 터이다. 그렇다고 그것은 그것의 존재론적 의미를 취하는 것일까?[2]

지금까지 철학의 이념은 형식적 방식으로 무한 임무,[3] 이론(theoria)[4]

---

1) Ricoeur, "Husserl et le sens de l'histoire", pp. 289~290에서 재인용.
2) 후설은 『데카르트적 성찰』에서 (세계의) 실존의 명증성과 필증적 명증성 사이에 매우 중요한 구분을 한다. 그것의 "선행성의 기능"에도 불구하고 실존적 명증성은 "첫째가는 그리고 절대적인 특권을 주장"할 수 없다고 언급하는 것은 대단히 흥미로운 것이다(『데카르트적 성찰』, §7, 프랑스어판 p. 14). 이 분리는 우리의 주장을 더할 나위 없이 확증한다.
3) 「빈 강좌」 여러 곳, 특히 p. 247(p. 71/p. 373).

의 이념으로 정의된 채로 남았었다. 이론적으로 무한한 이러한 삶의 역사는 그것의 노력과 실패에서 **단순한 자아의 완성**과 뒤섞여, 발생적 기술의 가치를 가질 수 있을 것인가? '초월론적 동기'의 역사는 유럽 철학의 모든 단계를 가로질러 마침내 우리에게 초월론적 주관성의 발생을 밝혀 줄 것인가? 그러나 이러한 역사는 그 뒤에 복귀의 가능성, 앞선 현재들의 기원적 의미를 있는 그대로 되찾을 가능성을 가정한다. 그것은 초월론적 '역행'의 가능성을 의식에 지성적이고 투명한 역사, 그 침전이 해체되고 왜곡 없이 보수되는 역사를 가로질러 함축한다.

빈 강좌 이후의 모든 텍스트는 동일한 질문을 따르는 것이다. 어떻게 우리는 역사적-지향적 분석으로부터 작용의 기원적 의미 혹은 의식의 역사적 산출을 '재활성화'할 것인가? 역사적-지향적 분석이라는 주제는 방대하고 매우 중요한 수고를 차지하나 이 분석의 기술은 「기하학의 기원」(1938)에서만 소개되었을 뿐이다. 후설의 텍스트들에서 가장 아름다운 분석 중 하나인 20쪽 분량의 이 텍스트에서[5] 저자는 기하학의 지향적 발생을 다시 그려 내고 이처럼 이 예에 기초하여 이렇게 그것에 의해 의식의 역사적 산출의 초월론적인 기원성을 그것의 탄생 자체에서 다시 잡아내는 것이 항시 가능해야 한다는 분석 유형을 정의할 것을 목표로 한다.

핑크가 그의 서론에서 주목하는 것처럼, 이 목표는 절대적으로 새로운 것이 아니다. 『형식논리학과 초월론적 논리학』에서 우리는 논리의 기원 자체까지 파고들어야 했었다. 논리학은 겉으로 보기에 순수 논리적 의식, 구성된 종합들의 체계, 그 자체로 완성되고 폐쇄된 산물에 대해 절대적 영원

---

4) 「빈 강좌」 p.241 (p.51/p.366 이하).
5) 이 텍스트의 원제는 '역사적-지향적 문제로서의 기하학의 기원의 문제'이다.

성과 자율을 자기 것이라 주장할 수 있었다. 사실 그것은 그것으로부터 의미를 재발견해야 했던 초월론적 발생으로부터만 가능한 것이다. 그럼에도 이 의미는 첫눈에 보기에는 그것들의 층층이 쌓인 침전들이 결정적으로 파고들 수 없을 것으로 보이는 작용들과 논리적 구조들의 무한한 역사 아래에 매장되지 않았는가?

이 불투과성은 모든 역사철학을, 한계적으로는 모든 역사적 진리를 불가능하게 만든다. 침전들의 사실성이 불투명한지 아닌지는 후설의 관심사가 아니다. 그러나 모든 인간적 과거, 모든 작용 그리고 모든 의식의 산출의 지향적이고 초월론적인 의미는 우리가 그것을 질문할 수 있기만 한다면 기원적으로 접근이 가능한 것이어야 한다. "기하학의 기원의 질문은 …… 우리가 여기서 제기하려는 바대로 역사적-문헌학적 피상적 질문이 아니다. 그것은 실제적으로 명제, 증명, 순전히 기하학적인 이론들을 정식화했던 실재적인 최초의 기하학자들에 대한 탐구가 아니다. 기하학의 기원의 문제는 그것이 발견한 결정된 명제들에 대한 탐구가 아니다. 우리의 관심사는 오히려 그것에 따라 기하학이 수천 년 된 전통으로서 현전했던 ── 그것의 점진적 정교화가 생생히 포착되는 ── 그리고 여전히 우리에게 현전하는 것으로 남아 있는 가장 기원적인 의미를 향한 **'반성'**의 의미를 갖고 있는 것이다. 우리는 다음과 같은 의미를 '반성한다'. 그러한 의미에 따라 **처음으로** 기하학의 기원에 대한 질문이 역사 속에서 산출되고, 필연적으로 산출되어야만 한다. 비록 우리가 최초의 창조자들에 대해 아무것도 알지 못하고, 그것들에 관심을 갖지 않았음에도 말이다. 학적 전통으로서의 기하학에 관하여 우리가 아는 것으로부터 …… 하나의 '반성'은 원리적으로 기하학의 원초적 기원들을 향하여, 그러한 기원들이 가라앉아 있는 것으로서 그리고 필연적으로 **기원적 토대들**로서 있어야 했던 그대로, 항시 가능하다."[6]

그러므로 재차 초월론적 환원의 방법에 의한 기원적 의미에 대한 연구가 중요하다. 이때의 환원은 더 이상 단순히 자아론적인 의미를 가지는 것이 아니라, 초월론적 공동체로부터 실행되는 것이다. 역사의 구성된 사실성이 '중립화'됨에 따라, 우리는 초월론적 주관성으로부터 의미 산출 작용 자체가 나타나도록 내버려 둔다. 마찬가지로, 이러한 조작은 기하학의 초월론적 토대들을 노출시킬 것이다. 의식의 이러한 근본적 산출로부터 설립되었던 모든 발생적 운동에 대한 의식의 포착에 의해, 우리는 주관성으로의 근본적 회귀에 의해, 우리는 목적론의 이념을 소생시킬 것이고, 자연주의적 객관주의의 위기들을 극복할 것이다. 후설이 말하길, "문화의 모든 특수한 형식은 인간적 행위로부터 태어난 것이다". 그리고 바로 그러한 한에서 우리가 문화의 사실적 실재성을 전혀 모를지라도 우리는 그 의미를 소생시킬 수 있어야만 한다. 경험적-역사적 '비(非)-앎'(non-savoir)은 그 명증성이 환원 불가능한 앎의 가능성을 본질적으로 내포하고 있다. 이처럼 예를 들면 가장 피상적인 명증성을 취한다 해도 우리는 모든 전통이 인간적 행위들로부터 생겨났다는 절대적 앎을 알고 있다. 그 자체로서, "전통은 질문되도록 내어져 있다".[7] "전통적 산물"로서 "기하학은 최초 산출, 창조적인 첫 번째 행위로부터 발생되어야만 했다".[8]

발생은 이러한 창조적 기원으로부터 인과적, 귀납적 혹은 연역적 연쇄로 이루어지지 않는다. 창조된 혹은 이전 요소들로부터 연역된 요소들의

---

6) 「기하학의 기원」, p.207(후설전집 6권 pp.365~366/프랑스어판 pp.174~175)[상세 서지는 16 쪽 각주 7번 참조]. 강조는 원저자.
7) 같은 글, 같은 곳(프랑스어판 p.176).
8) 같은 글, p.208(p.367/p.176).

역사적 연계가 중요한 것이 아니라, 오히려 그 안에서 모든 산출이 현전하고 가치를 지니며 하나의 전체성을 형성하는 '지속적 종합'이 중요한데, 그 결과 각각의 현재에서 '전체적 산출'이 이를테면 상위 단계의 산출을 위한 전체적 전제가 된다. 이 운동이 모든 학문의 운동이고 이것이 바로 모든 학문과 모든 지향적 역사의 초월론적 기원성을 되찾기 위해 회복해야만 하는 운동이다.

그러나 이러한 기원성이 역사적 첫 계기의 기원성인 만큼이나 학문의 절대적 토대의 기원성인 만큼, "기하학과 같은 학문의 예외적인 전개에 직면하여 '재활성화'의 가정과 가능성은 어떻게 되는가?"[9] 하나의 명제를 토대 지으려는 모든 연구자는 **"'토대의 예외적인 연쇄'를 기원적 전제들에 이르기까지 그것의 전체성에서 주파해야만 하고, 그것으로부터 실제적으로 전체성을 재활성화해야 하는가?"**[10] 이것은 과학의 발전을 불가능하게 만들 것이다. 사실, 단순한 과학적 행위의 수준에서 그리고 이러한 행위들에 대한 모든 철학적인 '의식의 포착'의 이편에서는 "매개적이고 함축적인" 재활성화로도 충분하다.

바로 여기서 선험적 가능성 혹은 재활성화의 원리적 가능성이 선험적 혹은 원리적 불가능성으로 전환하거나 최소한 불가능성과 함께 변증법적으로 구성한다. 무엇보다 우리는 학적인 행위를 자발적이고 천성적으로 살고 있는 '소박한' 학자에 의해 실행된 함축적이고 매개적인 재활성화를 현상학자에 의해 수행된 절대적인 재활성화와 엄밀하게 구분하지 못한다. 재활성화는 어떤 계기에서부터 전면적이고 즉각적으로 해명되는가? 아마

---

9) 같은 글, p.214(p.373/p.189).
10) 같은 글, 같은 곳. 강조는 인용자.

도 재활성화가 함축적으로 머무르는 매개적 토대들의 계열을 가로지른 후에만 끝을 보는 퇴행과 관계가 있을 것이다. 재활성화는 태도의 전면적 전환 덕분에 일종의 즉각적이고 근본적인 선험이 되어야만 한다. 환원의 태도인 이러한 태도는 과학의 매개적이고 구성된 모든 계기를 보류해야만 한다. 다른 말로 하면, 그것은 괄호 치기 되어야 할 학자의 모든 기하학적 전통, 모든 행위, 심지어 함축적인 퇴행을 의미한다. 그런데 이러한 전통과 '전통성 일반'은 재활성화의 선험적 가능성의 조건이다. 전통적 침전은 우리가 기원의 토대로 돌아가는 것을 허용하기 위해 환원되어야 한다. 그러나 동시에 이러한 복귀가 가능한 것은 침전과 전통이 있기 때문이다. 후설은 말하곤 했다. "우리가 학적 전통으로서의 우리의 기하학에 관해 아는 것으로부터 하나의 퇴행이 원초적 기원으로 향해 있음이 원리적으로 가능하다." 마찬가지로 후설은 『위기』에서 인정하길, "우리는 일종의 악순환에 처해 있다. 시작들의 전적인 이해는 그것의 진화에 대한 회고적 검토 덕분에 그것의 현재 형태로 주어진 학문으로부터만 가능하다. 그러나 이러한 논의에 대한 이해 없이는 이 진화로서의 진화는 말이 없다. 우리에게는 다른 할 것이 없는데, 우리는 '지그재그'로 앞으로 가고 뒤로 다시 와야 하는 것이다. 이러한 왕복에서 하나는 다른 하나를 도와야 한다".[11] 만약 이 지그재그의 방법이 본질적이고 불가피하다면, 그것은 우리가 가장 기원적인 구성 원천에 닿는 순간에 구성된 것이 항시 이미 거기에 있다는 것이다. 자임된 재활성화의 선험적 가능성은 항시 어떤 형태로든 구성된 전통을 전제할 것이다. 이것은 게다가 아주 정확히 '지금'과 '살아 있는 현재'의 기원성이 그것의 기원적이고 창조적인 나타남 속에 이전에 구성된 계기의 파

---

11) 『위기』, p.256(후설전집 6권, p.59/그라넬 번역판, pp.67~68).

지 위에 토대 지어지는 시간적 구성의 변증법에 부합하는 것이다. 그럼에도 그 자체로서의 '전통성'은 항시 후설에 의해 경험적 현상으로서 정의된다. 예를 들면 그것은 그것에 의해 이념의 이전(移轉)과 상속이 갈수록 쉬워지는 기술들의 획득이다.[12] 만일 후설이 이러한 기술의 발생이 어떻게 실행되는지를 우리에게 보여 주지 않을지라도, 우리는 그러한 발생이 모든 구성의 시간적 연속성 위에 토대 지어졌다는 것을 알고 있다. 의미의 창조에 대한 기원적인 모든 계기는 하나의 '전통', 즉 사실성 속에 이미 구성된 하나의 존재를 가정한다. 만약 한계적으로 이 순수한 사실성이 인간적 행위에 의해 구성되지 않는다면, 이러한 행위의 첫째 계기는 구성된 의미와 선구성된 사실의 기원적 종합이다. 이러한 종합은 해체되지 않는다. 그렇다면 순수 기원성은 어떻게 되는가? 그것은 초월론적인가 사실적인가? 만약 초월론적인 것과 사실성 사이의 종합이 기원적이라면, 지그재그식 퇴행 방법의 필연성은 미규정적인 것이 아닌가?

이것은 우리가 「기하학의 기원」의 수준에서 제기할 수 없었던 질문이다. 「기원」은 결정적으로 —— 그리고 이것은 후설의 모든 역사철학에서 참인데 —— 그럼에도 그러한 「기원」이 앞섰던 구성적 분석의 이편에 남아 있다. 여기서 중요한 것은 기하학적 학문의 구성이 초월론적 주체에 의한 것이라는 점이다. 이러한 초월론적 주체는 발생이 완수된 것으로 가정되며, 존재론적인 구조가 때로는 그것의 고유한 의미와 더불어 **이미 거기에** 있거나, 선술어적 기체로서 이론적 규정의 가능성들의 무한한 지평 속에서 구성된 선험과 더불어 혼합되어 있는 세계로부터 있는 것이다. 주체와 세계는 기하학이 시작될 때 그러한 것들로서 이미 거기에 있다. 우리는 한마디

---

12) 「기원」, pp.212~216(p.372 이하/p.186 이하).

로 노에마적인 의미의 구성의 형상적 영역 혹은 후설이 「기원」에서 이념적 객관성이라 부른 것의 형상적 영역에 머무른다. 이러한 구성은 노에시스-노에마적 상관관계의 수준에서 실행되는데, 이는 우리가 그것이 정적이고 그 자체로 발생적 구성 위에 토대 지어졌다는 것을 보았던 바로 그러한 구성이다. 따라서 기하학의 구성은 그것이 여기서 주제화된 그대로 기원성에 대한 자부에도 불구하고 매우 가시적으로 포스트발생적인 것으로 남는다.

오직 발생적 해명만이 실제적 분석과 지향적 분석 사이의 구분을 절대적으로 토대 지을 수 있었다. 어떤 경우에 그리고 어떤 계기로부터 순전히 지향적 분석이 가능한지를 알기 위해서는 우선 어떤 계기로부터 주체의 지향성이 —— 여기서는 기하학자의 지향성 —— 그러한 것으로서 나타났는지를 알아야 한다. 그것은 이러한 지향성이 자기로부터 주제적이 된 계기로부터, 즉 능동적으로 자기 자신을 발생시키기 시작한 계기로부터인가? 아니면 주체의 수동적 발생은 이미 지향적인가?[13] 만일 이렇다면 지향성의 개념을 더 이상 초월론적이기만 하지 않고 넓은 의미에서 존재론적인, 목적론적 운동으로 삼을 때까지 확장해야 할 것이다. 그렇다면 인간의 초월론적 행위, 그리고 다시 유럽인의 초월론적 행위는 이러한 목적론의 기원적 완수의 매개적이고 변형된 계기일 뿐이다. 이것은 그 의미가 있는 그대로 인간의 초월론적 혹은 이론적인 소명에 의해 기원적으로 산출되지 않은 매개와 임무에 관련이 있을 것이다. 이러한 목적론적–우주적 지향성

___

13) 이것은 우리를 또 다른 형태의 풀리지 않는 발생의 문제로 보낼 것이다. 어떻게 수동적, 지향적 그리고 초월론적인 발생이 실재적이고 경험적인 주체와 함께 연속선상에 있는가? 어떻게 그것은 사실적 발생과 동일한 '내용'을 가질 수 있는가?

과 더불어, 지향적 분석과 실재적 분석 사이의 구분의 가치는 결정적으로 위태로워진다. 그것은 두 가지 가능성에서 그러하다. 질문이 순전히 형상적이거나 혹은 그것이 함축적으로 초월론적 발생을 참조하거나이다.

사실 이 두 가지 관점은 「기원」에 혼란스럽게 뒤섞여 있다. 또한, 이 몇 쪽에 생명력을 부여하는 매혹적인 기획에도 불구하고, 그것들의 실제 내용과 분석의 결과는 실망스러운 쪽에 보다 가깝다. "기하학의 **전체적 의미**는 …… 시작부터 이미 **기획**의 자격으로 있을 수 없었다." 즉, 그것이 역사에서 끊임없이 산출되었다는 것을 인정함에도, 후설은 '의미의 더욱 원초적인 형성'의 기원적인 명증성 속에서 그것의 나타남에 접근하기를 주장한다.[14] 기하학의 전체적 의미가 알려지고 완수되었다고 가정함으로써 우리는 그것의 기원적 의미를 구분할 수 있지 않을까? 현재적 명증성으로부터 나는 기원적 명증성을 발견할 수 있지 않을까? 그리고 이것은 항시 '지그재그'의 변증법적 방법에 따른 것이 아닐까? 만일 내가 기하학적 기획의 절대적 의미가 아직 완전히 완수되지 않았다는 것을 인정한다면, 어떻게 나는 주관성의 그러한 작용과 함께 시작하는 것이 바로 기하학이고 이 작용 자체는 그것의 의미를 이전의 구성으로부터 받지 않았다고 결정할 수 있을 것인가? 만일 내가 기하학에서 그것의 실제적, 전통적 그리고 현재적 내용을 비워 낸다면, 나에게는 아무것도 남지 않고 단지 그 자체로 구성되고 파생된 기하학의 형식적 개념만이 남을 것이다. 그리고 바로 이 개념에 관련해서만 나는 기하학의 원본적이거나 기원적인 의미를 정의하려 시도할 것이다. 나는 이처럼 내가 절대로서 혹은 주관성의 작용에 의해 구성된 그것 자체로서 개념을 고려할 것에 따라, 선험적 형식주의 혹은 절대적 경

---

14) 「기원」, p. 208(p. 367/p. 178).

험론 사이에서 동요할 기술에 다다를 것이다.

이것이 실제로 벌어지는 일이다. 어떤 때는 기원적 명증성이 있는 그대로 혹은 일반적으로 "그것의 직접-거기-있음(être-là-en-personne)의 의식에서 존재자의 포착"으로서 환기된다.[15] 그 고유한 특수성에서 기하학적 존재자의 직관 혹은 산출(지향성은 이러한 이중적 운동이다)은 "이념적 객관성"의, 보편적으로 가치가 있는 "초(超)-시간적"[16]인 직관과 산출이다. 어떻게 우리는 (우리가 『경험과 판단』에서 보았듯이) 절대적으로 기원적인 선술어적 개체 상태로부터 그 이념적 객관성에서 기하학적인 존재의 실존에로 이행하는가? 만일 이념성이 선술어적 존재자의 논리적 술어라면, 그러한 이념성은 여기에서 우리에게 아무것도 말해지지 않은 논리적 발생에 의해 산출된 것이다.[17] 만약 정반대로 이념적 객관성이 그러한 것으로서 기원적으로 포착된다면, 그것은 선험적인 이념적 형태로서 초월론적 주관성에 의한 모든 해명 이전에 항시 거기 있는 것이다.

어떤 때는 정반대로, 기하학적 본질의 실제적 발생을 설명하는 것이 중요하다. 이념화의 과정의 기술만이 형식논리학의 질서의 선험적 명증을 피하는 것을 가능하게 한다.[18] 그러므로 "생활-환경세계(Lebensumwelt)의 전(前)학문적 소여들"로부터 전학문적 상황으로, 기원적 이념들의 산출로 돌아가야만 한다. 따라서 지향적 초월론적 분석은 그 빈약함이 다소 보잘것없는 방식으로 대담한 설명주의적 가설의, 뒤섞인 확률주의 그리고 전(前)철학적 경험론의 모든 불충분함을 한데 통합하는 놀라운 해석으

---

15) 「기원」, p.209(p.367/p.178).
16) 같은 글, p.209(pp.368~369/p.179).
17) 같은 글, 같은 곳. 이것이 우리를 이미 보여진 어려움으로 보낸다.
18) 같은 글, p.216(p.374/p.192).

로 전락하는 것으로 보인다. "시작하는 기하학자들의 첫 번째 구전 공동작업 때, 기원적이고 전학문적인 재료에 대한 기술들의 정확한 규정의 필요를 자연스럽게 느끼게 되었다. 그것들로부터 최초의 기하학적 이념성과 그것들의 최초의 '공리적' 명제들이 완수되는 방법들이 생겨났다."[19] 이러한 기술주의적 설명은 이 두 이미지, 후설이 사용하는 가장 경험론적인 것과 가장 '상대주의'적인 것과 동일한 질서의 것이다. 이 이미지들이란 우리가 후설에게 가장 큰 불만을 품기에 결코 부족하지 않은 것들이다. 하나는 "경험 세계와 즉각적인 직관의 세계 위에, 생활세계 위에 내던져진 이념의 외투"[20]의 이미지이다. 다른 것은 "시장에서 자신의 진리를 가지는 시장 상인"의 이미지이다. 후설은 덧붙이길, "자신의 상대성에서 그것은 좋은 진리와 그것에 봉사할 수 있는 가장 좋은 진리가 아니겠는가? 그것은 학자가 또 다른 상대성에 의해 다른 이념과 다른 목적을 가지고 판단하여 정확히 우리가 시장에서 필요한 것은 제외하고 그것과 함께 우리가 훨씬 더 많은 것을 할 수 있는 다른 진리를 찾는다는 단순 사실에 의한 외양의 진리인가?"[21] 이러한 설명 혹은 관점이 엄밀히 말해 틀렸다는 것이 아니다. 단순히 그것이 우리가 정확히 '보류하기' 원했던 순전히 경험적인 사실성의 영역에 우리를 가둔다는 것을 인정해야만 한다는 것이다. '사물들'(choses)이 이처럼 발생했고, '사건들'(événements)이 이처럼 전개되었다는 것은 상당히 그럴듯하다. 그러나 어느 경우에도 — 그리고 이러한 확실성 위에 현상학의 기획 자체가 토대 지어진다 — 이러한 경험적 사건들은 그 자

---

19) 같은 글, p.218 (p.377/pp.197~198) (나는 얼마 후에 여백에 "아니, 반대 의미"라고 주를 달았다. 이것은 「기원」의 내 번역본 p.197에서 교정된다 — 데리다의 1990년 주).
20) 『경험과 판단』, §10, p.42 (프랑스어판 p.52). 이 이미지는 『위기』에서 다시 포착된다.
21) 『형식논리학과 초월론적 논리학』, §105, p.245 (프랑스어판 p.369).

체로 본질의 발생을 설명할 수 없을 것이다. 기껏해야 그것들은 우리가 구조 혹은 개념적 진화를 결정하는 것을 도울 수 있을 뿐이다. 근본적 전제인 「기하학의 기원」에서 후설은 다음과 같이 쓰고 있다. "사실에 관한 있는 그대로의 모든 역사적 학문은 이해 불가능성 속에 머문다."[22] 모든 역사적 사실은 자신의 "의미작용의 내적 구조"를 갖고 의미의 동기화[23]와 함축의 연쇄로부터 역사는 이해 가능한 것이 된다. 오직 '역사적 선험'에 의거해서만 우리는 일반적으로 우리의 문제들의 의미를 잡아야 한다. 기하학의 기원의 문제는 최소한 문제로서 전개되기 위해서, 근원창설(Urstiftung), 근원질료(Urmaterial), 근원적 명증성(Urevidenz), 침전, 재활성화 등과 같은 원리적 구조의 인식에 의해 안내되어야 한다.[24]

우리는 이러한 선험주의와 막 환기된 기술적 설명 사이의 연속성을 인지하지 못한다는 것을 고백한다. 의심의 여지 없이, 이러한 설명은 기술적인 것으로 제시되지 않았다. 그것은 현상학의 모든 최초 운동을 부정하는 것이 될 것이다. 아마도 지향에서, 선험적인 것이 기원적인 경험적 명증성 속에 포착되는 절대적으로 기원적인 기술이 중요하다. 어떤 의미에선 후설은 항시 자신을 경험주의자로서 자처했다. 따라서 체계적으로 그리고 후설에 의해 항시 거부된 칸트적 관점에서, 기술된 경험 각각을 선험적·형식적·비시간적 등의 요소와, (칸트적 의미에서) 경험적 요소 속에서, 하나는 인식의 순수 이론의 영역에 속하고 다른 것은 심리학과 역사에 속하는 것으로 양분하지 말아야 한다. 이 두 가지 관점은 정확히 그 자체로 (후설적

---

22) 「기원」, p.221(p.380/p.205).
23) 현대 심리학이 심리학적이고 자연적인 고전 '인과율'에 동적이고 지향적인 의미를 다시 주는 동기화의 개념을 빌려온 것은 후설에 의한 것으로 보인다.
24) 같은 글, p.221(pp.380~381/pp.203~205) 참조.

의미에서) 경험적인, 즉 '세속적인' 것이다. 후설은 다음과 같이 강조한다. "역사적 해명과 인식 이론의 관점에서의 해명 사이에서, 인식 이론의 차원에서의 기원과 발생의 차원에서의 기원 사이의 원리적 분리를 지배하는 **교의**, 이러한 교의는 우리가 역사의 개념들을 일상적 의미에서의 역사적 해명과 발생으로부터 제한하지 않는 한, 근본적으로 전도된 것이다."[25]

그러나 새로이 선험적 본질의 구체적 직관을 참조하게 됨으로써, 우리는 두 질문에 맞닥뜨린다. 첫째로, 가장 중요한 것은 초월론적 차원의 것이다. 본질직관은 발생에서 스스로 산출되는 초월론적 자아에 대해 가능한 것이다. 이 직관은 따라서 구성된 주체의 수준에서만 선험적으로 가능하다. 이것은 따라서 기원적인 것이 아니고 우리는 이처럼 이미 환기됐던 어려움에 다시 이끌어진다. 이것에 관해서는 재론하지 않을 것이다. 두 번째로, 우리가 이제 그러한 질문이 절대적으로 그 자체 속에서 해결될 수 없다는 것을 알고 있는 다른 질문은 「기하학의 기원」의 수준에서 제기된다. 만일 이념적 객관성의 가능성이 선험적인 동시에 경험적이라면, 그리고 그것이 기원적 명증의 시간성 속에서 주어진다면, 이념성들이 그것들의 엄밀한 정확성 속에 나타나는 것이 왜 어떤 특정한 객관적 계기에서인가? 재차 우리는 어떤 경험이 연속적인 시간성과 절대적 선험의 산출 혹은 직관을 화해시킬 수 있는지를 자문한다. 다시금 후설의 기술은 자신의 원리를 배반하게 된다. 엄밀한 '측정 가능성'은 시공간적 사물의 세계로부터 태어난 것이다. 인간 행위 속에서의 그것의 기원은 순전히 기술적인 것이다.[26]

---

25) 같은 글, p. 220(p. 379/p. 205).
26) 이 기술적 발생에 관해서는 너무 길어 우리가 인용할 수 없는 세 가지 중요하고 아주 상세한 텍스트들을 참고, 『위기』, pp. 150~151, p. 230, p. 246(pp. 24~25, p. 32 이하, p. 49/p. 31 이하, p 40 이하, p. 57).

우리에게 표면의 순수 이념을 주었던 것은 '윤내기'이다. "다소간 순수한" 선과 점 들로부터 기하학적 선과 점 들이 나타났다. 마찬가지로 '비교'에 대한 경험적·기술적·심리적 작용이 동일성의 발생을 가져왔다. 이러한 정교한 분석[27]의 모든 세부사항이 순전히 기술적인(technique) 발생을 기술한다. 그 자체로 이러한 발생은 이해 가능한 것이 아니고, 우리가 이미 오래전에 극복한, 심리주의와 논리주의 사이의 논쟁 수준으로 우리를 다시 이끌어 간다. 이는 이념적 의미작용들을 토대 짓고, 그에 따라 의미작용들의 객관성과 엄밀성을 박탈당하는 경험적 작업이거나, 혹은 이념적 객관성들이 선험적으로 가능하며 우리가 더 이상 그것들의 역사적 생성의 의미나 필연성을 이해할 수 없는 것이다.

존재론적이되, (한계적으로 형식적이 되는) 비현상학적인 선험으로부터 개시되지 않음으로써, 선험의 발생과 발생의 선험을 포용하도록 허용된 존재와 시간을 종합적으로 그리고 변증법적으로 통합시키지 않음으로써, 후설은 경험주의와 형이상학의 혼동 속에서 현상학의 이러한 두 유령을 결합시킬 수밖에 없게 된다.

사실 기술적 발생의 선험적인 구체적 의미를 포착하는 데 실패하며, 후설은 발생의 모든 재활성화가 드러날 역사에서 감춰진 이성을 환기해야만 한다.[28] 그러나 그 자체로, 그리고 그것의 순수성에서, 우리가 모든 발생적 기원에서 다시 찾을 이 이성은 그 자체로 생겨나지 않는다. 우리가 여기서 후설 자신의 관점으로부터 형이상학적이고 형식적이라고 규정해야만 하는 이러한 관점에서, 발생은 이제 역사의 기원적 의미를 감추는 사실

---

27) 「기원」, p.224(pp.383~384/pp.209~211).
28) 같은 글, p.221(p.379 이하/p.161 역자 주).

적 침전들의 충화일 뿐이다. 그러나 역사는 기원적 명증성들의 다시 덮기 (recouvrement)만은 아니다. 어떻게 이 다시 덮기의 운동이 또한 드러냄 (révélation)의 운동이 될 수 있는가? 후설은 "합리적 동물"[29]로서 이해되고 인정되는 인간의 영원한 본질을 불러들인다.

이러한 역사적-지향적 분석의 소론 끝에 우리는 따라서 홀로 역사의 순수 철학을 가능하게 할 수 있었을 지향적 분석을 토대 짓는 데 실패한다. 후설이 **역사에 감추어진 이성**을 환기한 후 그의 역사철학의 기획을 철학사의 기획과 혼동하는 것을 보고 놀라지 말자. 이 철학사는 그 발생적 기원이 여전히 알려지지 않았고 결코 알려지지 않을 철학의 이념의 여정을 다시 그릴 것이다. 우리는 이제 어떤 것이 이런 기획의 불충분함인지를 안다. 우리는 이를 재론하지 않을 것이며 이 철학사의 내적 어려움에만 전념할 것이다.

---

29) 같은 글, p.225(p.385/p.213).

3장
철학사와 초월론적 동기

역사는 자신의 모든 의미를 비밀리에 활성화하는 지향적 합리성으로부터 빌려 온다. 철학의 이념, 이러한 이성(ratio)의 무한정한 드러남은 유럽적 휴머니티에서 분출했다. 초월론적 현상학은 그 기획에서 이러한 이념의 삶 자체와 뒤섞인다. 그러므로 어떻게 '유럽적 인간'(homo europeanus)에 기원적으로 선행했던 의미인, 현상학의 구체적 이념이 그토록 늦게 유럽사에 나타날 수 있었는가? 그것의 동기화가 완수되고 나타나게 되는 데 '시간이 걸렸던' 것을 어떻게 설명할 것인가? 왜 그러한 동기화는 그것이 영원히 매장될 우려가 있는 위기에 그것의 의미를 명확하게 차지하고 있는가? 이 위기의 의미는 무엇이란 말인가? 그것의 가능성의 조건은 어떤 것인가? 만일 철학사의 이념이 자신의 탄생에서부터 자신에게 현전한다면(이 이념에 선행하는 세계의 심각한 문제는 차치하자), 그러한 이념이 경험적 생성으로부터 소여된 계기에 자기 자신에게 낯설어진다는 것은 불가능하다. 만일 그렇다면 그것은 이념이 더 이상 의미나 이러한 소외의 가능성의 조건의 주인이 아니라는 것이다. 따라서 그것은 순전히 기원적이지 않다. 자신의 탄생에서부터, 이러한 이념은 그 자신이 아닌 것과 함께 구성된다. 그것의 완수는 위기를 가능하게 하는 무한정한 종합이다. 결정적인 계기 자체는 종합을 구성하고, 이념의 진전을 토대 짓는다. 다른 말로 하면, 만약 이념이 기원적으로 절대적이지 않으면, 즉 자기 자신과 분석적으로 동일하지 않으면 그것은 영원히 그렇게 될 수 없을 것이다. 명목상을 제외하고, 만일 우리가 그것이 형식적이기 때문에 그 자신과 동일한 그러한 개념을 이념과 뒤섞는다면 말이다. 그러나 이념이 철학**의** 선험적 이념이고 역사**의** 이념이기 위해서는, 그것이 무한정으로 종합적이고, 자신의 의미의 절대를 자기 자신으로부터만큼이나 그것이 아닌 것으로부터 취하는 것이 필연적이다. 필연적 운동에 의해, 그것은 그것이 아닌 것에서 재발견되기 위해 스스로를 상실한다. 만일 이념이 그것의 상관자의 의미에 접근하는 것을 허용한다면, 그 역은 즉각적으로 참인 것이다. '객관주의' 혹은 '자연주의'를 통해 우리가 초월론적 주관성의 산물이기만한 것을 자율적 절대로 삼기 위해 고립시키자마자 정신의 위기가 있는 것이다.

그러나 후설이 보기에는 이것이 철학과 학문이 처한 위기에 대한 유일한 해석이다. 따라서 후설은 그의 의도 자체에 불충실한 것이 아닌가? 그는 모든 위기와 모든 역사의 의미를 빠뜨리는 것이 아닌가? 우리가 이미 목적론 일반에 관하여 제기했던 이 질문은 역사의 유일한 지향적 동기화로서의 초월론적 이념의 주제에 관하여 여기서 재산출된 것이다. 후설은 구성적 주관성만을 위기의 설명과 극복의 원리로 취하기를 원하며, 이처럼 그것의 능동적 운동에 지향성을 제한하면서, 어떤 본질적 운동에 의해 철학의 이념이 소외에 다다르게 되는지를 이해할 가능성을 거부하는 것이 아닌가? 최후의 노력에서 시간적 변증법을 피하기 위해서 그는 현상학의 토대들, 이를테면 초월론적 지향성, 사물 자체로의 복귀, 본질의 선험적 직관, 의미와 존재의 선험적 종합 등등을 어쩔 수 없이 떠나는 것이 아닌가?

『위기』에서 후설은 이 모든 문제를 해결하려 노력한다. 역사의 운동과 존재는 "보편 철학의 이상"에 의해 방향이 정해졌다. 그러나 **"이성이 인식 작용 속에서 존재인 것을 결정하는 반면, 이성과 존재를 분리해야만 하는가?** 이 질문은 앞선 언급을 이해시키는 데 충분하다. 이는 역사적 과정 전체가 매우 기이한 형태이자 내밀하고 감춰진 동기화의 해명에 의해서만 가시적인 형태를 지닌다는 것이다. 이 형식은 명확한 진화의 형태가 아닐 뿐더러, 지속 가능한 정신적 획득의 연속적 발전의 형태도 아니고, 우연한 역사적 상황에 의해 설명 가능한 정신적 형식, 개념들, 이론들, 체계들의 변화의 형태도 아니다. **보편적 철학**과 적절한 방법의 **잘 정의된 이상**은 **근대 철학**과 그것의 모든 진화 단계들의 **원초적 기반**으로서 그 시작을 형성한다. 그러나 이 이상이 실제적으로 실현되는 대신에 그것은 내적인 해체를 겪는다".[1] 이러한 내적 해체의 원리는 언제나 동일한 것이다. 즉, 절대 구성의 원천으로서의 초월론적 주관성의 '망각' 혹은 '다시 덮기'이다. 이것은 항시 어떤 계기에서 우리가 구성된 단순 산물을 절대적, 기원적 그리고 구성적인 것으로 삼기 때문에 이념의 운동은 위기에서 중단되거나 부패하는 것이다. 위기는 따라서 후설이 말한 것과 반대로 역사의 내적 필연성이다. 의미의 초월론적 구성이 어떤 의미에서 자신의 소외의 기회들과 조건들 자체를 산출한다. 자연주의적 순진함은 극단적으로 자기 자신에 의한 정신의 구성에 대한 목적으로 이루어져 있다. 극단적으로, 그러한 것으로서 구성된 산물로 향하는 모든 주의 혹은 지향은 결정적인 순간일 것인데, 이

---

1) 『위기』, p.136(후설전집 6권 pp.9~10/그라넬 번역판 p.17).

는 단지 주관성이 자기 자신을 상실할 수도 있기 때문만이 아니라, 필연적으로 스스로를 상실해야만 하는 것이기 때문이다. 따라서 모든 지향성은 본질적으로 객관주의적인 소박함과 전제 삼음을 내포하는 것이다. 이것은 그 종합적 성격에 연유하는 것이다. 그것은 어떤 것에 대한 의식이다. 이것은 보다 더 심층적으로, 유일하게 이 종합을 가능하게 하는 시간성에서 기인한다. 모든 시간적 구성은 본질적으로 '살아 있는 현재'의 기원성에서 구성된 과거의 '파지된' 침전을 내포하는 것이다. 시간은 영원히 위기의 상승이고 극복인데, 여기서 수동적으로 구성된 계기는 능동적 구성의 기원적 운동에 참여한다. 따라서 역사의 이념과 이미 구성된 정신의 순수성을 전제하는 관념주의자의 경악인 후설의 경악의 의미를 전복해야만 한다. 만일 사정이 이러하다면, 그것에 의해 우리가 그러한 이념과 순수성 속에서 우리의 '믿음'을 증언할 지향적 작용은 '소박한' 것일 것이다. 여기서 우리는 관념론을 '세속적' 철학으로 거부함에 따라, 현상학 자체에 대해 충실한 것이다. 이념의 훼손 앞에서 놀라며, "어떻게 그런 소박함이 역사적으로 체험된 사실로서 실제적으로 가능하게 될 수 있었는지, 그리고 어떻게 그것은 항시 가능한지"를 묻지 말고, 어떻게 그러한 순진함이 항시 필연적인지를 물어야 한다. 철학자의 주관성 혹은 이미 구성된 것으로서의 철학의 관점에서만 구성된 것, 소외, '바깥' 등등이 단순 가능한 것으로 나타난다. 후설의 질문에는 심리주의와 객관주의가 있다.

따라서 철학사에 관한 후설적 기획의 근본적 비판은 이 수준에서 이미 토대 지어질 수 있다. 우리는 지금부터 이 역사가 부패하지 않을 수 있었던 이념을 전개할 참이라는 것을 안다. 우리는 이 이념이 그 자체로 의미와 전통적 침전이라는 것을 안다. 후설이 수행한 분석에 비추어 볼 때, 초월론적 동기는 이러한 필연적 변경(altération)의 이념과 뒤섞여야만 했다. 이러한 변경은, 필연성 자체가 동일한 계기에서 역사의 참된 완수와 구성이라는 것을 보여 주는 것이다. 사실 이 동기는 알려지고 다소간에 일련의 불완전한 소묘를 가로질러 주제화된 철학의 완성된 이념으로 남는다. 이 소묘는 우리가 초월론적 기획을 그 안에서 인지하는 한에서만 의미를 갖는다. 이 기획은 후설 그 자신에게까지 항시 한 주어진 계기에 빗나가고 왜곡되고 감추어진 것이다. 후설이 철학적 목적론의 평면 위에 스스로를 위치시키는 것처럼, 그가 "일상적 용어의 의미에서 역사적 진리를 찾지 않은" 것처럼,[2] 어떤 계기에도 해체의 운동의 필연성은 도달되지 않는다. 해체는 '실재'적 의미에서 본질적으로 구성되고 사실적이고 역사적인 계기임에 따라, 끊임없이 우리의 시선을 벗어나고 모든 의미가 박탈된 채로 남는다.

후설이 근대 철학사만을 고찰하는 것은 우연이 아니다. 이것은 모든 철학사가 그것의 최후 계기에서 그 의미를 취한다는 것이다. 이러한 최후의 계기가 앞선 계기들의 총체성에 대한 지향적 혹은 목적론적 의미를 이해하는 것을 가능하게 하며 혁명의 모습을 취할 것이다. 이는 사실상 각각의 계기가 동일한 운동 속에서 자신의 과거를 연속시키고 포함하며 넘어서는 그러한 시간의 참된 현상학의 이편에 우리가 머무르기 때문에, 혁명인 동시에 전통으로서 나타나는 것이다.

근대 철학은 그 자체로 '인식 이론'을 토대 짓기 위한 자신의 노력에 의해 드러난다. "따라서 이제는 우리가 이전에는 결코 의심할 수 없었을 한 양식의 세계의 수수께끼가 제시되고, 이는 철학자의 전적으로 새로운 방식, 인식 이론, 이성이론, 또 머지않아 완전히 새로운 유형의 목적과 방법

---

2) 『위기』, p.269(p.71/p.81).

을 체계적으로 가지는 철학들을 조건 짓는다. 이 혁명은 모든 것 중에서 가장 큰 것인데, 근대 **학문의 객관주의의 변화**로 지시될 뿐만 아니라 **초월론적 주관성 속에서, 여러 세기에 걸쳐 모든 이전 철학들의** 객관주의의 변화로서 지시된다."[3] 인식 이론과 초월론적 주관주의에 대한 이념은 "모든 역사적 향함들에서 군림하는, 이것들의 변형에서 갈등과 합치를 지배하는 통일성"이다. 이러한 이념은 "홀로 역사의 통일성을 이루는 지향적 내부성의 숨겨진 통일성"이다. 그러나 이러한 자기 자신에 대한 의미의 통일성은 역사 속에서 구성되었다. 초월론적 철학의 과거를 참조하는 의미의 통일성의 발생만이 여기서 우리에게 해명해 줄 수 있을 것이다. 그것은 우리가 그것의 훼손의 원리와 그것을 자신의 반대항에 맞세우는 갈등의 원리를 이해하는 것을 도울 것이다. 만약 후설이 초월론적 형상의 통일성을 그토록 환기한다면, 이는 후설이 그러한 통일성을 순수성 속에서, 기원적이거나 최종적인 의미 속에서 고찰하기 때문이다. 우연과 왜곡 들의 경험적 다양성과 함께 긴장의 계기들은 항상 '부조리'하다. ── "'인식 이론'의 출현과 초월론적 철학을 세우기 위한 보다 진지한 시도들 이래로 모든 철학사는 객관주의적 철학과 초월론적 철학 사이의 아주 긴장된 관계의 역사이자, 객관주의를 보전하고 거기에 새로운 형식을 부여하려는 지속적 시도의 역사이다. 다른 한편, 그것은 초월론적 주체성의 이념과 그것 자체에 의해 요구된 방법을 함축하는 어려움들을 지배하기 위한 초월주의의 시도의 역사이다. 철학적 진화의 이러한 내적 분기의 기원에 대한 해명과, 모든 것들 중에서 가장 근본적인 철학의 이념의 이러한 변형의 궁극적 동기들에 대한 분석은 가장 큰 중요성을 지닌다. 이것들만이 근대 철학사의 모든 생

---

3) 같은 책, p. 267(p. 69/p. 79) 참조.

성을 통합하는 **가장 심오한 의미**를 보게 하는 것인데, 지향의 통일성은 모든 세대의 철학자들과 그 안에서 모든 고립되고 주관적인 노력들의 목적론을 학파들에 의해 기획된 것처럼 통합한다. 그것은 내가 여기서 보여 주려 하는 것처럼, 현상학으로서 초월론적 철학의 최종 형태를 향한 목적론이다."[4]

　그런데 후설은 목적론적 통일성의 이미 완성된 인식으로부터 출발하면서 어떻게 정확히 "이러한 내적 분기의 기원을 해명"할 수 있었는가? 보편 철학에 대한 서구적 이념과 무한의 발견이 왜 르네상스와 갈릴레오에 의한 자연의 수학화와 함께 일어났는지 아무것도 우리에게 설명해 주지 않을 뿐만 아니라, 후설이 사상가들을 종속시킨 이러한 종류의 "지향적 정신분석"[5]은 정확히 그리고 정의상 목적론의 통일성에 포함되지 않는 그것들의 실패의 이유들을 한쪽으로 치워 놓는다. 여기서 실재적인 역사적 인물과도, 그의 실재 시대인 르네상스와도 혼동되지 않는 갈릴레오는 '비범한' 발명에 의해 자연의 무한한 형상적인 것을 가능하게 했다. 이러한 발명은 우리에게 전면적으로 그리고 기원적으로 그 목적론적 의미에서 이해 가능한데, 그것이 무한 과업으로서의 철학의 이념, 갈릴레오와 함께 태어난 것이 아니라 유럽 정신과 함께 이념을 완수하기 때문이다. 그러나 우리에게 전적으로 이해 불가능한 것, 그리고 경험적이거나 심리적인 단순 인과율에 돌려야 하는 것, 사상가의 기술적, 경제적 혹은 개인적 상황은 갈릴레오도 그 자신이 그의 혁명의 기원적이고 목적론적인 의미를 인지하지 못했을 것이라는 것이다. 사실 "이념성들의 세계, 수학적 기초 원리에 의

---

4) 『위기』, p.268(p.71/p.81).
5) 리쾨르의 표현이다.

해, 우리가 언제나 이미 경험했고 다시금 경험할 지각에 의해 소여된 유일한 실재적 세계인 우리 삶의 일상세계를 대체"[6]함으로써, 갈릴레오는 생활세계로부터 행사되는 초월론적 주관성의 행위를 감추었다. 수학적 형태의 명증성을 유일한 절대적 명증성으로 여기며, 그는 수학적 명증성이 형식적이고 초월론적인 명증성으로부터 구성되었다는 것을 잊어버렸다. "갈릴레오는 필증적 명증성의 소박함 속에서 살았다."[7] "갈릴레오, 물리학의 발명자, 혹은 그와 함께 작업을 했던 이들을 공정하게 대한다면, 물리학, 즉 물리적 자연을 완성하는 발명자는 동시에, **발견하고**(devoir) **다시 덮는**(recouvre) **천재**이다. 그는 수학적 자연, 방법적 이념을 발견한다, 그는 물리학자-발명자와 물리학적 발견의 무한히 많은 길을 연다. 그는 **감성적 세계의 보편적 인과율**(그것의 변함 없는 형식으로서)에 마주하여 이후 단지 인과율의 법칙으로 불리는 것, **'진정한' 세계**(이념화되고 수학화된 세계)의 선험적 형식, 그것에 따라 '자연' —— 이념화된 자연 —— 의 **각각의 사건**이 정확한 법칙들에 의해 필연적으로 지배되는 정확한 적법성의 법칙을 발견한다. 이 모든 것이 발견이자 동시에 다시 덮기이다."[8] 만일 이러한 이중적 운동에서 다시 덮기가 필연적 동기를 가지지 않는다면, 생활세계를 그러한 것으로서 구성하는 초월론적 주관성의 작용으로 항상 돌아가는 것이 바람직할 것이라 말하는 것과 같다. 바로 그 순간에 발전은 순수하고 단순하게 되었는가? 정반대로 불가능한 것이 되어 버리는 것은 아닐까? 구성된 이념성들에 대해 순진하게 행사된 작업이 없이는, 수학과 물리학의 발전

6) 같은 책, p.245[p.49/p.57].

7) Ricoeur, "Husserl et le sens de l'histoire", p.302에서 재인용.

8) 『위기』, p.250[p.53/p.61]. 강조는 원저자.

은 상상도 할 수 없었을 것이다. 초월론적 동기의 위기들의 필연적 운동을 분석하는 데 실패함에 따라, 후설은 목적론적 발전의 필연성을 포착하는 데 실패한다. 갈릴레오의 '모호한' 운명은 또한 데카르트, 흄, 칸트의 운명이기도 할 것이다. 데카르트는 객관주의 합리론과 동시에 초월론적 동기의 근대적 이념의 창설자였다. 그러나 후설이 여기서 다시 그리는 강력한 전개에 의해 초월론적 동기를 끌어내었던 이후로, 데카르트는 절대적인 필증적 토대로부터 보편적 연역의 가능성에 관한 갈릴레오적 선입견의 희생자이다. 자아는 이때 그것을 영혼과 동일시하는 철학적 반증에 의해 실체가 된다. 그것은 이제는 형이상학적 체계의 내부에서 논리적 동력일 뿐이다. 초월론적 동기는 객관주의적 심리주의로 강등된다.

흄은 후설에게 가장 혁명적인 유럽 철학자로 남는데, 그는 초월론적 현상학의 의미를 일별하였다. 갈릴레오와 데카르트의 객관주의적이고 과학주의적 순진함을 피하며, 그는 구성된 이념성의 모든 가치들을 재검토하였다. 이런 의미에서 그는 구성적 주체성으로의 회귀에 착수하였고 교의적인 객관주의를 뒤흔들었다. 그러나 비합리주의적인 회의주의에 도달하면서 그는 '오해' 속에서 길을 잃었다. 철학은 그의 고유한 토대를 무너뜨리지 않고 비합리주의적인 것이 될 수 없다. "흄의 천재성이 놀라울지라도, 철학적 책임의 보다 높은 의미에 상응할 수 없었다는 것이 개탄스럽다."[9]

이른바 초월론적 주관주의로의 복귀에도 불구하고, 칸트는 흄의 심층적 의도의 이편에 남아 있다. 초월론적 자아와 칸트적 지성은 범주와 개념들이다. 칸트의 경험적 세계는 즉자적 세계를 감추고 있다. 초월론적 활동

---

9) 『위기』, pp. 287~288(p. 90/p. 102).

은 구체적이지도 기원적이지도 않다. 그것은 논리적 혹은 심리학적 주체 그리고 학문과 논리적 소여에 의해 이해된 자연으로부터 행해진다. "······ 칸트에게 객관적 학문은 초월론적 주관성 안에 머무르는 '행위'로서[10] **그 것의 철학적 이론**과 갈라선다. 주관성에서 필연적으로 전개되는 이 '행위' 의 이론으로서, 철학적 이론, 그리고 바로 그러한 이유로 가능성과 객관적 인식의 범위에 대한 이론으로서 철학적 이론은 즉자-자연으로서의 이른 바 자연의 합리적 철학의 소박함이다."[11]

이처럼 초월론적인 것의 진정한 지도 이념은 항시 빠져 있었다. 사실 대로 말하자면 이 이념은 개별 철학에서 그 자체로 마주치는 것이 아니다. 그것은 텍스트에 의해서 뒷받침될 수 없다. 특수한 체계들의 내재적 해석 과 그것들의 비교에 의해 발견될 수 없다. 그것은 차라리 그 전체에서 근대 시기의 모든 철학의 역사에 대한 심화에 의해 획득되는 것이다. 그것의 과 업의 이념은, 이러한 방식으로만 보일 수 있는 것이자, 그 속에서 이념으로 서 진화의 힘이며, 어렴풋한 능력(dynamis)으로부터 시작해서 그것의 활 동(energeia)을 향하는 것이다.[12] 이러한 과업의 의미는 "이제야 단지 발 견되었을 뿐이다".[13]

왜 오늘에야 철학의 과업이 우리에게 명확히 나타나는가? 왜 후설은 이런저런 사상가들을 초월론적 동기의 생성을 예증하기 위해 선택했는 가? 왜 이러한 철학사는 칸트와 아주 모호한 독일 관념론 이후에 중단되었

---

10) 원본 텍스트를 알지 못하기 때문에 우리는 여기서 번역의 결함을 추측할 따름이다. 아마도 '행위'를 초월론적 의식의 '산출'로 번역해야만 할 것이다.
11) 같은 책, p.295(p.98/p.110).
12) 같은 책, p.298(p.101/p.114).
13) 같은 책, pp.299~300(p.102/p.115).

는가? 이 모든 사실의 주제적 의미는 순전히 우연적인 것으로 보인다. "철학사는 소설이 아니다", 이것이 이 시기의 중요한 미간행본의 첫 문장이다. 이 강의에서 후설은 그의 철학사를 구성 혹은 소설 같은 창작물로서 자주 언급하곤 하였다. 그러나 만약 원리적으로 그가 순전히 역사적 방식을 제외한다면, 그의 철학사는 체계적 해석 일반을 넘어서서 저자가 특별히 그의 작품으로부터 부여하는 해석이 절대적인 형상적 엄밀함에 이르기를 주장하는 것이다. 후설이 결정길 원하는 것은, 모든 현상학 자체를 토대 짓는 역사철학에의 입문으로서 철학사의 기원적 의미이다. 그의 분석의 일부를 통합하는 힘에도 불구하고 우리는 그것의 빈약함과 형식주의에 놀라움을 금치 못한다. 의미는 그것이 이미 완수되고 자기 자신만을 참조하는 한에서만, 다시 말해 그러한 의미가 **철학사의** 의미가 아닌 한에서만 풍부하고 동시에 엄밀한 의미일 수 있다. 철학이 무한한 과업인 한, 초월론적 동기로서의 철학의 구체적 이념은 이미 노에마로 구성되어 있어서는 안 된다.

사실, 둘 중의 하나이다.

— 우리는 의미가 결정적으로 구성되었다고 가정하는 경우가 있다. 그것의 모든 역사를 거기서 목적론을 드러내기 위해 회고적으로 주파할 권리를 우리가 갖고 있다는 것이다. 이것이 후설이 한 것이다. 그러나 이렇게 되면 우리는 두 가지 위험에 노출되는데, 한편 철학의 이 구성된 통일성은 그 자체에 닫혀 버리게 된다. 그것은 무한한 과업에 열려 있을 수가 없다. 그것은 더 이상 지향적 운동이 아니고 하나의 개념이다. 다른 한편, 우리는 구성된 이념 위에 구성되고 토대 지어진, 철학사 혹은 역사철학이 그 자체로 비판적 계기임을 함축적으로 알고 있다. 그것은 소외의 계기인데, 그것이 철학을 상실하는 구성된 명증성의 소박함이기 때문이다. 우리는 이처

럼 모든 철학의 진정한 동기로서 진정한 초월론적 발생의 반대 축에 있게
된다.

— [그렇지 않으면] 철학의 이념은 소외와 '의식의 포착'의 중단 없는
연속에 의해 미규정적으로 구성되는 통일성인 지향적 운동인 경우가 있
다. 모든 철학사의 체계는 그렇다면 하나의 '해석', 항시 시기상조의 '가설'
일 것이다. 후설의 과정은 자신의 의미를 가진 역사에 관한 이론적 시선에
주어져서는 안 될 것이다. 그것은 그 자체에 의해 철학과 역사의 구성에 대
한 단순한 계기로서 제시되어야만 한다. 무한 이론의 기획을 포기함이 없
이 철학은 자신에 대해 반성하며 이처럼 실존적 작용을 완수하고 자신의
유한성의 의식을 취한다.

여기서 상징적인 것 이상인 형식하에서, 어떻게 후설의 사유가 모든
철학과 모든 역사의 발생적 운동의 '반복'인지를 보이는 것이 남아 있을 것
이다. 후설의 모든 방법적 반성들, 모든 잘못된 출발들은 그가 이것들을 스
스로 정의하는 그대로 비판적 계기들에 정확히 상응한다. 심리주의적 출
발, 자연적 태도로부터의 환원, 형상적 환원 이후의 초월론적 환원, 발생의
정적이고 형상적 구성, 역사의 노에마적 통일성은 후설이 초월론적 원초
성을 향한 소급으로부터 시작해야만 했던, 그 모든 구성된, 이차적인 계기
들이다. 우리는 이 모든 계기들을 기원적 의미의 위기와 다시 덮기로서 고
려할 수 있으나, 그럼에도 불구하고 이후 주제들에 비추어 볼 때 우리는 망
설임과 처음의 잘못된 발걸음에서 철학의 최종적 결말을 인정한다.

철학은 또한 본질적으로 초월론적 동기화 자체의 관점에서 객관주
의적 혹은 관념론적 유형의 실패이다. 우리들은 결코 그것에 도달하지 못
할 절대적인 발생적 기원성에 끊임없이 접근하려 했다. 심리학과 자연과
학의 경험적 사실들은 구성된 본질들로 우리들을 되돌려 보낸다. 노에마

가 되고 정적 구성의 분석에서 주제화된 이러한 구성된 본질들은 그 자체로 그 고정성과 형상적 비시간성이 발생적 구성을 함축하는 초월론적 주체에 의해서 이미 구성되었다. 그런데 초월론적 발생 자체는 그것의 수동성 자체에서 보편적인 형상적 구조들의 용어로 여전히 기술되었다. 이러한 구조의 발생은 이론적 시선에 접근할 수 있기 위해서는 목적론에 의해 알려져야만 했다. 결정적으로 이러한 목적론의 통일성은 항시 이미 있어 왔다. 그것의 발생은 초월론적 환원에 의해서 정의된 영역의 외부에 머무른다.

철학의 끝에서 가장 확대된 환원은 들어올려지지 않았다. 홀로 현상학을 산출하고 토대 지을 수 있었던 존재론적 발생은 그 자체로 환원되어야만 했던 목적론적 **형상**의 이름하에 '중립화'된 채로 머무른다. 후설의 역사철학은 가장 의심스러운 철학사와 뒤섞이며 현상학적 기획의 이편에 머무른다. 형상적 명증성의 순진함은 『이념들 1』에서 정의되었던 그대로 극복되지 않았다. 초월론적 주체의 실존적 그리고 '기원적 종합'은 여전히 은폐된 채로 남아 있다. 근본적인 새로운 해명, 새로운 재시작이 필연적이다. 바로 이러한 미규정적 필연성으로부터 발생은 변증법적으로 체험되고 이해되어야 한다. "나는 죽는 것이 그토록 힘들지는 몰랐습니다. 그러나 나는 내 생애 전체에 걸쳐 모든 부질없는 것들을 제거하려 그토록 애를 썼지요……! 내가 한 과업에 책임이 있다는 감정에 전적으로 사로잡힌 바로 그 순간에, 빈과 프라하의 강좌에서 그리고 내 논문(『위기』)에서, 내가 처음으로 그토록 완전한 자발성을 갖고 외재화되었던 그 순간, 그리고 내가 미약한 시작을 실현했던 그 순간—바로 이 순간에, 나는 나의 과업을 중단하고 미완인 채로 남겨 두어야 합니다. 지금 나는 끝에 다다랐고 모든 것이 나에게는 끝이 났습니다, 나는 모든 것을 시작에서부터 다시 착수해야만 한다는 것을 압니다."[14)

---

14) 후설이 최후의 중병일 때 누이 아델군디스 예거슈미트(Adelgundis Jägersschmidt) 박사
와의 대화 중 한 말이다. W. Wiemel, "Introduction à La philosophie comme prise de
conscience de l'humanité", *Deucalion, Vérité et Liberté* 3, p.113에 인용되었다.

옮긴이 후기

1954년에 탈고되었으나 1990년에야 출간된 『후설 철학에서 발생의 문제』
는 데리다의 '현상학 비판, 그 목적론과 고고학의 비판이 이미 자리를 잡
는' 해체주의의 남상(濫觴)이다. 이 책에 따르면 후설 철학에서 발생의 문
제는 '시원적 존재'와 '기원적 의미'라는 양자 사이를 통과하는데, 후설은
'교대', '혼동' 그리고 '모호' 너머로 그 이상을 볼 수 없었고, 이 '딜레마' 혹
은 '난문'에 대해 화해와 양자택일로만 대응할 수 있었다. 그러므로 데리
다에게 후설은 합리주의적이고 관념론적인 전통에 묶인 채로 머물러 있으
며, 그런 까닭에 『발생의 문제』는 어떤 점에서는 후설적인 교조주의에 대
한 현상학적 비판이다.

탈고 당시에 이 비판의 긍정적 결과는 데리다가 '기원적 변증법'이라
불렀던 것으로, 이 변증법은 순수하지 않다. 아무리 완결적일지라도, 초월
론적 환원은 완전히 '이미 구성된 것'을 제거하고 세계의 기원에 닿을 수
없다. 초월론적 구성 앞엔 감성적이고 경험적이고 실제적인 핵심이 —— 한
마디로 역사가 —— 항상 '이미 있다'. 그래서 데리다는 '절대'를 '존재와 시
간의 기원적이고 변증법적인 종합'으로 기술한다.

그리고 그는 이 변증법의 내깃돈을 당시 두 후설 해석가들을 통해 키우길 원하는데, 쩐득타오와 카바예스가 그들이다. 후설에서 발견되는 이념과 실제, 본질과 사실, 논리와 감성 사이의 모호함에 근거하여, 쩐득타오와 카바예스 둘 다 데리다 이전에 이미 기본적 변증법을 발견했다. 데리다는 이들의 변증법이 너무 실제적이라 주장한다. 데리다의 변증법은 쩐득타오의 유물 변증법처럼 이념을 실제로 환원시키지 않는다. 논리와 감성사이의 본질적 연대를 인정하며, 그것은 경험론에 굴하지 않고 '대립적'이다. 그것은 또한 카바예스의 과학 이론처럼 실제를 역사에 흡수하지도 않는데, 논리와 감성 사이의 본질적 차이를 차연(différance)으로 인정하며, 논리주의에 굴하지 않고 카바예스의 그것을 해체한다. 의심할 여지 없이 1950년대 이 시기에 쩐득타오와 카바예스는 데리다에게 후설의 현상학을 넘어 새롭게 생각할 방식을 제공했으나, 이들의 중요성은 데리다가 하이데거를 보다 깊게 파고들고 레비나스를 접함에 따라 줄어든다.

데리다가 『발생의 문제』에서 후설의 『산술철학』 이후로 고려하는 역사적 국면은 후자의 심리주의의 거부, 그가 『논리 연구』의 서설에서 심리학으로부터 논리학을 가차 없이 '분리'하는 단계이다. 비판적 압력하에 후설은 심리학적 주체가 논리와 수학을 구성하기에 불충분함을 곧장 깨닫는다. 그러나 데리다가 강조하듯이, 후설이 여기서 본질과 사실 사이에 '틈을 낼 수 없는 불연속성'이 있다고 강조하는 반면, 그는 또한 본질이 사실과 관계가 있음을 강조한다. 후설은 의하면, 본질은 허구를 이념화하는 반면 여전히 '사물에 근거한 차이'이다. 그런데 데리다에게 '이 사물에 근거함은 매우 이상하다'. 경험적 사실로부터의 추상이 이념적 가능성의 실제 결정과 실제 근거를 산출한다면, 본질은 순수하지도 엄격하지도 않을 수 있다. 그것들은 희미함에 틀림없고, 상대론과 회의론이 잇따른다. 역으로 데리다가 묻듯이, "만일 이론들이 '순수한' 것이라면, 만일 그것들이 추상화와 일반화에 의해 구성되는 것이 아니라면, 그것들을 자연적 경험과, 즉 그것들이 본질을 이루는 사실과 일치시키는 '선험적 종합'은 무엇인가?"(130쪽). 한편, 이 종합 자체가 이념적이라면, 어떻게 그것이 경험적 실제를 결정할 수 있는지를 아는 것은 불가능하다. 다른 한편, 그것이 경험적이라면, 후설이 심리학주의를 자격 없이 비난하는 것은 위 종합에 은밀히 호소하는 것이다. 결과적으로 데리다에 따르면, 『산술철학』의 심리학주의가 논리주의에 의존하는 것처럼, 서설의 논리주의는 심리학주의에 의존한다. 이래서 후설에서, 논리주의와 심리학주의는 서로 혼동된다는 것이다.

데리다에 따르면, 『논리 연구』 이후 후설은 '이 딜레마'를 제거하지 않고, 그저 '혼동을 조명하기'를 원한다. 그런데 '새로운 토대'는 『경험과 판단』에서 후설의 정확한 관심사이다. 후설 자신이 말하는 것처럼, 『경험과 판단』은 '논리학의 계보학'이다.

데리다에게 '계보학'이라는 것은 『경험과 판단』이 『이념들 1』의 절대적이고 스스로 닫힌 주체를 여는 것을 의미한다. 데리다가 말하듯이, "『경험과 판단』의 시작부터 우리는 이미 『이념들 1』의 구도를 떠난다. 기원적 세계의 경계들이 열린 것이다"(232쪽). 『경험과 판단』의 기획은 술어적 판단을 선술어적인 경험으로 되물어 가며 추적하는 것이다. 사실 구성적 활동에 초점을 맞추는 발생적 심리학과 대조적으로, 발생적 현상학은 데리다가 특기하듯이 "선술어적 명증성에서 술어적 명증성으로 나아가는 절대적 여정을 다시 그릴 것을 제안"하는 것이다(234쪽). 진정 이 확실성으로 돌아감은 데리다에겐 발생적 현상학이 의식의 형상적 구조가 아니라 경험의 순수성 자체로 돌아감을 의미한다. 그러므로 『경험과 판단』과 함께 우리는 선술어적 실제에서 술어적 판단으로, 존재로부터 무한히 타당하고 초시간적인 것임에 틀림없는 것으로 통과하는 실제적 발생에 직면한다.

후설을 따라 데리다는 이 이행적 통과가, 초월론적 주체가 (후설 자신이 "확실성에서 항시 이미 사전에 주어"진 "믿음의 보편적 토양"으로 기술하는: 239쪽) 세계에 작용할 때 일어난다고 강조한다. 그런데 다시, 여기『경험과 판단』에서도, 역설, 딜레마 그리고 모호함이 다시 생기는데, 예를 들어 후설의 세계 개념을 지시하며 데리다는 후설의 '한편으론 …… 한편으론 ……' 설명 방식을 지목한다. 데리다가 말하듯이,『경험과 판단』에서의 후설의 세계 기술에서, "기체로서의 실존의 현실성과 초월론적 경험의 무한한 가능성이 맞선다"(240쪽). 여기엔 '환원할 수 없는 교대'가 있고, 발생과 절대적 기원성은 서로를 배제한다. 논리가 발생을 불필요한 것으로 만드는 발생에 완전히 선행하거나(형식주의), 반대로 논리가 자신을 단순한 구성물로 만드는 것으로 발생하거나(경험론)이다. 그런데 데리다에게, 후설이 이 역설에 좌절하는 이유는 어쨌거나 그가 여전히 위와 같은 가장 발생주의적 저작에서도 '이미 구성된' 수준에 머무르기 때문이다. 데리다가 말하듯이, 후설이 말한 것에도 불구하고, "두 세계, 실재적 세계와 가능세계는 …… '세속성'의 주어진 정의에 결국은 응답하는 것으로 나타난다. 이 세속성은 '구성된 것'의 동의어이고 논리적 형식만큼이나 초월하는 감각적 실재성들을 규정한다. 두 가지 모두 초월론적 구성에 종속되는 것이다" (248쪽).

데리다에 따르면, 대상을 받아들이고 이것이 준비되었음을 발견한다고 후설이 특권화하는 수동적 발생의 환원과 통합은 역사에 관한 그의 최후 저술, 특히 「빈 강좌」, 「기하학의 기원」, 그리고『위기』자체에서 찾아볼 수 있다. 사실 수동적 발생의 우선성은 후설을 역사의 고려로, 그에게 이전에는 경험적 과학들의 관심이기만 했던 것의 고려로 이끌었던 것이다. 그것의 무한한 지시 때문에, 수동적 발생은 후설로 하여금 역사를 초월론적 자아가 이념의 노예마적 상관물로 지향하는 장소로서 보도록 강제한다. 데리다가 말하듯이, 후설에게 철학의 무한한 이념은 '초월론적 주관성의 바로 그 존재'가 된다. 그러므로 후설에게 역사는 목적론에 의해 명료해진다. 그러나 데리다에겐 두 질문이 답변되어야 한다. 무엇이 기원, 이념의 바로 그 탄생인가? 그리고 어떻게 위기는 이념의 생성 내에서 가능한가?

데리다는 첫째 「빈 강좌」을 검토한다. 후설의 철학적 이념의 기술이 모순적임을 보인 후에, 데리다는 이념의 탄생에 관한 두 가설을 고려한다. 그는 말하길 첫째, "철학의 이념은 묻혔으나 그것의 도래에 선행하는 경험적 생성에서 현전한다"(317쪽). 데리다는 이 문제를 다음과 같이 결론짓는데, 이념이 절대적인 경우거나, 아니면 경험적인 것을 절대적으로 만들며 그럼에도 사실성을 벗겨내길 시도하는 경우거나, "그러면 인간적 생성은 그 자체로서 목적론적 삶에 대해 배타적으로 경험적이고 외부적인 것으로 남아 있게 된다"(318쪽). 어느 경우에나 이념의 실제적 발생은 우연적인 것으로 나타난다.

데리다의 두 번째 가설은 '이념이 초월론적 경험의 외부에 존재하지 않음'을 암시한다. 후설이 수동적 발생에 부여한 우선성에 비추어, 이는 이념이 자신을 첫째로 수동적 종합에서 산출하는 경우임에 틀림없다. 이것이 맞는 경우라면, 이를 이해하는 데에는 두 가지 가능한 길이 있다. 데리다가 말하듯이, 첫째 경우는 "발생의 수동적 계기가 이미 이념에 의해 활성화"되었다(319쪽). 이 경우에 수동적 발생은 초월론적 활동 일반에 통합된다. 주관은 하나의 자아가 아니고, 자아의 무한 전체이거나 심지어는 초인적 자아이다. 나머지 경우는 "수동적 계기가 전(前)초월론적 영역에 의거한다는 것이 가장 그럴듯해 보인다"(320쪽). 그러나 그렇다면 유한성이 무한 관념의 기원일 것이고, 무한하지 않은 것이 이를 산출할 것이다. 그러나 무한 관념이 "인간 유한성에 이미 현전"(320쪽)하지 않았다면, 이는 설명할 수 없는 것으로 보인다.

「빈 강좌」이 이념의 탄생 문제를 해답 없이 남기는 것이 맞다면, 「기하학의 기원」은 데리다에 따르면 해답을 약속하는 것으로 보인다. 「기원」에서 후설은 자연주의 객관주의의 위기 때문에 잊힌 초월론적 주관성의 정초 행위를 전통을 가로질러 재활성화하길 시도한다. 후설은 전통을 인과적 발생이 아니라 '연속적 종합'으로 간주하기에, 전통은 재활성화의 가능성과 불가능성의 조건 둘 다로서 기능한다. 한편, 바로 전통이 우선적 계기를 담지하기 때문에만 우리는 정초 행위로 돌아가 닿을 수 있다. 그러나 다른 한편, 정확히 모든 이전 계기가 현재를 조건 짓기 때문에 우리는 과거 전체를 재활성화해야 한다. 다른 말로 하면, 실제 기하학이 우리에게 현존하기 때문에만 우리는 재활성화를 시작하고 뒤로 돌아갈 수 있다. 그러나 기원에 도달하고 전체성을 극복하기 위해선 이 사실들이 환원되어야 한다. 우리는 침전 없이 해야 하나 이것 없이 하는 것은 불가능하다. 후설이 '지그재그 방법'에 의존해야만 한다는 것은 재활성화의 가능성이 환원할 수 없이 몇몇 형태의 구성된 전통들을 전제함을 함축하는 것이다. 데리다가 말하듯이, "우리가 가장 기원적인 구성 원천에 닿는 순간에 구성된 것이 항시 이미 거기에 있다'(328쪽). 그러므로 재활성화는 '무한'하다.

후설 자신은 이 무한한 지그재그를 명료화할 수 없었는데, 데리다에 따르면 이는 후설의 분석이 발생 이후적 수준에 머무르기 때문이다. 한 번 더 후설은 선험적 형식주의와 절대적 경험론 사이에서 동요한다. 이 혼동은 그가 기하학의 기원을 실제로 기술할 때 '어떤 때는' 기원적 확실성으로, 어떤 때는 기술(技術)의 발달로 기술한다는 사실에서 보여질 수 있다.

별개로 취해져, 두 기술 모두 구체성과 형상적 엄밀함을 향한 현상학의 시초 운동을 전체적으로 부정하는 것으로 보인다. 논리주의와 심리학주의 사이의 '연속성'을 포착할 수 없어, 후설은 이성, 각 인간에서 기능하는 이성의 개념을 기하학의 기원으로 의지한다. 데리다는 「기원」의 분석을 결론 짓길, "후설이 역사에 감추어진 이성을 환기한 후 그의 역사철학의 기획을 철학사의 기획과 혼동하는 것을 보고 놀라지 말자"(337쪽). 그리고 이것이 데리다에 따르면 정확히 후설이 『위기』에서 행한 것이다.

*　*　*

이상이 레너드 롤러(Leonard Lowler)가 『데리다와 후설』(*Derrida and Husserl*, Indiana University Press, 2002)에서 보여 준 『발생의 문제』의 내용상 대강인데, 역자들로서 특기할 만한 것은 이 책 서두의 「간행에 부쳐」에서 데리다가 그의 특허 개념 '차연'(différance)의 유래와 생성을 몸소 설명하고 있다는 것이다. 다시 말해 '차연'은 그 시발이 '변증법'에서 유래하여 '차이'를 거쳐 생성되며 '대리보충'과 '흔적'으로 '차연'화한다는 것이다. '정-반-합'에서 유래하여 헤겔의 이성 목적론적 개념 신학 성격의 '합'이 제거되고, 모순과 대립의 '정-반'에서 헤라클레이토스 이래의 만물의 투쟁 갈등성이 '차이'로 순치되어, '정'은 '반'이 아니고 '반'은 '정'이 아니라는 모순율이 그 논리적 이분법 경계('차')가 흐려져, 서로 늘어지는('연') 상호 교체('대리보충')와 기원적 여운('흔적')의 개념 운동사의 계보가 데리다 고안자 자신에 의해 밝혀지고 있는 것이다.

　또 하나 특기할 것은 이러한 '변증법'과 더불어 '현상학'과 '멀어짐'에 대해서도 '회한'이 없지는 않다는 점을 데리다가 털어놓고 있다는 점인데,

독자들은 그의 후설 3부작(『발생의 문제』, 『기하학의 기원』, 『목소리와 현상』)의 첫 권을 이제 한글본으로 접하면서 데리다의 공과를 직접 판단할 수 있을 것이다. 이 기회에 『기하학의 기원』도 하루속히 한글 완역본이 출간되어 한국의 데리다 독자들에게 또 다른 기쁨을 주게 되기를 공개적으로 기원해 본다.

이 책이 나오기까지 많은 분들의 관심과 도움이 큰 힘이 되었다. 이제 『발생의 문제』를 독자들에게 출항시킨다. 그 운명에 빛이 있기를⋯⋯.

2019년 봄

옮긴이 일동